LORENZO MONTÚFAR
RESEÑA HISTÓRICA DE CENTROAMÉRICA (TOMO VI)
GUERRA ENTRE HERMANOS

ERANDIQUE
COLECCIÓN

RESEÑA HISTÓRICA DE CENTROAMÉRICA (TOMO VI). RESEÑA HISTÓRICA DE CENTROAMÉRICA
LORENZO MONTUFAR

©Colección Erandique
Supervisión Editorial: Óscar Flores López
Diseño de portada: Andrea Rodríguez
Administración: Tesla Rodas
Director Ejecutivo: José Azcona Bocock
Primera Edición
Tegucigalpa, Honduras—Febrero 2025

ENTRE SERMONES Y REVOLUCIONES

Si se quieren ver algunas de las causas del atraso actual de los países centroamericanos, este tomo, el VI de la Reseña Histórica de Centroamérica (1845-1848) de Lorenzo Montúfar, nos da algunos ejemplos.

Aunque aún hay muchos que pelean por el ideal de una Patria Grande y Unida, como lo soñó el general Francisco Morazán, lo cierto es que en territorio centroamericano campean la manipulación religiosa, las traiciones, las guerras fratricidas y los golpes de Estado.

Sin Morazán, los países del área, con excepción de Costa Rica, viven entre revoluciones e invasiones.

Y en río revuelto… ganancia del clero.

Codo a codo con los sectores más conservadores, la Iglesia le saca provecho a la situación y retoma el poder perdido en los gobiernos de Morazán.

Cuando hay alguna revuelta popular, el gobernante de turno vuelve sus ojos a la jerarquía eclesiástica.

En Guatemala, para el caso, nos dice Montúfar: "Se pretendía que el malestar general fuera combatido por medio de sermones y pláticas doctrinales".

El gobierno había aprobado una ley que monopolizaba el negocio del aguardiente, lo que provocó el malestar de aquellos que ya vivían de esta actividad.

"El arzobispo recibió excitaciones para que los curas predicaran obediencia a las autoridades y a las leyes", relata Montúfar en el capítulo XIII.

Las cosas habían cambiado en Centroamérica.

"Cuando mandan los serviles, el clero predica la obediencia a las autoridades y a las leyes, como en el año de 47. Cuando mandan los liberales, el clero predica la insurrección, como en el año de 37", razona el autor.

Además de oscurantismo intelectual, a Centroamérica se la tragan las tinieblas de la guerra.

Honduras y El Salvador están permanentemente en conflicto.

Honduras —narra Montúfar— se empeñó en devolver a Malespín el poder que el pueblo salvadoreño le había arrebatado, y se emprendió una guerra entre los dos Estados.

Nicaragua también sufre revoluciones. Guatemala tampoco se salva de las revueltas que traen atraso y dolor. Aprendidas las lecciones del 42 (que terminan con el fusilamiento de Morazán), los costarricenses, con buen juicio, y a pesar de las manipulaciones constantes de sus vecinos, deciden abrazar la paz.

"Viteri contaba para revolucionar el Estado con el general Malespín y con la oligarquía hondureña, que, impelida por las circunstancias y contra su voluntad, había adherido a los tratados de Sensenti. El gobierno de Honduras ofreció al gobierno salvadoreño que Viteri no quedaría en ningún pueblo fronterizo. Esa promesa no llegó a cumplirse, y el obispo Viteri contaba con el apoyo de las autoridades hondureñas".

"Mientras que Viteri combatió a Malespín en San Salvador, manifestándose amigo de Joaquín Eufracio Guzmán, fue atacado en Honduras hasta el extremo de publicarse un periódico titulado La Palabra de Dios para oponerse a las tendencias del obispo salvadoreño".

¿Quién es ese Viteri del que nos habla Lorenzo Montúfar? ¿Algún general? ¿Algún político? ¿O el miembro importante de una familia acaudalada?

¡No! Es Jorge de Viteri, primer obispo de San Salvador, rezador del rosario… y conspirador.

Así eran las cosas en Centroamérica. Entre conspiraciones, sermones para manipular, revoluciones e invasiones, dimos los primeros pasos posindependencia.

Ciento ochenta años más tarde, lamentablemente no solo seguimos arrastrando los resultados de aquellas malas decisiones, sino que, además, la clase política, con distintas actitudes y argucias, pero empujada por la misma ambición, continúa provocando el atraso y la desesperanza en nuestros pueblos.

Óscar Flores López
Editor Colección Erandique

CAPÍTULO I: CARRERA VUELVE AL PODER

GUATEMALA

1. Funciones religiosas 2. Resoluciones del Congreso 3. Vuelve Carrera al Gobierno 4. Administración del Brigadier Vicente Cruz 5. Muerte de fray Ramón Casaus 6. Se niega la sanción a la ley fundamental 7. Traslación de los restos del arzobispo Casaus 8. Ley municipal 9. Manifestaciones acerca de la guerra de los Estados Unidos y Méjico 10. Teatro 11. Exequias de fray Ramón 12. Se descubre una conspiración 13. Farsa de nacionalidad 14. Manifestaciones con motivo de la muerte de Gregorio XVI 15. Publicaciones monárquicas en Méjico y su efecto en Guatemala 16. Intentona monárquica del general Flores 17. Epílogo de las aspiraciones serviles

El Gobierno de Guatemala manifestaba más interés en las funciones religiosas que el Arzobispo Coadjutor y el cabildo Metropolitano.

La Gaceta oficial, correspondiente al 21 de febrero de 1845, refiere con mucha prolijidad un acontecimiento que, para sus redactores, era de alta importancia: la bendición del templo de los padres recoletos.

La hizo el señor Campoy, obispo de Honduras; hubo una gran procesión.

En ella figuraban en primera línea el Presidente Carrera, los Secretarios de Estado y el Comandante general.

La fiesta se prolongó por muchos días.

El primer día celebró de pontifical el Arzobispo Coadjutor, y predicó el canónigo Larrazábal, obispo de Comana.

El liberal de las Cortes de España lanzó en el púlpito terribles diatribas contra los liberales por haber expulsado al arzobispo fray Ramón y a los frailes.

El segundo día pontificó el obispo Viteri, y el siguiente el obispo Campoy.

Terminó la festividad con procesión de altares hecha por el señor Campoy.

La Gaceta se detiene hablando del lego fray Francisco Palomo, quien cuidó del convento después de la restauración, y elogia a fray Manuel Rodríguez, recoleto, que no fue expulso, porque se hallaba en misiones en los momentos de la salida de los frailes, e hizo cuanto pudo por la restauración servil.

Continúa el periódico del Gobierno dando una prolija noticia, tomada de la obra del padre Juarros, de aquellos días felices en que se erigió la Catedral de Guatemala en iglesia Metropolitana, y de las funciones solemnísimas que hubo entonces.

Aprobados los tratados de Quezada, destruida hasta la sombra del Gobierno nacional, y consagrado el obispo Campoy, Viteri debía regresar al Salvador, a continuar su carrera revolucionaria y salió de Guatemala el 11 de febrero por la mañana.

Lo acompañaron en coche hasta la garita, el Arzobispo Coadjutor y el canónigo Larrazábal, dos individuos de la Municipalidad, varios curas y algunas personas particulares.

El 13 a las tres de la tarde, salió el señor Campoy, con mayor acompañamiento, porque formaba parte de la comitiva el Presidente Carrera.

Parecerá una casualidad que no hayan salido juntos los obispos Viteri y Campoy y que en la comitiva de Viteri no haya estado Carrera; pero esto no fue casual, si hemos de dar crédito al número 10 de "La palabra de Dios", periódico que se publicaba en Tegucigalpa.

En un artículo de ese número se encuentra una carta escrita en Guatemala y con las iniciales F. J., en la cual se dice que la tentativa de Monterrosa fue grata al obispo Viteri, quien presagiaba el desaparecimiento de Carrera: que Viteri temía a Carrera y salió precipitadamente sin aguardar al señor Campoy, a quien ofreció esperar en el camino y no lo hizo.

El Gobierno se quejaba de no tener dinero.

El Congreso Constituyente, en el cual figuraba entonces como Secretario don Vicente Cerna, autorizó al Ejecutivo para exigir un pedido extraordinario hasta la cantidad de veinte mil pesos.

Aquel diminuto Cuerpo Constituyente aprueba y elogia la conducta de Durán en los días de la revolución de Monterrosa y Méndez.

Hay una notable diferencia entre la proclama de Carrera en que da gracias a los que combatieron la revolución, y lo que el Congreso resolvió.

Carrera solo da gracias a los militares, y su triunfo lo atribuye exclusivamente a ellos.

Debía mucho a Durán; pero no quería prestigiario, porque le ofendía la sombra de un hombre civil.

El Congreso siguió una conducta enteramente opuesta, y concedieron francamente a Durán todo el valimiento que tuvo en el asunto.

Aquel diminuto Congreso dio un decreto en favor de la libertad de imprenta, que dijo era preciso restablecer y afianzar contra los avances del poder.

Aprobó un tratado de amistad y alianza celebrado con el Salvador y se opuso a la entrada de los jesuitas. Ese decreto es eminentemente histórico y dice así:

"El Congreso Constituyente del Estado.

CONSIDERANDO:

Que la Asamblea Constituyente no tuvo presentes al permitir la venida de los Padres de la Compañía de Jesús a este Estado, los estatutos de ella, ni sus doctrinas, ni su historia pasada, ni sus hechos actuales, que tanto mal han causado al estado civil y al eclesiástico, en Francia, en la Bélgica y en los Cantones suizos, y que por tanto se limitó a facultar al Gobierno para que pudiera promover su restablecimiento:

Que no estando derogadas la pragmática sanción del Rey Don Carlos III y el Breve de Su Santidad Clemente XIV, que extinguieron la Compañía en 2 de abril de 1767, ella no ha sido restablecida en este Estado por ninguna otra disposición Pontificia de que se tenga conocimiento en el mismo, deben considerarse vigentes las dos enunciadas disposiciones:

Que no hallándose al presente decretada la constitución política de este Estado, el Gobierno no cuenta con la estabilidad correspondiente para acordar el establecimiento de la Compañía de

Jesús; y siendo acusados sus individuos del proyecto y tendencias de aspirar a la dominación absoluta, a la depresión de toda clase de gobiernos y a la insubordinación a todo género de autoridades, no es prudente, en tales circunstancias, admitirlos y establecerlos en nuestro Estado.

Que los Padres Jesuitas que se hallan en la bahía de Santo Tomás no han presentado al Gobierno sus estatutos para que fuesen examinados y aprobados, ni disposición Pontificia que autorice el restablecimiento de su orden; pero que venidos con la esperanza que les ofrecía el decreto de 3 de julio de 1843, el crédito del Estado está comprometido hasta cierto punto a indemnizarles sus gastos de viaje, decreta:

1.º Se deroga el decreto de 3 de julio de 1843 que permitió la venida de los Padres Jesuitas al Estado.

2.º El Gobierno queda ampliamente autorizado para proveer a los gastos que se causen en el reembarque de los individuos de la Compañía de Jesús que se hallan en la costa del norte.

Pase al Gobierno para su publicación y cumplimiento.

Dado en el salón de sesiones.-Guatemala, 6 de mayo de 1845."

Esta resolución muy justa y muy benéfica, contiene en su parte expositiva puntos y errores históricos objetables.

La pragmática de Carlos III contra los jesuitas fue combatida por Fernando VII, quien vuelto a España después de los sucesos de 1808, restableció la inquisición y en 1815 la Compañía de Jesús.

Pero las Cortes restablecidas por el grito de Riego en las Cabezas de San Juan dictaron un decreto el 25 de octubre de 1820 incompatible con lo resuelto por el rey de España en 1815.

Pero sea de esto lo que fuere, el decreto de 3 de julio de 43 dice:

"Se declara que los padres de la Compañía de Jesús pueden venir al Estado de Guatemala, y ejercer en él su instituto religioso."

Si la pragmática de Carlos III, que es la ley anterior, manda que no vuelvan, y el decreto de la Asamblea dice que pueden volver, es indudable que aquella pragmática quedó derogada en Guatemala por este decreto.

El Congreso Constituyente debió derogar el enunciado decreto con toda lealtad y franqueza, como perjudicial a los intereses del

Estado y de toda la América Central y no acudir al argumento de que era preciso respetar la ley de Carlos III por no estar derogada.

Más serio es todavía suponer vigente el Breve de Clemente XIV, e invocarlo como ley del Estado.

Pío VII en 10 de agosto de 1814, derogando aquel Breve, restableció la Compañía de Jesús.

Es inexacto, pues, que estuviera vigente el año de 45 el Breve de Clemente XIV.

¿Pero qué importan los breves ante un Cuerpo Soberano que debe dictar la ley fundamental de una República?

Si el Congreso hubiera sido un sínodo provincial, muy justo y debido era que consultara los cánones; pero siendo un Cuerpo Constituyente, su guía debió ser el Derecho público y la ciencia de la legislación.

El Congreso tuvo a la vista un luminoso dictamen que se dice fue escrito por don Manuel Pineda de Mont.

El estilo es completamente del Señor Pineda.

En ese dictamen se hace un epílogo de todos los daños que los jesuitas habían hecho en el mundo, de sus aspiraciones y tendencias y para pretender refutarlo se acudió a las plumas de Aycinena y de Ortiz Urruela, quienes, no pudiendo destruir la historia del universo, solo salieron triunfantes sobre los errores que la parte expositiva que el decreto del Congreso contiene.

Entre los considerandos de aquel decreto se encuentra uno digno de particular atención. Dice que los padres jesuitas que se hallaban en Santo Tomás no habían presentado al Gobierno sus estatutos para que fuesen aprobados.

Los jesuitas jamás presentan sus estatutos.

¿Cómo han de querer que vea el mundo, en los momentos en que caen los tronos absolutos, que hay una Compañía en la tierra que obedece ciegamente la voz de un padre general?

¿Cómo han de querer que el mundo sepa que profesan esta doctrina:

Tyrannum occidere licet?

¿Cómo han de querer que el mundo conozca los medios de que se valen para combatir la pobreza evangélica, para ejercer el comercio, para adquirir inmensas y valiosísimas propiedades rústicas y para edificar opulentos palacios como los que hoy tienen en San Francisco de California?

Jesús no poseía bienes: su vestido era una humilde túnica al estilo de Nazaret: mandó a sus discípulos que no llevaran oro ni plata, pero ni aun dos báculos, y estando agobiado por el cansancio llegó a exclamar: "Las raposas tienen sus cuevas, las aves del cielo nidos, y al Hijo del Hombre le falta un palmo de tierra en donde reclinar la frente."

Los jesuitas en el comercio, en inmensas y valiosas fincas de campo y sobre lujosos pavimentos de grandes palacios, de Jesús solo tienen el grato nombre.

Hubo actas municipales desde que el asunto sobre la venida de los jesuitas comenzó a tratarse en el Congreso y pedimentos de diferentes pueblos.

Entre estos se halla uno de la Municipalidad y vecinos de la villa de Santa Rosa. (Documento núm. 1.)

Esta exposición es de alta enseñanza.

Los vecinos de Santa Rosa, a quienes se presenta tan hostiles a las leyes liberales, y a quienes tanto se invocó para derogarlas, son ahora los que se oponen a la venida de los jesuitas.

¿Qué significa esto?

Esto significa que hombres que no saben leer, que no firman por no saber, están a merced del primero que los mueve.

El año de 37 los movían los curas y firmaban actas contra el Gobierno asegurando que envenenaba las aguas.

El año de 45 los movían otras personas y firmaban actas contra los jesuitas.

Mientras que esta sea la situación de los pueblos, la democracia será una ilusión y la República una sombra.

Sería aumentar mucho este volumen la publicación de todas las actas que hubo entonces y solo se hablará de otra firmada por algunos vecinos de la capital y por muchos vecinos de Pinula. (Documento núm. 2.)

De estos no saben firmar el regidor decano, ni el tercer regidor, y firma otro por ellos.

No sabe firmar el resto de los honorables individuos de la Municipalidad, ni otra serie de hombres que el acta expresa.

Sin embargo, esos que no saben firmar hablan del Judío Errante, de Eugenio Sue, del Diccionario geográfico histórico, de la obra titulada Historia de los confesores, de Federico II, rey de Prusia, de Mr. Thiers, de Luis XIV, de la política de Carlos III, &. &. &.

Es tan ridícula esta acta que favorece a los liberales, suscrita por hombres que no entienden una palabra del asunto de que se trata, como son absurdas e insensatas las actas que a esos mismos hombres se les hizo firmar para que todos los que en el Estado se hallaban bajo el peso de la misma ignorancia creyeran que el Gobierno envenenaba las aguas y se elevara la aristocracia por medio de la barbarie.

La licencia otorgada por el Congreso al general Carrera terminó y el 3 de junio Carrera volvió al ejercicio del poder Ejecutivo.

Don Joaquín Durán renunció al Ministerio de Hacienda y Guerra y lo subrogó el brigadier Jerónimo Paiz.

Guatemala quedaba en manos del siguiente triunvirato: Rafael Carrera, Sotero, su hermano, y Jerónimo Paiz.

Los jóvenes preguntaban entonces a Barrundia y a Molina si, para llegar a ese triunvirato de antropófagos, habían hecho la independencia.

Jamás los presidentes de la Audiencia y capitanes generales del reino cometieron los crímenes que a esos triunviros se imputan. Compárese a Gainza, a don Carlos Urrutia, a Saravia y a Bustamante, que tanta reputación de tirano tuvo, con Rafael y Sotero Carrera, con Jerónimo Paiz, y aquellos capitanes generales parecerán ángeles del cielo.

Barrundia contestaba a los jóvenes:

"La dependencia de España era un régimen perpetuo, que no permitía la ilustración de los pueblos. Nuestra situación actual es transitoria. Un régimen salvaje, en pleno siglo XIX, no puede ser perpetuo en la América independiente. La luz nos viene por el Norte y por el Sur; solo el centro está en tinieblas, y esa noche lúgubre no puede ser eterna."

Nájera renunció al Ministerio de Relaciones y Gobernación y fue subrogado por don José Antonio Azmitia.

Este nombramiento inspiró alguna confianza.

Azmitia era un hombre ilustrado, y no estaba sediento de sangre; pero su voz con frecuencia se encontraba ahogada, y a su vista se fusilaba gente sin oír a las víctimas.

El Congreso Constituyente no tenía poder ni importancia. Daba decretos que no se cumplían, y emitió una Constitución de la que los serviles se burlaban.

Esa Constitución estaba hecha sobre el modelo de la proyectada para el Estado de los Altos. Contiene la división de poderes, una brillante declaratoria de garantías; fija término a los gobernantes y afianza el sistema electoral.

Este régimen no podía ser grato ni a los nobles ni a Carrera.

La Constitución debía ser sancionada por otro Congreso, que al efecto se convocaba, y había tiempo de combatirla.

Los nobles en sus tertulias la acribillaban.

En casa de don Juan Matheu se decía, para hacer irrisión y befa de los legisladores: "No se puede negar que los diputados son hombres de ciencia, porque la Constitución tiene muchos artículos."

Tanto se habló contra el proyecto de Constitución, que el señor Larreynaga llegó a creer conveniente publicar en el periódico titulado La Aurora que ni él, ni persona alguna de su familia había tenido parte en dicho proyecto.

En medio de esta situación, el Congreso autorizó al Gobierno para reformar los estatutos de don Carlos II el Hechizado, creó un Consejo de Gobierno, nombró vicepresidente del Estado, hizo esfuerzos por reorganizar la República, nombrando comisionados a otra Dieta que debía reunirse en Sonsonate, dictó otras medidas de interés general y cerró sus sesiones el 21 de septiembre de 1845.

El vicepresidente electo fue el brigadier Vicente Cruz.

El Congreso había concedido a Carrera licencia por un mes para separarse del mando y Cruz se hizo cargo del poder Ejecutivo el 11 de septiembre de 1845.

Vicente Cruz se había levantado con Carrera, y debía a la revolución del año de 37 su posición oficial y su ascenso al poder; pero tenía un carácter suave y propendía a oír a los hombres de inteligencia.

Se le había hecho comprender que la aristocracia jamás puede amar al pueblo y la veía con desconfianza.

Vicente Cruz llegó a respetar a Barrundia y fue amigo íntimo de don Manuel Arrivillaga, quien entonces era liberal, ya por la influencia que en él ejercía su primo don José Francisco Barrundia, ya por antagonismos entre ciertas familias que se dividían unas veces por asuntos pecuniarios y otras porque se disputaban la influencia y la dominación.

Al subir al poder Vicente Cruz, Paiz y Azmitia abandonaron sus carteras.

La retirada de Paiz fue vista como un gran bien para el Estado, y comenzó a levantarse un partido que propendía a que Cruz permaneciera en el poder.

El vicepresidente nombró el 13 de septiembre Ministro de Hacienda y Guerra a don Miguel Rivera y Maestre, y de Relaciones al doctor don Mariano Padilla.

Rivera y Maestre se excusó. El vicepresidente hizo un esfuerzo para que aceptara, y lo llamó en la noche del 13 a fin de darle posesión en el despacho del Gobierno, donde había muchas personas reunidas, entre las cuales se hallaba don José María Palomo y Montúfar, jefe de sección.

Rivera y Maestre dio las gracias por el nombramiento; se excusó rotundamente haciendo una lúgubre pintura de la situación y atribuyendo a Pavón y a tres o cuatro nobles más todos los males de la patria.

Padilla, en vez de seguir las huellas de Rivera y Maestre para no representar papel tristísimo en un Gobierno de transición, que debía desaparecer el día que a los nobles se les antojara presentarse con Carrera en el salón del poder Ejecutivo, tuvo a bien aceptar y ser Ministro.

En aquellas circunstancias el doctor Padilla nada podía hacer que variara la situación del país.

Su Ministerio, como la vicepresidencia de Vicente Cruz, solo debía durar un mes.

En ese mes el Gobierno debía estar vigiladísimo, porque los reaccionarios temían que influyera Barrundia en el ánimo de Cruz por medio de don Manuel Arrivillaga y desconfiaban de Padilla, quien, aprovechando aquellos cortos momentos, formó una comisión con el nombre de Sociedad de Beneficencia, a fin de proteger a los que, habiendo dejado su país, hubiesen venido a poblar la colonia de Santo Tomás.

Entonces, al acto común de expedir exequatur a la patente de un cónsul, se daba una importancia extraordinaria, y al cónsul se le miraba como un embajador, y muchos creían ver en él la persona misma del soberano a quien servía.

El 7 de octubre, don Carlos Federico Rodolfo Klée presentó patente de Cónsul de Hannover, y Padilla le extendió el exequatur.

Llegaba el 11 de octubre, que con ansia esperaban los reaccionarios para que desapareciera un Gobierno que tantos sobresaltos les producía, y Cruz llamó a Carrera; pero este se excusó diciendo que se hallaba enfermo y el vicepresidente emitió un decreto declarando que continuaba en el poder.

Padilla pretendió aprovechar esa prórroga para reformar los estatutos de la Universidad en virtud de las facultades que el Congreso había otorgado al Gobierno; pero este era un asunto delicadísimo, porque los serviles con todas sus fuerzas resistían tal innovación.

El 19 se abrieron las clases de la Universidad con asistencia de Cruz y de Padilla.

El rector Aycinena pronunció el discurso que entonces se acostumbraba, en el cual censuraba amargamente las instituciones académicas del tiempo de Gálvez y la libertad del pensamiento.

Estaba convocado el Congreso que debía dar o negar la sanción a la ley fundamental, hecho de alta importancia para los partidos, y los serviles no querían perder la gran ventaja que les daba la presencia de Carrera y de Paiz en el Gobierno, para que no hubiera régimen legal y continuara el orden, el concierto y el decoro, de que disfrutaba el país según Pavón, desde el 13 de abril de 39.

Carrera se declaró bueno y sano con la misma facilidad con que se había declarado enfermo, y volvió al Gobierno acompañado de don Jerónimo Paiz y de don José Antonio Azmitia.

Cruz y Padilla se retiraron.

La prensa extranjera anunció que el 10 de noviembre, a las once y media de la noche, la campana mayor de la catedral de La Habana había dado el toque lúgubre de agonía, porque se hallaba en los últimos momentos el obispo administrador de aquella diócesis, fray Ramón Casaus y Torres, arzobispo de Guatemala.

Los mismos periódicos dijeron que había expirado a las tres y media de la mañana, y describen sus funerales, que fueron celebrados con pompa regia.

Fray Ramón moría a la edad de 80 años y 9 meses, en su patria, porque era aragonés de nacimiento y se hallaba en los dominios de los reyes de España.

Él se había opuesto a la independencia, lo cual no debe extrañarse siendo español. Él además debía, en virtud del patronato real, su mitra a los Borbones, y la lealtad castellana lo obligaba a no traicionar a la casa de Borbón.

El arzobispo Casaus, en virtud de estos antecedentes, debió haber renunciado la mitra de Guatemala y vuelto a España.

Nadie hubiera podido tachar entonces su conducta, y su acogida en Madrid habría sido altamente satisfactoria para él.

No puede ser un crimen la lealtad a la patria y a un Gobierno que protege; pero el arzobispo de Guatemala juró la independencia que detestaba, faltando así a la lealtad que debía al Gobierno español, y dominado por ideas monárquicas y aristocráticas se mezcló incesantemente en la política, fue un grande apoyo de los reaccionarios, y sucumbió con ellos el año de 29.

Si fray Ramón se hubiera limitado a sus funciones episcopales y evangélicas, el año de 29 habría permanecido en su palacio; pero se oponía al torrente revolucionario, y la revolución pasó sobre él.

En La Habana tuvo necesidad de hacer muchas explicaciones acerca del juramento de independencia, y aun llegó a lisonjear al capitán general con la idea de que estos países volvieran al dominio de los reyes de Castilla.

Poco después murió el señor Espada, obispo de aquella diócesis, y la corte de Madrid, de acuerdo con la curia romana, convirtió a fray Ramón en Obispo Administrador de La Habana, con reserva de la prelacia de Guatemala.

El año de 39 se le llamó a su antigua diócesis, y no quiso volver a ella.

Instósele de nuevo el año de 40, y permaneció en su resolución de no regresar a Guatemala.

Él apoyó el viaje a Roma del señor Viteri y la erección de la diócesis de El Salvador, que antes había combatido.

Si no quiso regresar vivo a Guatemala, dispuso que se le trajera muerto y se le sepultara en la iglesia de Santa Teresa.

Esta última disposición podía ser fácilmente cumplida, porque el cadáver fue embalsamado por el hábil profesor doctor don Nicolás J. Gutiérrez, y colocado en una caja de plomo, que se depositó en la capilla de Loreto.

Debe suponerse que al llegar a Guatemala noticia oficial de la muerte del arzobispo se dieron las cien campanadas de estilo, aunque no para anunciar una sede vacante, porque el señor García Peláez tenía por sus bulas la futura sucesión; que siguieron dobles solemnes dos veces al día durante un novenario; que se erigió un túmulo en la catedral; que hubo exequias espléndidas, y que no faltó requisito, detallado en los rituales, que no tuviera una rígida observancia.

Dos asuntos llamaban la atención: la muerte del arzobispo y la reunión del Congreso, que debía sancionar o negar la sanción a la ley fundamental.

Este se instaló y una comisión compuesta de los señores Caballero (Juan José), Rodas, López (Miguel J.), Peralta (J. Cleto) y Ramírez Villatoro dictaminó contra la sanción.

Los serviles prevenían la opinión pública haciendo publicaciones contra aquel proyecto de ley, y por encargo especial, el licenciado don Ignacio Gómez escribió un extenso folleto contra él.

Los serviles, después de agotar los recursos de la persuasión para impedir que la nueva ley fuera sancionada, acudieron a las vías de hecho. Barrundia lo presenciaba todo y a él debemos las siguientes palabras:

"El Congreso se disolvió dando un decreto para que la Constitución fuese sancionada por el siguiente Cuerpo Legislativo, y de no serlo, rigiese hasta que otra Constitución fuera establecida. Carrera hizo reunir el siguiente pequeño Congreso. Nombró algunas personas notables para que examinasen el proyecto de Constitución. Les indicó la impresión violenta de su ánimo sobre aquella ley anárquica que a su vez lo despojaba del poder. Y por una desgracia pública no hubo un hombre entre ellos de alguna entereza, que no prefiriera la continuación del terror y de la anarquía a la sanción de un pacto fundamental, que garantizaba la libertad y los derechos del pueblo, por defectuoso que fuera.

Sobre la reprobación arrancada por Carrera a sus escogidos publicistas, él no tuvo embarazo de manifestar a los nuevos diputados por medio de su jefe de la policía Velásquez, y por las amenazas de su Estado Mayor y sus esbirros, los riesgos a que se exponían y aun la muerte misma que les aguardaba si sancionaban la Constitución y cooperaban con los desorganizadores a minar su autoridad.

El Congreso, pues, en mortal angustia estudiaba la manera de dar un decreto evasivo. Casi todos los representantes estaban en favor del proyecto, y aun de cualquiera institución que regularizara un gobierno; pero prevaleció el terror. Esto pasaba en 45. La Constitución fue desechada, y se consideró tanto la dictadura de Carrera, que se le dio un año de término para que convocase un Congreso Constituyente, y quedó así burlada la ley que mandaba rigiese aquella Constitución hasta que otra fuese sancionada.

Pero hubo un representante de suficiente energía y patriotismo para pronunciar altamente un voto en favor de la sanción, razonarlo y publicarlo. Su nombre se debe a la historia. Este era el ciudadano José Gándara."

El Congreso, al cerrar sus sesiones, dictó el decreto siguiente:

"Art. 1.° - El Congreso no sanciona la Constitución decretada en 16 de septiembre próximo anterior, comprendiéndose su último artículo 292.

Art. 2.° - En consecuencia, el Gobierno queda autorizado para que en todo el presente año convoque a los pueblos del Estado con el objeto de que elijan sus representantes para el nuevo Congreso Constituyente, con arreglo a los decretos de convocatoria de 26 de abril y 24 de diciembre de 1844.

Pase al Gobierno para su publicación y cumplimiento.

Dado en el salón de sesiones, Guatemala, a primero de febrero de mil ochocientos cuarenta y seis.

— J. B. Asturias, vicepresidente. — Marcos Dardón, secretario. — Mariano Gálvez, Srio.

Palacio del Supremo Gobierno, febrero 9 de 1846. — Por tanto: ejecútese. — Rafael Carrera. — El secretario de Gobernación."

J. A. Azmitia".

El país quedaba sin brújula y sin guía.

La voluntad suprema era la voluntad del general Carrera y del célebre Ministro de Hacienda y Guerra, Jerónimo Paiz, a quienes se agregaba en la influencia el corregidor de la Antigua, Sotero Carrera.

Azmitia, pudiendo servir al lado de tales hombres, era imposible que fuera un liberal genuino.

Sin embargo, era un hombre ilustrado; no se le puede acusar de sanguinario, ni de haber sugerido a Carrera ninguna de las medidas odiosas que hacen tan execrable su administración.

Pero el valimiento de Azmitia no alcanzaba a impedir los desbordes del poder.

Se negaba a suscribir actos crueles, pero no le era dado evitar que se perpetraran, aunque muchos de sus amigos aseguraban que a sus consejos, dados con suavidad y timidez, y con tal tino que parecía que en nada discrepaba, se debe el que Guatemala no haya visto entonces mayores actos de barbarie.

A los ciudadanos no los amparaba la ley; para tener garantías no bastaba ver, oír y callar; era preciso manifestar completa aprobación a todos los actos del Gobierno.

La situación puede conocerse por un decreto gubernativo que suscribió Azmitia.

Según ese decreto, toda persona que entrara al territorio debía presentarse ante el corregidor del primer departamento en que tocase, y este dar cuenta inmediatamente al Gobierno de la procedencia y calidad del sujeto, del motivo de su venida y del punto a que se dirigiera.

Este decreto presenta el país de relieve.

Él supone que Guatemala era apenas visitada por gente de otra parte y que solo una u otra persona entraba aquí, pues de otra manera la disposición del Gobierno no habría podido tener cumplimiento.

Si algún extranjero no observaba esta orden suprema, debía ser reducido a prisión y remitido a la capital.

No se podía viajar sin pasaporte, ni aun para trasladarse de un departamento a otro.

De estas disposiciones solo quedaban exceptuados los traficantes de víveres en el interior y los indios.

Los dueños de casas y mesones a donde llegara algún forastero debían dar cuenta inmediatamente a la autoridad, so pena de una multa y de ser tratados criminalmente según las circunstancias.

A las mismas penas quedaban sujetos los corregidores y aun los alcaldes que en los respectivos casos no dieran el aviso correspondiente.

Una ley semejante se había dado el año de 31, pero fue transitoria.

Entonces, un gran golpe contra el Gobierno proyectaba el partido servil. Arce invadía por Soconusco; Domínguez expedicionaba sobre Honduras con elementos que traía de Belice; Ramón Guzmán, con doscientos morenos, ocupaba el castillo de Omoa, y Cornejo, en San Salvador, hostilizaba al Presidente de la República.

Era preciso destruir esa vasta conspiración servil, apoyada en Chiapas por el obispo fray Luis García, en La Habana por el arzobispo Casaus, en Honduras por parte del clero, en San Salvador por el Jefe del Estado y en Guatemala por la aristocracia y por el clero.

El antecedente del año de 31 no debía servir de norma a Carrera el año de 46.

En medio de la quietud sepulcral que estas leyes imponían, hubo un gran movimiento en la noche del 15 de febrero. Comenzó a incendiarse la casa del cónsul de Francia, Mr. Baradere.

Entre todas las mejoras de que tanto se jactaban los serviles, no se encontraba una bomba, ni menos una compañía de bomberos.

Tocábanse las campanas, llamándose al público para que cada uno concurriera con un cántaro de agua en la cabeza, con un trapo mojado o como mejor le fuera posible, a contener las llamas.

Mucha gente concurrió así a casa de Baradere.

Entre tanto, los cuarteles se preparaban como si tuvieran a su frente al enemigo, porque Carrera temía que en medio de la agitación pública hubiera un asalto.

El incendio concluyó pronto y Baradere hizo una manifestación de gratitud al público por los esfuerzos que se habían hecho para salvar su casa.

La situación pecuniaria era aflictiva. El impuesto que se exigió extraordinariamente solo había sido cubierto en parte y se procedía contra los renuentes.

Los mismos curas lo eran. El Gobierno se dirigió al arzobispo para que los obligara a cubrir sus cuotas. No bastaron las recomendaciones del prelado, quien dijo al Gobierno que podía proceder contra ellos, y así se hizo.

Un decreto emitido el 30 de junio de 45 disponía que, durante las penurias del erario, los empleados civiles sufrieran una rebaja en sus sueldos; pero los militares estaban íntegramente pagados.

Por el mismo decreto, debían disminuirse los empleados civiles y los corregidores ser jueces de primera instancia, para excusar otros sueldos.

Se suprimieron, como una medida económica, los tenientes de policía, con perjuicio de la seguridad pública; los acreedores prestamistas no podían cobrar vencidos los plazos, porque la ley les imponía una espera.

El 21 de marzo de 46 debían ya cesar los efectos de esa ley, y convertirse el Ministerio de Hacienda en oficina de un deudor fallido.

Para evitarlo, se emitió el acuerdo siguiente:

"Guatemala, Marzo 21 de 1846.

El Ministro de Hacienda y Guerra, encargado del Gobierno del Estado en los ramos de su despacho, considerando: que están para cesar los efectos del decreto del Congreso de 30 de junio del año próximo pasado, para el pago de las deudas sobre que se versa; que serán innumerables y de diversas naturalezas los reclamos que se harán al Gobierno por las deudas pasivas del Estado tan luego como el citado decreto no los impida; que se verá en graves embarazos el mismo Gobierno para los pagos de sus deudas sin un decreto que las arregle; y que al interés de los acreedores y a la justicia importa que se establezca una regla fija para la calificación y lugar que ocupen los créditos contra el tesoro público; y atendiendo a que la cantidad necesaria para los gastos de la administración pública debe quedar libre de la solicitud de los acreedores, acuerda nombrar en comisión a los señores Fiscal propietario, Licdo. Venancio López, Licdo. Marcial Zebadúa, Licdo. Luis Batres, y cónsul Manuel Larrave, para que, reuniéndose cuantas veces sea necesario en el lugar que ellos mismos designen, redacten un proyecto de decreto en sustitución del citado de 30 de junio, que arregle los gastos de la administración del Estado y la amortización de su comprometido crédito, remitiéndolo a esta Secretaría; y que para el efecto se les transcriba el presente acuerdo. (Rubricado)."

Entonces, don Manuel Pavón era censor de la Sociedad Económica, o mejor dicho, era el director y el alma de aquella vetusta corporación, y don José Milla y Vidaurre comenzó a figurar en política como secretario de ella.

A los esfuerzos de Pavón se debe que se haya creado la lotería en favor de los fondos de aquella institución del pasado siglo y que se le hayan acordado otros fondos para su vida y engrandecimiento.

El 9 de mayo se presentó en Guatemala don Marcos Idígoras, en calidad de comisionado del Gobierno de El Salvador, para que tuvieran cumplimiento los artículos 2.° y 3.° del Convenio de Quezada.

Esos artículos dicen así:

"Art. 2.° - El señor Delegado de la Confederación, animado del espíritu de justicia que debe presidir en todos sus actos, y deseando consignar en este convenio un público testimonio de la inviolabilidad y respeto que es debido a la propiedad, como lo ha hecho en actos anteriores durante la presente desavenencia, ofrece y se compromete a que el Estado de El Salvador devolverá los bienes muebles y semovientes que fueron trasladados del Estado de Guatemala a su territorio, o bien el monto total del legítimo valor de dichos bienes.

Art. 3.° - Esta devolución se arreglará por dos comisionados nombrados, uno por parte del Gobierno de Guatemala y otro por la de El Salvador, los que, reunidos en la ciudad de Guatemala, en el preciso término de un mes contado desde la fecha de la ratificación, acordarán la manera de hacer el resarcimiento bajo las siguientes bases. Primera: fijar el término en que deba tener efecto la devolución, caso de hacerse en especie. Segunda: fijar en su caso por un cálculo equitativo y prudencial, el monto del legítimo valor de los bienes, con presencia de las justificaciones y comprobantes que presenten ambos Gobiernos. Tercera: determinar la forma y términos en que deba realizarse la indemnización, en la que deberá procederse con la posible equidad."

Esta misión hace honor al Gobierno salvadoreño.

Esos artículos, en vez de favorecer a El Salvador, lo perjudican, sin embargo de que los culpables de la guerra, que terminó por el Convenio de Quezada, fueron los nobles que enviaron a don Manuel José Arce a revolucionar el vecino Estado.

Pero el convenio se consideraba obligatorio en El Salvador, y vino Idígoras para que tuviera cumplimiento.

Por parte de Guatemala debía nombrarse un comisionado, y lo fue el señor don Marcial Zebadúa.

El presbítero don Juan Raull fue comisionado por el cabildo metropolitano y por el Gobierno del Estado para dirigirse a La Habana y traer el cadáver embalsamado del arzobispo Casaus. El padre Raull cumplió exactamente su comisión.

El Diario de la Marina, correspondiente al 10 de mayo, dice lo siguiente:

"En la tarde de ayer se ha verificado el embarque del cadáver del Excmo. e Ilmo. Sr. D. Fray Ramón Casaus, arzobispo de Guatemala y administrador de esta diócesis, que se conserva embalsamado para su traslación a su antiguo arzobispado, en cuyo territorio debe sepultarse según su voluntad manifestada expresamente.

A las cinco y media de la tarde salieron de la Santa Iglesia Catedral los restos del venerable prelado en un féretro de caoba forrado de tafetán morado con franjas de oro, cubriéndole un paño de terciopelo negro guarnecido de galón. Este féretro iba colocado en unas andas forradas también de terciopelo morado, las que conducían en hombros cuatro lacayos blancos, vestidos de negro, llevando las borlas cuatro señores curas revestidos con capa pluvial.

Todas las cruces de las parroquias de intra y extramuros y las de las comunidades con sus curas y prelados, numerosos sacerdotes con sobrepelliz y estola, formaban una prolongada y respetable procesión. Custodiaban la caja ocho granaderos de esta guarnición y oficiaba de preste, llevando la capa de coro, el Sr. Ldo. Canónigo de esta Santa Iglesia D. Onofre Antonio Mozo de Nevárez. Presidía el acto, a la cabeza de los dolientes, el Ilustrísimo Sr. D. Pedro Mendo, obispo electo de Segovia, Gobernador actual de esta diócesis en sede vacante, llevando a su derecha al Sr. Dr. D. Domingo López de Samoza, canónigo penitenciario de esta Catedral y rector de la Real Universidad Literaria, y a su izquierda al Sr. Prebendado de la Iglesia de Ceuta, D. José Espinoza. Cerraba el cortejo fúnebre una banda de música militar.

Esperaban en el muelle varias falúas: la preparada para conducir el cadáver estaba adornada con cortinajes de raso azul y franjas de oro, y enarbolado en ella el pabellón nacional con una insignia de duelo. Iban en dicha falúa los Sres. teniente de navío D. Felipe Ramos Izquierdo, ayudante de mayoría, y D. Juan Butler, subteniente de artillería de marina y ayudante del Excmo. Sr. Comandante General.

Acompañaban a la expresada falúa diez botes de los buques del apostadero, en los que iban el Sr. Mayor General, los Sres. Comandantes, oficiales y guardias marinas de todos ellos.

Al llegar a bordo de la goleta Polka, de S. M., y que el Excmo. Sr. Comandante General de este apostadero ha proporcionado para conducir los restos al punto en que deben desembarcar, la tropa y marinería, con sus señores oficiales a la cabeza, se hallaban formadas en el orden respectivo, haciendo a la vez el bergantín de S. M., Patriota, un saludo de trece cañonazos."

El 20 de febrero llegó el cadáver a Izabal, y hasta el 7 de junio entró a Guatemala y se le depositó en la iglesia de Candelaria, que era la primera por el rumbo en que se traía el féretro.

En seguida se le condujo procesionalmente a la iglesia de Santo Domingo, donde se dispuso que permaneciera mientras se preparaban solemnes exequias que debían hacerse en la Catedral.

Todo era entonces místico. En todas partes se veía el hisopo y el incensario.

Lo que se llamaba Castillo de Carrera, verdadera Bastilla guatemalteca, en cuyos calabozos se habían sepultado tantas víctimas, obtuvo la bendición de la Iglesia el domingo 25 de mayo de 1846.

Se encargó de la bendición el señor Provisor don José María Barrutia.

Hubo misa solemne a la puerta de la iglesia del Calvario, y a ella concurrieron los cuerpos de la guarnición.

Se pusieron a vuelo las campanas de toda la ciudad, y se aumentó el estrépito con salvas de artillería.

Por la tarde hubo evoluciones y simulacros que duraron hasta el anochecer.

El primer cuidado de los serviles al subir al poder fue sofocar la voz del pueblo, convertir a los corregidores en señores feudales y destruir el sistema de elecciones municipales.

A todo esto tiende el decreto que se llama "Reglamento para el Gobierno Político de los Departamentos", emitido por la Asamblea Cristianísima el 2 de octubre de 1839.

Según el capítulo 4.° de ese decreto, en las elecciones municipales no debía tomar parte el pueblo.

Todos los años, el primer domingo de diciembre, reunidas las municipalidades, debían formar una lista de los vecinos que hubiesen servido antes los oficios municipales.

Esta lista debía fijarse en los sitios públicos para que los individuos indicados en ella concurrieran el segundo domingo de diciembre, con el fin de proceder a elegir los individuos de la Municipalidad entrante.

Esta ley, siempre antipolular, lo fue más con el transcurso del tiempo, porque los oficios municipales recaían en las mismas personas, y el número de electores anualmente era más limitado.

El mal lo experimentaban aún más los departamentos de Los Altos, que siempre inspiraban desconfianza al Gobierno servil de Guatemala, y donde, por lo mismo, los corregidores eran hombres calculados para mantener de firme la tiranía.

En mayo de 1845, el representante Flores presentó una proposición al diminuto Congreso Constituyente para que las elecciones municipales fueran hechas por los pueblos.

Una comisión compuesta de los señores Peralta, Juárez y López (don Venancio) opinó en favor, y se emitió la ley.

El Gobierno de Carrera no podía apoyar esa ley, y don José Antonio Azmitia la devolvió el 14 de junio haciendo observaciones.

El Congreso volvió a tomar en consideración el proyecto, a petición del señor representante Sánchez, y con algunas reformas sobre el tiempo de las elecciones y calidad de los elegidos, se volvió a emitir el 20 de septiembre.

Este era un decreto fatal para los serviles.

Ellos deseaban poder disponer a su antojo de las municipalidades, y las elecciones populares las convertían en núcleos de oposición.

Para ahogar la voz pública se consultó a don Juan José Aycinena, quien, aunque era clérigo y por los tratados de la villa de Guadalupe no podía ser elector ni elegido, podía muy bien aconsejar al Gobierno y dar su voto en los asuntos más importantes del país.

Aycinena escribió un extensísimo dictamen contra el sistema popular de elecciones, que se publicó en los números 33 y 34 de La Gaceta Oficial y en un cuaderno separado.

El señor Aycinena colma de elogios a Carrera por haber destruido el sistema popular que el decreto del 20 de septiembre pretendía restablecer.

Aycinena dice que él es consecuente en sus ideas, y que no incurre en contradicciones.

Para probarlo, cita un discurso pronunciado por él el año de 40.

Realmente hay una completa coherencia entre el discurso del año de 40 y el dictamen del año de 46; pero hay una completa incoherencia entre este dictamen y la ley de garantías de 1837, que fue redactada por el doctor Aycinena.

Véase el capítulo 26 del libro 4.°

Hay una completa incoherencia entre los elogios que Aycinena tributa a Carrera el año de 46 y la denominación de antropófago que le dio allá en aquellos días en que el señor marqués de Aycinena ofrecía humildemente la dictadura al general Morazán (Capítulo 16, libro 5.°).

Aycinena, en todas las publicaciones de esta época, sigue la escuela histórica de Lord Buker.

Aquel noble lord, para combatir los principios reformistas de Francia, dijo que "la reforma de las instituciones debe provenir de ellas mismas, ser espontánea, y no sufrir la intervención de la reflexión o de la voluntad."

Esta escuela reaccionaria ha sido combatida por centenares de publicistas.

Uno de estos nos dice:

"Cierto es que la humanidad no hace saltos en su carrera, sino que al poner un pie en el presente, apoya otro en el pasado; pero esto no quita que la inteligencia pueda precipitar o retardar el movimiento progresivo de las edades, ni que la voluntad colectiva pueda modificar el Estado."

En aquellos días, las cuestiones entre los Estados Unidos y México llamaban la atención del Nuevo Mundo, y la Europa entera las miraba con interés.

Los serviles de Guatemala hablaban extensamente sobre ellas, y llenaban La Gaceta de noticias.

Muy noble habría sido simpatizar con México por sentimientos fraternales, pero eran otros los móviles de la simpatía servil.

Los serviles detestan a los Estados Unidos.

Tienen razón.

La Unión Americana combate con la elocuencia de los hechos todas las teorías reaccionarias.

Los serviles siempre están prediciendo desastres, que jamás vienen a los Estados Unidos.

La Asamblea cristianísima de Guatemala, combatiendo el pacto de Chinandega, consignó estas palabras dignas de eterna memoria:

"Los Estados Unidos del Norte, único ejemplo de una organización como la que se adoptó en 1824 y se propone ahora en el pacto de Chinandega, ni han debido a ella su prosperidad, ni podrán mantenerla largo tiempo, pues todo anuncia en aquel país la necesidad de variarla."

Este pensamiento, enunciado solemnemente por toda una asamblea augusta, venía abajo con todo lo que pudiera ser grato a la Unión Americana.

¿Qué hubieran dicho a los diputados que hicieron esa declaratoria solemne si, sacándolos de sus tumbas a unos y conduciendo decrépitos a otros, se les hubiera llevado a Filadelfia para que presenciaran la asombrosa celebración del centenario?

No obstante el misticismo, un célebre actor llamado don Francisco Pineda había inspirado a la juventud entusiasmo por el teatro, y se recibió con placer a otro actor notable, llamado don Francisco Gallardo.

El Gobierno no quiso hacer oposición y antes bien apoyó la empresa, garantizado por la previa censura.

El teatro era, con esa previa garantía, muy útil y conveniente a la administración.

Él proporcionaba a los jóvenes un grato recreo que los alejaba de la política y les hacía olvidar que el país no tenía Constitución; que la última legislatura había fijado un año para que se convocara una Asamblea Constituyente, y que ni remotamente había intención de hacer tal convocatoria.

Mirando representar a Guzmán el Bueno de don Antonio Gil y Zárate, los jóvenes no pensaban en conspiraciones, sino en el honor castellano y en la lealtad que se debe al Gobierno de la patria.

La misma idea les inspiraba La Jura en Santa Gadea, del inmortal Hartzenbusch; pero como no era posible mantener el teatro solo con pensamientos políticos de este género, se acudía a bellos dramas de amor, pero tan inocentes en política como Los amantes de Teruel.

La prematura muerte de Gallardo cerró el teatro, dejando al Gobierno en meditaciones sobre lo que se debía hacer para que el público se divirtiera, y en todo se ocupara, menos en recordar que no había Constitución ni garantías, que la patria estaba fraccionada y que en el extranjero se explotaba ese fraccionamiento para arrebatar nuestro territorio e imponernos la ley.

El cadáver del arzobispo fray Ramón se hallaba depositado en la capilla principal de la iglesia de Santo Domingo, y en la tarde del 24 de junio fue trasladado a la iglesia de las Capuchinas.

Había un grande empeño en honrar la memoria del arzobispo difunto, no porque había sido el metropolitano de esta provincia eclesiástica, sino porque fue expulsado por los liberales, y cada responso, cada salmo, cada oración fúnebre presentaba un campo vasto para herir la memoria de Morazán y para ensalzar al guerrillero de Mataquescuintla.

El 25 por la mañana los doctores de la Universidad hicieron honras fúnebres en la iglesia de Capuchinas, pretextando que fray Ramón era doctor.

El doctor en teología don Antonio González, uno de los cooperadores de Carrera cuando aquel guerrillero daba asaltos en las montañas, y uno de los concurrentes a las juntas revolucionarias de la Escuela de Cristo, ocupó el púlpito, no para decir con Jesús de Nazaret:

"Amad a vuestros enemigos, haced bien a los que os aborrecen y rogad a Dios por los que os persiguen y calumnian", sino para maldecir la memoria de Morazán, para hacer un epílogo de los infortunios que el partido servil aristocrático había hecho caer sobre los liberales, y para presentar esas desgracias como castigos de Dios por la expulsión del arzobispo y de los frailes.

A las doce se condujo el féretro procesionalmente a la Catedral.

Precedía la cruz y seguían todos los frailes de diferentes colores que había en la ciudad; los jóvenes del colegio de Infantes vestidos de colorado y los tridentinos vestidos de azul; todos los clérigos vestidos de negro con sobrepellices; los canónigos con capas negras y capuchas sobre la cabeza.

Iba al medio la cruz del arzobispo difunto y seguía el arzobispo García Peláez con capa magna.

El féretro estaba cubierto con un manto de raso morado con franjas y galón de oro, cuyas borlas llevaban los curas más antiguos.

No bastando este aparato, custodiaban el ataúd ocho granaderos.

Iba el protector de la religión don Rafael Carrera y su Ministro de Relaciones; los ayudantes de su Excelencia, la corporación municipal, el claustro de doctores y muchos asistentes con velas encendidas, de todo lo cual hace un prolijo relato La Gaceta.

La procesión, que había salido de Capuchinas, llegó hasta la esquina de la iglesia de Santa Rosa, de donde, tomando hacia el occidente, se encaminó en la misma forma hasta la plaza mayor; allí tomó hacia el norte para entrar a la iglesia catedral.

El templo contenía todo el aparato fúnebre que corresponde a un arzobispo y a un personaje cuyos restos servían para escarnecer a un partido que se hallaba en el infortunio.

El 26 es un día de particular recuerdo; no solo porque continuaron las lúgubres exequias, sino por otros acontecimientos que son más históricos que ellas.

Desde las seis de la mañana hasta las nueve hubo misas en todos los altares de la Catedral.

A las nueve llegó Carrera, quien fue recibido con el aparato que corresponde al patrono de la Iglesia. Lo acompañaban todas las corporaciones.

A esa hora comenzó la vigilia, cantada por el coro con asistencia del clero.

Celebró la misa el señor provisor Barrutia y en seguida subió al púlpito el canónigo Castilla.

El orador no era el padre González: no ultrajó a Morazán ni habló del salmo 108.

Tenía necesidad, según las instrucciones del cabildo, de mencionar los sufrimientos del arzobispo difunto y de presentar con patéticos colores lo acaecido en la noche de su expulsión.

Llegado el momento oportuno, el doctor Castilla pareció que iba a dar una carga espantosa al partido liberal, y cuando los serviles la esperaban con más júbilo, el orador se interrumpió empleando con maestría la figura reticencia, y después de algunos momentos de silencio, dio otro giro a la oración.

Hubo en seguida otras interrupciones que no estaban calculadas por el orador. Cuatro oficiales se colocaron a retaguardia de Carrera.

En el acto se pasó revista a una fuerza que formaba al frente de la Catedral, se hicieron algunos cambios de jefes y oficiales, y se pusieron dos piezas de artillería al frente del colegio de infantes; los cañones apuntaban hacia el norte para barrer, en un caso dado, a la gente que saliera de la iglesia.

Carrera había tenido noticia, que se le comunicó durante el sermón, de que en aquellos momentos iba a estallar una conspiración contra él.

Algunas personas salieron de la iglesia, y toda la gente que ahí quedaba comprendía que algún suceso extraordinario estaba aconteciendo.

Al concluirse las exequias ya no se hablaba del sermón ni de los funerales, sino de prisiones y pesquisas que por todas partes se hacían.

Bajo tan alarmante impresión salió el cadáver de la catedral a las 3 de la tarde, del modo que era compatible con las circunstancias, y se le condujo a la iglesia de Santa Teresa. Ahí se le tuvo expuesto al público y custodiado por guardias de honor, mientras se concluía un sepulcro que se le destinaba, donde al fin fue inhumado, entonándose los últimos responsos.

La conspiración no se podía ocultar. Todos trataban de ella; las bóvedas del castillo estaban llenas de presos; las familias de estos hablaban por todas partes, ya pidiendo socorro y solicitando empeños, o ya censurando las medidas gubernativas.

La Gaceta, para disminuir el mal efecto, publicó entonces un artículo que dice:

TRANQUILIDAD PÚBLICA

"Se conserva en esta ciudad sin alteración, no obstante haberse descubierto una conspiración que, para cambiar el actual orden de cosas, estaba fraguándose. En consecuencia, se han hecho algunas prisiones, y serán procesados los reos, entre los cuales no hay ninguna persona notable y de propiedad. El pueblo no ha tomado la menor parte; lejos de eso, todos los avisos, en virtud de los cuales comenzó a procederse, fueron dados por artesanos y otras gentes, cuyo buen sentido les hace conocer que las revueltas políticas empeoran la situación del país, y que su primera necesidad es la quietud; y como afortunadamente se halla en esta convicción la generalidad, no hay temor de que el orden público sea perturbado."

- LL. EE.

Una proclama de Carrera apareció en seguida. Es la siguiente:

El Presidente del Estado de Guatemala

A sus habitantes:

Los autores de la conspiración que ha ocasionado la alarma de estos últimos días en esta capital, serán juzgados conforme a las leyes por los tribunales que corresponden.

Entretanto, los vecinos honrados y pacíficos nada tienen que temer por su seguridad y por la conservación del orden, de cuyo bien cuida el Gobierno, considerándolo como lo más esencial para la felicidad pública.

Sensible es que en proyectos tan atroces, como era aquel al que se dirigía la conspiración descubierta, se encuentren mezclados jóvenes que, por los principios de su educación, deberían ser, más bien que un azote, la esperanza de su patria.

He deplorado y deploro la situación de sus padres y honradas familias, y en lo que ha dependido de mí, he procurado tranquilizarlas, y me esforzaré en aliviar, en cuanto sea compatible con el cumplimiento de las leyes, su triste situación.

Conciudadanos: acontecimientos semejantes al que ahora ha reprimido el Gobierno deben ser una lección severa pero importante para los padres de familia, pues a ellos toca vigilar incesantemente por la buena conducta de sus hijos, de cuya desgracia son responsables los padres negligentes.

Los maestros y preceptores deben tener el mismo cuidado: son responsables ante Dios y los hombres de ese espíritu inmoderado y de independencia sin límites; cáncer que devora y daña a mucha parte de la presente juventud.

Preceptores y padres de familia: contad con el poder todo del Gobierno cuando el vuestro no alcance a obrar el bien; y no os compliquéis por flojedad o desidia, y menos por olvido o desprecio de las costumbres de nuestros antepasados.

El Gobierno cree llenar un deber haciendo esta advertencia. Desea el bien de la patria, y que crezcan en rectitud los arbustos a cuya sombra algún día puede ser Guatemala un país dichoso, bajo un régimen de leyes, de orden y de una racional y bien entendida libertad.

Palacio del Gobierno, Guatemala, a 20 de julio de 1846.

Rafael Carrera

Se dijo que los presos sufrían atrozmente en el castillo, y que allí se les daba tormento.

Lo del tormento fue desmentido por La Gaceta en esta forma:

TRANQUILIDAD PÚBLICA

"Con este epígrafe se lee un artículo en nuestro número anterior. Como entonces, se goza ahora de quietud, tanto en esta capital como en los departamentos. La causa sobre la conspiración de que allá se habla sigue sus trámites; y los presos, reunidos en el castillo durante la pesquisa, han ido pasando a la cárcel, acreditándose palpablemente lo calumnioso de la atroz imputación de que se les exponía a tormentos, como si fuera posible que hubiera entre nosotros tal ignorancia de los principios que la razón ha conquistado, y que son hoy tan comunes en el mundo culto.

Pero no se ha creído tal cosa: se ha supuesto para conmover y trastornar, sin advertir el abismo que está bajo los pies. ¡Imprudentes! Y bien merecían otro nombre los que se esfuerzan en debilitar el brazo que sostiene los restos de un edificio en ruina, y que lo sostiene sin más fin que dar tiempo a la reparación, evitando las desgracias del hundimiento súbito y absoluto que había comenzado y suspendió su poderoso influjo.

Pero no es tiempo aún de hacer notar el mérito de una conducta seguida en pura pérdida de parte de quien ha hecho el bien, que aún no se agradece: se expondría la verdad a ser confundida con la lisonja. Nos limitamos, pues, a recomendar al patriotismo, el celo por la conservación del orden, y su cooperación para la reforma de que sea susceptible nuestra situación, empleando medios que la moral aconseja."- EE.

Estos artículos dicen más de lo que creían sus redactores.

El primero afirma que las revoluciones políticas empeoran la situación del país.

He aquí una confesión paladina, consignada en un documento oficial, de que la situación del país era mala.

¿Y cómo podía ser mala si habían muerto en el cadalso y sufrían el destierro los hombres a quienes el padre González maldijo en el púlpito de las Capuchinas?

¿Cómo podía ser mala si se hallaba bajo el dosel el caudillo adorado de los pueblos?

¿Cómo había de ser mala si ya teníamos arzobispo y frailes, consulado de comercio y Sociedad Económica con un censor como Pavón y un secretario como Milla?

¿Cómo había de ser mala si ya había diezmos y capellanías, y si la patria desgarrada correspondía a las aspiraciones que animaban a los nobles desde el año de 28?

El segundo editorial es más elocuente.

Dice que bien merecen otro nombre los que se esfuerzan en debilitar el brazo que sostiene los restos de un edificio en ruinas.

¿Cuál es ese brazo y cuál es ese edificio?

El brazo es Carrera; el edificio es el Estado de Guatemala.

He aquí una bella figura: Carrera está deteniendo un edificio que se desploma.

Sin Carrera, el edificio cae y se pulverizan los materiales que lo forman.

El edificio se levantó el 13 de abril de 1839, y en junio de 46 era nuevo.

Para que aquel año ya estuviera en ruinas, era preciso que los arquitectos que lo levantaron fueran pésimos, y fatales las materias de construcción.

Esto nos lo explica don José Milla y Vidaurre en un discurso pronunciado en ese año.

Milla dijo textualmente lo siguiente:

"Se emplearon para reconstruir algunos materiales ya casi olvidados, inútiles, perjudiciales, y que no decían bien con la situación, lo cual dio a la política cierto carácter retrógrado y le valió, además, la calificación de ultramontana y reaccionaria."

Esta confesión del biógrafo de los serviles vale mucho.

Un edificio construido el año de 39 con materiales olvidados, no solo inútiles sino perjudiciales, que daban a la política un carácter retrógrado y la calificación de ultramontana y reaccionaria, era muy natural que estuviera en ruinas el año de 46.

¿Y qué idea debe formarse de la inteligencia y de la buena fe de los arquitectos que emplean materiales no solo inútiles sino perjudiciales?

Una idea pésima.

Los arquitectos que emplean en los edificios públicos esos materiales sufren en todas partes un proceso y un castigo.

La causa criminal contra los conjurados se prolongaba y diariamente había nuevas prisiones.

Entre ellos se hallaban los señores Juan y Manuel Diéguez, Atanasio Muñoz, Manuel y Ramón Bengoechea, Ignacio Irigoyen, Félix Solano, Juan Oliver, Antonio Zavala, Cleto Peralta, José Morales, Dionisio Gatica y Eugenio Solís.

Al licenciado don Juan Diéguez se le hizo cargo de ser el autor del proyecto de revolución y de haber proyectado que se ejecutara en la Catedral, durante las exequias, lo que Bruto y Casio hicieron en el Senado de Roma a los pies de la estatua de Pompeyo.

Don Manuel Diéguez aparecía como cabecilla secundario a las órdenes de su hermano don Juan; don Atanasio Muñoz como uno de los que formaban la junta directiva; los señores Bengoechea se tenían como convictos de complicidad, aunque los que declaraban contra ellos eran cinco de los mismos conjurados; don Ignacio Irigoyen confesó haber reclutado gente, haber ofrecido armas y haber indicado a Diéguez la existencia de otras para que las solicitara; Félix Solano aparece convicto únicamente de haber sabido la conspiración y de no haberla denunciado; Juan Oliver confesó haberse comprometido con Irigoyen para secundar el movimiento; contra Antonio Zavala aparece la declaración de cuatro de los mismos conjurados, y él confesó que todo lo sabía; Cleto Peralta era uno de los que formaban la junta directiva e indicaba, por medio de consejos, la manera con que se debía proceder, aunque el 26 de junio ya se había separado de sus compañeros; José Morales y Vidaurre, primo de don José Milla, confesó haber desempeñado comisiones de don Juan Diéguez, haber concurrido armado a la Catedral el día que iba a estallar la revolución, haber conducido a la iglesia ocultamente unas pistolas para que don Manuel Bengoechea hiciera uso de ellas en su oportunidad, y agregó cuanto sabía de sí mismo y de los demás; Gatica no había concurrido a las juntas y solo se le hacía cargo de habérsele citado para concurrir a la Catedral el 26 de junio; y los mismos cargos se hacían a Solís.

Había otras personas comprometidas como don José María Zavala, hermano de don Antonio, y otras muchas que, sin dar la cara, se hallaban en el movimiento y en el centro de los sucesos y que debían obtener la mejor parte si sus hermanos, parientes y amigos convertían en Idus de marzo el 26 de junio.

Los Diéguez eran considerados por la importancia científica y literaria de su difunto padre, y ellos se habían distinguido como poetas, lo cual les proporcionaba muchos apoyos.

Pero había hijos del pueblo que no eran poetas ni habían tenido por padre a un hombre ilustre, y sobre estos cayó todo el furor de Carrera.

Los empeños en favor de las personas que en el país contaban con apoyos, y las citas que cada día se hacían, que iban comprometiendo diariamente más y más gente sin saberse hasta qué término se llegaría, hicieron comprender a los directores de Carrera que era preciso cortar la causa so pretexto de benignidad y de clemencia.

Los señores Diéguez encontraron un rico fiador: don Gregorio Urruela, y se acordó que inmediatamente que fuera extendida la escritura de fianza se les diese pasaporte para dirigirse por ocho años a la República Mejicana, bajo la inteligencia de que, según su comportamiento, podría el Gobierno permitirles que regresaran antes.

Don Antonio Palomo Valdez se constituyó fiador de don Manuel y de don Ramón Bengoechea; don Francisco Castillo Larriva dio igual fianza en favor de don Atanasio Muñoz; don Joaquín Durán, amigo íntimo del general Carrera, fió a don Ignacio Irigoyen; a don Juan Oliver lo fio su tío don Manuel Oliver, rico propietario; a don Antonio Zavala fio don Juan Matheu, tío de don Manuel Matheu, casado con una hermana de los Zavala; don Francisco Arrivillaga prestó fianza en favor de Peralta; y don Julián Rivera en favor de Solano. Todos debían salir con las mismas condiciones que los Diéguez.

Para el señor Dionisio Gatica no hubo consideraciones, no hubo respetos, no hubo miramientos.

Gatica era genuino hijo del pueblo, y por lo mismo no acreedor a que lo considerara el caudillo adorado de los pueblos.

El estado de la salud del señor Dionisio Gatica no pudo resistir la humedad de las bóvedas infectas de la Bastilla guatemalteca, bendita solemnemente por la mano sagrada del señor Provisor Barrutia.

Había otro ciudadano que no pertenecía a los nobles de Juarros, ni a sus humildes cortesanos, sino al pueblo de Guatemala: el señor Eugenio Solís.

Solís no pudo sufrir estar sepultado en vida, en un suelo húmedo, y murió con violentos dolores.

Alguno o algunos cortesanos de la nobleza que no eran ajenos a la conspiración, bien pronto obtuvieron el apoyo de Carrera y grados militares, y siguieron en adelante unidos al héroe de Atescatempa, de quien no debían haberse separado jamás.

Gatica y Solís permanecieron en sus tumbas con la nota de revolucionarios y de anarquistas.

El Gobierno de Guatemala, para no oponerse al torrente de la opinión de los Estados que aspiraban a un Gobierno nacional, consignó en un tratado de amistad y alianza firmado entre Plenipotenciarios de El Salvador y Guatemala el 4 de abril de 1845 un artículo que dice así:

Art. 7 - Guatemala y El Salvador, íntimamente convencidos de la necesidad que siempre han reconocido, de una Autoridad Nacional que, manteniendo la paz en el interior y dirigiendo las relaciones exteriores, dé ser a la República y la haga respetable, se comprometen formalmente a nombrar cada uno dos comisionados, que se reunirán en Sonsonate del primero al treinta de agosto inmediato, y asimismo a excitar del modo más eficaz que tengan a bien a los Gobiernos de Honduras, Nicaragua y Costa Rica, a fin de que cada uno de ellos, por su parte, acogiendo este proyecto, manden también al punto indicado sus representantes.

Esta reunión tiene por objeto hacerse cargo en ella del mal estado en que se halla actualmente la República; examinar los medios de que desaparezca una situación tan desgraciada, y proponer para ello a todos los Estados que la componen la convocatoria y reunión de un Poder Constituyente, o cualquiera otra medida que les parezca más adecuada para lograr tan interesante objeto.

Al mismo tiempo que se consignaba este artículo, se hablaba con reserva y precaución de un decreto que se tenía in pectore sobre la absoluta separación de Guatemala del resto de Centroamérica, y se aglomeraban datos para un manifiesto que vio la luz pública en marzo de 1847.

El Gobierno de El Salvador pidió el cumplimiento del artículo preinserto y el gabinete guatemalteco, para continuar la farsa, procediendo con más disimulo, nombró comisionados para ir a Sonsonate a los señores Licenciado Joaquín Durán y doctor Mariano Padilla.

Durán conocía todos los secretos del gabinete, y Padilla los ignoraba.

Al doctor Padilla se encargó la comisión de ir personalmente a El Salvador a manifestar al Gobierno salvadoreño los grandes y vehementes deseos que animaban a los directores de la política guatemalteca de ver reorganizada la República.

Padilla aprovechó el momento para dar expansión a los sentimientos que entonces lo dominaban y para hacerse de prestigio en El Salvador.

Él dijo al presentar su credencial:

Supremo Gobierno del Estado

El honor que tengo de poner en vuestras manos la credencial que me autoriza cerca de este Supremo Gobierno por el de Guatemala, en calidad de su representante, me impone como el primero de todos mis deberes el hablaros de los sentimientos de amistad hacia el Supremo Gobierno del Estado de El Salvador.

El de Guatemala desea que se cultiven, que sean indisolubles, y espera que lo serán en lo sucesivo.

Por lo que respecta a mí, señor Vicepresidente, me tendré por muy afortunado si logro convenceros de estos mismos amistosos y sinceros sentimientos, y si pudiese desempeñar con algún acierto mi alto encargo.

Grande es el objeto con que mi Gobierno se ha servido autorizarme cerca del de este Estado: la reorganización de la República.

Solo esto le dará vida en lo interior y la hará respetable al extranjero.

Largos años llevamos de ser el ludibrio y el escarnio de las naciones cultas. Es preciso no despreciar las tristes lecciones de una experiencia adquirida a tanto costo. Es indispensable ya restañar la sangre de nuestros hermanos que corre a torrentes entre nosotros.

El territorio de la República, por casi toda su vasta circunferencia, y en su porción más bella, más productiva y más interesante, está ahora usurpado por los enemigos de Centroamérica, por los que ansían ir carcomiendo lenta, pero progresivamente, nuestras costas y concentrarnos en los lugares pobres que nos privan de las relaciones exteriores.

Por todas partes estos mismos enemigos naturales de ambos continentes ocupan nuestro territorio.

Los ingleses se han apoderado del Petén y de nuestras costas sobre el Océano Atlántico, confinándonos sobre los áridos cerros en frente de la China, cortándonos así nuestras relaciones directas con Europa, con mengua de la civilización y perjuicio de la industria.

Los mexicanos se recuperan de sus pérdidas del norte, apropiándose en el centro, a Chiapas y a Soconusco.

La República de la Nueva Granada, posesionándose de las playas de Costa Rica, en las cuales se halla el más hermoso y seguro puerto de Boca Toro, acaba de completar nuestro encerramiento y concentración.

Estos son los dos males más grandes que afligen a Centroamérica.

Estos son también los que más deben contristar el corazón de los americanos y que reclaman con urgencia prontos y eficaces remedios.

Los que se han propuesto hasta aquí han sido del todo insuficientes: la experiencia lo ha probado; y no nos queda ni aun el recurso de hacer oír nuestros reclamos ante los Gobiernos ilustrados de Europa, porque no tenemos ni aun quién los haga en nuestro nombre.

Y mientras solo nos despedazamos inhumanamente y nos ocupamos de asuntos insignificantes para la prosperidad y el engrandecimiento verdadero del país, el extranjero, siempre ávido, nos arrebata nuestros recursos, explota nuestras riquezas, nos divide y se injiere hasta en nuestro régimen interior, sumiéndonos con sórdidos y ocultos manejos en la anarquía, en el descrédito, en el empobrecimiento y la desolación."

Todo nace del desconcierto político y la falta de un Gobierno general. Estos atentados escandalosos no existirían si los gabinetes europeos pudiesen acordar a un Gobierno fuerte establecido en la República su alta mediación y respetable amistad. Esto da la razón de organizarnos y justifica hasta cierto punto la indiferencia con que parecen ver nuestros males y oyen nuestras justas reclamaciones.

La existencia del país, tanto en su vida interior como para sus relaciones exteriores, reclama ya de una manera perentoria un remedio eficaz y positivo.

Empero, este solo puede encontrarse en la reorganización política de la República, en la reunión de los miembros dispersos de que antes nos componíamos.

¿Qué somos ni podemos ser, aislados, desunidos y desacreditados para las naciones civilizadas?

¿A dónde iríamos a parar si nos dejásemos arrastrar más tiempo por el impetuoso torrente del desorden, de la anarquía y del descrédito?

¿Cómo aparecemos ante el mundo culto y qué seremos para él? Un objeto lastimoso ante quien la razón y la humanidad aparten sus ojos para no ver nuestra profunda miseria.

Solo la unión nos puede salvar, solo la unión produce la fuerza y solo la fuerza que da el orden y la fraternidad podrá impedir las usurpaciones extrañas y el trastorno y destrucción interior.

Unámonos, pues. Este es el objeto de mi misión, simpática para todos, y que por esto suplirá las calidades de que estoy desposeído;

estos son los fervientes votos de mi Gobierno; esta la exigencia pública; esta la más urgente necesidad política; este el deseo de todo buen centroamericano, y esta unión también será la vida de la patria.

En su nombre os pido la reorganización nacional; y mi débil voz, fortalecida solo por las circunstancias y por el grande objeto en que la ocupo, tendrá la suficiente energía para hacerse oír ante todos los Gobiernos de los Estados.

Llevaré ante cada uno de ellos la solicitud de mi Gobierno y de toda Centroamérica, que no vacilo en decir hoy que la represento, porque este es el voto general.

Si este Supremo Gobierno se digna cooperar, como lo espero de sus principios y de sus justas convicciones, a una empresa tan grandiosa, llevará las bendiciones de la más remota posteridad y agregará a sus títulos de gloria el de regenerador de la patria.

Este discurso no podía ser más desagradable para el Gobierno de Guatemala, y con pretexto de una inexactitud relativa al Petén —pues aunque los vecinos de Belice efectivamente se habían internado en aquel distrito so pretexto de cortes de madera, aún no se habían apoderado de él—, se dio a Padilla un ataque oficial en La Gaceta.

El doctor Padilla quedó tan bien en El Salvador como mal en Guatemala.

Siempre se presentaban obstáculos a la dieta de Sonsonate.

Hubo cambio de comisionados, nombrándose en Guatemala a los señores Rodríguez y Marure.

Ambos adherían al pensamiento de la futura erección de Guatemala en República, y una revolución promovida por el obispo Viteri en El Salvador se vio como un feliz pretexto para no continuar en los trabajos de imaginaria nacionalidad.

Otro pretexto dio en seguida el asalto de un buque que emigrados nicaragüenses hicieron en el puerto de La Unión para invadir Nicaragua.

El Gobierno de Nicaragua, por el momento, supuso cómplice al Gobierno de El Salvador, y mientras se daban explicaciones, se ponía el hecho en claro y se demostraba matemáticamente que el Gobierno salvadoreño no solo no era cómplice sino que condenaba el suceso como el más honrado de los nicaragüenses, la dieta se hacía irrealizable con grande aplauso de la administración guatemalteca.

El señor Azmitia dirigió una nota a El Salvador manifestando los obstáculos que de hecho se oponían al cumplimiento del artículo 7. ° del tratado del 4 de abril.

Al mismo tiempo, Azmitia mandaba recoger datos estadísticos, que publicaba en La Gaceta, a fin de acreditar que el Estado de Guatemala abunda en elementos para presentarse ante el mundo como una nación soberana.

La nueva invasión de Malespín, apoyada por Honduras y por el obispo Viteri, y los sucesos que precedieron a la desastrosa muerte del pretendiente a la presidencia de aquel Estado, fueron un nuevo pretexto para hablar contra la nacionalidad en proyecto y para presentarla como un delirio de imaginaciones enfermas.

Con retraso llegó a Guatemala la noticia de que el 1.° de junio, entre nueve y diez de la mañana, había muerto súbitamente el papa Gregorio XVI.

Este acontecimiento lúgubre era feliz para los nobles, porque les proporcionaba ocasión de ostentar espléndidamente, una vez más, todo su excelso catolicismo.

La Gaceta publicó el suceso y reprodujo íntegras las biografías del papa difunto.

Todavía resonaba en los oídos de los moradores de esta diócesis el repetido campaneo que produjeron la muerte y exequias de fray Ramón, cuando se dispuso que el vecindario sufriera otro lúgubre, prolongado y repetido campaneo por la muerte de Gregorio XVI.

Nuevos túmulos, nuevas exequias, nuevas oraciones fúnebres ocuparon por muchos días y aún por meses enteros a los guatemaltecos.

U Un pueblo a quien solo se hace pensar en sermones, en misas, en procesiones, es imposible que se dedique con empeño a la agricultura y a las artes; se le separa de la tierra para enseñarle el cielo, según el sistema que precedió a la muerte de Giordano Bruno, y se obtiene la decadencia que presentaba el mundo en tiempo de los milenarios.

Los campanarios y las festividades católicas exhiben a cada instante repetidos contrastes.

Casi al mismo tiempo se toca agonía y se canta aleluya, se dobla por los muertos y se repica por los vivos, se dan lúgubres clamores por el fallecimiento de un pontífice y se ponen a vuelo las campanas por el advenimiento de otro.

No se habían enjugado las lágrimas, ficticias en muchos y positivas en piadosas devotas, que producía la muerte de Gregorio XVI, cuando se oyeron las campanas y los cañones que anunciaban en son de júbilo que el Cardenal Ferretti era Papa y se llamaba Pío IX.

Si las demostraciones de dolor por el Papa muerto fueron prolongadas y solemnes, no lo fueron menos las de júbilo por el Papa vivo.

Por ese tiempo había circulado en México un gran folleto del señor Gutiérrez Estrada en favor de la monarquía, y algunas publicaciones periódicas en el mismo sentido.

Ese folleto, que fue contestado en diversos países de la América republicana, no tuvo réplica en Guatemala.

Pavón se imaginaba que aquel folleto era un "toro amarillo", que iba a convertir el Nuevo Mundo en patrimonio de los reyes.

La anexión de Texas a los Estados Unidos servía de pretexto para encomiar el folleto de Gutiérrez Estrada.

Se decía que era preciso poner coto al coloso del Norte, y que solo gobiernos fuertes podían hacerlo.

La palabra fuerte se aplicaba no a los gobiernos que descansan en la opinión pública y que tienen en cada ciudadano un baluarte, sino a los gobiernos sostenidos por una aristocracia imponente que domina a pueblos esclavos.

Pavón hablaba de la inteligencia de Gutiérrez Estrada, de sus viajes por Nápoles y Roma, de su tino, de su práctica, de su experiencia.

Algunas veces se oían pronunciar estas palabras:

"Carrera puede hacerse verdaderamente grande."

Ese pensamiento entrañaba el deseo de que se perpetrara el crimen de alta traición sometiéndose el país a una testa coronada.

Volvióse a decir, como en el año de 1822, lo que está consignado en la Biografía de Aycinena: que no estamos preparados, que el Gobierno republicano supone en los pueblos muchas cualidades de que el nuestro carece.

La monarquía de Gutiérrez Estrada quedó entonces en triste proyecto, y ni el censor de la Sociedad Económica, ni el secretario de ella, ni agente alguno del servilismo pudo dar pábulo a las ideas del partido dominante.

El Gobierno de la República Peruana, por medio de su ilustre secretario de Estado don José G. Paz Soldán, dirigió a los Gobiernos de América la siguiente circular:

Ministerio de Relaciones Exteriores, Justicia y Negocios Eclesiásticos

Circular a los Gobiernos de América:

"El adjunto periódico oficial, que tengo el honor de incluir a V. E., le instruirá de la realidad de los preparativos que hace en España el general D. Juan José Flores para turbar el reposo público de la América Meridional, so pretexto de recobrar en el Ecuador el mando supremo que no pudo conservar, y del que fue separado por la voluntad de los pueblos.

Aunque no tuviese la expedición otro objeto que el del personal engrandecimiento de aquel general, sería siempre injustificable la conducta de España al permitir que en su territorio se armasen sus propios súbditos para invadir una nación amiga y aliada e introducir en ella los bandos y los furores de la discordia civil.

Mas habiendo datos de que sus tendencias son a mayores y más funestos proyectos, no es posible que el Gobierno peruano se mantenga frío espectador, sin unir sus votos y esfuerzos a los de todos los pueblos de América, para sostener la independencia común y la identidad de principios y de instituciones, que acordes adoptaron desde que sacudieron el ominoso yugo español.

En los derechos del Ecuador ultrajados por la España, ha recibido el Gobierno del Perú una injuria, porque estima como propios los agravios hechos a los pueblos del continente americano y mira como una violación de la justicia natural y del derecho de gentes cuanto se haga, por quien quiera que sea, con el objeto de arreglar los asuntos interiores de un pueblo libre de Sudamérica, darle leyes, cambiar sus instituciones o hacerle adoptar otra forma de gobierno que la que él haya querido darse, según sus conveniencias y circunstancias."

La independencia de la América es un hecho consumado, y cuanto se pretenda hacer para destruirla debe reputarse como un crimen de lesa sociedad.

El Gobierno del infrascrito, que profesa sinceramente estos principios, no puede enmudecer cuando los ve amenazados, y por ello cree llegado el caso de dirigirse al de V. E. para poner en su conocimiento que altamente desaprueba y detesta la política torticera y violadora de toda justicia adoptada por el gabinete de Madrid al acoger, como ha acogido, las pretensiones de un general ambicioso, sin títulos ni derechos para sojuzgar a una nación independiente.

Como semejante conducta es azarosa no solo a la soberanía del Perú, a su tranquilidad y decoro, sino también a las de ese Gobierno, cooperará en cuanto esté de su parte para rechazar las tentativas y proyectos que se han forjado en España contra la independencia de las Repúblicas americanas; repelerá la agresión por todos los medios posibles, oponiendo la justicia a la sinrazón, y la guerra a la guerra; y, últimamente, nada omitirá para que los derechos americanos sean respetados como deben serlo.

Ha resuelto también el Gobierno del infrascrito poner en acción todos los recursos que estén a su alcance para escarmentar a los expedicionarios si se atreviesen a tocar en algún punto de su territorio. En una cuestión eminentemente americana contribuirá también a todo aquello que exija la seguridad común.

El Gobierno peruano se lisonjea con la esperanza de que estos sentimientos serán aceptados por el de V. E., obteniendo reciprocidad. Repetidas pruebas tiene ya dadas de que profesa y respeta los mismos principios, y por lo tanto le sería grato saber que el Gobierno de V. E. se presta a obrar en el mismo sentido o adoptar otras medidas que tiendan a asegurar la paz continental.

Lo que V. E. se digne acordar con su Gobierno, se servirá comunicarlo al mío, para seguir en este caso y en los posteriores que pudieran ocurrir, un mismo sistema de operaciones capaz de hacer respetable el crédito y honor de los pueblos sudamericanos.

El infrascrito aprovecha esta ocasión para ofrecer a V. E. los sentimientos de alta y distinguida consideración con que es de V. E. atento servidor.

José G. Paz Soldán.

Esta nota, que tanto honra al Gobierno del Perú y que acredita una vez más el espíritu de eminente americanismo que aquella nación tantas veces ha ostentado, puso en movimiento a todo el mundo de Colón, excepto a Guatemala, donde fue vista con la más fría indiferencia.

El proyecto de Flores estaba apoyado por la reina doña María Cristina de Borbón y tenía por fin comenzar la empresa de hacer monárquica la América Latina, dándose principio por el Ecuador.

"El Correo" de los Estados Unidos dijo lo siguiente:

"Sabemos que el general Flores, ex presidente de la República del Ecuador, prepara en España, en Portugal y en Inglaterra, una expedición, por cuyo medio espera no solo recobrar el poder que abdicó después de la lucha en que quedó victorioso, sino ejercer una influencia decisiva en el destino de la América del Sur.

Los comerciantes de Londres se han alarmado, considerando la guerra que iba a abrirse bajo semejantes auspicios, y sin fiarse en las protestas reiteradas que el general Flores ha hecho en favor de las naciones europeas, dirigieron una petición a Lord Palmerston, con fecha 20 de octubre, y que entre otras firmas lleva las de los señores Baring hermanos y compañía, Anty Gibbs e hijo, N. M. Rothschild y compañía, etc.

Los diarios de Londres anuncian que es probable que el Gobierno la tome en consideración, no disimulando que el motivo que impulsará a Lord Palmerston a obrar de esta manera es la desconfianza que inspira la España, que pretende recobrar en la América del Sur algunos restos del inmenso territorio que allí ha perdido."

"El Diario de los Debates" dio cuenta del término de esta miserable intentona, en la forma que sigue:

"Expedición del general Flores.-Se sabe que el Gobierno inglés no ha permitido la expedición que el general Flores preparaba para la conquista de la República del Ecuador, en la América meridional.

La administración de aduanas ha embargado los buques Glenelg, Neptuno y Monarca, con todos los víveres y municiones que contenían.

La tripulación y los hombres que se encontraban en ellos han sido desembarcados.

El rigor del gobierno no se ha limitado a este acto: ha hecho comparecer a M. Aderley Villcocks Sleigh, nombrado por el general

Flores comandante de su escuadra, ante el Tribunal de Policía del Támesis, para que responda de la infracción de la ley que prohíbe reclutar súbditos ingleses, como soldados o marineros, para una expedición en país extranjero, sin la autorización del Gobierno."**

Pero si se había frustrado a los serviles el proyecto de 1821 de hacer emperador a don Carlos María Isidro de Borbón; el de 1822, de mantener el imperio de Agustín I; el de 1829, de volver a la monarquía por medio del general Barradas; el de 1832, de que recuperara España su dominio, cuya bandera enarbolaron en el castillo de Omoa; el de 1840, enunciado con audacia por Gutiérrez Estrada; y el de la intentona de Flores, que acaba de fracasar, ellos podían muy bien realizar el pensamiento que acariciaban desde el año de 1828 y preparar el gran golpe separatista tanto tiempo anhelado.

DOCUMENTOS JUSTIFICATIVOS

NÚMERO 1
"Supremo Gobierno del Estado"

Municipalidad y demás vecinos de la villa de Santa Rosa, con el correspondiente respeto y sumisión ante el S. G. del Estado, exponemos:

Que estando persuadidos de que una Compañía de Jesuitas está para penetrar en la capital del Estado con el objeto de reconquistarnos, y que, por supuesto, nos volverán a sumergir en la dura esclavitud que sufrimos tantos años hasta que la Providencia Divina se condolió de nosotros y nos quitó de este ominoso yugo que nos afligía.

El Supremo Gobierno estará muy bien penetrado de las razones y justicia que nos asiste, pues es bastante público las condiciones y costumbres que adornan a los de dicha Compañía, y que en ningún concepto podrán hacer la felicidad de este pueblo, el que se ha sacrificado y ha derramado torrentes de sangre por recobrar sus derechos y bienestar, y que estos bienes que tanto nos han costado se pierdan de un momento a otro, creemos que no, pues el Excmo. Sr. General Presidente no permitirá que se nos despoje de ellos solo por darle protección a unos hombres extranjeros, quienes en ningún tiempo han hecho a este vecindario ningún bien, mucho menos lo pueden hacer estos, que no son de nuestro idioma ni de nuestro país.

También tenemos la idea de que estos fueron expulsos por hombres sabios y que estaban en lo que hacían; luego esto no lo deben haber hecho porque ellos le proporcionaran la felicidad al Estado, sino por sus maldades y abusos en todo el género humano.

Por todo lo expuesto, al Supremo Gobierno suplicamos que, en obsequio del bien del Estado y aún de este su pueblo, no permita que nos volvamos a ver en la antigua situación, y envueltos en una nueva anarquía, que produzca mayores males a los infelices pueblos, que no desean más que tranquilidad y sosiego.

Es justicia y merced que imploramos.

Firmas: Felipe Gálvez, Alcalde 1.° por depósito de vara. Juan José Donis, Alcalde 2.° Feliciano González, Regidor 2.° Benito Franco

Por toda la municipalidad: Manuel Galicia, Secretario. Eustaquio Ortiz, Cipriano García, A ruego de Manuel J. Paz, Cipriano García, Julio García, A ruego de los Sres. Leandro Rojas y Bruno Cardona, Julio García, A ruego del Alcalde auxiliar Clemente Castellanos, Pedro Mencos, Manuel María Batrez, Lorenzo Batrez, A ruego de Januario Martínez, Manuel M. Batrez, José Pablo Lanuza, Julián Montúfar, Por José Antonio Donis, Ildefonso Martínez, Cruz Lemos

A ruego del Alcalde auxiliar Rafael Navarro y Feliciano Aguilar, Ildefonso Martínez

Por el vecindario de Las Casillas, el Alcalde auxiliar Manuel José Batrez

Pedro Villavicencio, Secretario

A ruego de Lázaro Florian, Isidro Ruano, Valentín Pérez, Enrique Rosales, Máximo Castillo, Marcos Vargas y José Castillo, Pedro Villavicencio.

Es copia: Secretaría del Congreso Constituyente: Guatemala, mayo 26 de 1845.

Peralta Flores

NÚMERO 2.

C.C.- Los que suscribimos, sabedores de que hay una proposición todavía sin resolverse en ese alto cuerpo para que se suspenda el decreto de la Asamblea Constituyente en que permite puedan venir los padres de la Compañía a ejercer su instituto religioso, y dicha proposición se contrae a que esto no se verifique sino hasta que se examine el referido estatuto; arrastrados del temor de que pudiera presentar inconvenientes a nuestra organización política, de que hoy tenemos tan lisonjeras esperanzas, ante el Congreso respetuosamente exponemos algunas consideraciones en favor de la expresada proposición.

El deseo de tener maestros ilustrados y morales, tan escasos entre nosotros, que difundan conocimientos en la juventud, unido a las exageraciones que un miembro de la Compañía que vino en aquellos días hizo de lo apropiados que son para esto los jesuitas, y de la facilidad que habría en que viniesen a establecerse aquí, alucinó, sin duda, a algunos respetables vecinos de esta capital, de tal modo que en el momento hicieron una exposición al Supremo Gobierno, a fin de que se interesase con el Cuerpo Constituyente para que permitiese su venida a este Estado.

Esta exposición es un panegírico de la orden de la Compañía de Jesús: está llena de citaciones de los autores que han hablado con tanto elogio de la congregación en general como de sus individuos en particular, y si lo que en ella se dice fuera incuestionable, sería un bárbaro el que no hiciese toda especie de sacrificios por gozar de los bienes que ella acarrearía.

Pero si, como se ve en la referida exposición, se ha dicho mucho bien, también autores muy recomendables han dicho mucho mal de esta orden. Véase el Diccionario de la conversación en la palabra "Jesuitas", a Eugenio Sue en El judío errante, el Diccionario geográfico histórico en las Indias Occidentales o América, en la palabra "Paraguay".

Véase sobre esto al Ilmo. Sr. Obispo de Blois, Gregoire, en su obra titulada: Historia de los confesores, y en todas partes se verán los crímenes atroces de que han sido acusados; la ambición que se les observó constantemente; el abuso del crédito que les daba la enseñanza y el confesionario, cuyo secreto se asegura tenían obligación de revelar cada seis meses al general de la orden para las miras de su política.

Firmas:

Francisco Arrivillaga

Pedro Arrivillaga

Fernando Colón

Cándido Corzo

Servando Morales

Ramón Gomero

Pedro Gameros

Manuel Batres

Ángel Escobar

La municipalidad por sí y por todos sus vecinos de su jurisdicción de Santa Catarina Pinula, firmamos los que supiéremos, y los que no, irán firmados a su ruego por los que supieren:

Mariano Rafael, alcalde 1. °

Vicente Montenegro, alcalde 2. °

José Brígido Ramírez, síndico 1. °

Antonio Morales, regidor 2. °

Por mí y por Benito de la Cruz y N. Yos, Demetrio Mundo, regidor
Albino Paniagua, síndico 2. °

Por el regidor decano y tercer regidor, lo hago yo, Mariano Rafael

Por los demás municipales que no saben y por mí, lo hago yo, José
Faustino Monterroso

Por mí, por Benito Álvarez, Diego Pérez, Nicolás Martínez y
Mariano Martín Morales, lo hago yo, José Olayo Morales

Por mí, por Manuel López, Venancio Soto y Mateo Guzmán, lo
hago yo, José María Hernández

Por mí y por Mariano Guzmán, G. Ruiz y Damián Ambrosio, lo
hago yo, Juan José Ramírez

Por mí y por Juan Pablo Calente, Mercedes Candeloro y Camilo
Hernández, lo hago yo, Antonio Monterroso

Por mí y por Viviano Morataya, Nicolás Hernández y Eusebio
Hocón, lo hago yo, Calixto Méndez

Por mí y por Santiago Roldán, Marcos Morales

Por mí y por mi padre Marcelino Barías, Casimiro Morales y León
Hocón, lo hago yo, Sinforoso Barías

Francisco Monterroso - Vicente Morales - Francisco Medrano -
Lucas Paniagua - Esteban Polanco - Rosendo Ramírez -Por mí y el
Sr. Juan Borrallo, Alejo María Benítes - Bruno López -Por mí y por
Valeriano Arévalo, Gregorio Arévalo - Doroteo Cruz -Por mí y por
Mariano García, Estanislao Paniagua -Por mí y por Manuel Real y
Nicolás Álvarez, Joaquín Pérez -Antonio Rubio - Manuel Clavería -
Rafael Ramírez - Por mí y por dos sargentos de mi compañía, que son
Mauricio Ambrosio y Manuel Real, Cayetano Morales - Por mí y por
el sargento 2.° Félix Monterroso y el cabo Enrique Álvarez, Isidro
Gallardo - Por mí y por el cabo Lucas Quel y los soldados Antolín
Chavaque, Mauricio Guzmán y Eleuterio Solórzano, Alejandro
Dávila - Por mí y por los soldados Domingo Pacón, Fulgencio García
y Cleto Chamalé, Patricio Monzón - Por mí y por Antonio Morales,
José María Solárez - Por mí y a ruego del alcalde Feliciano Meléndez
y el alcalde Juan de la Cruz que no saben firmar, José Manuel
Montenegro - Como teniente de milicias, Joaquín Solares - José
Mariano Solares - Pedro Cividanes - A ruego de los Sres. Juan Meda,

Hipólito Hernández y Encarnación Arreces que no saben firmar, lo hago yo por ellos, José Manuel Montenegro"

Por mí y por Miguel Jolón y Pedro Vázquez, Francisco Dávila.

Secretaría del Congreso Constituyente. Guatemala, mayo 30 de 1845. Peralta - Flores.

CAPÍTULO II: EL SALVADOR YA NO QUIERE GUERRA CON HONDURAS

Estado del Salvador desde los tratados de Sensenti hasta la revolución que contra el Presidente Aguilar hizo el Obispo Viteri

SUMARIO

1 - Consecuencias de los tratados de Sensenti 2 - Guzmán se retira del mando 3 - Cámaras Legislativas 4 - Elección de Presidente 5 - Es electo Presidente don Eugenio Aguilar 6 - Sustracción de la goleta Veloz 7 - Regularidad del Gobierno de Aguilar y dificultades que suscitaba en Guatemala 8 - Revolución del Obispo Viteri en el Salvador: días 11 y 12 de julio 9 - Pavón llora la caída de Viteri

El laborioso Estado del Salvador se hallaba fatigado por una guerra que Honduras le hacía con el fin de colocar segunda vez en la silla del poder Ejecutivo al general Malespín, y también asomaron miras, durante la contienda, de arrebatar territorio al Estado menos extenso para aumentar el dilatado territorio hondureño. (Véase el capítulo 22 del libro anterior.)

Esto no debe extrañarse, porque el partido servil aristocrático veía como enemigo nato al Salvador y varias veces manifestó tendencias de hacerle sufrir la suerte de la Polonia.

Los salvadoreños habían sostenido la guerra por necesidad y no por placer, y miraron la paz con regocijo.

Se hicieron altas manifestaciones de aprecio a los señores José Antonio Jiménez y Cayetano Bosque, signatarios del tratado de Sensenti, quienes entraron al departamento de Cuscatlán bajo arcos triunfales.

No se hablaba más que de los bienes de la paz y de la necesidad de que la agricultura y la industria restituyeran al Estado los bienes que la guerra le había hecho perder.

De diferente manera se miraban los sucesos en Honduras.

Ferrera, Guardiola y su círculo habían aceptado la paz por necesidad y solo esperaban un momento oportuno para volver a la guerra.

Los intereses eran opuestos. El Salvador deseaba establecer sólidamente el régimen constitucional, acostumbrar al pueblo a ver subir a los gobernantes por medio de elecciones libres y a verlos descender del dosel al instante en que el reloj señalara el último momento de su período.

Uno de los grandes elementos de vida de los salvadoreños es la agricultura y su más valioso fruto de exportación, el añil.

Las ferias llevaban grandes cantidades de metálico al Estado.

Se necesitaba la paz y la quietud para el desarrollo de la riqueza, y esta paz se creía obtenida por los tratados de Sensenti.

Se suspendieron los empréstitos para sostener la fuerza pública, y se redujo esta a la indispensable para el servicio en tiempo de paz.

Los poetas celebraron la paz con décimas y sonetos, y las festividades de Navidad se hicieron con un regocijo que pocas veces se había exhibido.

Hubo elecciones de diputados y senadores en todos los departamentos del Estado.

El 15 de enero debía reunirse la Asamblea General en cumplimiento de la Constitución, y en la misma fecha el vicepresidente Guzmán hizo dirigir una circular a los gobernadores para que los electos concurrieran a San Salvador a la mayor brevedad posible.

El período constitucional del Presidente y vicepresidente era de dos años, que terminaban el 1.° de febrero.

El 2 de febrero el benemérito general don Joaquín Eufracio Guzmán sería ya un simple ciudadano y las Cámaras no se habían reunido.

Guzmán no había hecho la revolución a Malespín para perpetuarse en el mando, sino para sacar al país del régimen arbitrario y colocarlo en la senda constitucional. Su misión estaba cumplida y debía retirarse.

El 1.° de febrero de 1846 don Joaquín Eufracio Guzmán llamó al senador don Fermín Peláez y le entregó el poder.

Guzmán se retiró a la vida privada dejando en la historia un nombre ilustre.

El 5 de febrero se reunieron las Cámaras y al instante se emitió el decreto siguiente:

"El Senador Presidente del Estado del Salvador - Por cuanto la Asamblea General ha decretado lo que sigue:

Nosotros, los Representantes elegidos por los pueblos del Estado del Salvador, reunidos en el número designado por la ley,

DECLARAMOS:

Que la Asamblea General se halla solemnemente instalada y que abre sus sesiones el día de mañana 6 del corriente.

Dado en San Salvador, a 5 de febrero de 1846

Anselmo Paiz, D. P.
José Ávila, V. P.
Rafael Padilla Durán, D.
Francisco Escolán, S.
Agustín Rivas, D.
Santiago Carbonell, D.
Guadalupe Argueta, D.
José María Castro, S.
Juan Balver, S.
Gregorio Mejía, S.
Gregorio Pinto, S.
José María Delgado, D.
Venancio Silva, D.
José Antonio Garay, D.
Sixto Pineda, S.
Mariano Morales, D.
José Y. Lousel, D.
Mónico Manzano, S.
Francisco Zaldívar, D.
Pedro Alvergue, D.
M. A. Evora, D.
Clemente Aparicio, D.

Francisco Montalvo, diputado secretario.

Manuel R. Reyes, diputado secretario.

Por tanto: Ejecútese. Lo tendrá entendido el Secretario General del Despacho y hará que se imprima, publique y circule.

San Salvador, febrero 5 de 1846.

Fermín Palacios

Al Sr. **Cayetano Bosque.

La elección de Presidente era el primer asunto.

La opinión pública estaba muy dividida.

Los diversos candidatos sostenidos por distintos círculos producían esas agitaciones, esos oleajes democráticos que tanto asustan a los reaccionarios y que son tan naturales como el flujo y reflujo del mar en los países libres.

Los serviles de Guatemala observaban todo eso y predecían, como Jeremías, la ruina política del Salvador.

Pavón solía tomar el asunto de elecciones a la chanza, y para burlarse de los salvadoreños decía con aire jocoso:

"¡Qué dichosos son! ¡Cuántos hombres aptos para la presidencia tienen! Nosotros somos tan desgraciados que no tenemos más que uno, el general Carrera. El día que él desaparezca, todo el orden y el concierto vendrán abajo."

El cinismo llegó hasta el extremo de que estas ideas se manifestaran por la prensa.

Los hombres de la escuela de Pavón hacen descansar el edificio, no sobre la base sólida de la ley fundamental, sino sobre una o más personas que deifican, y cuando estas personas, a quienes los serviles no pueden hacer inmortales, desaparecen, toda la maquinaria política se desploma y cae.

Las predicciones serviles fracasaron en el Estado del Salvador.

No hubo elección popular. En este caso, las Cámaras debían hacer la elección de Presidente, y esta recayó en el señor don Eugenio Aguilar, ciudadano modesto y honrado que no aspiraba al mando.

Aguilar era médico, y aunque había hecho estudios generales sobre diversas materias de la administración pública, no se creía apto para mandar.

No era de esos hombres que cifran todo el mérito en el oro y que no sienten placer sino cuando economizan un centavo o hacen alguna adquisición.

Por lo mismo, el señor Aguilar no tenía caudal y creyó no tener el pequeño haber de ocho mil pesos que el artículo 11 de la Constitución exigía para ascender a la primera silla del poder Ejecutivo.

Aunque así hubiera sido, la dificultad se habría salvado.

Los hombres de mérito salvan esas exigencias legales.

En tiempo de Luis Felipe, se necesitaba oro en Francia para ascender a la Cámara de Diputados.

Mr. Thiers no tenía ese oro, y sin embargo, fue electo diputado.

Sus credenciales no podían aprobarse por falta de oro. El banquero Laffite presentó la suma que la ley exigía y la elocuente voz de Thiers se hizo escuchar en la Tribuna francesa.

El señor Aguilar renunció. (Documento núm. 1.)

Una comisión especial, compuesta de los señores Lousel, Escolán y Velado, dictaminó contra la renuncia, y el dictamen fue aprobado por unanimidad de votos. (Documento núm. 2.)

Aguilar aceptó entonces la presidencia del Estado y, ante las Cámaras, pronunció el siguiente discurso:

SS. RR.

Mi honor y mi deber me obligaban a no dejar en silencio lo que en ningún caso podría justificar mi conducta pública. Uno y otro me estrechaban a denunciar yo mismo, como lo hice ayer por medio de una exposición, los justos motivos que, a mi juicio, me impedían admitir el alto destino en que el S. P. L. quiere colocarme.

Es la convicción, y no una modestia diplomática, la que dictó mis excusas expresadas en la exposición a que me refiero.

Nada se ha resuelto sobre el particular; pero no dudo que hoy, tomándola en su alto conocimiento el supremo poder legislativo, se servirá resolver lo que estime justo.

Un acuerdo particular de vuestra soberanía me llama hoy a este lugar augusto a prestar el juramento de estilo para hacerme cargo desde luego del S. P. E. del Estado.

¡Qué honroso y qué grato es para mí ocupar hoy un asiento entre los ilustres y dignos representantes del Estado libre del Salvador, y qué oportuna es esta ocasión para que ambos poderes se recuerden y recomienden el fiel cumplimiento de los deberes y compromisos que los ligan al pueblo que representan y rigen!

A vos toca, supremo legislador, dictar las leyes que remedien con más eficacia los males que actualmente afligen al Estado: los pueblos os dirigen de continuo sus miradas respetuosas, y de vos esperan, como de su buen padre, todo el bien que puede hacerlos felices.

Por lo que corresponde al Ejecutivo, el que tiene hoy el honor de encargarse de su ejercicio os protesta ante Dios y ante el Estado, que, mientras se halle en él, las leyes que os sirváis emitir serán respetadas, cumplidas y hechas cumplir, sin que en ningún caso tengan lugar las injustas excepciones personales.

La ley, la justicia y los principios me trazarán el camino que debo seguir en mi marcha política, y desde este momento me resigno a sacrificar mi vida, si fuese necesario, para mantener ilesos los derechos de los salvadoreños.

El Gobierno se ocupará muy particularmente en cultivar con esmero las buenas relaciones que al presente existen entre los otros Estados hermanos y amigos, basadas en la buena fe, en el derecho y en el interés recíproco.

Otro de los grandes objetos que ocuparán su atención será el restablecimiento de un Gobierno Nacional en que todos los Estados están comprometidos formalmente, que dé vida a la nación en el interior y representación en el extranjero.

Al presente se hallan ya en Sonsonate los señores comisionados de los Gobiernos de Guatemala, Costa Rica y el Salvador. Su reunión sola en aquel punto hace entrever la reaparición de la aurora sobre el horizonte de los desmoronados fragmentos de lo que en otro tiempo llevó el nombre de NACIÓN CENTROAMERICANA, carcomida hoy y caduca ya en la primavera de su existencia.

La civilización que os caracteriza, dignos representantes, alimenta la esperanza del Ejecutivo. No tengo necesidad de indicaros vuestros trabajos, pero sí me permitiréis recordaros que el crédito público es una de las cosas que más afianzan a los Gobiernos, que los hace prosperar proporcionándoles recursos cuando los necesita, que les da buen nombre ante los otros Gobiernos vecinos y que los excusa del recurso odioso e injusto de los empréstitos forzosos, y de otras medidas violentas que dan por resultado el descontento y desagrado general.

La paz es otro de los elementos vitales para el establecimiento y progreso del buen régimen administrativo. A ella deben su engrandecimiento las naciones que ahora merecen, por sus progresos, la admiración general.

En primer lugar, en tiempo de paz, la moral, primer vínculo de la sociedad, recobra su poderoso y saludable influjo.

Las ciencias, las artes, el comercio, la industria rural y fabril: todo prospera, todo se ensancha, todo florece bajo el influjo de aquella atmósfera saludable y suave que produce el bienestar general.

Si por una fatalidad recíproca llegó a alterarse la paz en el año pasado entre Honduras y El Salvador, por un favor del cielo la vemos ya restablecida.

Uno y otro Estado, que ayer aparecían en una posición hostil, ahora se presentan dándose la mano como amigos, hermanos y aliados, y se ofrecen y aseguran mutuas garantías.

El Gobierno de El Salvador está resuelto a hacer todo género de sacrificios, a excepción de los que ofenden su dignidad, a trueque de no volverse a ver envuelto en los desastrosos horrores de una guerra fratricida; bien convencido de que esta es el azote más cruel que puede afligir a un Estado.

La guerra produce la ruina de la riqueza pública, seca las fuentes de la prosperidad, desmoraliza los pueblos, quebranta los vínculos de la obediencia, los lazos de unión se convierten en eslabones de calamidades, se cobra aversión al trabajo, porque se halla facilidad para arrancar por la fuerza lo que debiera ser el fruto del sudor personal.

Se endurece el corazón, se pierde toda idea de sensibilidad y beneficencia, que tanto honra a las sociedades cultas.

Si los Gobiernos de los otros Estados están convencidos de estas verdades, como todos lo creemos así, pues una triste experiencia nos lo ha hecho evidente, nada habrá que en lo sucesivo altere la paz de que felizmente disfrutamos al presente. -He dicho.

El Presidente de la Asamblea le contestó con laconismo y cordialidad. (Documento núm. 3.)

Causa un verdadero disgusto la lectura de estas palabras:

"Otro de los grandes objetos que ocuparán su atención será el restablecimiento de un Gobierno Nacional en que todos los Estados están comprometidos formalmente, que dé vida a la nación en el interior, y representación en el extranjero. Al presente se hallan ya en Sonsonate los señores comisionados de los Gobiernos de Guatemala, Costa Rica y El Salvador."

Los serviles de Guatemala engañaban pérfidamente a los salvadoreños.

Los consejeros del general Carrera habían consignado en el tratado de 4 de abril de 1845 un artículo por el cual se comprometían a restablecer la nacionalidad centroamericana.

Los salvadoreños, fiados en la fe de ese compromiso, habían celebrado convenciones con los otros Estados para restablecer la unión, y cuando el señor Aguilar hablaba a las Cámaras, se hallaban en Sonsonate comisionados de El Salvador, Costa Rica y del mismo Estado de Guatemala.

Pero el objeto de los reaccionarios, de aquende el río de Paz, era engañar, y al mismo tiempo que enviaban comisionados a Sonsonate, aglomeraban los materiales de un célebre manifiesto contra la Unión, que se verá en otro capítulo.

Las Cámaras y el Ejecutivo continuaron ocupándose con calma en asuntos de interés público, sin olvidar la enseñanza de la juventud.

Una resolución de la Cámara de Diputados, emitida el 7 de marzo de 1846, menciona honoríficamente al presbítero don Narciso Monterrey porque, siendo rector del colegio, había procurado que algunos jóvenes aprendieran la lengua latina.

El 20 del mismo mes, las Cámaras decretaron que el Presidente visitase todo el Estado, con el fin de que, conociendo las necesidades y exigencias de los pueblos, pudiera resolver lo más conveniente.

6El Asalto a la Goleta Velóz

Ese mismo día, algunos emigrados de Honduras y Nicaragua asaltaron las armas que, para servicio del Estado, existían en el Puerto de La Unión.

Se apoderaron de un buque llamado Velóz, que el Gobierno tenía en aquella bahía, y desaparecieron con la presa.

Se supo después que se habían dirigido a Nicaragua, desembarcado en Realejo y cometido crímenes en el territorio nicaragüense.

El cabecilla era un famoso bandido llamado Bernabé Somoza.

El capitán William Yates regresó con el buque a La Unión tan pronto como, en Realejo, lo dejaron libre los aprehensores.

A este acontecimiento se le dio una importancia extraordinaria.

Los enemigos del Gobierno de El Salvador osaron atribuir complicidad al Presidente Aguilar.

Los enemigos de la Federación y de todo sistema de nacionalidad centroamericana aprovecharon el suceso para decir que la unión era imposible, y los autores del célebre manifiesto, que a la sazón rebuscaban todo lo que pudiera servir de pretexto al fraccionamiento, consignaron el suceso en sus apuntes.

El Gobierno de Nicaragua reconvino al Gobierno salvadoreño y le pidió explicaciones.

El distinguido Ministro de Aguilar, don José María San Martín, con una serie de documentos justificativos, demostró hasta la evidencia que su Gobierno no solo no había tenido parte en los escandalosos procedimientos de Somoza, sino que había sido la primera víctima de ellos.

El Gobierno emitió un decreto que solo puede disculparse por las circunstancias.

Según ese decreto, no podían admitirse en el Estado los que no llevasen pasaportes de sus respectivos Gobiernos, ni permanecer en el territorio sin permiso del Gobernador departamental respectivo.

Desarrollo de la Economía y la Educación

Pasado este desagradable incidente, se volvió a pensar en el desarrollo de la riqueza nacional, y entonces se hizo ver que era preciso aumentar los frutos de exportación.

Se dijo que en el Estado existían terrenos aptos para el cultivo del café, se puntualizaron estos terrenos, y se despertó el interés público hacia un cultivo que, más tarde, ha tenido efecto.

Entonces se dictaron importantes disposiciones en el ramo de justicia, especialmente sobre quiebras.

También se emitieron medidas en el ramo de hacienda, y se nombró una comisión para que liquidara la deuda pública.

Se instalaron en el colegio cátedras de Matemáticas y Gramática Castellana, bajo la dirección del doctor don Manuel Muñoz.

Se abrieron escuelas de primeras letras en diversos departamentos, bajo el sistema de Lancaster.

Se instaló una junta itineraria en San Miguel, cuyos benéficos resultados se hicieron sentir en el camino que del puerto de La Unión conduce al interior del Estado.

Esta regularidad del Salvador, basada en un sistema enteramente opuesto al sistema guatemalteco, era la más violenta condenatoria que podía hacerse del régimen de Carrera.

Si El Salvador prosperaba con la división de poderes, con la movilidad de los funcionarios públicos, con prensa y tribuna libres, era natural que se preguntara:

¿Por qué Guatemala no había de poder prosperar de la misma manera?

Pavón y su círculo presentaban el régimen salvadoreño como una utopía impracticable en Centroamérica, y se le auguraba un fin trágico.

El buen ejemplo tiene siempre imitadores.

Cuando los liberales presentaban como modelo de buen régimen y de prosperidad asombrosa a los Estados Unidos de América, los serviles exhibían enormes diferencias de origen, raza, civilización, costumbres, índole, tendencias, etc.

Pero si El Salvador prosperaba relativamente bajo el régimen constitucional, ¿qué podían alegar?

La prosperidad salvadoreña servía a los liberales de Guatemala como punto de apoyo para combatir el sistema autocrático de Carrera, y era preciso destruirla a todo trance.

Era indispensable que, en vez de que en Guatemala se imitaran las instituciones del Salvador, los salvadoreños imitaran al "hermano mayor", como suelen decir los serviles, con sus conventos y frailes, su aristocracia y su Carrera.

Don Eugenio Aguilar era cristiano, era católico, apostólico y romano.

Oía misa entera todos los domingos y fiestas de guardar, se confesaba y comulgaba, no solo una vez al año y cuando se creía en peligro de muerte, sino otras muchas veces por devoción.

Sin embargo, el obispo Viteri lo llamaba hereje.

Viteri se proponía destruir la Constitución salvadoreña, so pretexto de que exigía muchos gastos y que era necesario establecer un gobierno simple y barato.

Nada hay más simple que el despotismo, y a esta simplicidad se aspiraba.

La prensa del Salvador decía al Obispo que lo barato suele salir caro, y esta oposición la miraba Viteri como un ultraje a las llaves de San Pedro.

Viteri había derribado a don Juan José Guzmán por medio de Malespín.

Este jefe, en 1846, se hallaba fuera del Estado, y pesaba sobre él, en concepto de personas piadosas, una solemne excomunión, que el mismo Viteri le había lanzado en la séptima basílica de San Juan de Letrán.

Era preciso que el Asistente al sacro solio pontificio acudiera a otros medios para hacer la revolución, y a otros medios acudió.

Viteri inventó que el piadoso don Eugenio Aguilar intentaba desterrarlo, y dio instrucciones a su sirviente Eugenio Villalta para que se dirigiera al barrio de Candelaria a decir al alcalde auxiliar Anastacio Arrutia que el día 11 de julio por la noche sería expatriado el Obispo.

Villalta no encontró al señor Arrutia, y dio la noticia a las personas que se hallaban en su casa, produciendo un alboroto.

Lo mismo se dijo al señor Bernardo Belloso, auxiliar del barrio de San Esteban, y al señor Isabel Miranda, auxiliar del barrio del Calvario.

Viteri, además, llamó a Marcelo Aguirre y a otras personas influyentes en los barrios, a quienes aseguró personalmente lo mismo que había mandado decirles con Eugenio Villalta.

Estos hombres sencillos y bondadosos no podían creer que un Obispo mintiera, ni pensar que los engañaba quien decía que podía abrir y cerrar las puertas del reino de los cielos.

Estos señores preguntaron a Viteri quién se atrevía a proceder contra la persona sagrada de su Señoría Excelentísima e Ilustrísima; y el Obispo pronunció los nombres siguientes:

Aguilar (Presidente del Estado)
Eustaquio Cuéllar (Magistrado)
José María San Martín (Ministro)
Licenciado José María Zelaya
Presbítero doctor Isidro Menéndez
General Indalecio Cordero

Muy respetables eran estas personas para los barrios, y Viteri, aunque produjo conmoción, no suscitó toda la que él deseaba.

Sin embargo, había ya bastante movimiento para producir el trastorno que apetecía, y con fecha 11 de julio dirigió al Presidente del Estado una carta en la que tuvo valor para decirle que estaba informado, por varias personas allegadas al Gobierno, de que se quería repetir en su persona la escena de la expulsión de fray Ramón.

He aquí el texto:

"Señor Presidente del Estado D. Eugenio Aguilar"

San Salvador, Julio 11 de 1846.

Muy señor mío de mis respetos:

Son ya muy repetidas las denuncias que se me hacen, de que varias personas allegadas al Gobierno tratan de repetir conmigo la escena bárbara, sacrílega, escandalosa e injustísima, que en Guatemala hicieron contra el Excmo. e Ilmo. Sr. Arzobispo Casaus, ayer cabalmente hizo 17 años, deportándolo a la medianoche como a un criminal, sin juicio ni solemnidad legal.

Creo de mi deber el ponerlo en conocimiento del Sr. Presidente, asegurándole al propio tiempo que si estoy dispuestísimo a sufrir cuanto la Divina Providencia quiera que padezca, no lo estoy menos a sostener mi dignidad a todo trance; porque no es mía, es de la Iglesia en general, es del Estado del Salvador.

Como Delegado Apostólico, puedo hoy mismo emitir un decreto consistorial, uniendo el territorio de este Estado a su antiguo Arzobispado de Guatemala, y si no lo he verificado ya (como quizá hubiera debido hacerlo), es porque amo a mi patria y quiero alejarle un cisma que le causaría guerras sangrientas, al mismo tiempo que anularía su independencia.

Hago al Sr. Presidente esta manifestación franca y me tomo el honor de suscribirme su atento servidor y consagrado que besa su mano.

Jorge, Obispo de San Salvador.

Aguilar, más inocente que el patriarca José en la casa de Putifar, quedó asombrado de una carta que no esperaba y cuyo contenido era falso.

Desde el momento calculó que algún malintencionado fraguaba aquella calumnia para levantar al Obispo contra el Gobierno, y a las cuatro de la tarde se dirigió, en unión del señor Ramón Montoya, a casa del señor Viteri, llevando la más plena persuasión de que con dos palabras desharía la calumnia.

Sus cálculos eran errados.

Aguilar encontró en casa del Obispo mucha gente, y el mismo Obispo dirigía la palabra a los alcaldes y vecinos de los barrios de Candelaria, La Vega y San Jacinto.

Aguilar se dirigió a estos mismos alcaldes para preguntarles el objeto de la reunión, y ellos, con toda franqueza y sinceridad, contestaron que se les había mandado decir que se trataba de desterrar al señor obispo Viteri.

El Presidente dijo y repitió muchas veces que tal aserto era falso, y dirigiéndose al Obispo le preguntó los nombres de las personas que habían levantado aquella calumnia.

Viteri, con alguna dificultad, respondió que eran empleados del Ministerio de Gobernación.

Aguilar entonces exigió los nombres para destituir al instante a esos empleados, y Viteri, recogiendo sus anteriores asertos, manifestó que no eran empleados, sino personas que visitaban el Ministerio.

En aquellos momentos, agentes del Obispo estaban por diferentes puntos llamando gente.

El Presidente salió entonces, dirigió la palabra a los amotinados y una porción de voces incoherentes le contestaron.

Unos afirmaban que se trataba de desterrar al señor Obispo, otros hablaban contra los herejes, otros decían que era preciso desterrar a los forasteros, y otros pedían la prisión del general Cordero.

Serían ya más de las cinco de la tarde; el Presidente creyó oportuno retirarse para dar órdenes de seguridad, y al salir una mujer gritó:

"No queremos Gobierno, sino Obispo."

Estas palabras fueron repetidas por otra mujer.

El Presidente ordenó que las tomaran presas, y el obispo Viteri tuvo la audacia de impedir la ejecución de la orden, diciendo, en presencia de todo el concurso, que en su casa a nadie se capturaba.

Aguilar sufrió el ultraje de aquellas mujeres y del Obispo, y sin contestar una palabra, se dirigió a la plaza.

El Presidente encontró en el portal del Cabildo mucha gente en desorden que intentó calmar, y no habiéndolo logrado, se dirigió al cuartel para defenderse allí.

Aguilar ordenó al teniente coronel Joaquín Peralta salir con un piquete de tropa para reforzar la guardia del Principal.

Una casualidad favorable ocurrió: la lluvia.

Un aguacero inesperado redujo la gente a la casa del Obispo, y los que no cupieron allí tuvieron que dispersarse.

Como a las diez y media de la noche, llegaron al cuartel los señores doctor don Manuel Muñoz y don José Meléndez, en unión de otras personas.

Llevaban una comisión del obispo Viteri.

Esta comisión tenía por fin solicitar que el Presidente abandonara el mando, y que fuera subrogado por el senador don Fermín Palacios.

¿Qué hubiera hecho otro jefe en presencia de tal insulto?

Habría escarmentado la ofensa que Viteri le infería, dando cumplimiento a las leyes.

¿Qué hizo el señor Aguilar?

Contestó a los comisionados que había aceptado el Gobierno muy a su pesar, como era notorio, que no tenía dificultad para separarse del mando, que estaba siempre dispuesto a evitar males, y que debían retirarse a sus casas seguros de que al día siguiente todo se arreglaría.

Los señores Muñoz y Meléndez dieron cuenta de esto al Obispo, quien creyó que Aguilar estaba vencido, sin comprender que el Presidente no era el único salvadoreño que defendía los derechos del Estado.

La contestación de Aguilar tranquilizó mucho al Obispo; al movimiento siguió la calma, y reinando el silencio, don Eugenio Aguilar se retiró del cuartel como a las doce y durmió en su casa sin que nadie lo molestara.

Al día siguiente

El Presidente del Estado del Salvador llamó al Ministro en funciones, a varios empleados y vecinos de la capital, así como al deán y provisor don Tomás Miguel Zaldaña.

Algunos llegaron pronto, otros llegaron tarde, y otros, entre los cuales estaban los individuos de la Corte de Justicia, no llegaron.

La gente que permaneció en la casa del Obispo después de la lluvia de la víspera se agitaba, pero no venía más, lo cual se atribuye no solo al agua que cayó en la tarde del 11 de julio, sino también a la frialdad que produjeron algunos vivas al general Malespín.

Aguilar, el 12 de julio, aumentó su prudencia hasta el extremo de caer en la más completa debilidad.

Escribió una carta al Obispo en la que le suplicaba interponer su influencia para que la gente se retirara.

Carta del obispo Viteri a Eugenio Aguilar

El mismo día, Viteri envió la siguiente carta a don Eugenio Aguilar:

Sr. Presidente del Estado D. Eugenio Aguilar

Casa de U., Julio 12 de 1846

En las críticas circunstancias en que, con el sentimiento más grande de mi corazón, veo a mi querida patria, que sobre la cadena de desgracias que ya ha sufrido, se le preparan otras, quizá mayores, cuyo término no se alcanza, me creo en la obligación, por mi Ministerio Pastoral, y como salvadoreño, de decir con franqueza a U. que todo puede remediarlo el arbitrio que yo hallo para lograrlo; en la inteligencia de que en ello no me anima interés alguno particular, sino el bien de mi patria, la felicidad espiritual y temporal de mi amada grey.

U. al tomar posesión de su alto destino, en el discurso que en el acto produjo,[1] ofreció seguirse en su desempeño por mis consejos.

Estoy al cabo de que esto no podía decirlo para cumplirlo, ni yo podría en ningún caso demandarlo ni permitirlo; pero en ello se propuso U. echar sobre su administración el amor que los salvadoreños tienen a su Iglesia, y como cabeza de ella, a su Pastor; y fue para mí muy satisfactorio el pensar que así sería.

---

[1] Ese discurso se halla inserto en el presente capítulo, y no dice tal cosa.

He dicho que ni correspondía que U. se aconsejase de mí en todos los asuntos de su administración, ni yo podría prestarme a ello, así por lo repugnante que sería a mi Ministerio, como porque en el desempeño de este debo emplear toda mi atención; pero después de un ofrecimiento tal, como el que he referido y que yo mismo oí, ¿podía esperar que ni en los asuntos del Gobierno que se relacionan con mi Ministerio se acordara U. conmigo para disponer en ellos? Pues es lo que ha sucedido y U. es el que ha establecido el desacuerdo.

Nada he dicho sin embargo sobre esto, y la autoridad eclesiástica se ha limitado a reclamar oficialmente sus fueros.

Como esto ha sido público y no podía ser de otra suerte, muchas gentes han entendido el desacuerdo que había entre una y otra autoridad; y como al propio tiempo han corrido voces de que se trataba de expulsarme del Estado, el pueblo, que tiene por otra parte otras quejas, se ha alarmado para evitar mi expulsión y conseguir otras medidas que desea. Yo mismo he tenido partes de que personas muy inmediatas a U. se ofrecían a sacarme con cincuenta hombres, lo cual descubre que ha tratado de hacerse.

Yo estoy lejos de pensar que en U. cupiera tal pensamiento; pero, como no es U. solo el que dispone de las cosas en absoluto, pudiera muy bien ser inducido o estrechado a una tal medida que, por carecer absolutamente de motivo, he creído siempre inejecutable. Mas, sin embargo de que tales voces me eran siempre depresivas, yo he callado y sufrido sin quejarme.

Estas noticias se han ido difundiendo más y más, y unidas a los demás sentimientos que el pueblo tiene desfavorables a la administración de U., han producido la reclamación tumultuosa que ayer hubo, y que pude calmar con mis exhortaciones en favor del respeto debido a la autoridad, mis encargos para que no fuesen a cometer un atentado, y especialmente por el ofrecimiento que U. hizo de dejar hoy a las diez de la mañana el mando para que lo tomara el Sr. Palacios, de quien el pueblo manifestó tener absoluta confianza.

Mas, reunido hoy en la expectativa de aquella medida, viendo que la hora pasó sin que se verificara, procedió el mismo pueblo, sin que yo lo supiera y sin poderlo evitar, a acometer con arma blanca a la fuerza armada; y aunque esta quedó dueña del campo, con pérdida de algunos fusiles, no fue sin causar dolorosas desgracias.

Son las dos y media de la tarde y U. continúa con el mando, de que se deduce haber desistido de dejarlo.

Las guerras que los pueblos emprenden, lejos de extinguirse con las desgracias, ellas contribuyen a acalorarlas, y ciertamente un pueblo que, desarmado, ha cometido un arrojo tal como el que hoy ha acreditado el de esta ciudad, no desistirá de su empresa, y se preparan así nuevas y terribles desgracias que mi corazón no puede presenciar, ni mis facultades remediar, cuando no ha bastado mi influjo para evitar las que ya han sucedido.

En un caso tan desesperado, con sumo dolor de mi corazón, he tomado el partido de ausentarme del Estado, mientras las cosas llegan a su desenlace.

Mis votos serán continuos porque sea feliz de tal modo que contente a todos.

No sin gran sentimiento de mi alma me despido de U., atentísimo S. S. y C. q. b. s. m.

Jorge; Obispo de S. Salvador."

Se había fijado las diez de la mañana para atacar a la tropa del Gobierno, pero no había disciplina ni dirección.

So pretexto de la lluvia y del insomnio, en casa del Obispo se habían repartido licores fuertes y, con la excitación que producen, el tumulto se arrojó sobre la guardia de la cárcel, tomó algunas armas y fracturó una reja para sacar a los presos.

El oficial de guardia hizo resistencia y no se obtuvo la evasión de los delincuentes.

Un episodio digno de eterna memoria debe consignarse aquí.

El subteniente Eduvijes Angelino salió del cuartel como a las diez de la mañana con orden de reforzar la guardia de la cárcel con una escolta de doce hombres que llevaba.

Se previno al subteniente Angelino que no hiciera fuego, y fue víctima de esta orden.

Al llegar a la plaza, vio un grupo como de doscientos hombres situados bajo el portal del cabildo y, sin hacer alto, los requirió para que se retiraran.

Uno de los soldados de la escolta preguntó a Eduvijes si hacían fuego; este le contestó que había orden de no disparar un tiro y siguió avanzando.

Entonces Eduvijes fue acometido a vanguardia y retaguardia, herido y preso.

Se le condujo a casa del Obispo como un prisionero de guerra.

El asistente al sacro solio ultrajó al herido y dijo a los aprehensores que vieran lo que con él hacían.

Estos lo arrojaron de la casa golpeado, herido y exánime por la pérdida de sangre, como a un perro que no debe expirar entre los hombres.

¿Con qué derecho el obispo Viteri se llamaba sacerdote de Jesús?

Jesús decía: "Amad a vuestros enemigos, haced bien a los que os aborrecen y rogad a Dios por los que os persiguen y calumnian."

El obispo Viteri lanzaba el hierro y el fuego, no sobre sus enemigos, porque no lo eran los infelices a quienes hería el 12 de julio, sino sobre personas que en observancia de las leyes tenían necesidad de cumplir estrictamente sus deberes.

Los clérigos disimulados fascinan, engañan y tienen a los pueblos en fluctuación acerca de las miras ambiciosas que ocultamente abrigan.

Los clérigos como Viteri rompen francamente los velos del misterio y presentan ante el público en paños menores a los personajes de la escena monacal.

Estos hombres, aunque hacen daño del momento, sirven de mucho para el conocimiento pleno de la verdad.

El cura Manuel Serrano, compadecido de Eduvijes Angelino, lo hizo entrar a la casa del Obispo; el paciente se salvó de la muerte y pudo dejar consignado todo esto en una causa criminal que se siguió contra Viteri.

A eso de las once de la mañana se rompió el fuego por todas partes.

Los empleados del Gobierno, algunos comerciantes y muchos artesanos se dirigieron a la plaza con armas de fuego para desalojar a los facciosos.

Acudió en masa el barrio del Calvario en defensa del Gobierno, y su noble ejemplo siguieron muchos vecinos de San José, Santa Lucía y Concepción.

El asistente al sacro solio pontificio quedó vencido, dejando por todas partes lagos de sangre.

He aquí la conducta de los sacerdotes, quienes, según los cánones, sin quedar irregulares, no pueden derramar una gota de sangre.

A ellos no les faltan subterfugios. En tiempo de las hogueras, quemaban a la gente y, haciéndola morir en las angustias del fuego, decían los sacerdotes que ellos no derramaban sangre, porque la sangre, cuando se quema, no se derrama.

Pero Viteri no usaba de subterfugios: dirigió la maniobra desde su palacio como un pésimo general y quedó vencido.

Con razón los serviles detestan tanto al pueblo salvadoreño. ¿Qué provecho pueden ellos sacar de un pueblo que, respetando la ley más que la mitra, vence a un Obispo?

Aguilar era un hombre honrado, un excelente padre de familia, un amigo inmejorable, un ciudadano en todos conceptos de sanas intenciones; pero es preciso confesar que en aquellos momentos solemnes se manifestó tímido en medio de un pueblo entero que lo salvaba, para salvar la Constitución y los principios republicanos.

Aguilar llamó al senador Fermín Palacios y depositó en él el mando.

Esto era dar gusto a Viteri después de haberlo vencido.

Palacios publicó el mismo día 12 el documento siguiente:

"El Senador que suscribe, encargado del Supremo Poder Ejecutivo del Estado, por acuerdo del Presidente del mismo, a los habitantes de esta capital.

Conciudadanos: conceptos equivocados, y algunos actos de la administración considerados sin atender a las circunstancias que los han determinado, os alarmaron en términos de producir un desorden que nos ha causado sensibles desgracias. El Presidente, deseoso de cortarlas y de probar en toda su conducta que su deseo no es otro que el bien de los pueblos, ha tenido a bien entregarme el mando del Estado, para que yo con menos obstáculos satisfaga las exigencias que sean justas, y reprima los excesos que quisieran cometerse.

Con tal fin he hecho el sacrificio de encargarme del Gobierno, y yo espero de parte de los salvadoreños que contribuirán a mantener el orden y a conservar el precioso don de la paz, que nos es tan necesaria después de las largas fatigas que acabamos de sufrir en la pasada guerra. El interés de los pueblos lo exige, y la respetabilidad del

Estado en el exterior lo demanda imperiosamente. Seamos, pues, salvadoreños: yo lo soy para sacrificarme en vuestro servicio.

San Salvador, Julio 12 de 1846.

Fermín Palacios

Este acto de debilidad alentó al Obispo, e impune siguió agitando en vez de estar ya en un calabozo.

Palacios, el mismo hombre que el Obispo había elegido para que gobernara el Estado, dictó el decreto siguiente:

"Artículo 1.°- Se declaran en estado de sitio todas las poblaciones del Estado, y todo grupo que se presente en las calles que pase de seis individuos, será disuelto por la fuerza.

Art. 2.°- Toda persona que directa o indirectamente coopere a cualquier especie de trastornos, será juzgada militarmente como traidora dentro de un breve y perentorio término.

Art. 3.°- Todo individuo que tenga armas nacionales o cualquier otro elemento de guerra, es obligado a presentarlos ante el Gobernador respectivo o alcaldes primeros de los pueblos, dentro de cuarenta y ocho horas, y el que no lo verifique y le sea encontrada, será tenido como enemigo del Estado y castigado como traidor."

Viteri escribió una pastoral que publicó el 16 de julio en una imprenta que tenía en su propia casa.

En esa pastoral lanza de nuevo las diatribas de costumbre, insiste en que don Eugenio Aguilar pretendía desterrarlo, se queja de que se le mataba de hambre, increpa al Presidente porque gobernaba sin seguir sus consejos. (Documento núm. 4.)

Si Aguilar no tenía valor para desterrar al Obispo vencido el 12 de julio después de haber ensangrentado el país, ¿quién había de creer que pretendía desterrarlo antes de ese día lúgubre para el prelado y para la mitra?

Hacer cargo al Presidente de que no seguía sus consejos es arrojar una vez más la careta episcopal.

Es ponerse de nuevo en pugna con Jesús, que no quiso ser juez ni aun en calidad de árbitro, que se ocultó cuando se pretendía hacerlo rey y dijo en el pretorio de Poncio Pilato: "Mi reino no es de este mundo."

¿Con qué derecho invocan el Evangelio los que con tanta insolencia huyen de sus doctrinas?

Viteri se queja del hambre, y de la Tesorería del Salvador habían salido considerables sumas para su viaje a Roma, para su permanencia allá, para sus bulas, para su regreso, para sus lujosos paramentos, para su casa, para su menaje, para su mesa y para todo el fausto que ostentaba como asistente al Sacro Solio Pontificio.

Jesús no vestía suntuosos paramentos de oro y seda: lo cubría una pobre túnica al estilo de Nazaret.

No tenía donde alojarse y llegó a exclamar: "Las raposas tienen sus cuevas, las aves del cielo nidos, y al Hijo del Hombre le falta un palmo de tierra en donde reclinar la frente."

¿En qué se parece el arrogante Obispo del Salvador al héroe del Evangelio, quien en el huerto de Getsemaní reprende al que hacía uso de la espada para defenderlo, y en el Gólgota pide perdón para sus enemigos?

La pastoral del 16 de julio hizo un efecto fatal para Viteri; los salvadoreños obligaron a don Eugenio Aguilar a que volviera a tomar el mando.

El señor Aguilar publicó un manifiesto documentado cuya inserción no permiten los estrechos límites de esta Reseña.

En seguida emitió un decreto que prescribe que se observe lo prevenido en el Código Penal contra los eclesiásticos que abusan de su ministerio. (Documento núm. 5.)

El Obispo, condenado por la opinión pública, tuvo necesidad de abandonar el país, y hasta entonces el Presidente se atrevió a dictar un acuerdo con fecha 29, contra el sanguinario del 12 de julio, previniéndole que no volviera al territorio del Estado.

9 - Los sucesos del 11 y 12 de julio eran tan graves y hablaban tan alto a la conciencia pública, que el Gobierno de Guatemala creyó oportuno evitar una tempestad, no dando protección ni asilo al Obispo fugitivo, y éste se dirigió a Honduras.

Pero las primeras plumas de los serviles se pusieron en acción para defender a Viteri e increpar al pueblo salvadoreño y a su Gobierno.

Pavón publicó con fecha 9 de septiembre un folleto con este epígrafe:

"LO PASADO EXPLICA LO PRESENTE."

Lo pasado era la expulsión del obispo García Xérez y del arzobispo Casaus, la salida de los frailes y la extinción de los monasterios.

Lo presente era la fuga de Viteri y el acuerdo de Aguilar para que no pudiera volver al territorio salvadoreño.

Dueñas contestó ese folleto por medio de un opúsculo que tiene este epígrafe:

"LO PRESENTE EXPLICA LO PASADO."

En ese opúsculo se encuentran estas palabras:

"No hay causa por mala que sea que no encuentre defensores; no hay reo, por enormes que sean sus crímenes, que no halle quien lo patrocine; ningún litigio deja de entablarse por falta de abogados; no hay tirano en la tierra que haya carecido de algún escritor que le ensalce; los poetas han agotado su fantasía encomendando muchas veces el crimen y confundiendo al honrado con el perverso; la elocuencia se ha empleado indistintamente en favor de todas las causas; porque el número de los aduladores es infinito; porque cada cual tiene la facultad de ver las cosas por el lado de su conveniencia o de sus afecciones, y porque no hay en la vida acontecimiento alguno que no presente distintas faces. Así es el mundo y el que no quiera conocerlo, que cierre los ojos y se engañe.

El escritor que ha tomado por su cuenta la defensa del indefendible caudillo que hizo derramar la inocente sangre salvadoreña en los días 11 y 12 de julio próximo pasado, quizá ha querido más bien hacer un cumplido de estilo al Sr. Viteri que presentarlo inocente ante el pueblo, que aún lamenta las víctimas inmoladas a su capricho y arrogancia. Su pluma corre violentada: a cada paso vacila y muda de dirección; se le ve encerrado en un círculo muy estrecho; quisiera, dice, separar al hombre del Obispo; querría omitir el tratar una cuestión desagradable por todos sus aspectos; omite entrar en particularidades sobre los cargos que se le hacen; no alcanza el objeto ni la mira que pudiera tener para hacer una revolución. ¡Cuántos tropiezos encuentra el que quiere defender una mala causa!

Pretende identificar al Sr. García Xérez y al Sr. Casaus con el Obispo del Salvador, deduciendo de esto que es el conato de ciertas ideas para continuar la persecución que ya han sufrido otra vez los ministros del Santuario. No es menester ser muy lógico para advertir las inexactitudes que se encuentran en tan extraño modo de discurrir. Nada hay en lo presente que se parezca a lo pasado. Los obispos Xérez y Casaus, que figuraron en la época de nuestra independencia, eran obispos extranjeros, criaturas del trono de España, enemigos por esta razón de nuestra independencia y opuestos a toda reforma útil a los pueblos americanos en su capacidad de soberanos.

Con tales antecedentes nada tiene de extraño que hayan sufrido las desagradables consecuencias precisas y necesarias de un acontecimiento que cambiaba la faz de las colonias, lo mismo que las sufrieron los españoles seculares, los eclesiásticos de ambos cleros que en su mayor parte se componían de españoles, y lo mismo que tales personas sufrieron en las demás secciones de América. No es una peculiaridad de Centroamérica la persecución de los eclesiásticos anti-independientes: son hechos que se han repetido en todas partes en donde se han presentado las mismas causas. La ilustración presente y la marcha progresiva de los tiempos modernos les niegan a los prelados eclesiásticos aquella injerencia en lo temporal que les fuera tolerada en épocas más atrasadas.

El siglo XIX es muy distinto de los anteriores. Las revoluciones y furores populares han arrancado a los tiranos el poder absoluto y han limitado las inmunidades de la Iglesia, y ahora más que nunca necesitan los prelados estar adornados de toda la prudencia y mansedumbre que les aconseja el evangelista para navegar en este golfo lleno de escollos y precipicios.

En otra parte del mismo opúsculo se halla lo siguiente:

El escritor a quien contestamos se espanta de que se hable contra un Prelado en un país culto y católico. Esto da idea, si habla de buena fe, de que ni ha visto mundo, ni ha leído historia. ¡Qué novedad es en el mundo el que se escriba contra un Obispo! ¿Qué diría de la Francia que mandó a la guillotina centenares de obispos y prelados? ¿Qué diría de los catalanes y madrileños que pegaron fuego a sus conventos, dejando perecer en las llamas a sus muy ilustres prelados? ¿Qué diría del libertador Bolívar haciendo lancear regimientos de capuchinos? No queremos mostrar erudición y por eso nos abstenemos de referir millares de hechos de esta naturaleza. Los franceses, los españoles y los suramericanos son cultos y católicos, y ni estos ni ninguna otra nación del mundo se escandalizarían de que se escriba contra un Obispo que ha dado lugar a ello.

Pavón lamentaba con justicia la fuga del Obispo.

El Estado del Salvador era una presa que los reaccionarios de Guatemala creyeron sujetar por medio de las garras episcopales, y la presa se les iba de las manos.

¿Cómo, sin Viteri, habían de poder combatir en el Estado del Salvador la prensa y la tribuna, la renovación periódica de los funcionarios y el régimen constitucional?

¿Cómo, sin Viteri, habían de poder asimilar el sistema salvadoreño al sistema teocrático de Guatemala, para que el progreso del Estado vecino no fuera una terrible acusación contra tres o cuatro familias que todo lo tenían sojuzgado?

Impuesto del acuerdo que vuestra soberanía se ha servido emitir ayer, relativo a la elección de Presidente del Estado que ha recaído en mí, con el más alto respeto humildemente os expongo: que aprecio y estimo en el grado que se merece, la confianza con que os habéis dignado honrarme al conferirme el ejercicio de aquel destino de alto rango. Yo quisiera en este momento poder unir, al vivo sentimiento de mi gratitud, mi pronto y obediente asentimiento. Nada me haría vacilar. Soy salvadoreño, siempre dispuesto a cumplir con el sagrado deber que me obliga a posponer las dulzuras y comodidades de la vida privada, a lo amargo y acervo que en sí tienen los destinos públicos, cuando la necesidad y el bien general del Estado exijan de mí tan grande sacrificio.

Empero, convenciéndome la evidencia de que la ley no me llama al desempeño de aquellas funciones, y por consiguiente, que la elección que ha recaído en mí no es legal, ni conforme con el interés público, no puedo admitir aquel encargo sin contrariar el testimonio positivo de mi conciencia. Permitidme, señores, que en breves palabras os lo demuestre.

He dicho que no es legal, porque la creo contraria al texto literal del artículo 11 de la Constitución, que exige en la persona que debe optar a la primera magistratura del Estado, entre otras cualidades, la de poseer una propiedad raíz que no baje de ocho mil pesos. Mi única propiedad consiste en la casa que habito, como es público, poco valiosa, y que por consiguiente no alcanza la suma que la ley designa.

Mi elección tampoco puede ser conforme al interés público. Este reclama y exige que los destinos de más interés para el Estado se confíen a las personas que puedan desempeñarlos con rigurosa exactitud. Para poder llenar este objeto importantísimo, se necesita en las personas ciertos elementos de que yo carezco. Llamado por mi profesión a gastar el mayor tiempo de mi vida en adquirir los conocimientos necesarios para remediar los males físicos de mis semejantes, objeto esencial de aquella, no he podido dedicarme al de sus necesidades políticas. Ignoro, y no me avergüenzo de confesarlo, cuáles sean los remedios que con más eficacia puedan curar aquella gravísima dolencia. En una palabra, ignoro, señores, la ciencia de gobernar.

Por consiguiente, es probable y casi seguro que mis débiles fuerzas no podrán llevar el enorme peso que vuestra soberanía quiere poner sobre mis hombros. De lo que se infiere sin violencia, que la elección de Presidente que habéis hecho recaer en mí no puede ser conforme con el interés público.

En tal concepto, y en virtud de lo expuesto, os ruego, señores, os dignéis admitir la dimisión que hago ante vuestra soberanía de aquel destino, y os sirváis llenar la Presidencia del Estado con una de las otras personas que han merecido los sufragios de los pueblos, bien seguro de que cualquiera de ellas será más digna que yo de las funciones del primer magistrado del Estado.

San Salvador, febrero 17 de 1846.
S. P. L.
Eugenio Aguilar.

NÚMERO 2
Asamblea General.

La comisión especial a que os servisteis pasar la exposición que ayer ha dirigido a esta Asamblea el Presidente electo, Licenciado Sr. Eugenio Aguilar, se ha impuesto de los conceptos a que se contrae, y en consecuencia pasa a manifestaros su opinión.

Nada es más natural en el ciudadano honrado y pacífico que el temor de llevar sobre sí el peso de un destino, que si en circunstancias más lisonjeras siempre se le haría duro el aceptarlo, con mayor razón debe hacérsele en las presentes, en que puede asegurarse lo encuentra todo en absoluto desarreglo, consiguiente a los trastornos en que se ha visto envuelto el Estado por un período de más de dos años.

Estas son, pues, las causales que a nuestro juicio hacen al expositor manifestaros tantas desconfianzas de sí mismo, juzgándose al propio tiempo sin las aptitudes ni conocimientos necesarios al desempeño de un tal destino. Mas nada de esto es de extrañarse, como hemos dicho antes, porque es igualmente natural esta clase de desconfianzas en el hombre que verdaderamente desea hacer todo el bien posible a su país, y que pulsa los innumerables inconvenientes u obstáculos que tiene que vencer para el logro de todos los bienes que quisiera proporcionar al Estado que se le encomienda.

De la propia manera opinamos respecto a la otra excepción que manifiesta, relativa a la no posesión de la propiedad raíz que en valor de ocho mil pesos exige la Constitución en su artículo 11. Nada acaso se ha hecho más común en el día entre los propietarios que negar el capital que se posee, siendo la causa (aunque vergonzoso decirlo) la ninguna seguridad que han tenido aquellos de sus fortunas.

El Lic. Sr. Eugenio Aguilar, además de las buenas casas que posee, es también dueño de una hermosa y valiosa chacra; no careciendo, además, del resto de cualidades que exige el artículo antes citado; y sobre todas estas, tiene la principal, que es el buen concepto entre sus conciudadanos. Tales y tan fuertes, así como fundadas razones, nos hacen indicaros, por si lo tuvieseis a bien, que las excepciones del presentado las interpretéis como hijas puramente de su moderación, honradez y deseos de llevar el engrandecimiento de su país natal, hasta más allá de lo que le fuera dable.

Que, en consecuencia de lo expuesto, se le reitere el voto de esta Asamblea General a fin de que ejerza el Poder Ejecutivo, convencida como debe estarlo de las virtudes cívicas que adornan al Señor Aguilar. Así opinamos, mas vos resolveréis lo mejor.

San Salvador, febrero 19 de 1846.

Lousel - Velado - Escolán

Sesión de la Asamblea General del 20 de febrero.

Se acordó tomar el anterior dictamen en consideración del momento y se aprobó por unanimidad. También se acordó pasarlo al Gobierno con la renuncia para su impresión.

Hay una rúbrica.

Es copia:

Secretaría de la Asamblea General en San Salvador, febrero 20 de 1846.

Montaloo. -Manuel R. Reyes.

NÚMERO 3
Digno Presidente

El augusto cuerpo legislativo, usando de las facultades que la Constitución le confiere, os eleva este día a la primera magistratura del Salvador. La sociedad toda que vais a regir se regocija al veros colocado en este alto puesto, porque de vos espera su bienestar y felicidad.

El cuadro que os presenta el Estado que vais a gobernar es bastante triste y lamentable: por donde quiera que dirijáis vuestras miradas no encontraréis más que ruinas y escombros, pues la desoladora guerra lo destruyó todo de raíz. No tenéis hacienda, no tenéis administración de justicia, no tenéis elementos para defender el Estado. En fin, nada tenéis; y lo peor de todo es que falta la unión y armonía entre vuestros súbditos. Bajo estas bases debéis partir para arreglar vuestra conducta administrativa.

Al subir a la silla no os lisonjeéis con vanas ilusiones. Mil sinsabores se os esperan; por todas partes hallaréis dificultades que vencer y obstáculos que superar; pero no por esto os desalentéis. Al contrario, nuevos esfuerzos harán más relevantes vuestros servicios a la vista de vuestros conciudadanos.

Vuestro primer cuidado deberá ser su concordia y paz, porque sin este precioso elemento, vuestras tareas serán malogradas. No os dejéis arrastrar por ningún partido: sabed elegir los buenos de cada uno para que os rodeéis de ellos.

Todos los amantes del orden os han proclamado por su jefe, seguros de que con vuestro tino y prudencia lograréis conciliar los ánimos y dar un giro progresivo al Estado. Alejad de vos a los aduladores y malvados; sí, alejadlos, que con su seducción y halagos os podrán precipitar en un abismo de desgracias. Escuchad con calma a los que os digan la verdad, porque solo esta os ilustra y os conduce al fin con que los pueblos os han elegido.

Sed el hombre del Estado y no de vuestros amigos y favoritos; y, en fin, sed el hombre de la ley, y os llevaréis la gloria de engrandecer vuestra patria y de ilustrar vuestro nombre. HE DICHO.

NÚMERO 4.

Nos, el Dr. Jorge de Viteri y Ungo, por la misericordia divina y gracia de la Santa Sede Apostólica, primer Obispo de San Salvador, Prelado doméstico de Nuestro Santísimo Padre el Señor Gregorio XVI, asistente al Sacro Solio pontificio y delegado apostólico, etc.

Al venerable clero y a nuestros muy amados diocesanos:

Nos creemos en la obligación de dar conocimiento al público por la prensa de todo cuanto ocurra con relación a nuestra persona; y de publicar todas las comunicaciones que dirigimos al Supremo Gobierno, para que así se impongan todos de la verdad y no sean fascinados con engaños y falsedades.

Todas las notas que se han cruzado en la presente administración del Sr. Aguilar verán la luz pública, y comenzaremos ahora por las últimas.

La carta que va marcada con el número primero (1) se la dirigimos en la mañana del día 11, después de haber recibido repetidos avisos de personas de la capital y cartas de otros pueblos, en que se nos aseguraba, desde un mes atrás, que se trataba de arrancarnos de nuestra cátedra con fuerza armada, a deshoras de la noche, para expulsarnos en un buque al extranjero, como se hizo en Guatemala el año de 1829 con el Excmo. e Ilmo. Sr. Arzobispo Casaus.

Estos avisos se repitieron en los días 10 y 11, y la gente de todos los barrios y de todas las clases acudía afligida a manifestarnos su amor y adhesión por nuestra persona.

El mismo día 11, a las tres de la tarde, tuvo la bondad de venir a visitarnos el Sr. Presidente Aguilar con el Sr. Román Montoya, y con este motivo se agolpó a la casa una multitud de gente que pedía a gritos al Sr. Presidente que expulsara del Estado a los coquimbos y forasteros, acusándolos de ser los del plan para que se nos embarcara y deportara fuera del Estado.

El Sr. Aguilar se avocó a los grupos y una mujer gritó: "Más queremos tener al Sr. Obispo que al Gobierno". Mandó que la llevasen presa, y todas secundaron el grito. Yo le dije entonces al Sr. Presidente que no podía permitir que a nadie se apresase en mi propia casa, y le supliqué se separase del grupo porque temí un mal resultado, según lo que veía, sin saber que el Sr. Aguilar había dado orden al coronel

Sr. José Rosales para que fuese al cuartel a traer una escolta de cincuenta hombres.

Por fin, no sin trabajo, pude desprenderlo del grupo y me quedé en la puerta de la calle apaciguando y calmando a la multitud, que indignada prorumpía contra los coquimbos y forasteros, diciendo que querían dejar al Salvador sin su pastor, como lo hicieron en Guatemala el año de 1829 con el Sr. Casaus.

"No se fíe", me decían. "No se crea de estos herejes, que nosotros oímos todo lo que hablan en la calle y en la iglesia contra nuestra religión y contra S. E. Ilma., hasta el extremo de que Indalecio Cordero llevó pistolas a la Catedral el día que predicó la fúnebre del Sr. Casaus, y se estuvo riendo y mofándose en la iglesia, poniéndose al fin detrás del dosel, para asesinarlo sin duda."

Toda esta tarde continuaron los grupos, y a eso de la oración vinieron los señores Gobernador D. León Idígoras y Alcalde D. Manuel Fuentes a suplicarnos que mandásemos tocar sermón y le predicásemos al pueblo en Catedral para que se aquietase, pues ya atacaba la guardia del principal.

No fue posible acceder a esta solicitud porque estaba para caer una gran tormenta y ya la noche entraba, pero hicimos llamar al balcón a los grupos de la plaza y les exhortamos a que se retirasen a sus casas.

La lluvia continuó y se aumentaban más los tumultos, expresándose siempre contra el Sr. Aguilar y diciendo que su elección de Presidente era nula porque no tenía todos los votos necesarios, que obraba contra el pueblo salvadoreño influido por los coquimbos a quienes colocaba en destinos lo mismo que a los forasteros, etc.

La efervescencia llegaba hasta el extremo de querer dirigirse los grupos a tomar el cuartel con el fin de tomarse las armas y expulsar del Estado a los coquimbos. Con la mira de calmar la exaltación y que el pueblo no se desbandase por la ciudad y hubiese víctimas y desórdenes, le propusimos que fuesen cuatro comisionados a hablar al cuartel con el Sr. Presidente, y suplicamos que los acompañasen, como lo verificaron el Dr. D. Manuel Muñoz y D. José Meléndez.

Es público que el Sr. Aguilar conferenció con estos comisionados y les ofreció que el día siguiente, a las diez de la mañana, depositaría el mando en el Senador Palacios, como se le pedía, y que entonces hiciese el pueblo sus peticiones. Este ofrecimiento libró a San Salvador de las desgracias que indefectiblemente hubieran sucedido en aquella noche, porque los ánimos estaban exaltadísimos.

Desde las siete de la mañana del día 12 comenzaron a llegar los grupos a la calle de nuestra habitación, y preguntándoles por las ventanas cuál era la causa de aquellas reuniones, nos contestaron que era porque dudaban que el Sr. Aguilar cumpliera lo que había ofrecido de entregar el Ejecutivo al Sr. Senador Palacios, pues toda la noche habían estado reuniendo gente con engaños en el cuartel.

Después supimos que en dos puntos distintos una persona había dado vivas a Malespín, pero el honrado pueblo del Salvador no secundó este grito infame, esta voz infernal. ¡Honor eterno a este heroico pueblo porque detesta a los tiranos, sean quienes fueren!

Hemos podido entender que aquella aclamación a Malespín fue inspirada para echar la odiosidad a la reunión y a sus pretensiones. Como un medio de afianzarlas, se propuso que el Sr. Aguilar dejase el mando y lo tomara el Sr. Senador Palacios.

Veamos si esta pretensión podía convenir a miras favorables a Malespín.

El Sr. Aguilar, sin desmerecer el aprecio de los salvadoreños, ha merecido también la confianza de Malespín. En los momentos del choque de aquellos con este, el Sr. Aguilar ha sido apoderado de los derechos y acciones del mismo Malespín para recoger sus bienes, mientras que el Sr. Palacios contribuía activamente a su destronamiento el dos de febrero, y en seguida manifestó el mayor empeño en evitar la guerra con Honduras y privar a Malespín de todo medio para recobrar su poder.

Después de esto, ¿podrá decirse que el que no quiere a Aguilar, y sí a Palacios, puede querer a Malespín? ¡Ah! Aun después de todo lo ocurrido, el primero tendría acogida con aquel tirano, y el segundo no tuviera otro descanso que el cadalso.

A eso de las diez de la mañana oímos los gritos de los grupos y cuando salimos a las ventanas, ya iban sobre la plaza, sin que pudieran oír nuestra voz, por más que la esforzamos para que retrocedieran. Comenzó a verterse la sangre preciosa de los salvadoreños... ¡Los causantes de estas desgracias responderán a Dios y a los hombres de esta sangre!

El pueblo, lleno de un entusiasmo religioso al par que patriota, sin consultar más que estos nobles sentimientos, voló a salvar a su Pastor, que lo creía amenazado de destierro, que lo querían arrancar de su Silla para dispersar la grey, como se hizo con el mismo Divino Salvador y con el Excmo. e Ilmo. Sr. Casaus. Nuestra alma se llenó de amargura y entonces pasamos al Sr. Aguilar la comunicación que va señalada con el número dos. (1)

Después se ha querido, por la impostura, dar otro colorido a este movimiento generoso de nuestros muy queridos hijos, pero estamos dispuestos a pulverizar la impostura y a manifestar siempre la verdad, porque la verdad es Dios mismo, según un sabio francés.

Lenguas maldicientes comienzan ya a dirigir sus tiros contra nuestro venerable clero y contra nuestra persona, fascinando a los incautos y trastornando la opinión con la especie ridícula de que el pretexto ostensible era evitar nuestra expatriación, pero que el fin era el de apoderarse de las armas los malespinistas, y como haciendo entrever que en esto estábamos de acuerdo; olvidándose de que Nos, y el venerable clero, más que ninguno otro, detestamos no solo a los tiranos, sino a los que, como Malespín, vertieron la sangre de los ungidos del Señor, y por lo cual lo declaramos excomulgado con arreglo al derecho canónico.

¿Quién de todos los que charlan ha hecho otro tanto? ¡Impostores! Os desgarraremos la máscara con que queréis engañar al pueblo, sí, a nuestra muy amada grey.

Pero ya no nos es permitido sufrir por más tiempo que en nuestra persona y dignidad sea ultrajada la sacrosanta religión de los salvadoreños, que está consignada en la Constitución del Estado, por esos hombres execrados de todos los Estados, detestados del Salvador por su inmoralidad, por los males que siempre han atraído a nuestra querida patria y por los que desde aquí causan a los otros Estados.

Estos son los que públicamente blasfeman de la religión del Salvador y de sus ministros; y, sin embargo, no vemos que se les castigue por la autoridad conforme a derecho.

Sufrimos con paciencia, solo por amor de nuestros diocesanos, el hambre y la miseria, pues no solo no se nos paga la renta que nos señala la ley, sino que aún no se nos dan los necesarios alimentos para la vida; sufriremos gustosos la muerte misma por el último de nuestros hijos, pero ya no es posible continuar en este desorden: y si él no se remedia, nos veremos en la necesidad de salir de esta capital y aun del Estado, para no ver y llorar males que no podemos remediar.

Nos llevaremos el gobierno de esta nuestra Iglesia, y el clero que quede aquí no tendrá licencia ni facultad para administrar los Sacramentos; ya que no se quiere, por un puñado de malvados, que el Salvador profese la religión de sus padres, y ya que las autoridades no protegen esta religión como deben hacerlo, por las leyes vigentes del Estado.

Hacemos esta franca y sensible manifestación a nuestros muy caros diocesanos, dándoles como muestra de nuestro infatigable amor, nuestra bendición pastoral.

San Salvador, 16 de julio de 1846.
Jorge; Obispo de S. Salvador.

NÚMERO 5
El Presidente del Estado del Salvador,

CONSIDERANDO:

Que por olvido y falta de cumplimiento de las leyes más saludables y precautorias del Estado, se han introducido abusos con mengua de la religión, descrédito de sus ministros y profanación de la Cátedra del Espíritu Santo, predicando en ella, por uno u otro eclesiástico, ideas subversivas del orden público, y que tienden directamente a la desobediencia a la autoridad, a dividir más y más los ánimos y a exaltar los partidos.

DECRETA

Artículo único. Se recuerda muy especialmente a todos los tribunales y autoridades del Estado, el más exacto y puntual cumplimiento de los artículos 210, 211, 212, 213, 304, 305, 306, 307, 308 y 309 del Código Penal, que dicen:

Art. 210. Cualquiera salvadoreño de cualquier clase, estado y condición, que de palabra o por escrito tratare de persuadir que no deben guardarse las constituciones del Estado y de la Federación en

81

todo o en parte, será castigado como subversor de las mismas constituciones en primer grado; sufrirá seis años de prisión y perderá todos sus empleos y sueldo, ocupándosele además sus temporalidades si fuese eclesiástico.

Si incurriere en este delito un funcionario público o un eclesiástico secular o regular cuando ejerza su ministerio en discurso o sermón al pueblo, carta pastoral, edicto u otro escrito oficial, será declarado indigno del nombre de salvadoreño, perderá todos sus empleos, sueldo y temporalidades, sufrirá ocho años de prisión y después será expulsado para siempre del territorio del Estado.

El cura o prelado de la Iglesia que presida el acto en que se pronuncie el discurso o sermón; el secretario que autorice la carta pastoral, edicto o escrito oficial; el Jefe Político, alcalde o juez respectivo que inmediatamente no lo recoja y proceda contra el culpable, sufrirá una multa de treinta a seiscientos pesos.

Art. 211. El funcionario público o el eclesiástico que con su sermón, discurso, carta pastoral, edicto o escrito oficial, según el artículo precedente, causare alguna sedición, motín o alboroto popular, sufrirá la pena prescrita contra los autores principales de este delito, según la clase que corresponda; pero en ningún caso podrá aplicarse una pena menor que las señaladas en el segundo párrafo del artículo precedente.

Art. 212. Todo salvadoreño de cualquier estado y condición, que de palabras o por escrito propagare cualquiera máxima o doctrina que tenga una tendencia directa a destruir o trastornar las constituciones del Estado y Federación, sufrirá una prisión de dos a seis años, perderá sus empleos y sueldos, y se le ocuparán las temporalidades si fuere eclesiástico.

Iguales penas sufrirá el que en sitio público o de concurrencia diere voz sediciosa contra la observancia o la existencia de las constituciones referidas.

Art. 213. Si un funcionario público o un eclesiástico secular o regular delinquire contra lo prevenido en el artículo precedente ejerciendo las funciones de su ministerio, se le impondrán dos años más de prisión con la privación del empleo y sueldo y la ocupación de temporalidades.

Art. 304. El que de hecho o a sabiendas y fuera del caso prevenido en el artículo 269 resistiese o impidiese la ejecución de alguna ley, acto de justicia, reglamento u otra providencia de la autoridad pública, sufrirá una reclusión o prisión de uno a cuatro años. Si para ello hubiese resistencia con armas de fuego, acero o hierro, será doble la pena sin perjuicio de cualquier otra en que incurra por la violencia que cometiese.

Los funcionarios públicos que como tales incurran en este delito serán castigados con arreglo al capítulo 6.º de esta primera parte.

Art. 305. Si alguno de los delitos expresados en el artículo anterior fuere cometido por una reunión tumultuaria de personas que, llegando a cuatro, no exceda de cuarenta, y en que cuatro o más hayan usado de las armas sobre dichas, se impondrá a los cabezas, directores y promotores, la pena de tres a diez años de obras públicas, y a todos los demás reos indistintamente de dos a ocho años de prisión o reclusión.

Si no se hubiese hecho uso de armas por cuatro o más individuos, los cabezas, directores y jefes sufrirán una reclusión de diez meses a seis años, y todos los demás reos indistintamente la de uno a cuatro años.

Art. 306. El que de palabra o por escrito excitare o provocare directamente a desobedecer al Gobierno o a alguna autoridad pública o a resistir o impedir la ejecución de alguna ley, u otro acto de los expresados en el 304, sufrirá una prisión o reclusión de seis a dieciocho meses, si la excitación o provocación no hubiere surtido efecto; pero si lo hubiese tenido, en este caso será dicha pena de uno a cuatro años.

Si hiciere la excitación o provocación un funcionario público, o un eclesiástico secular o regular cuando ejerzan las funciones de su ministerio, se les aumentarán dos años más de pena en ambos casos, con privación de empleos, sueldos y temporalidades.

Art. 307. El que de palabras o por escrito provocase con sátiras o invectivas a desobedecer alguna ley, o al Gobierno o a otra autoridad, sufrirá un arresto de quince días o dos meses, o una multa de ocho a treinta pesos, aumentándose un año de arresto, o una multa de ochenta a cien pesos con privación de empleos y temporalidades al eclesiástico secular o regular, o funcionario público que cometiese este delito ejerciendo las funciones de su ministerio.

Pero si un eclesiástico secular o regular, abusando de su ministerio en sermón o discurso al pueblo, o edicto, carta pastoral u otro escrito oficial, censurase o calificase como contrarias a la religión o a los principios de moral evangélica las operaciones o providencias de cualquiera autoridad pública, sufrirá una reclusión de dos a seis años, y se le ocuparán las temporalidades. Si designare con alguna de estas calificaciones al Cuerpo Legislativo, o al Presidente de la República o Jefe Supremo del Estado, será extrañado de él para siempre, y se le ocuparán también las temporalidades.

Art. 308. El que de palabra o por escrito negare o impugnare las legítimas facultades de la Suprema Potestad civil, su soberanía e independencia en todo lo temporal, y su imperio sobre todas las materias de la disciplina exterior del Estado, será castigado como incitador a la inobediencia con un arresto de quince días a dos meses o una multa de ocho a treinta pesos.

Si cometiese este delito un funcionario público, o un eclesiástico secular o regular ejerciendo su ministerio en discurso o sermón al pueblo, o en edicto, carta pastoral, u otro escrito oficial, sufrirá una reclusión o prisión de uno a tres años, y si insistiere o reincidiere, será extrañado del Estado para siempre, y se le ocuparán las temporalidades.

Art. 309. Sin embargo de cuanto queda prevenido en este capítulo y en los antecedentes, podrá el Jefe del Estado, como ha podido legalmente antes de la promulgación de este Código, usar gubernativamente de la facultad de extrañar del Estado para siempre, y ocupar las temporalidades a todo eclesiástico secular de cualquiera clase o dignidad, que rehúse reconocer la legítima y suprema autoridad del Gobierno, u obedecer las disposiciones y providencias de este o conformarse con las leyes del Estado.

Lo tendrá entendido el Secretario general del despacho, y dispondrá se imprima, publique y circule.

Dado en San Salvador, a 27 de julio de 1846.

Eugenio Aguilar.

Al Sr. José María San Martín.

CAPÍTULO III: UN OBISPO CONFLICTIVO

Estado del Salvador desde la salida del señor Viteri hasta el fin de otra revolución que el mismo Obispo fraguó contra el Presidente Aguilar.

SUMARIO.

1- Tranquilidad pública. 2- Nueva intentona de Viteri. 3- Muerte de Malespín. 4- Fusilamientos. 5- La cabeza del general Malespín.

Desde que salió el obispo Viteri del Salvador, volvió la calma y la tranquilidad. Continuó hablándose de agricultura y de industria, y nadie pensaba en revolucionar el Estado.

La hacienda pública, que tanto había sufrido con los trastornos, se restauraba y la independencia de la patria pudo celebrarse el 15 de septiembre de 1846 con demostraciones de verdadero júbilo.

Dueñas ocupó la tribuna y enalteció la democracia y la República.

Las esperanzas de nacionalidad no habían muerto y todavía se tenía fe en la Dieta de Sonsonate.

Actas de las Municipalidades manifestaban adhesión al Gobierno y lo felicitaban por sus medidas contra el Obispo revolucionario.

Pero Viteri no estaba quieto

Viteri contaba para revolucionar el Estado con el general Malespín y con la oligarquía hondureña, que, impelida por las circunstancias y contra su voluntad, había adherido a los tratados de Sensenti.

El Gobierno de Honduras ofreció al Gobierno salvadoreño que Viteri no quedaría en ningún pueblo fronterizo. (Documento núm. 1.0)

Esa promesa no llegó a cumplirse, y el obispo Viteri contaba con el apoyo de las autoridades hondureñas.

Mientras que Viteri combatió a Malespín en San Salvador, manifestándose amigo de Joaquín Eufracio Guzmán, fue atacado en Honduras hasta el extremo de publicarse un periódico titulado La

Palabra de Dios para oponerse a las tendencias del obispo salvadoreño.

Cuando Viteri, para combatir al Presidente Aguilar, volvió a ser amigo de Malespín, La Palabra de Dios en Honduras era la palabra de Viteri, a quien se manifestaban vivas simpatías y se prestaba todo género de apoyos.

El obispo Viteri ofreció a Malespín colocarlo en la presidencia del Estado.

Malespín marchó a Nacaome. Allí encontró protección y apoyo.

El comandante Goyenaga le dio no solo armas, sino también parque.

En Tegucigalpa igualmente encontró apoyo Malespín: el comandante de la plaza, Bernardo Lara, puso a su disposición algunos elementos de guerra.

Sin publicidad, pero de una manera eficaz, favorecía a Malespín don Juan Lindo, amigo del obispo Viteri. Con estos recursos, Malespín pudo reunir gente en los pueblos de Sensenti y Guarita y atacó la plaza de Chalatenango. Inmediatamente, el Presidente del Estado dictó el decreto que sigue:

"El Presidente del Estado en ejercicio del S.P.E."

CONSIDERANDO:

Que por el artículo 45 de la Constitución, es su principal deber conservar el orden público: que no es posible, a su juicio, llenar este deber en las actuales circunstancias sino dictando medidas aparentes para el pronto castigo de los trastornadores: que es llegado el caso de obrar activamente sobre los facciosos, puesto que una partida armada procedente de los asilados en Honduras se ha introducido a tirotear la fuerza del Gobierno que existía en la plaza de Chalatenango, de donde fueron repelidos: que el faccioso Francisco Malespín y sus agentes intentan promover trastornos intestinos, con cuyo fin ha hecho la incursión referida, se ha servido decretar y

DECRETA

Art. 1.° Se autoriza a todos los habitantes del Estado para que se armen de la manera y en el número que puedan y concurran a perseguir a toda partida de facción que se presente en su territorio, bien sea perteneciente a Francisco Malespín o a cualquier otro que con cualquier carácter o pretexto intente atacar las fuerzas del Supremo Gobierno del Estado y a las autoridades legalmente constituidas.

Art. 2.° El Gobierno dará a los pueblos amenazados toda clase de auxilios y protesta defenderlos con todo su poder.

Art. 3.° Quedan fuera de la protección de las leyes todos los que directa o indirectamente se comprometan con los facciosos: todos los que les escriban, les sirvan de correos o de espías, los que les suministren noticias de palabra o por escrito y los que les den víveres o cualquier otra clase de auxilios.

Art. 4.° Los que incurran en los delitos mencionados en el artículo anterior, serán juzgados militarmente dentro de 48 horas como en campaña, y los que resulten convictos serán pasados por las armas.

Art. 5.° Serán tratados y juzgados como enemigos del Salvador los que nieguen sus servicios al Estado en las presentes circunstancias.

Art. 6.° Se faculta al Sr. Subinspector general de las armas del Estado, para que haga su defensa persiguiendo y haciendo perseguir hasta sus límites a cualquiera clase de facciosos que intenten obrar contra el Supremo Gobierno y para castigar a los que incurran en la pena que impone el presente decreto.

Lo tendrá entendido el Secretario general del despacho, y dispondrá se imprima, publique y circule.

Dado en San Salvador, a 3 de noviembre de 1846.

Eugenio Aguilar.

Al Sr. Licdo. Francisco Dueñas.

Viteri volvió entonces a exhibirse en toda su desnudez revolucionaria.

Publicó una pastoral en favor de Malespín.

En ella dice el Obispo que el excelentísimo señor general don Francisco Malespín estaba destinado por la providencia divina para defender a la vez la religión del Estado y los derechos de los salvadoreños, vilmente conculcados por un puñado de criminales, impíos, que habían usurpado el Gobierno.

El Obispo se dirige a las Municipalidades del Ojo de Agua, Tejutla, La Palma, Rodeo, Citalá, Metapán, Texis, Santa Ana,

Coatepeque, Guaimoco, Izalco, Sonzacate y Sonsonate y les dice a todas que se unan al General Libertador, que lo auxilien como era debido, porque la causa que él defendía y los valientes que lo acompañaban es la causa de la religión del Estado, de la verdadera libertad, de la civilización y del orden. He aquí el texto:

Ojo de Agua, Tejutla, La Palma, Rodeo, Citalá, Metapán, Texistepeque, Santa Ana, Coatepeque, Guaymoco, Izalco, Sonzacate, Sonsonate.

A las Municipalidades de los pueblos del margen
Corquín, Noviembre 8 de 1846.-

Con la más grata complacencia he recibido anoche la muy apreciable comunicación que con fecha 5 del presente tiene la bondad de dirigirme ese honorable Cuerpo municipal con el regidor del mismo Sr. José Landaverde, que en comisión ha venido a invitarme para que me dirija al seno de mi muy amada grey: al Dulce Nombre, una vez que se halla en ese pueblo el Excmo. Señor General Dn. Francisco Malespín, destinado por la Providencia Divina para defender a la vez la Religión del Estado, y los derechos de los salvadoreños vilmente conculcados por un puñado de criminales, impíos que se han usurpado el Gobierno de nuestra cara patria, y oprimen sin cesar a los heroicos hijos del Salvador.

La causa no puede ser más santa y más justa; y yo que me glorío de ser salvadoreño; yo que muriera mil veces por el último de los salvadoreños, volaría hoy mismo si no tuviera que contar con el Gobierno Supremo de Honduras, que generosamente me ha acogido en su territorio con la mayor generosidad. Dado este paso que es debido al mismo Supremo Gobierno de Honduras, a mí mismo y al gran pueblo salvadoreño a que pertenezco, ofrezco a UUds. que volaré inmediatamente al seno de mis muy amados diocesanos a sostener sus derechos y a defenderlos con firmeza.

Mientras llegan tan deseados momentos, yo conjuro por lo más sagrado a esos pueblos y a todos los del Estado, a que se unan al General Libertador, a que lo auxilien como es debido; porque la causa que él defiende y los valientes que lo acompañan es la de la Religión del Estado, la de la verdadera libertad, la de la civilización y el orden.

Con estos sentimientos tengo el dulce consuelo de contestar la nota citada de esa heroica Municipalidad. Deseo que estos sentimientos de mi alma lleguen a los oídos de todos los pueblos del Salvador, a quienes ama más que a su propia vida.

Este afectísimo amigo de UU., seguro servidor que los bendice.

Jorge; Obispo de S. Salvador.

A los revolucionarios estaba unido Escolástico Marín, quien recorrió varios pueblos del Estado, saqueó la hacienda del Espíritu Santo y regresó a su guarida en Honduras.

Malespín predicaba la religión como San Pablo y ejecutaba tropelías como Atila.

Su prestigio estaba enteramente concluido y era imposible levantarlo.

En el Dulce Nombre de La Palma sufrió el primer revés.

Los moradores se arrojaron sobre parte de la pandilla invasora.

Los tejutlas y aldeas circunvecinas fueron una muralla que impedía la internación de Malespín.

Entonces el pretendiente a la silla presidencial dispuso parapetarse en el pueblo que se llama Dulce Nombre de María, a cuatro leguas de la frontera de Honduras.

Desde allí llamó al obispo Viteri, quien se contentó con bendecirlo sin exponer su persona a los azares de la guerra.

El general don Nicolás Angulo, a la cabeza de seiscientos veteranos y de más de doscientos patriotas voluntarios, atacó a Malespín en el Dulce Nombre de María.

El pretendiente huyó a Honduras dejando en poder de Angulo las armas y demás elementos de guerra que había reunido.

Al mismo tiempo hubo un motín en Santiago Nonualco, que si bien no manifestaba tendencias episcopales, sino propensión a una guerra de castas, lo alentaba el desorden que el Obispo promovía.

Malespín dio parte a Lindo y a Viteri de su derrota en el Dulce Nombre de María, y aquellos revolucionarios concertaron un nuevo plan, cuyo teatro debía ser el Volcán de Santa Ana.

Viteri escribió una carta al señor cura don Manuel María Zeceña en que le dice que el general Ignacio Malespín sostiene la causa de los buenos salvadoreños que piden satisfacción de las ofensas causadas a la dignidad episcopal.

Dicha carta dice así:

"Sr. Cura D. Manuel M. Zeceña.
Corquín, Noviembre 18 de 1846.

Muy Sr. mío de mi aprecio:
El general Ignacio Malespín sostiene la causa de los buenos salvadoreños, que piden satisfacción de las ofensas causadas a mi dignidad, y no dudo que serán protegidos en lo posible por U. y todos los buenos, porque la causa es justísima.

Con fecha 10 me dirigí a ese Gobierno indicándole me proponga alguna medida en que yo pueda cooperar sin comprometer mi dignidad y conciencia para cortar los males que afligen a mi Diócesis.

Estoy postrado de una gran inflamación en la cara y por esto no soy más largo.

Espero que esta la dirija original al Sr. Cura de Coatepeque, de quien como de U. soy su más afectísimo amigo y seguro servidor q. b. s. m.

Jorge, Obispo de San Salvador.

"Sr. Cura D. Manuel M. Zeceña.
Corquín, Noviembre 18 de 1846.

Muy Sr. mío de mi aprecio:
El general Ignacio Malespín sostiene la causa de los buenos salvadoreños, que piden satisfacción de las ofensas causadas a mi dignidad, y no dudo que serán protegidos en lo posible por U. y todos los buenos, porque la causa es justísima.

Con fecha 10 me dirigí a ese Gobierno indicándole que me proponga alguna medida en que yo pueda cooperar sin comprometer mi dignidad y conciencia para cortar los males que afligen a mi Diócesis.

Estoy postrado de una gran inflamación en la cara y por esto no soy más largo.

Espero que esta la dirija original al Sr. Cura de Coatepeque, de quien, como de U., soy su más afectísimo amigo y seguro servidor q. b. s. m.

Jorge, Obispo de San Salvador.

El mismo Viteri escribió otra carta a los señores capitán Velcher y jueces del Volcán, en la cual les pide que cooperen al triunfo de la causa que sostenía Malespín. Es la siguiente:

"Señores Capitán Velcher y jueces del Volcán.
Corquín, Noviembre 18 de 1846.
Muy Señores míos:

El general Ignacio Malespín sostiene la causa con los buenos salvadoreños que piden satisfacción a las ofensas causadas a mi dignidad y no dudo que UU., como todo buen salvadoreño, le darán los auxilios que sea posible, cooperando en unión de él a la conclusión de este negocio.

El general Francisco Malespín obra por otro punto, y por otro el general Belloso, así es que todo depende de la actividad y buena armonía que UU. deben guardar.

Estoy postrado de una grande inflamación en la cara, y por esto no soy más largo, pero en toda distancia soy de UU. muy afectísimo S. S. Q. B. S. M.

Jorge, Obispo de San Salvador."

El mismo prelado se dirigió a Malespín, diciendo que no lo seguía inmediatamente por hallarse con una fluxión en la cara, pero que pronto se pondría en marcha para tener el gusto de abrazarlo. Véase el texto íntegro, dice así:

"Al Exmo. Sr. General del Ejército Libertador Don Francisco Malespín.
Corquín, Noviembre 14 de 1846.
Muy apreciado ahijado y Sr. mío:

He tenido el gusto de recibir de manos del Sr. Gallegos la muy apreciable carta de V. E. del 10, y con motivo de hallarme actualmente con una fuerte fluxión en la cara no me pongo en marcha, como yo lo deseo; pero puede V. E. contar con que, aunque sea enfermo, en toda la próxima semana tendré el gusto de dar a V. E. un estrecho abrazo y de verme en medio de mis muy amados diocesanos, a quienes hace mucho tiempo que tengo consagrada mi existencia.

Sin tiempo para otra cosa, y como pronto nos hemos de ver, me despido de V. E. siempre afectísimo padrino y amigo Q. S. M. B.

Jorge, Obispo de San Salvador."

A pesar de las bendiciones del Obispo, Ignacio Malespín no encontró ningún auxilio en el Volcán de Santa Ana. Se dirigió por la costa buscando a los indígenas de Santiago Nonualco, fue capturado en su tránsito juntamente con las personas que lo acompañaban y sometido a un severo juicio.

El Presidente Aguilar publicó un manifiesto documentado que se halla al fin de este capítulo. (Documento núm. 2.)

Muerte de Malespín: El 25 de noviembre de 1846, Francisco Malespín, escogido por la Providencia para salvar la Iglesia de Dios restaurando en El Salvador la sagrada religión, según decían en sus pastorales el Obispo Viteri, murió colmado de bendiciones en el pueblo de San Fernando, inmediato al Estado de Honduras.

La vida de Malespín se conservó mientras aquel jefe estuvo bajo el peso de la excomunión que con gran pompa eclesiástica el Obispo Viteri lanzó contra él en la catedral.

Malespín murió en San Fernando y bárbaramente le cortaron a machetazos la cabeza los moradores de aquel pueblo cuando ya se hallaba en el gremio de la Iglesia.

Su cabeza fue conducida, por los mismos que a machetazos la habían cortado, a la capital de El Salvador.

Fusilamientos: El 5 de diciembre fueron fusilados Ignacio Malespín y algunos de sus cómplices.

Don Francisco Dueñas y don José María San Martín eran Ministros de Aguilar y el proceso se había seguido conforme al texto literal de las leyes militares.

Sin embargo, la muerte de Ignacio Malespín produjo una mala impresión.

Algunas personas recordaban que había sido amigo del general Morazán, que combatió a Francisco Malespín frente a frente el año de

1840, que fue uno de los héroes del asalto de la plaza de Guatemala el día 18 y de la retirada del 19.

Otros aseguraban que Ignacio Malespín tenía un carácter suave, sociable y bondadoso y que solo las exigencias del Obispo podían haberlo lanzado a la revolución.

Muchos creían que, muerto Francisco Malespín, era innecesario derramar la sangre de su hermano.

Las señoras y señoritas de San Salvador, movidas de compasión, se presentaron al Gobierno pidiendo que se conmutara la pena de muerte a que estaba condenado Ignacio Malespín.

No hubo piedad, y la sentencia de muerte se ejecutó.

La cabeza del general Malespín, presentada por los vecinos de San Fernando en la capital como un trofeo, produjo también una impresión desagradable, y más aún una orden que se dictó y fue cumplida para que aquella cabeza, puesta en una jaula de hierro, se colocara en lo alto de una de las garitas de la ciudad.

Ahí estuvo algún tiempo.

El aire se introducía por las concavidades del cráneo produciendo algunas veces sonidos semejantes al silbo de una persona.

Estos sonidos se percibían mejor en el silencio de la noche y los indios creían que Malespín llamaba.

Muchas veces se les oyó decir: "¿qué querría anoche Malespín que estaba chiflando tan recio?"

Por último, desapareció aquel espectáculo: la cabeza del general Malespín fue entregada a los deudos de la víctima para que le dieran sepultura.

Los que hemos censurado con toda severidad al Obispo Viteri, porque siendo Ministro de Rivera Paz colocó en las garitas de Guatemala los restos del Marimbero; los que hemos visto como un acto de barbarie presentar a Carrera en Quezaltenango la cabeza del coronel Corzo; los que hemos escrito contra los Ministros de Cerna, que se complacían en pasear por las calles de Guatemala la cabeza ensangrentada del general Serapio Cruz, no podemos recordar fríamente la cabeza del general Malespín colocada en una jaula de hierro sobre una de las garitas de San Salvador.

Las mutilaciones políticas no son de este siglo.

Judit, a quien la Iglesia alaba, se consideraría hoy tan criminal como Herodías, a quien la Iglesia condena.

Malespín no sufría porque los muertos no sufren; pero sufría hondamente su familia.

Mas, sea de esto lo que fuere, la familia de Malespín y todo el pueblo salvadoreño deben mirar a Viteri como el móvil de tantos infortunios.

DOCUMENTOS JUSTIFICATIVOS
NUMERO 1.

"Casa del Gobierno: Comayagua, Agosto 31 de 1846.

Sr. Ministro General del Supremo Gobierno del Estado del Salvador:

Tuve el honor de dar cuenta al Sr. Presidente con la muy atenta comunicación de U. fecha 14 del corriente, en que manifiesta que, por una consecuencia precisa de los acontecimientos ocurridos en esa capital los días 11 y 12 de julio próximo pasado, el Sr. Obispo Viteri se dirigió para Guatemala, solicitando pasaporte de aquel Gobierno, el cual se le negó, y entonces lo pretendió para dirigirse a este Estado, según comunicaciones oficiales que U. recibió de dicho Gobierno.

Hasta ahora, Sr. Ministro, no ha solicitado el Sr. Obispo Viteri asilo para residir en este Estado, ni pasaporte para transitar por él, ni es posible que lo pretenda; pero en el caso de solicitarlo, y de que mi Gobierno no pueda negárselo, atendidas las reglas de la urbanidad, tendrá cuidado de obsequiar los deseos de ese Gobierno, haciendo que el Sr. Viteri no quede en ningún pueblo fronterizo a ese Estado.

Lo digo a U. para conocimiento del Sr. Presidente, en contestación a su ya citada, teniendo entre tanto el placer de suscribirme su atento servidor,

Santos Guardiola.

NÚMERO 2.

El Presidente del Estado del Salvador, a sus habitantes:

Encargado por la Constitución de conservar el orden público, me veo en el deber de dar cuenta a los pueblos de la alteración que sufrió desde el 1.° de noviembre hasta el 28 del mismo. Aunque han sido notorios los hechos, es necesario que el Estado entero conozca a los revolucionarios solapados que han incendiado a su patria por sostener sus caprichos, conculcando las leyes y contrariando abiertamente la opinión de los pueblos.

El 11 de julio asomó la hidra venenosa una de sus innumerables cabezas en la casa Episcopal, y el Obispo Viteri, desde entonces, se vio precisado a descubrirse y confesarse autor de la revolución.

Públicos fueron los sucesos de aquella época: la prensa los delató; yo mismo informé al público de ellos y por esto omito ahora su narración.

Francisco Malespín, el mayor asesino y el malvado más grande que produjo Centroamérica, descendió del poder al que había ascendido por una serie no interrumpida de crímenes, en medio de la execración popular.

Actas de desconocimiento de todos los pueblos enunciaron que su poder había cesado. Un decreto del Cuerpo Legislativo sancionó el voto público, declarando nula su elección, y habiendo sido acusado por sus enormes delitos, se declaró reo y con lugar a formarle causa.

Mas no solo fue despojado del poder público, sino que el Obispo Viteri lo declaró excomulgado en un acto solemne que celebró en la Catedral (documento núm. 1.) y, por otros edictos y pastorales, se le echó la execración religiosa (documento núm. 2.).

Con tales antecedentes, Malespín quedó olvidado, anatematizado y excluido de toda comunicación política y eclesiástica; pero apenas se había restablecido la paz y el orden, apenas los pueblos comenzaban a respirar, cuando este mismo Obispo Viteri, este mismo prelado que lo declaró fuera de la comunión de la Iglesia, entró el primero en relaciones con Malespín, ofreciéndole colocarlo en la presidencia del Estado.

El Gobierno tenía partes repetidos de estas clandestinas relaciones, dudó algún tiempo, pero habiéndose esclarecido los hechos, se limitó únicamente a observar sus pasos.

Se buscó un pretexto y el mes de julio fue la época designada para la vuelta de Malespín y sus asquerosos secuaces; mas el caudillo, torpe en sus negras maquinaciones, malogró el lance y fue envuelto en su misma obra, abandonando su grey y buscando en otras partes la seguridad que sus perfidias le habían hecho perder.

Dio aviso a Malespín, Lindo y demás partidarios suyos del mal éxito de su empresa, y comenzó a fraguar para el mes de noviembre la segunda tentativa. No faltaron los emisarios, las cartas y los agentes diarios para trastornar el orden.

Los Malespines debían ser los instrumentos y el Obispo no debía llegar sino dos meses después para no verse comprometido a salvar a ninguno.

Para el éxito de la agresión, Malespín marchó a Nacaome, en donde el comandante Goyenaga le facilitó armas y parque, y en Tegucigalpa le proporcionó otras Bernardo Lara, comandante de la plaza (documento núm. 3). Reunió a los más perversos de sus oficiales, porque los menos malos no le auxiliaron, sino muy bajo de cuerda, y con ellos y la recluta que por medio de D. Juan Lindo se le reunió en los pueblos de Sensenti y Guarita, atacó la plaza de Chalatenango, recorriendo en seguida los pueblos y aldeas fronterizas.

El Obispo Viteri expidió en el pueblo de Corquín, punto convenido de antemano para su residencia durante las operaciones bélicas, la pastoral que consta en el documento núm. 4, que debía recorrer todos los pueblos. Ved aquí, salvadoreños, el notable contraste que se advierte en el edicto de 23 de febrero de 1846. No puede darse otra prueba más convincente de la versatilidad del Obispo que la presente. Si esta variabilidad solo se viera en lo privado, no sería tan perjudicial; pero en documentos públicos y en documentos canónicos, que jamás se habían visto entre nosotros tan prostituidos, es un escándalo para la razón, el buen sentido y para los eclesiásticos virtuosos.

Malespín y sus colegas fueron derrotados en el pueblo del Dulce Nombre, y este criminal caudillo lo notificó inmediatamente a los señores Lindo y Viteri, quienes de común acuerdo concertaron el nuevo plan de hacer punto de reunión el volcán de Santa Ana, en donde suponían tener partidarios. El Obispo entonces proveyó a los facciosos de las cartas (documento núm. 5) que le fueron tomadas a Ignacio Malespín, quien declaró haber perdido otros documentos importantes del mismo Obispo. No solo sopló la revolución este Pastor descarriado por medio de cartas, edictos y pastorales, sino que en las banderolas de las lanzas mandó fijar una cruz negra como insignia de muerte y exterminio (documento núm. 6).

La tentativa del volcán de Santa Ana fue tan desgraciada como las del Dulce Nombre y demás pueblos del departamento de Cuscatlán: los facciosos fueron capturados y juzgados, y la revolución terminada.

Todas las muertes habidas en esta campaña son debidas principalmente al Obispo Viteri, como lo comprueban los documentos que sirven de apoyo a esta manifestación, porque él, sin motivo y sin razón, ha envuelto al Salvador en una anarquía, cuyos progresos eran incalculables y los males infinitos, si el patriotismo de los pueblos no hubiera sido tan enérgicamente pronunciado y cooperado todos de consuno al restablecimiento del orden y la paz.

El incendio del pueblo de Santiago es obra del Obispo, quien por medio de emisarios hizo sublevar a los infelices indígenas y sufrir todos los males que por esto se les sobrevinieron.

El Gobierno no ha hecho más que llenar el primer deber que le impone la ley fundamental, de conservar el orden con los menos estragos posibles. Toda revolución es un mal, y un mal de los más graves y trascendentales; pero me cabe la satisfacción de haberlos disminuido en cuanto lo han permitido mis deberes y las difíciles circunstancias en que me colocó la revolución.

San Salvador, diciembre 20 de 1846.

Eugenio Aguilar.

DOCUMENTO NÚM. 1.

Nos, Dr. Jorge de Viteri y Ungo, por la Misericordia Divina y gracia de la Santa Sede Apostólica, Obispo de San Salvador, Prelado Doméstico de su Santidad, asistente al Sacro Sólio Pontificio y Delegado Apostólico &. &.

Vista la información seguida, de orden nuestra, por nuestro Provisor y Vicario general, y constando de ella ser cierto que Francisco Malespín, súbdito nuestro, depuesto de la Presidencia del Estado por las Cámaras Legislativas, por decreto de 15 del presente mes, y separado del mando de las armas, ha cometido el horrendo atentado de mandar fusilar en la ciudad de León a los sacerdotes Manuel Crespín y a otro cuyo nombre se ignora; de los cuales solamente se salvó el segundo, por intercesión de algunas personas piadosas, obligándolo, no obstante, a que fuese a pedirle perdón hincado de rodillas; y que el primero fue pasado por las armas con la mayor ignominia, sin las solemnidades que previamente previene el Derecho Canónico y civil en semejantes casos:

Teniendo presente que este horrible crimen y horrendo atentado tiene anexa excomunión mayor, en que se incurre en el mismo hecho de perpetrarse, impuesta por los sagrados Cánones, y especialmente en el Cánon 15 del Concilio Lateranense en tiempo de Inocencio II, que dice: "Si alguno, por persuasiones del Demonio, pusiere manos violentas en algún Clérigo o Monje, quede ligado con la pena del Anatema."

Y siendo de nuestra más estrecha obligación denunciar las personas que hubieren incurrido en tan formidable pena, según se colige del Cánon Curd, Causa segunda, Cuestión 3.ª y del Capítulo Conquesti de sententia excommunicationes:

Por exigirlo así el honor de Dios, cuyo nombre Santísimo sería blasfemado, y la Religión cristiana despreciada por los herejes e impíos, si viesen cometerse en el cristianismo tan graves crímenes y quedarse sin el castigo que la Santa Iglesia les impone; porque se observe en nuestra Diócesis la disciplina Eclesiástica, cuya justa severidad tiene por objeto apartar caritativamente a los fieles de cometer semejantes delitos; para preservar a nuestros amados diocesanos del contagio con que pudieran inficionarse comunicando con el excomulgado; y, en fin, para que este desgraciado, aterrorizado con el formidable golpe del Anatema, viéndose por una parte privado de los bienes comunes de la Iglesia, de la recepción de los Sacramentos y de la comunicación con los demás fieles, y por otra, hecho por lo mismo el objeto de la maldición de Dios y la execración de todos los fieles cristianos, se arrepienta de su delito, se reconcilie con Dios, busque la misericordia de la Iglesia y se salve.

Con tan paternales intenciones y por tan justas y poderosas causas, en uso de la grande potestad de atar y desatar, que como a Pastor de este rebaño nos ha conferido Jesucristo, aunque sin mérito nuestro, en cumplimiento de nuestro ministerio pastoral, debemos declarar y declaramos excomulgado a Francisco Malespín, por el execrable delito de haber dado con desprecio un empujón y mandado fusilar, como se verificó en León, al señor Presbítero Manuel Crespín; y también por haber mandado hacer lo mismo con otro Sacerdote, que aunque no se verificó, el hecho solo de mandarlo fusilar es bastante para incurrir en la censura.

En cuya consecuencia fulminamos contra él la terrible pena del Anatema, y mandamos se declare con el espantoso aparato con que la Iglesia acostumbra hacerlo en tan tristes y dolorosos casos y con entrañable dolor de nuestro corazón, lo separamos del gremio de los fieles y lo entregamos a la potestad de Satanás para la condenación de su carne, a fin de ganar por este medio al infeliz que se atrevió a poner manos violentas en los Cristos que Dios nos manda respetar como a las niñas de sus ojos.

Y lo hacemos así, repetimos, para que su espíritu se salve en el día de Ntro. Sr. Jesucristo, como lo verificó el Apóstol San Pablo con el incestuoso de Corinto.

Practicamos esto con arreglo a los Sagrados Cánones y leyes civiles aún vigentes, especialmente la ley 13, tít. 9, Part. 1.ª, mandando en su consecuencia a todos los fieles cristianos estantes y habitantes en nuestro Obispado que ninguno se atreva a tratar ni comunicar, por escrito o de palabra, con el expresado Francisco Malespín, ni tomar armas para defenderlo, so pena de incurrir en la excomunión impuesta en los Sagrados Cánones contra los que comunican con los excomulgados vitandos.

Y para que esta nuestra terrible, pero laudable sentencia tenga su debido cumplimiento y llegue a noticia de todos, mandamos que este auto se inserte en un edicto que leerán y explicarán los Párrocos y se fijará en todas las Iglesias de este nuestro Obispado, firmado por Nos, sellado con nuestras armas y autorizado por nuestro Secretario de Cámara y gobierno, y que además se imprima, publique y circule, comunicándose a los Gobiernos Eclesiásticos de esta República cristiana, para su inteligencia en el caso de que el execrable Francisco Malespín transite por sus respectivas Diócesis.

DOCUMENTO NÚM. 2.

Nos, el Dr. Jorge de Viteri y Ungo, por la Misericordia Divina y gracia de la Santa Sede Apostólica, primer Obispo de San Salvador, Prelado doméstico de Nuestro Santísimo Padre el Sr. Gregorio XVI, Asistente al Sacro Solio Pontificio y Delegado Apostólico &.

A nuestro Venerable Clero y a todos nuestros muy amados diocesanos: salud y bendición en Nuestro adorable Salvador Jesús.

La paz, esta bendición con que el Cielo misericordioso favorece a los pueblos, se ve hoy desgraciadamente alterada en nuestro Estado del Salvador, porque sus enemigos, y los de la Religión, intentan alevemente invadir nuestro territorio, para repetir aquí las sangrientas escenas de devastación y muerte, los terribles sacrilegios, asesinatos y robos que cometieron en León.

Asilados en el Estado de Honduras, los excomulgados Francisco Malespín y Nicolás Espinoza no han cesado de insultar con impresos la Religión y sus Ministros, las reputaciones más puras y los más esclarecidos patriotas; y no satisfechos con insultar al Cielo y a la tierra, se dirigen con fuerzas de Honduras a invadir el Estado del Salvador, para saquear los templos de Dios, para asesinar a los Sacerdotes del Altísimo y para talar vuestros campos, disponiendo de vuestros bienes y de vuestras vidas como si fueseis unos viles esclavos, nobles hijos del Salvador y nuestros.

En esta nueva prueba con que nos visita la diestra del Omnipotente, Nos recurrimos humilde y fervorosamente a la fuente de todo bien, al Dios de toda consolación, y esperamos, no sin motivos poderosos, que la Providencia Divina, que tan relevantes pruebas nos ha dado siempre a los salvadoreños de su amorosa protección, nos salve ahora del conflicto en que nos vemos y escarmiente para siempre a los enemigos de la Religión y de nuestra cara patria.

Pero esta misma Religión augusta nos manda el respeto y obediencia que debemos a los Supremos Poderes del Estado y a las autoridades constituidas; no por temor, sino por un deber de conciencia, como se expresa el Apóstol de las Naciones, San Pablo, con quien os exhortamos, queridos hijos nuestros, por las entrañas de Jesucristo, a que no haya cismas, ni divisiones, ni desconfianzas entre vosotros, sino que os unáis todos en espíritu de caridad y de patriotismo, como hijos dignos de nuestro Divino Salvador, y prestéis al Gobierno Supremo del Estado todos los auxilios que os pida para salvaros a vosotros mismos, a vuestras esposas y a vuestros caros hijos.

Nos, que aunque constituidos en el alto principado de la Santa Iglesia, aunque tan inmerecidamente, no por eso desconocemos la obligación que, como salvadoreño, nos incumbe de auxiliar en todo cuanto pudiéremos al Supremo Gobierno del Estado, como custodio de la Religión y de las leyes eclesiásticas y civiles, y como conservador de la soberanía y de las libertades del Salvador, no podemos menos que prestar nuestra cooperación y dirigir la palabra a vuestras conciencias, previniéndoos que estáis estrechamente obligados a la defensa de la patria, dando al César lo que es del César, y a Dios lo que es de Dios.

A fin, pues, de salvar la Religión y el Estado, hemos acordado:

1.° Que esta nuestra Pastoral sea leída por todos los Curas de nuestro Obispado, Inter Missarum Solemnia, en los tres primeros días festivos siguientes al de su recibo, exhortando a sus feligreses a la unión entre sí y a que presten al Supremo Gobierno los auxilios que les pida para la defensa de la patria.

2.° Si, lo que Dios no quiera, se temiese que algún pueblo pueda ser invadido por los enemigos, al momento los Curas consumirán la Sagrada Eucaristía, mandarán cerrar la Iglesia, harán que se bajen y escondan muy bien los badajos de todas las campanas, y se vendrán a esta Capital trayendo consigo los vasos sagrados, exhortando a sus feligreses a que los sigan para salvar sus vidas, pues nuestra Capital será el centro de acción desde donde se partirá a escarmentar a los enemigos de Dios y del Estado.

3.° Todo el que retenga armas del Estado, y el que sabiéndolo no lo delate, como estas pueden servir a los excomulgados, se entenderá que este aviso es la primera y segunda monición. Si al momento no entregan las armas a las autoridades civiles o a los Curas, quienes las pasarán a estas sin decir el nombre del que las tenía ni del delator.

DOCUMENTO NÚM. 3.

Ramón García, teniente coronel efectivo de infantería del Ejército del Estado y Sargento mayor de la plaza de armas de esta Capital,

Certifico: que en la causa criminal que, de orden del Sr. Subinspector general de las armas del Estado, se instruyó en la mayoría de mi cargo contra Ignacio Malespín y oficiales cómplices, por haber venido de Honduras a invadir este Estado, al folio 8 vuelto y siguientes se hallan las declaraciones que a la letra dicen:

En seguida se hizo comparecer a otro hombre de la facción de Malespín a quien el Sr. mayor le previno que debe hablar verdad en cuanto sepa y fuese preguntado; y siéndolo por su nombre, patria, empleo y demás generales, dijo: llamarse Julián Meliz, natural de Londres y vecino de este Estado, soltero de veintitrés años de edad, de oficio herrero y teniente de las fuerzas de Malespín. Preguntado quién lo puso preso, por qué motivo o si lo presume, contesta: que ignora los nombres de los paisanos que los hicieron prisioneros en el paraje del Amate de Campo y que presume que el motivo será porque andaban de facciosos en este Estado.

Preguntado si sabe quién suministró a los Malespines el armamento y municiones con que vinieron a hacer la guerra, contesta: que el declarante se hallaba en Nacaome, en donde se halla de comandante general Vicente Vaquero; que este se ausentó con licencia para Comayagua, dejando en la comandancia a Vicente Goyenaga, en cuyo tiempo llegó el difunto Francisco Malespín entrando desde luego en relaciones con el comandante accidental, quien le suministró quince retacos y un cajón de parque; que las demás armas, hasta el número de veintiuna, ha oído decir que fueron suministradas por D. Juan Lindo, con un cajón de parque que salió de Tegucigalpa; que el declarante fue invitado por Francisco Malespín para venir a este

Estado, diciéndoles que no venían a hacer la guerra, sino a presentar las armas, para de esta manera obtener una garantía para volver a sus casas; pero que se fueron comprometiendo hasta el caso de batirse con las fuerzas del mismo Gobierno hasta ser derrotados en el Dulce Nombre de María.

Preguntado quién lo invitó para volver de nuevo al Estado e introducirse hasta Santa Ana, responde: que lo invitó Ignacio Malespín, quien celebró en el Sitio una junta de oficiales para deliberar sobre el partido que debían tomar, hallándose perseguidos en el Estado de Honduras, a cuya junta el declarante no asistió porque se hallaba en una comisión del servicio; pero que en su regreso el mismo Malespín le manifestó que habían resuelto venir a Santa Ana a evacuar una comisión de su hermano Francisco, y que además traía unas cartas del Obispo Viteri para los padres curas de Santa Ana y Coatepeque y para las autoridades del volcán, cuyo contenido ignora el declarante.

Preguntado qué personas de este Estado les dieron auxilios en sus expediciones, contesta: que solamente en el pueblo del Dulce Nombre de María, tanto los alcaldes como los particulares los auxiliaron y se prestaron voluntariamente a cuanto se les exigió, y que de las demás poblaciones del Estado no recibieron ningún auxilio.

Preguntado si sabe que el Obispo Viteri estaba en relaciones con Francisco Malespín, contesta: que efectivamente sabe por boca del mismo Malespín que dicho Obispo le escribía con frecuencia, y que además debe declarar en obsequio de la verdad que el plan de guerra fue formado de acuerdo con el Obispo, D. Juan Lindo y el Padre Alvarenga.

Que lo dicho es la verdad en que se afirma y ratifica, leído lo escrito y firma con el Sr. mayor por ante mí el Secretario.

García - Julián Meliz - José María Fuentes, secretario.

En seguida se hizo Se hizo comparecer a otro de los reos de la facción de Malespín, a quien el Sr. mayor le previno que debía hablar verdad en cuanto supiese y fuese preguntado; y siéndolo por su nombre, patria, empleo y demás generales, dijo: llamarse Francisco Cardona, natural de la ciudad de San Vicente y criado en esta Capital, mayor de edad, soltero, de oficio tejedor y teniente graduado de las tropas de Malespín.

Preguntado quién lo puso preso y por qué motivo, contesta: que él se presentó en unión de sus compañeros de armas ante los paisanos en la montaña del Amate del Campo, y que presume que el motivo de hacerlos prisioneros es por haber venido a hacerle la guerra al Estado.

Preguntado quién lo invitó para venir en armas contra el Estado, contesta: que él se hallaba de alta en su clase de teniente, como ha dicho, al servicio del Gobierno de Honduras; que por una orden general se le dio de baja a solicitud del difunto Malespín, por lo que el declarante se vino para el valle de Las Piedras; que allí llegó el mismo Malespín y le dijo al declarante que se fuese para su hacienda en donde nada le faltaría, que así lo verificó emprendiendo la marcha en unión de Ignacio Malespín; que estuvieron en su dicha hacienda dos días y después pasaron al pueblo de Intibucá y en seguida a un pueblito en donde encontraron el armamento y municiones que les sirvió para su expedición, ignorando hasta ahora quién se las proporcionó a Malespín.

Preguntado si sabe que este se hallaba en relaciones con el Obispo Viteri, contesta: afirmativamente, por haber visto llegar varios correos del Obispo con cartas al expresado Malespín.

Preguntado con qué objeto se introdujeron a la ciudad de Santa Ana, contesta: que Ignacio Malespín les manifestó, estando en el Sitio, que debían venir a entregar unas cartas que había recibido del Obispo Viteri para los padres curas de Santa Ana y Coatepeque y para las autoridades del volcán.

Preguntado si sabe el contenido de dichas cartas, responde que lo ignora, añadiendo que aunque Ignacio Malespín se las remitió desde el volcán al Padre Zeceña, éste no quiso recibirlas.

Preguntado si no es cierto que tomaron el rumbo de la costa para penetrar hasta el pueblo de Santiago Nonualco, contesta: que lo ignora.

Y no adelantándose otra cosa, el Sr. mayor hizo suspender esta declaración para continuarla si fuese necesario; leído lo escrito, ratificó su contenido, no firmó por no saber, y lo hace el Sr. mayor por ante mí, el Secretario.

García - José María Fuentes, Secretario.

En la misma fecha, el Sr. mayor, asociado de mí, el Secretario, se constituyó en la sala municipal, en donde hizo extraer de la cárcel a un hombre a quien le previno que iba a tomar declaración y que debía hablar verdad en todo cuanto supiese y fuese preguntado; y siéndolo por su nombre, patria y demás generales, dijo: llamarse José María Baraona, natural y vecino de la ciudad de San Vicente, soltero, mayor de edad, de oficio escribiente y teniente efectivo con grado de capitán de las milicias del Estado, cuyo despacho lo tiene en San Vicente.

Preguntado quién lo puso preso, cuándo y por qué causa, contesta: que lo redujo a prisión el comisionado de la aldea de Santo Tomás, a quien el declarante se presentó voluntariamente, y que presume que su prisión es por haber pertenecido a la partida que mandaba Ignacio Malespín.

Preguntado en dónde se reunió con los facciosos, contesta: que hallándose en la ciudad de Comayagua, pocos días antes de los Santos, llegó el difunto Francisco Malespín a dicha ciudad en busca de todos los oficiales y tropa que habían militado con él, y les dijo que era tiempo ya de volver a sus casas, puesto que todas las poblaciones y aldeas de este Estado estaban en favor del Obispo Viteri, según este le había asegurado en sus comunicaciones; y que en caso de que el mismo Estado no se hallase en buena disposición, les ofrecía escribir a este Gobierno para que los admitiera; y que con esta confianza el declarante se decidió a venir.

Preguntado si sabe quién suministró a los Malespines las armas y parque con que vinieron a hacer la guerra, responde que solo sabe que Bernardo Lara, que se hallaba de comandante en Tegucigalpa, dio al difunto Malespín unos retacos y un cajón de parque, y que de Nacaome le vinieron otros retacos y otra caja de parque, ignorando el declarante quién los dio.

Preguntado por qué, después de la derrota del Dulce Nombre de María, no se retiró a otro punto en vez de venir a Santa Ana, en cuyo departamento cometieron mil crímenes, contesta: que teniendo noticias de que en Honduras se perseguía, de orden del Gobierno, a todos los militares de Malespín; y teniendo, por otra parte, el coronel Ignacio Malespín cartas del Obispo Viteri para los curas de Santa Ana y Coatepeque y para las autoridades del volcán, en las cuales aquel prelado les recomendaba que les diesen toda clase de auxilios para hacerle la revolución al Gobierno, el declarante se decidió a venir.

Preguntado para dónde se dirigían después de la derrota de Izalco, contesta: que Ignacio Malespín les dijo que debían dirigirse para Santiago Nonualco, en donde había muchísima gente y armas para seguir haciendo la guerra al Gobierno, y que en caso que no hubiese nada de esto le escribiría al mismo Gobierno para que les diese un asilo.

Preguntado quiénes eran los jefes y oficiales con quienes los Malespines se introdujeron a hacerle la guerra al Estado, contesta: que los que vinieron son José María Castillo (a) Pansón, José María Osegueda, Francisco Cardona, Julián Meliz, Marcos Estrada, Simón Rivas, Antonio Pérez (a) Tusa, Cayetano Díaz, Francisco Gallo, Sebastián Cardosa, que lo nombró Malespín de oficial en el Dulce Nombre, Demetrio Lozano y Benito Jovel, y que aunque venían otros, no se acuerda por ahora.

Preguntado si sabe que el difunto Francisco Malespín estaba en relaciones con el Obispo Viteri, contesta: afirmativamente, porque el mismo Malespín le enseñó cartas de dicho prelado en que le decía que viniese pronto a este Estado, en donde encontraría la Capital y todos los pueblos a su favor.

Que lo dicho es la verdad, en que se afirma y ratifica, leído lo escrito y firma con el Sr. mayor por ante mí, el Secretario.

García - José María Baraona - José María Fuentes, Secretario.

Y para que obre los efectos convenientes, pongo la presente, de orden del Sr. Presidente y Comandante General del Estado, en San Salvador, a diez de diciembre de mil ochocientos cuarenta y seis.

R. García.

DOCUMENTO NÚM. 4.
Manuel Castillo, Escribano Nacional y Notario Mayor de la Curia Eclesiástica de este Obispado.

CERTIFICO: en la forma que puedo y debo, que por el Sr. Ministro de Relaciones del Supremo Gobierno se me han mostrado tres cartas originales que, copiadas literalmente, dicen así:

Carta 1.

Sr. Cura D. Manuel M. Zeceña

Corquín, Noviembre 18 de 1846.

Muy Sr. mío de mi aprecio:

El general Ignacio Malespín sostiene la causa de los buenos salvadoreños, que piden satisfacción a las ofensas causadas a mi dignidad, y no dudo que serán protegidos en lo posible por U. y todos los buenos, porque la causa es justísima.

Con fecha 10 me dirigí a ese Gobierno indicándole me proponga alguna medida en que yo pueda cooperar sin comprometer mi dignidad y conciencia para cortar los males que afligen a mi Diócesis.

Estoy postrado de una gran inflamación en la cara y por esto no soy más largo.

Espero que esta la dirija original al Sr. Cura de Coatepeque, de quien, como de U., soy su más afectísimo amigo y seguro servidor.

Q. B. S. M.

Jorge, Obispo de San Salvador.

Carta 2.

Señores Capitán Velcher y jueces del Volcán

Corquín, Noviembre 18 de 1846.

Muy Señores míos:

El general Ignacio Malespín sostiene la causa con los buenos salvadoreños, que piden satisfacción a las ofensas causadas a mi dignidad, y no dudo que UU., como todo buen salvadoreño, le darán los auxilios que sea posible, cooperando en unión de él a la conclusión de este negocio.

El general Francisco Malespín obra por otro punto, y por otro el general Belloso, así es que todo depende de la actividad y buena armonía que UU. deben guardar.

Estoy postrado de una grande inflamación en la cara y por esto no soy más largo, pero en toda distancia soy de UU. muy afectísimo.

S. S. Q. B. S. M.

Jorge, Obispo de San Salvador.

Carta 3.

Al Exmo. Sr. General del Ejército Libertador Don Francisco Malespín

Corquín, Noviembre 14 de 1846.

Muy apreciado ahijado, y Sr. mío:

He tenido el gusto de recibir de manos del Sr. Gallegos la muy apreciable carta de V. E. del 10, y con motivo de hallarme actualmente con una fuerte fluxión en la cara, no me pongo en marcha, como yo lo deseo; pero puede V. E. contar con que, aunque sea enfermo, en toda la próxima semana tendré el gusto de dar a V. E. un estrecho abrazo, y de verme en medio de mis amados diocesanos, a quienes hace mucho tiempo tengo consagrada mi existencia.

Sin tiempo para otra cosa, y como pronto nos hemos de ver, me despido de V. E. siempre afectísimo padrino y amigo.

Q. S. M. B.

Jorge, Obispo de San Salvador.

Que las firmas que las autorizan, además del conocimiento que tengo de ellas, las he confrontado con otras que obran en los papeles de mi cargo y de su identidad, resulta que son de puño y letra de su autor.

Y de orden verbal del Sr. Presidente del Estado extiendo la presente, que signo y firmo en la Ciudad de San Salvador, a nueve de diciembre de mil ochocientos cuarenta y seis.-Aquí un signo.

Manuel Castillo.

DOCUMENTO NÚM. 5.

Ingenio, 31 de octubre, a las doce de la noche.

Mi amado ahijado:

Contesto sus dos estimables en el momento que las he recibido. Lo supongo a esta hora caminando para Chalatenango; pero será un arrojo si no tienen avisos ciertos de la posibilidad para el asalto. A Chacón, a Hernández y a Choto les encarecí mucho las espías de confianza y que adelantasen al oficial Casco, quiera Dios que lo hayan hecho.

Me parece muy bueno, caso que se logre que U. se ponga en Chalatenango, el que el Sr. Obispo se ponga en Guarita. Mañana temprano tendrá S. Illma. su carta y mis observaciones, y en persona iré a traerlo luego que me avise cómo le ha ido. Madrugo para Sensenti para que el Comandante Toro pida 200 fusiles.

Hoy volvió el correo que mandé a Flamenco y me contesta la que le acompaño, lo espero mañana y le entregaré la que U. le escribe. No sea arrojado, poco importa el ganar si U. nos falta, y la audacia es conveniente en ciertos casos, no para todos los lances de la guerra.

Hoy habrá recibido los dos correos que le he mandado, el último solo para que no le pusiese a la tropa la señal que le dice el Sr. Obispo de la Cruz. Bien sé que U. solo estará para obrar, pues ya lo conozco; pero escríbame cuantas veces pueda.

A todos mis memorias.

Soy suyo,

Lindo.

CAPÍTULO IV: OBISPO VITERI SIGUE HACIENDO DE LAS SUYAS

Estado del Salvador hasta los tratados de comercio que se firmaron en Comayagua.
SUMARIO

1- Tranquilidad. 2- Vicario general. 3- Marcha política. 4- Nuevas dificultades eclesiásticas. 5- Tratado con Honduras.

Los cruentos sucesos de noviembre terminaron dejando otra vez en paz el Estado del Salvador. Volvióse a pensar en la agricultura y en las ferias, sin perderse de vista la renovación de los funcionarios y la observancia del régimen constitucional.

Se escribía acerca de algunos proyectos de mejoras en el ramo de hacienda.

Se aumentaban las escuelas primarias y se rebajaban las pensiones de los colegiales para facilitar la enseñanza.

Hiciéronse elecciones de diputados y senadores en todos los departamentos del Estado, y el 3 de febrero de 1847 se instaló la Asamblea General. (Documento núm. 1.)

La liga entre la Iglesia y el Estado, que tanto daño ha hecho a los pueblos hispanoamericanos desde su independencia, continuaba.

Es imposible que marchen a un mismo paso y por una misma senda entidades que descansan en diferentes leyes y que se encaminan a diversos fines.

El fundamento de la iglesia es la fe y la obediencia ciega a un vice-Dios que se llama Papa.

El Syllabus condena al que dijere que el catolicismo no debe ser la religión del Estado.

Condena (declaración 15) al que dijere que el hombre es libre para abrazar y profesar la religión que crea verdadera.

Condena (19) al que dijere que la autoridad civil puede señalar límites a la iglesia en el Estado.

Anatematiza (45) al que sostenga que la enseñanza debe ser laica.

Anatematiza al que dijere que las escuelas deben estar separadas de la autoridad eclesiástica (47).

Anatematiza al que pretenda derogar las leyes que establecen e impulsan los monasterios (53).

Anatematiza al que dijere que la iglesia debe estar separada del Estado, y el Estado separado de la iglesia (55).

Esta declaratoria condena clara y terminantemente la Constitución firmada por Washington.

Condena al pueblo americano, cuyas instituciones admiran y cuyo progreso asombra.

La Encíclica de Pío IX, dada en Roma el 8 de diciembre de 1864, resume toda la doctrina de la iglesia.

Según ella, la iglesia tiene derecho de imponer no solo penas espirituales, sino también temporales.

Los Gobiernos tienen el deber de prestar su apoyo a la iglesia cuando impone penas temporales.

La libertad de cultos es un crimen.

Los gobernantes están subordinados a la voluntad de los sacerdotes y la soberanía del pueblo es una quimera perniciosa.

He aquí las bases sobre las que la iglesia descansa.

El Estado tiene por fundamento la naturaleza, las ciencias, la perfectibilidad humana que conduce diariamente al progreso.

Es imposible, pues, ligar a la iglesia con el Estado y hacerlos marchar unidos por una misma senda.

El consorcio entre la iglesia y un Estado, cuya Constitución no sea la parálisis o el retroceso, es imposible.

Para que marchen unidos el jefe de una iglesia sometida al Papa y el jefe del Estado, es preciso que el jefe de la iglesia se separe de sus leyes y haga traición al Sumo Pontífice, o que el jefe del Estado se aparte de los principios de la ciencia de la legislación y traicione al país al que está al frente.

El jefe de la iglesia y el jefe del Estado que no traicionan sus respectivas tendencias solo pueden marchar juntos en circunstancias anormales, cuando algún interés pasajero los liga; pero inmediatamente que este desaparece, el choque vuelve a presentarse.

Para salvar esta dificultad no hay más remedio que imitar a los Estados Unidos, cuya Constitución y leyes establecen la separación del Estado y de la iglesia.

Después de la salida del obispo Viteri, era preciso que hubiera un eclesiástico que gobernara la diócesis del Salvador, y habiendo iglesia oficial, el Gobierno tenía necesidad de intervenir en el asunto.

Viteri nombró Vicario general al presbítero don Manuel María Zeceña.

Este nombramiento fue muy bien recibido y se hicieron grandes elogios del padre Zeceña.

Políticos miopes creyeron que todas las dificultades estaban salvadas y que en lo de adelante caminarían la iglesia y el Estado juntos y tan unidos, como dos jóvenes amantes que van del brazo haciéndose mutuos halagos.

Obispos altaneros e impacientes como Viteri exhiben sus verdaderas miras, precipitan los acontecimientos y caen hasta bajo el peso de las represiones del Papa, quien se indigna de que el asunto no se haya manejado bien.

Prelados hábiles, sagaces y astutos se insinúan de otro modo; afectan armonía, ostentan deferencia y, algunas veces, hasta sumisión; pero el malestar y el choque existen latentes, y cualquier circunstancia extraordinaria los exhibe.

El Obispo sucesor de Viteri, no con la insolencia del asistente al Sacro Sólio Pontificio, sino de otra manera muy diferente, produjo también conflictos y se hizo acreedor al destierro.

Muchos lectores considerarán estas ideas como erróneas, absurdas o impías; pero un día la norma de la América será la independencia entre la iglesia y el Estado, y se hará justicia a los hombres que, bajo una atmósfera opresiva de concordatos que impide ver los rayos del sol, han señalado el único medio de salvación.

La Asamblea, deseando premiar a los vecinos de la aldea de San Fernando por la resistencia que hicieron a Malespin, dictó un decreto que eleva a villa aquella aldea; que exceptúa por dos años a sus moradores del servicio de las armas y otorga a su municipalidad la suma de mil pesos. (Documento núm. 2.)

Las ideas de nacionalidad cundían, y el deseo de la reorganización de Centroamérica se hacía cada día más vehemente.

El medio verdadero de obtenerla se había tocado.

Las Cámaras convocaron al pueblo a elección de diputados a una Asamblea Nacional Constituyente. (Documento núm. 3.)

Este decreto pone de manifiesto a los verdaderos responsables de la situación actual de Centroamérica.

El enunciado decreto, que se dictó con entusiasmo y patriotismo, debía escollarse ante las tendencias separatistas de la aristocracia guatemalteca.

En ese tiempo el periódico oficial del Salvador varió de forma; tomó el viejo nombre de Gaceta, pero abrió sus columnas a las ciencias, a las artes, a la industria y al comercio.

Un periódico libre, allende el río de Paz, debía necesariamente entrar en pugna con los dos únicos periódicos guatemaltecos, expresión genuina del más refinado reaccionarismo: La Gaceta, redactada por el señor Milla y Vidaurre, y la Revista de la Sociedad Económica, redactada por los señores Pavón y Milla.

En el nuevo periódico salvadoreño se habló contra el proyecto de monarquía mexicana de Gutiérrez Estrada y contra el proyecto de monarquía ecuatoriana del general don Juan José Flores; se hicieron publicaciones importantes sobre milicias, economía y jurisprudencia.

En ese periódico se publicaron decretos de las Cámaras.

Allí está el de 6 de marzo, que erige en pueblo al valle de Tejutepaque, y el muy importante del 8, que establece la amovilidad de los jueces.

Allí está el que aprueba el acuerdo gubernativo que prohibía al señor Viteri volver al territorio del Salvador, cuya parte resolutiva dice así:

"Art. 1.° Se aprueba el acuerdo emitido en 29 de julio último por el Poder Ejecutivo, prohibiendo volver al territorio del Estado al Reverendo Obispo Diocesano Dr. Jorge de Viteri por los motivos que lo obligaron a dictar esta medida.

"Art. 2.° Siendo conveniente procurar que se acelere la conclusión de la causa en la Curia Romana, se autoriza competentemente al Poder Ejecutivo para que se acredite una legación cerca de la Santa Sede con el objeto de que inste por el más rápido curso de la causa, y haga en su caso las solicitudes convenientes, a efecto de que esta Santa

Iglesia sea provista de un Pastor digno por sus virtudes, de tan alta dignidad."

Art. 3.° Queda así mismo autorizado el Poder Ejecutivo para hacer los gastos que demanda el cumplimiento de este decreto.

El padre Zeceña renunció la Vicaría general.

El obispo Viteri admitió la renuncia y, para molestar a los salvadoreños, no quiso nombrar otro Vicario.

Limitóse a conferir autorización a los Vicarios provinciales para lo más urgente y les ordenó ocurrieran a él, que se hallaba en Honduras, para todo aquello en que no estuviesen facultados.

Esto era establecer el trastorno y promover una nueva revolución, fin predilecto del Obispo.

Como revolucionario, debía hallarse internado en Honduras y no permitírsele correspondencia con personas que pudieran promover un nuevo conflicto.

Como Obispo, aspiraba a permanecer en la frontera de Honduras y dictar desde allí órdenes a todos los curas del Estado del Salvador.

El Gobierno salvadoreño se dirigió al Metropolitano pidiendo que nombrara Vicario y Gobernador de la diócesis al presbítero don Tomás Zaldaña, quien antes había sido nombrado Vicario por el mismo señor Viteri.

El Metropolitano contestó que iba a pedir informe acerca de ese nombramiento al señor Zaldaña para tramitar en seguida el asunto, pasándolo al Promotor-Fiscal.

Es probable que la intervención del Arzobispo de Guatemala haya decidido a Viteri a nombrar Vicario general.

El 20 de mayo nombró al presbítero don Manuel María Zeceña; pero no quiso agradar al Gobierno del Salvador nombrando al padre Zaldaña. No obstante esto, el nombramiento obtuvo el correspondiente pase.

Las Cámaras facultaron al Gobierno para enviar una legación a Roma.

El fin principal de esta era presentar al Papa un expediente documentado de todos los atentados cometidos por el obispo Viteri y pedirle su remoción.

El 5 de marzo se firmó un convenio en Comayagua por medio de los plenipotenciarios Coronado Chávez y Manuel Rafael Reyes entre los Estados del Salvador y Honduras.

Fue ratificado con ligeras modificaciones por decreto de 23 de marzo y 28 de abril.

Según ese tratado, los efectos y mercaderías extranjeras que se introdujeran por los puertos de Honduras para consumirse en el Salvador pagarían en la respectiva aduana marítima un seis por ciento de derecho de importación o tránsito y un catorce por ciento en el Estado del Salvador, a donde iban a ser consumidos.

Los artículos y efectos que se introdujeran a Honduras por los puertos y fronteras del Salvador debían pagar a este un dos por ciento y un dieciséis por ciento a Honduras.

Las adiciones se contrajeron a que los productos del suelo y de la industria de uno y otro Estado solo pagarían en el otro un cuatro por ciento y nada si fuesen en tránsito; pero el ganado de Honduras debía pagar en su tránsito por el Salvador dos reales por cabeza.

DOCUMENTOS JUSTIFICATIVOS
NÚMERO 1.

"El Presidente del Estado del Salvador—Por cuanto: las Cámaras reunidas han decretado lo que sigue.

Nosotros los representantes del pueblo salvadoreño reunidos en el número que la ley designa, declaramos y

DECRETAMOS

Artículo único—La Asamblea general se halla legalmente instalada, y abrirá sus sesiones el día de mañana.

Comuníquese al Poder Ejecutivo para su publicación y demás efectos.

Dado en el salón de sesiones a 3 de febrero de 1847.

Enrique Hoyos, Presidente. Gregorio Mejía, Senador. Juan M. Bustamante, Diputado. León Ávila, Senador. Manuel Bonilla, Diputado. Leonardo Castillo, Diputado. Manuel Y. Cobar, Diputado. Francisco Salavarría, Diputado. Emeterio Ruano, Diputado. Sixto Pineda, Senador. José M. Castro, Senador. Fermín Palacios, Senador. Juan Balvér, Senador. Tomás Medina, Diputado. José Rovira, Diputado. Francisco Castro, Diputado. M. A. Evora, Diputado. Manuel Prado, Diputado. Francisco Cañas, Diputado. L. Resuleu, Diputado Secretario. Elías Delgado, Senador Secretario.

Por tanto: Ejecútese.

Lo tendrá entendido el Secretario del despacho de relaciones y gobernación, y hará que se imprima, publique y circule.

San Salvador, febrero 3 de 1847.- Eugenio Aguilar.- Al Sr. Lic. Francisco Dueñas.

NÚMERO 2.

"Por cuanto: la Asamblea general del Salvador ha decretado lo siguiente.

La Cámara de Diputados del Estado del Salvador,
CONSIDERANDO:

Que los habitantes de la Aldea de San Fernando han merecido la gratitud de la patria por su valor heróico y fidelidad durante las asonadas de noviembre último, y que es un deber de los representantes del pueblo darles un testimonio auténtico de la benevolencia pública a que se han hecho acreedores, ha venido en decretar y por unanimidad

DECRETA:

Artículo 1.° La Aldea de San Fernando se denominará en adelante

Villa de San Fernando.

Art. 2.° Sus vecinos serán exceptuados por dos años del servicio de las armas, y de cualquiera otro en el ramo de guerra.

Art. 3.° Luego que la penuria del tesoro lo permita, el Gobierno auxiliará a aquella municipalidad con la cantidad de mil pesos para ayuda de la construcción de su iglesia.

Pase al Senado.- Dado en San Salvador a 22 de febrero de 1847.- Luis Ayala, D. P. Lucas Resuleu, Secretario. -Miguel Castellanos, Secretario.

D. U. L. Cámara de Senadores. San Salvador, febrero 25 de 1847. Al Poder Ejecutivo. Fermín Palacios, Senador Presidente. Elías Delgado, Senador Secretario. José María Castro, Senador Secretario.

Por tanto: Ejecútese.

Lo tendrá entendido el Secretario del despacho de Relaciones y Gobernación, y dispondrá se imprima, publique y circule. San Salvador, febrero 27 de 1847. Eugenio Aguilar. Al Sr. Lic. Francisco Dueñas.

NÚMERO 3.

"El Presidente del Estado—Por cuanto: la Asamblea general del Salvador ha decretado lo siguiente.

La Cámara de Senadores del Estado del Salvador,

Deseando manifestar:

1.º—Que está conforme con los sentimientos de la opinión general, expresada de todos modos por medio de la imprenta, y con los votos de los demás Estados que componen la República, y muy especialmente con el decreto que en 31 de julio próximo pasado dieron las Cámaras Legislativas de Nicaragua, declarando que sus representantes concurrirán al punto en que convengan los demás Estados para acordar con ellos el medio más adaptable de constituir la República.

2.º—Queriendo las Cámaras del Salvador obrar aún con más franqueza y amplitud en esta parte por estar convencidas de las íntimas razones de conveniencia general, y de ser un común deseo de todos los habitantes del Estado la reorganización del país bajo principios fijos y estables, a los que deba atender adoptando los medios que le parecen más eficaces a su consecución, ha venido en decretar lo siguiente:

Art. 1.º Se convoca al pueblo salvadoreño para que elija sus diputados que lo representen en una Asamblea Nacional Constituyente.

Art. 2.º Cada uno de los círculos senatoriales de los doce que hoy tiene el Estado, elegirá un diputado propietario y un suplente, y las elecciones se verificarán de la manera que establecen los artículos 18, 19 y 20 de la ley reglamentaria de elecciones. Para ser electo se necesita la mayoría de edad y buena conducta.

Art. 3.º Pueden ser electos diputados a la Asamblea Nacional los individuos de los altos poderes, o cualquiera clase de empleados sin que valga excusa alguna para exonerarse de este encargo.

Art. 4.º Las elecciones se harán el primer domingo del mes de abril del presente año, verificándose en tres días consecutivos, y cuidando los Gobernadores de reunir las juntas de escrutinio en la respectiva cabecera del círculo tan luego como todos los cantones hayan sufragado.

Art. 5.º Los representantes del Estado reunidos en Asamblea en unión de los otros quedan autorizados para constituir la Nación de la manera que lo juzguen más conveniente, observando los principios de un sistema popular representativo y perfecta división de poderes, lo que les dicte la experiencia de lo pasado, y muy particularmente nuestros elementos y circunstancias peculiares.

Art. 6.º El Gobierno, tan luego como sean electos los Diputados, los hará concurrir al puerto de La Unión en la bahía de Conchagua, que desde luego se señala para la reunión, pudiendo permanecer en él hasta la reorganización del Gobierno Nacional o dirigirse de allí al punto en que haya convenido la mayoría de los Estados.

Art. 7.º El viático y dieta de los Diputados de este Estado será el mismo que el de los Senadores, y el Gobierno se los proporcionará con oportunidad, y si se variase el punto de reunión, se les indicará para que se dirijan al que se señale.

Art. 8.º El primer deber de cualquier número de Diputados que se reúna después de tener aprobadas sus credenciales, será el de excitar a los Estados para que se adhieran a la medida adoptada en este decreto.

Art. 9.º Ningún Diputado podrá retirarse del lugar de la reunión sino después de haber pulsado dificultades insuperables al logro de este objeto, y las manifestarán comprobadas ante el Gobierno, quien calificándolas por bastantes, podrá disponer su regreso.

Art. 10. El Gobierno del Estado excitará por su parte eficazmente a los demás de la unión, para que convengan y cooperen enérgicamente a la reorganización nacional. Con este objeto podrá nombrar comisionados y hacer todo lo que juzgue conveniente sin poder dar a los Diputados instrucciones algunas, ni cortar la facultad que llevan en sí como Representantes del Poder soberano que los elige.

Art. 11. Queda el Gobierno estrechamente encargado de proteger la libertad y seguridad de los Diputados de cualquier Estado que sean, para que de ninguna manera se les impida el libre ejercicio de sus atribuciones.

Art. 12. El Estado del Salvador se compromete a hacer que se guarden a los demás Diputados de la unión todas las consideraciones y preeminencias que deben gozar.

Art. 13. El Estado del Salvador reconocerá, como ley constitutiva de la Nación, la que se dicte por la Asamblea Nacional Constituyente, siempre que sea basada sobre los principios del sistema popular representativo, igualdad de derechos y perfecta división de los poderes públicos.

Art. 14. Queda el Gobierno autorizado para hacer los gastos que exija el cumplimiento de este decreto.

Dado en el Salón de sesiones de la Cámara del Senado en San Salvador, a 24 de febrero de 1847.

J. Norberto Morán, S. V. Presidente.
Elías Delgado, S. Secretario.
José María Castro, S. Secretario.

Sala de sesiones de la Cámara de Diputados.
San Salvador, a 2 de marzo de 1847.
AL PODER EJECUTIVO.
L. Ayala, D. Presidente.
L. Resuleu, D. Secretario.
M. Castellanos, D. V. Secretario.
Por tanto: Ejecútese.

Lo tendrá entendido el Secretario de Relaciones y Gobernación, y dispondrá se imprima, publique y circule.

San Salvador, marzo 3 de 1847.

Eugenio Aguilar.-Al Sr. Lic. Francisco Dueñas.

CAPÍTULO V: HONDURAS Y EL SALVADOR... OTRA VEZ EN GUERRA

Estado de Nicaragua.

SUMARIO.

1-La situación. 2-Se reúne la Asamblea. 3-Es electo Director don José León Sandoval. 4-Disposiciones varias. 5-Agitaciones en el departamento Septentrional. 6-Convenio con el Salvador. 7-Tratado con Honduras. 8-Otras agitaciones. 9-Varios decretos. 10-Cambio de Ministerio. 11-Continúa el movimiento revolucionario. 12-Legación del Salvador. 13-Lo que aparece contra los jefes salvadoreños.

León de Nicaragua estaba despedazado, la generalidad de las familias vestían luto y se hallaban en la orfandad y en la miseria; pero el señor general de brigada José Trinidad Muñoz había obtenido sus deseos haciéndose nombrar general en jefe del Estado.

Casi al mismo tiempo en que Malespín vencía a los leoneses con el auxilio de Honduras, El Salvador se pronunciaba contra él.

Honduras se empeñó en devolver a Malespín el poder que el pueblo salvadoreño le había arrebatado, y se emprendió una guerra entre los dos Estados.

Don Blas Antonio Sáenz, en calidad de senador, ejercía el Poder Ejecutivo y emitió un decreto declarando a Nicaragua neutral en las cuestiones habidas con los demás Estados. (Documento núm. 1.)

El Estado se hallaba en incapacidad de hacer la guerra y tenía necesidad de reposo, de calma y tranquilidad.

Sin embargo, si el pueblo leonés hubiera resuelto la cuestión por medio de un plebiscito, habría auxiliado a El Salvador lanzándose contra Malespín, que tantos ultrajes le había inferido.

Blas Antonio Sáenz y Trinidad Muñoz debían su elevación al general Malespín, y sin embargo, no pudieron menos que declarar rotos los compromisos que con él tenían.

La Asamblea de Nicaragua se reunió el 10 de marzo de 1845. He aquí el decreto:

"El Senador Director del Estado de Nicaragua a sus habitantes.

Por cuanto: la Asamblea Legislativa ha decretado lo siguiente.

El Senado y Cámara de RR. del Estado de Nicaragua reunidos en Asamblea, decretan:

Art. único.-La Asamblea Legislativa del Estado, convocada para esta Ciudad de San Fernando por decreto del P. E. de primero de enero del año que rige, está instalada constitucionalmente en este día.

Comuníquese al P. E. para que lo haga imprimir, publicar y circular.

Dado en San Fernando, a 10 de marzo de 1845.

José León Sandoval, R. P.
Miguel Cárdenas, R. S.
Justo Abaunza, R. S.

Por tanto: Ejecútese.

San Fernando, marzo 11 de 1845.
Blas Antonio Sáenz.
Al Secretario del despacho general."

El senador Sáenz, que ejercía el Poder Ejecutivo, dirigió a la misma Asamblea un discurso en el cual increpa con la más amarga acrimonia al Gobierno que, bajo la espada de Malespín, sucumbió en León. (Documento núm. 2.)

Más parece ese discurso una alocución del general Malespín triunfante, que un mensaje del Supremo Director de Nicaragua.

León se hallaba de duelo y estaba destrozado.

Humeaba todavía en sus calles y en sus plazas la sangre de las víctimas inmoladas por Malespín y por Quijano, por Ferrera y por Guardiola, y el discurso de Sáenz abría de nuevo heridas que no estaban cicatrizadas.

Sáenz tenía necesidad de paliar su unión a Malespín en los momentos en que aquel tirano clavaba el puñal en el corazón de los leoneses.

No puede disculparse la conducta de Casto Fonseca en muchos de los actos de su vida pública, pero es menos disculpable todavía la conducta de un nicaragüense que se une, no a un hombre de principios, de ideas elevadas y de progreso, sino a un Malespín para arruinar la antigua capital de su patria.

Don José León Sandoval, Presidente de la Asamblea, contestó a Sáenz en los mismos términos.

Estos discursos, muy aplaudidos por los cómplices de Malespín, produjeron en el ánimo de todos los que no lo eran una impresión desagradable y excitaron el espíritu de localismo y el deseo de venganza.

El país no estaba tranquilo.

Una nota del general Muñoz al Ministro de la Guerra dice así:

"Sr. Ministro de Guerra del Supremo Gobierno.

Comandancia general del Departamento Occidental.-Por los últimos partes que acabo de recibir del Distrito de Matagalpa, parece que se restablece en él la tranquilidad y el orden. Los Álvarez, que con el título de Generales causaban tantos males, han sido capturados; el uno se está juzgando en esta plaza, y el otro fue pasado por las armas por la misma escolta que lo conducía, de cuyo hecho aún no tengo el parte circunstanciado.

Una fuerza considerable de Matagalpa auxilia la división de operaciones en el Departamento del Septentrión, y las autoridades legítimas de aquel Distrito ya principian a entablar el orden constitucional.

Todo lo que tengo el honor de decir a U. para conocimiento del Supremo Director, reiterando mis protestas. &.

D. U. L.-León, Marzo 16 de 1845.

J. Trinidad Muñoz."

¿Qué juicio se puede formar de un Jefe que con tanta frialdad da parte de que una escolta que custodiaba a un hombre lo ha fusilado?

¿Esta es la libertad de que se jacta Sáenz?

¿Estas son las garantías que en su Gobierno imperaron?

¿Esta es la justicia que el triunfo de Malespín dejaba establecida en Nicaragua?

Muñoz dio una proclama en esta forma:

"El General J. Trinidad Muñoz a los habitantes del Estado.

Nicaragüenses:
El Decreto de neutralidad que acaba de dar el Supremo Gobierno ha salvado al Estado de ser envuelto en el torbellino de desgracias que hoy agobia a nuestros vecinos.

Ya no tendréis que abandonar a vuestros hijos, vuestras esposas y vuestros padres por ir a defender extraños intereses.

Ya no regaréis con vuestra sangre el terreno que no os pertenece, ni tendréis que hacer ningún sacrificio, si no es por vuestra patria misma; pero escuchad su voz imperiosa:

"¡Ya no más partidos!", dice. "¡Ya no más venganzas!"

UNIÓN, TRANQUILIDAD Y ORDEN me harán rica, grande y respetable.

Unámonos, pues, para lograr objetos tan laudables, y si enemigos exteriores intentasen turbar nuestra tranquilidad, volaremos a nuestras fronteras, en donde probaremos al mundo que nadie profanará impunemente el sagrado territorio de Nicaragua, en cuya defensa morirá gustoso vuestro compatriota y amigo.

J. Trinidad Muñoz."

Se dice que Muñoz era un gran hombre; pero su conducta no lo comprueba.

Nicaragua estaba amenazada por Inglaterra, y la opinión general clamaba por la reorganización de la patria.

En aquellos días don Fruto Chamorro, jefe del partido conservador nicaragüense, presentaba un proyecto de reformas al pacto de Chinandega para levantar la unidad y sostener la independencia, y Muñoz llama tierra extraña a la tierra centroamericana.

Hay una gran diferencia entre una guerra justa y una guerra injusta.

Nicaragua fue arrastrada por Honduras y empujada por los nobles de Guatemala a los campos del Espíritu Santo y de Perulapán.

El mal estuvo en haber ido a defender la causa del fraccionamiento de la patria; pero un nicaragüense, en vez de censura, merece elogios si derrama su sangre en cualquier parte del territorio centroamericano para defender, contra el extranjero, la integridad y la independencia de Centroamérica.

Muñoz se proponía impedir que el espíritu público se levantara en Nicaragua contra Malespín e hiciera un esfuerzo para auxiliar a los salvadoreños, que estaban en guerra con los hondureños, porque el Gobierno de Honduras se proponía colocar otra vez a Malespín en la presidencia del Salvador.

El Vicepresidente don Joaquín Eufrasio Guzmán dirigió al Gobierno de Nicaragua una carta en que presenta la situación del Estado y en que hace ver el deseo que anima al Gobierno salvadoreño de mantener buenas relaciones con Nicaragua. (Documento número 3).

Don Manuel Vidal, comisionado del Gobierno salvadoreño, se presentó en Nicaragua pidiendo:

1.° Que no se auxiliara a Malespín.

2.° Que se solicitase la neutralidad de Honduras en la guerra civil del Salvador con Malespín.

3.° Que si el Gobierno de Honduras auxiliaba a Malespín, el de Nicaragua auxiliara al Salvador.

4.° Que se consideraran vigentes los pactos celebrados entre Nicaragua y el Salvador.

A Vidal no se le dio contestación en ocho días.

Pasado este término, él manifestó al Gobierno que se retiraba con el pesar de no haber hecho ningún arreglo definitivo.

Don Domingo Alemán, Ministro general, contestó que el asunto pertenecía a las Cámaras y que el artículo 26 del Pacto de Chinandega declaraba insubsistentes los tratados anteriores a él.

Vidal replicó que, citándosele el Pacto de Chinandega, pedía que se auxiliara al Salvador conforme a las prescripciones de dicho pacto.

De esta dificultad jurídica, Alemán no pudo salir y contestó en términos vagos y genéricos. (Documento núm. 4.)

Vamos a ver cuál era la neutralidad de que tanto se jactaba Muñoz en las cuestiones entre el Salvador y Honduras.

Los licenciados Basilio Salinas y José María Rugama llegaron a Nicaragua en calidad de comisionados del Gobierno de Honduras.

Ellos presentaron al Supremo Director el célebre decreto de Coronado Chávez, emitido en Comayagua el 23 de marzo de 1845, por el cual el Gobierno de Honduras tomaba bajo su protección a Malespín y a los jefes y oficiales expulsos con él del Estado del Salvador.

El Gobierno nicaragüense festejó este decreto; lo hizo publicar en El Registro Oficial núm. 13, página 53, precedido de un elogio en el cual se hallan estas palabras:

"Este acto de justicia patentiza la filantropía de aquel digno Presidente (Coronado Chávez) y se da a luz para satisfacción de los habitantes de este Estado."

He aquí la neutralidad de que se jacta el señor general Muñoz.

He aquí la manera de tratar al pueblo leonés.

Por respeto a la humanidad, no debía decirse que fuera satisfactorio un decreto que tenía por fin levantar a un tirano.

Para no ultrajar a las familias nicaragüenses, que tantas desventuras experimentaban a consecuencia de los ultrajes de Malespín, no debió decirse que el decreto de Coronado Chávez era satisfactorio a los habitantes del Estado de Nicaragua, aunque muy grato fuera a los individuos que ejercían el poder Ejecutivo.

Ferrera espiaba los momentos de introducir fuerzas al Estado del Salvador; circulaba papeles alarmantes, reclutaba gente y aprehendía caballos en los pueblos fronterizos y desmantelados del Salvador; se perseguía a las autoridades y a los vecinos en territorio salvadoreño, y se cometían allí toda clase de atentados. (Documento núm. 5.)

Tantos ultrajes obligaron al Salvador a tomar la ofensiva y sus fuerzas fueron derrotadas en Comayagua.

Ferrera comunicó su triunfo al Gobierno de Nicaragua, y el Ministro general contestó felicitando a Honduras por ese triunfo: he aquí sus palabras:

"El Ejecutivo de Nicaragua se complace de que el pueblo hondureño haya sabido triunfar de las agresiones que dichas tropas (las del Salvador) le hicieron."

Podría disculparse como una necesidad dolorosa el asedio de la plaza de León, alegándose que Casto Fonseca era una fiera y sus colaboradores monstruos horrendos a quienes debía matarse a todo trance; pero, consumada la matanza y hundidos esos hombres en sus fosas, ¿qué podía ya justificar las simpatías por Malespín y el deseo de mirar otra vez al gran tirano en la silla del Poder Ejecutivo del Estado que lo lanzó de su territorio?

Esta conducta de los conservadores es un nuevo origen de odios profundos, de convulsiones políticas y de muy lamentables desastres.

3-Bajo la espada del general don Trinidad Muñoz se hicieron elecciones de Supremo Director.

La votación se dividió entre los señores José León Sandoval, Juan José Ruiz, José Guerrero, Pablo Buitrago y Laureano Pineda.

Sandoval obtuvo mayoría relativa y las Cámaras emitieron el siguiente decreto:

El Senador Director del Estado de Nicaragua a sus habitantes.

Por cuanto la Asamblea Legislativa ha decretado lo siguiente.

El Senado y Cámara de Representantes del Estado de Nicaragua, reunidos en Asamblea,

DECRETAN:

Artículo único. Se halla por Director Supremo del Estado, popular y constitucionalmente electo, el Sr. José León Sandoval.

Comuníquese al P. E. para su cumplimiento y que lo haga imprimir, publicar y circular.

Dado en San Fernando, a 4 de abril de 1845.

José León Sandoval, R.P.-Justo Abaunza, R. S.-Pedro Aguirre, S. V.S.-Por tanto: Ejecútese.

San Fernando, abril 4 de 1845.

Blas Antonio Sáenz.

Había falta de dinero y las Cámaras facultaron al Gobierno para hacer un empréstito de cinco a diez mil pesos.

También se le autorizó para tomar en calidad de empréstito dos mil pesos de la masa decimal.

Las muy católicas Cámaras dispusieron disminuir los fondos de instrucción pública para que el señor cura de Granada tuviera dinero que invertir en las iglesias de La Merced y San Francisco. (Decreto de 24 de abril de 1845.)

Se facultó al Gobierno para el reglamento, reforma y aumentos en todos los ramos que componían la hacienda pública del Estado.

Se suspendió el juicio por jurados.

No bastando el empréstito de diez mil pesos, se decretó otro de treinta mil.

Se decretó una amnistía, con muchas excepciones en odio de los defensores de la plaza de León que aún vivían. (Decreto de 9 de mayo.)

Se restablecieron los escribanos.

Se crearon otros dos Ministerios y el Ejecutivo, en cumplimiento de este decreto, nombró Ministro de la guerra al Lic. Lino César y de Hacienda al Dr. Jesús de la Rocha, quedando don José del Montenegro, que antes era Ministro general, con la cartera de Relaciones.

Se aprobó la conducta administrativa del Supremo Delegado de la Confederación, señor Fruto Chamorro.

¿Reflexionarían las Cámaras lo bastante antes de emitir este decreto?

El factótum de Nicaragua era entonces el general Muñoz, como antes lo había sido el general Fonseca.

Muñoz no obedeció al Supremo Delegado.

Él y Malespín se burlaron de las órdenes de aquel alto funcionario.

Chamorro censuró la conducta de ellos.

¿Cómo es que ahora las Cámaras de Nicaragua, que se hallan bajo la espada de Muñoz, aprueban la conducta del Supremo Delegado?

La contestación es muy fácil.

Cuando Muñoz desobedecía a Chamorro, temía su influencia y su poder.

Cuando las Cámaras aprobaron la conducta del Supremo Delegado (nueve de mayo), la autoridad de este no solo había expirado de hecho, sino también por derecho.

Chamorro había dictado una resolución que dice así:

El Supremo Delegado de la Confederación Centroamericana.

Considerando:

Que por el artículo 23 del pacto de 27 de junio de 1842 la duración de cada uno de los Representantes de los Estados confederales en el ejercicio de la Suprema Delegación, solo es de un año: que este se cumple el día de hoy para el que actualmente funge por el Estado de Nicaragua: que no estando designado el Delegado que deba sucederle, ni reunido el consejo para sortearlo, no hay persona legal a quien entregarle el mando y despacho, ha tenido a bien decretar y

DECRETA:

Artículo 1.° Se cierra el día de hoy el despacho del Supremo Delegado, por concluir su período el que actualmente funge, y no haber persona legal que le suceda.

Artículo 2.° Dese cuenta con este decreto a las Asambleas de la Confederación para que resuelvan lo conveniente, y a los Ejecutivos de todos los Estados para su inteligencia.

Dado en la Ciudad de San Vicente, a 29 de marzo de 1845.

Fruto Chamorro."**

La guerra entre el Salvador y Honduras conmovía los ánimos en Nicaragua.

Los Estados de Centroamérica se hallan muy ramificados y es imposible que no se sientan en unos las tempestades de otros.

El Gobierno nicaragüense simpatizaba con Honduras.

Muchos ciudadanos simpatizaban con el Salvador, ya por amor a los principios liberales que entonces allí se restablecían, ya por odio a Malespín.

En el departamento Setentrional hubo conatos de insurrección.

Las Cámaras al instante autorizaron al Gobierno omnímodamente para restablecer la sumisión, y después de haber hecho el general Muñoz un espléndido uso de estas facultades, el periódico oficial dijo:

"La confianza renace: la persecución va cesando y la exaltación de los partidos calmándose."

Los periódicos oficiales siempre atenúan las medidas fuertes de los gobiernos, ¿qué juicio formarán de estas palabras: "la persecución va cesando"?

En León se publicó un impreso, suscrito por un nicaragüense, en que se pedían esfuerzos para auxiliar al Salvador contra Malespín.

Este impreso fue visto con horror por el general Muñoz, que se hallaba ahí.

Él dirigió un informe a San Fernando contra los autores de ese impreso, y un artículo del periódico oficial se expresó con tanta fuerza como dureza.

El general Muñoz salió de León para San Fernando; muchos leoneses creyeron que iba a dar al Gobierno malos informes contra ellos, para volver a perseguir, y aun a matar gente.

Fuera de León se creyó que en aquella ciudad iba a estallar una revolución, que Muñoz la preveía y que trataba de ponerse en salvo.

El Gobierno procuró calmar los ánimos, haciendo explicaciones por medio de la prensa oficial.

En Matagalpa había tumultos y síntomas de insurrección que el Gobierno procuraba sofocar por medio de la vigilancia y de la fuerza armada. El Gobierno dio un decreto (9 de junio de 1845) reglamentando las milicias.

Con la misma fecha emitió otro que obliga a todos los hijos del Estado, desde la edad de 18 años hasta la de 40, a servir en el ejército siempre que les toque en suerte.

De orden del Gobierno se dirigió a Managua el señor Ponciano Corral, con el fin de seguir una información acerca de los movimientos revolucionarios que ahí había.

Muchos de los comprometidos guardaron una rigurosa reserva, otros negaron los cargos; pero hubo quienes, entre los cuales se hallaba el síndico de la Municipalidad, presentaron quejas francamente a Corral contra el Gobierno.

El señor Corral puso a disposición del Gobierno a Encarnación Molina, Segundo Chávez y Francisco Ramírez.

Aconsejó a los señores Florencio Silva y Carmen Bengoechea que salieran del lugar, y dijo también por vía de consejo que no debían volver a él los señores Perfecto Zavala, José María Zelaya y Adrián Bengoechea.

Todo el mundo sabe lo que esta clase de consejos significa.

Lo que más incomodó a don Ponciano Corral fue haber encontrado en Managua una gran opinión en favor del general Cabañas.

Dijo que ahí se esperaba a Cabañas como a un Mesías redentor, y que era preciso alejar todo contacto entre el general Cabañas y el pueblo de Managua. (Informe de 19 de junio de 1845.)

En virtud de este informe el Gobierno decretó algunos confinamientos. (Documento núm. 6.)

En Rivas hubo agitaciones con motivo de la noticia de que el general Cabañas había penetrado, con fuerzas del Salvador, al territorio de Honduras.

La mano de hierro de la autoridad reprimió estas manifestaciones de alegría, y al llegar el número 20 del Registro oficial, que contiene la noticia de la derrota de Cabañas y las manifestaciones de gozo del Gobierno que residía en San Fernando, los agentes de la autoridad y de su círculo en tumultos victoreaban a Guardiola y gritaban: "¡Muera Cabañas!" (Documento núm. 7.)

Los vivas a Guardiola indignaban a todos los nicaragüenses que habían sido víctimas de aquel hombre y se miraban como una manifestación genuina de las tendencias del Gobierno y sus agentes.

Los sucesos de Honduras y el Salvador agitaban también a León.

Se dijo que una conspiración iba a estallar el 21 de junio y que a la vigilancia y actitud del general Muñoz se debió el haberse descubierto.

Pero el 24 hubo conatos de tomar el cuartel, llegándose hasta las vías de hecho. (Documento núm. 8.)

El estruendo de las armas se volvió a oír en la antigua capital del Estado.

Muñoz triunfó.

El Gobierno tuvo a bien confinar a San Juan del Norte a los señores José María Valle, Irineo Reyes, Juan Mendoza, Salomé Moncada y Blas Muñoz.

No deben aprobarse los trastornos, las conmociones ni menos los atentados a mano armada contra la autoridad; pero es preciso confesar que el Gobierno los provocaba.

La opinión pública estaba pronunciada contra Malespín, porque había ultrajado a Nicaragua y despedazado a León, y los nombres de Quijano y de Guardiola producían horror.

Entonces, ¿por qué el Gobierno que residía en San Fernando festejó el decreto de Coronado Chávez que puso a Malespín bajo la protección de Honduras?

¿Por qué festejaba los triunfos de Honduras en favor de Malespín?

¿Por qué la mano de hierro del general Muñoz tapaba la boca a los leoneses para que no hablaran contra Malespín cuando este sufría algún revés?

La presencia sola de Muñoz en la ciudad de León era un insulto a los leoneses, porque aquel hombre había entrado con Malespín y debía su posición en Nicaragua a Malespín.

Un jefe que contra sí tiene tan malas recomendaciones es preciso que sea muy prudente y que no hiera de nuevo legítimas susceptibilidades.

Todo esto se hacía sin embargo de que al Gobierno salvadoreño se le manifestaba en notas oficiales amistad, aprecio y deferencia, y sin embargo de haberse firmado en San Fernando, el 6 de mayo, un tratado de amistad y alianza que fue aprobado por las Cámaras salvadoreñas el 3 de junio, de lo cual se dio cuenta al Gobierno nicaragüense. (Documentos núms. 9 y 10.)

Al mismo tiempo que en el Salvador se ratificaba este convenio, el Gobierno de San Fernando celebraba con Honduras un tratado de paz, amistad y alianza. (Documento núm. 11.)

Los comisionados hondureños que celebraron este tratado fueron los mismos que llevaron a Nicaragua el decreto que tanto festejó el Gobierno de San Fernando sobre la protección a Malespín.

¿Cómo podía Nicaragua hacer tratados de amistad y alianza al mismo tiempo con el Salvador y Honduras, que estaban en guerra?

El tratado con el Salvador era un simulacro.

El tratado con Honduras era una verdad.

En Matagalpa hubo un movimiento que se atribuyó a vecinos de León y a falta de actividad del comandante de Somoto, teniente coronel Ortez, a quien se había prevenido inútilmente que pusiera las fuerzas de su mando a las órdenes del teniente coronel y comandante Juan Fábrega para que procediera según instrucciones.

El movimiento calmó por haber llegado fuerzas del mismo Ortez, un piquete de caballería de Granada y algunos soldados que reclutó en Metapa el capitán Abarca.

Un nuevo acontecimiento agitó los ánimos y el general Muñoz dio el parte siguiente:

"Ejército del Estado-General en Jefe.-Ahora que son las tres de la mañana, se me acaba de dar parte de que la plaza de Chinandega ha sido atacada por doscientos hombres, y que ha sido tomada. Todo lo que digo a U. para que se sirva ponerlo en conocimiento del S. D. y se dicten las medidas convenientes a fin de salvar a la patria.-D. U. L.-León, Julio 23 de 1845.-J. T. Muñoz.-Sr. Mtro. de la Guerra."

Poco después se dijo que el invasor era José María Valle, llamado El Chelón, quien al frente de 60 u 80 hombres había salido en una goleta del puerto de La Unión y desembarcado en Cosigüina.

En la tarde del 26, Muñoz fue atacado en León y triunfó.

Muñoz da al Gobierno un extenso parte en que se jacta de su triunfo y habla de estupendas maravillas ejecutadas por sus auxiliares. (Documento núm. 12.)

Él dio en seguida una proclama que dice así:

"El General en Jefe del Ejército del Estado, a los habitantes del mismo.

Compatriotas:

He tenido el dolor de ver derramarse la sangre nicaragüense; pero ella caerá sobre las cabezas de los enemigos del orden, que no teniendo más tendencia que su criminal ambición, han seducido a los incautos, conduciéndolos a morir contra las armas de su legítimo Gobierno: los han arrojado sobre esta plaza, y los cobardes que torpemente los han dirigido, no han tenido valor para arrostrar ellos mismos los peligros.

Más de treinta infelices han quedado yertos por las calles y solo su sangre es la que ha corrido: de ellos son los únicos que han caído prisioneros.

La causa de la justicia y del Estado ha adquirido hoy un nuevo lustre. ¡Loor eterno a los valientes oficiales y tropa que con tanta bravura han sabido repeler a sus inicuos agresores! ¡Loor eterno a los insignes patriotas que del seno de sus familias han salido a sostener la santa causa de las leyes! La patria, dignos HÉROES, os será eternamente reconocida, y yo, a nombre de ella, os tributo el más profundo homenaje de su alta gratitud.

José Trinidad Muñoz.

León, Julio 26 de 1845."

Sandoval dio también una proclama. He aquí:

"El Director Supremo del Estado de Nicaragua.

Compatriotas,

Los anarquistas han comenzado a regar el suelo de Nicaragua con su sangre inicua: el 26 del presente se han arrojado sobre la plaza de León; pero sus cabecillas cobardes han dejado perecer a los ilusos que les siguieran, corriendo vergonzosamente a la vista de los defensores del orden.

El ilustre caudillo del Ejército del Gobierno, el valiente y diestro General José Trinidad Muñoz, los ha roto. La guarnición de la plaza, los gendarmes, los comerciantes, y los más esclarecidos hijos de León, han dado una prueba de que el verdadero valor, es el que da el honor.

Los asesinos y ladrones pelean mientras tienen la esperanza de saciar sus horribles intenciones con poco trabajo, pero huyen cuando se les presenta la muerte.

"Marchemos, pues, sobre ellos hasta escarmentarlos, y pongamos de una vez los cimientos de una paz estable y duradera, que inutilice las tentativas del malvado. Os convido, compatriotas y amigos: volemos a restablecer el orden, y a confundir a esos forajidos enemigos de todo bien, de toda prosperidad, de vuestros hijos y de vuestras esposas.

San Fernando, Julio 31 de 1845.

José León Sandoval."

El Gobierno abandonó San Fernando para trasladarse a la villa de Managua. El decreto que así lo manda es lacónico y no tiene parte expositiva. Dice solamente lo siguiente:

"El Director Supremo del Estado de Nicaragua—En uso de la facultad que le confiere la ley.

DECRETA.

Art. 1.° Trasládase el Gobierno a la Villa de Managua.

Art. 2.° Los Jefes 1.° y 2.° de la división de operaciones, son encargados de disponer lo conveniente al cumplimiento de este decreto.

Dado en San Fernando, a 30 de Julio &."

En el movimiento del 26 sufrieron mucho algunas casas del pueblo de Sutiaba y aun fue incendiada una.

Muñoz aprovechó hábilmente esta circunstancia para presentar a sus enemigos como incendiarios. (Proclama de 30 de julio.)

Los insurrectos ocupaban la ciudad de Chinandega y la villa del Viejo.

Muñoz salió de León a la cabeza de cien infantes y cuarenta dragones y se dirigió a Chichigalpa donde hizo alto.

Allí fue atacado, rechazó al enemigo y continuó su marcha a Chinandega cuya plaza ocupó sin dificultad por hallarse desmantelada. (Documento núm. 13.)

Muñoz tuvo que regresar a León, y los invasores volvieron a ocupar la ciudad de Chinandega.

Muñoz organizó una nueva fuerza en León, reclutando gente en los pueblos del Estado menos afectos a los revolucionarios.

Salió otra vez para Chinandega y ocupó la plaza el 16 de agosto. (Documento núm. 14.)

Prescindiendo de las exageraciones que casi siempre se ven en los partes militares, del valor asombroso que atribuyen los jefes a sus tropas, de la cobardía y debilidad con que presentan a los adversarios, a quienes casi siempre suponen huyendo despavoridos, el parte de Muñoz bien revela que cada día se aumentaban las filas del Gobierno.

Basta decir que a las órdenes de Muñoz combatía el señor doctor Jerez.

Jerez había ido a Europa como Secretario de Castellón. Allá estuvo durante toda la guerra de Malespín en Nicaragua; se hallaba de regreso y sacaba su espada a las órdenes de Muñoz en defensa del Gobierno de Sandoval.

Esto habría bastado para dar a la revolución un giro diferente, para perder en ella el hilo lógico de los acontecimientos y no ver ya casi en los sucesos más que hechos que siguen unos a otros sin más móvil que los intereses individuales, las circunstancias del momento y los mayores o menores recursos con que cuenta cada uno.

Estos acontecimientos coincidían con los últimos sangrientos y atroces días de la guerra entre el Salvador y Honduras; y muchos movimientos militares que nada tenían que ver con Nicaragua, su Gobierno y su política, se atribuyeron a maquinaciones del Gobierno salvadoreño en favor de Valle, o sea el Chelón, y de sus cooperadores.

Los movimientos de Guardiola contra el Salvador y todo lo que hubo después de la suspensión de armas decretada en Comayagua y del armisticio de Sumpul se atribuyó, de buena o mala fe, pero en todo caso falsamente, a estrategia de Guardiola para impedir que el Gobierno del Salvador auxiliara a Valle.

La prensa oficial de Nicaragua ultrajó al Gobierno salvadoreño.

Para que se forme idea de esos ultrajes es preciso reproducir íntegro un editorial consignado en la primera columna, página 128, núm. 30 del Registro Oficial publicado en San Fernando el sábado 16 de agosto de 1845. Dice así:

EDITORIAL

Mientras el Gobierno de Nicaragua tendía una mano amiga al Salvador, accediendo a la instante solicitud de sus Comisionados, que a porfía se afanaban con los de Honduras, en recabar la mejoría en los auxilios que Nicaragua les prestara; cuando nuestro Gobierno, rebosando celo por la pacificación de estos Estados, promediaba entre ellos para conseguirla; dispárase el primero sobre el último, siempre insiguiendo en sus miras de devastación y de muerte, las que fueron ofuscadas con solo el brillo de las bayonetas con que los hondureños miran la INDEPENDENCIA Y DIGNIDAD DE SU PAÍS.

Inatento el Salvador a la generosidad fraternal que le dispensa Nicaragua, a despecho de sus intereses y de su tranquilidad, QUE TAN VILMENTE ASESINA CON EL PUÑAL QUE ENCOBRE EN EL SENO DE SU PERFIDIA, no contento aún con el incendio revolucionario que sopla y fomenta en su territorio, lanzando su fuego en rayos divergentes sobre los pueblos todos de la República; y siempre constante EN DOMICILIAR EL VANDALISMO EN SU SUELO, DÁNDOLE A PRÉSTAMO SUS ARMAS Y RECURSOS

PARA SUS CORRERÍAS, armó al faccioso José María Valle (a) Chelón en San Miguel, para que viniese a turbar la tranquilidad de este Estado; y últimamente al CORREDOR CABAÑAS, que huyó cobardemente a presencia del General Guardiola, bogando en la prolongada ansiedad del peligro que le amenazaba, y que a todo escape pudo evadirlo, asilándose en su ANTIGUA CUEVA.

Prosiguiendo el Director actual en los principios de conducta social en que ha cifrado su marcha administrativa: desnudo de las inspiraciones del espíritu de partido y de las sugestiones de la lisonja, que enmarañan muchas veces las operaciones más bien concertadas; hecho arredro en todas partes la fortuna de la revolución, a pesar de los esfuerzos de los que visaban a concurrir a sus sucesos; se ha fijado en fin sobre el verdadero objeto, sobre el punto central a que convergen las miras de los Gobiernos todos de la República, negando, por decreto de nueve del corriente, la protección de las leyes a esa turba de BANDIDOS COQUIMBOS.

Hacía largo tiempo que la voz imperiosa de la fuerza y que el grito insoportable de las facciones se contrastaban con el lastimero alarido de tantas víctimas inmoladas a la vándala ambición de esa nueva especie de monstruos en la clase de monstruos, aún no saciada con la sangre inocente con que han empapado los campos de la Patria, esos campos en que brotara la simiente sus espigas, y cuyas cúspides se enrojececen con la sangre de los mismos labradores, que debieran segarlas. Solo un Estado, convertido en la SENTINA de la República, se resiste al mágico influjo de la voz sacrosanta de la Patria, que en la revolución y desórdenes anárquicos, y en la escandalosa opresión en que la hundieran sus espurios hijos, levanta su noble frente ensangrentada, trepidando en el desconcierto en el que se asienta: y formulando algunas palabras, pide a viva voz el destierro y la muerte de esa gavilla de FACCIOSOS COQUIMBOS, sobre cuyo sepulcro irán a sentarse tantas esperanzas.

LL.EE.

Prescindiendo de la literatura y de frases que no necesitan comentarse, porque sus absurdidades están a la vista, no puede menos de llamarse la atención hacia el odio reconcentrado y la malevolencia que el editorial encierra.

139

Dueñas no era Coquimbo, y más de una vez hirió a los Coquimbos.

Sin embargo, no pudo sufrir estos ultrajes y, como Ministro del Salvador, dirigió al Gobierno nicaragüense lo que sigue:

"Ministerio general del S. G. del Estado del Salvador.- Sr. Ministro de relaciones del Supremo Gobierno de Nicaragua.- Casa de Gobierno: S. Salvador, Septiembre 20 de 1845.

Con la mayor sorpresa ha visto mi Gobierno correr en el registro oficial núm. 30 del Sábado 16 de Agosto un artículo editorial en que la pluma del escritor, desviándose del decoro con que deben ser tratados los Gobiernos, aun en guerra abierta, arroja sobre el del Salvador las más amargas invectivas, y dando por averiguada y cierta la calumnia más atroz, se adelanta a decir osadamente que este Gobierno asesina vilmente con el puñal que encubre en el seno de su perfidia, y que, siempre constante en domiciliar el vandalismo en su suelo, dándole a préstamo sus armas y recursos, armó al faccioso José Valle (a) Chelón en S. Miguel, etc.

Difícil será, Sr. Ministro, encontrar en los fastos de nuestras demasías oficiales un lenguaje más inurbano, más insultante ni más descomedido: él ultraja vilmente al Gobierno contra quien se dirige, al paso que desacredita la pluma que lo usa. Aun dando por sentado que el Gobierno del Salvador hubiera incurrido en la culpa que tan ligeramente se le reprocha, el Gobierno agraviado no estaría jamás autorizado para ser incircunspecto hasta el grado de pronunciar definitivamente y difamar en sus periódicos sin haber oído al Gobierno acusado: y esta razón se hace mayor entre Estados amigos, ligados por un pacto solemne en que se ha determinado la manera de reclamar cualquier infracción.

Pero de todos modos, la prudencia exigía un poco de más espera y aconsejaba abstenerse de ocurrir a viles sarcasmos oficiales indignos de la majestad de Estados Soberanos. De ellos ha resultado que, mientras Nicaragua está ya para ser satisfecho de una manera la más victoriosa por parte del Salvador, este se ve ultrajado y herido en lo más delicado de su reputación. Mi Gobierno, descansando en el testimonio de su propia conciencia, espera que muy pronto el de Nicaragua será informado por comisionados que irán al efecto, de cuánto conviene en el particular a que concierne el reclamo que antes ha dirigido sobre las ocurrencias del oficial Valle y desde luego se lisonjea con que en la conducta de esta administración encontrará pruebas de lealtad de que hasta hoy no ha podido tener conocimiento.

Pero, entre tanto, es indispensable que el Supremo Director haga que en sus publicaciones oficiales se guarde al Gobierno del Salvador el respeto a que es acreedor y que todos los demás gobiernos están muy obligados a guardarle mientras por su parte no dé mérito a ser tratado de otra manera.

Al concluir, debo hacer una observación que he omitido en mis comunicaciones anteriores por haberme parecido intempestiva por entonces. Las comunicaciones de este Estado con ese no han sido corrientes porque parece haber existido en los Jefes de la fuerza hondureña que han ocupado S. Miguel y el partido de Nacaome un propósito de entorpecer las relaciones, resultando de aquí que todas las noticias e informes que allí lleguen sobre la política del Salvador van necesariamente refractadas por un prisma que debe colorear mal cuanto concierna a esta administración.

En estos términos, me ha ordenado el Sr. Senador encargado del S. P. E. dirigirme al Supremo Director por el honroso medio de U., y al verificarlo tengo la satisfacción de suscribirme su más atento y respetuoso servidor,

D. U. L.

Francisco Dueñas.

Sandoval dio en Managua el decreto siguiente:

"El Director del Estado de Nicaragua.

Persuadido de que en las naciones más cultas los criminales no tienen otro asilo que las cárceles y algunos templos; que el espíritu de la Constitución, al declarar el territorio del Estado un asilo sagrado para todo el que quiera vivir en él, no es el de llamar a los malvados, sino a los hombres útiles y honrados; que los sectarios que acompañaron al General Morazán en la última facción, conocidos con el apodo de Coquimbos, se han convertido en enemigos no solo de este Estado, sino de toda la República; y que donde quiera que ellos existen o tienen relaciones, allí está el desorden, el exterminio y la muerte: obligado como está a mantener el orden interior del mismo, tiene a bien decretar y

DECRETA.

1.° No hay asilo en el Estado para los que pertenecieron a la última facción acaudillada por el General Morazán.

2.° Se exceptúan los que actualmente están al lado del Gobierno y sean de su confianza.

3.° El que contraviniere al presente decreto, ya sea porque permanezca más de ocho días después de publicado, o porque se introduzca en cualquier tiempo al Estado, queda fuera de la protección de las leyes.

Dado en la Villa de Managua, a 9 de Agosto de 1845.

José León Sandoval &."

Al mismo tiempo que todo esto pasaba y que tanta rabia se exhibía contra la tumba del General Morazán, los ingleses no perdían de vista al rey mosco, ni el territorio nicaragüense.

Ingleses avecindados en Nicaragua hacían reclamaciones, y los consejeros de Sandoval creían que solo la unidad centroamericana podía salvarlos.

Con este motivo fueron nombrados los señores Laureano Pineda y Francisco Castellón para que representaran a Nicaragua en una dieta que se proyectaba.

El señor Sandoval no se encontró bien en la Villa de Managua, porque ahí lo rodeaban enemigos y tuvo la ocurrencia de pretender hacer creer que el decreto de traslación a esa villa era solo para una visita. He aquí un nuevo decreto:

"El G. S. del Estado de Nicaragua.

DECRETA.

Artículo único. La residencia del Gobierno en la Villa de Managua se entiende en calidad de visita y esta se hará extensiva a todo el Estado."

Se exigió por medios coactivos una contribución de doce mil pesos a los vecinos del departamento occidental y Managua, por vía de castigo.

Se prohibió la introducción de licores extranjeros, para vender bien los licores del país, según dice el decreto respectivo.

Renunciaron los Ministros Jesús Rocha y José Lino César y fueron nombrados los señores doctor Máximo Jeréz y Licdo. Pablo Buitrago.

¿Qué idea tendría el señor Sandoval de lo que es un Gabinete?

Buitrago era separatista, conservador y enemigo de Morazán.

Jerez era, como es hoy, unionista exaltado, demócrata y admirador de Morazán.

¿Sería posible que estos dos hombres pudieran estar juntos en un Gobierno?

Buitrago no hubiera podido tener a su lado al Dr. Jeréz, como no pudo tener a su lado, cuando era director de Nicaragua, a don Francisco Castellón.

La amalgama de hombres de diferentes escuelas es imposible.

Puede ser muy bien que un jefe de altas dotes, que gobierna por sí mismo, tenga Ministros de diferentes colores políticos, porque la dirección de los negocios es suya y el sello de la autoridad se encuentra en él; pero entre estos jefes no se hallaba don José León Sandoval.

A Sandoval, un día Buitrago lo hubiera colocado en un camino, y otro día Jeréz lo hubiera sacado a empujones de ese camino para arrojarlo por otro, y las discrepancias gubernativas habrían sido probablemente dirimidas por la espada del general Muñoz.

Jeréz y Buitrago renunciaron, y Sandoval nombró Ministros a don Fruto Chamorro y al Licdo. José Guerrero.

Guerrero renunció. Chamorro aceptó la cartera de Hacienda y don Lino César volvió a ser Ministro de la Guerra.

Ahora sí, el Gabinete es homogéneo.

Queda establecido un Gobierno conservador genuino.

El 20 de septiembre por la noche se dio parte al comandante de observaciones del distrito de Chinandega de que una partida de hombres llamados Pichingos andaba por el pueblo del Viejo, del otro lado del río.

Se hizo salir al capitán Marcos Argüello para que los capturase, y a las tres de la mañana regresó llevando preso a uno llamado Isidoro Montenegro, quien dio una extensa declaración.

Se decretó un indulto con algunas limitaciones; pero la revolución continuaba.

Los invasores atacaron el 21 de octubre la guarnición de Somoto y tomaron el pueblo.

Muñoz publicó el 23 en León una proclama pomposa y amenazadora en que asegura que iban al instante a ser exterminados.

El Gobierno del Salvador acordó el envío a Nicaragua de dos comisionados: el general don Nicolás Angulo y don Pedro Gotay y dio parte de esta resolución al Gobierno nicaragüense. (Documento núm. 15)

Don José del Montenegro, Ministro del señor Sandoval, contestó, estando ya el general Angulo en la boca del Cardón, que no sería admitido porque era partidario del general Morazán. (Documento núm. 16)

Angulo, ignorando este acuerdo y habiéndose detenido Gotay en el puerto de La Unión, dirigió al señor Montenegro una nota, datada a bordo de la Veloz en el Cardón, en la cual participa su llegada y el objeto de su misión. (Documento núm. 17)

Montenegro lo rechazó, diciéndole que estaba proscrito, como partidario de Morazán. (Documento núm. 18)

Esta conducta, tan impolítica como incivil, debía dar necesariamente un resultado fatal para Nicaragua y para toda la América del Centro: la absoluta escisión entre el Gobierno de Nicaragua y el partido liberal de Centroamérica.

Después de este ultraje a la tumba de Morazán y a todo su partido, los conservadores de Nicaragua no podían quejarse de que los círculos por ellos proscritos los consideraran como enemigos implacables y como amigos del tirano que mandaba en Guatemala.

Si se examinan atentamente los sucesos posteriores, se verá que esta egoísta intransigencia de un partido exclusivista es el origen de incalculables desastres, de los que fue víctima toda la antigua República.

Angulo tuvo la desgracia de ser dos veces rechazado de Nicaragua.

Lo rechazó Buitrago en el año de 1842, hallándose a bordo del bergantín Cosmopolita, y lo rechazó Sandoval en el año de 1845, hallándose a bordo de la goleta Veloz.

En uno y otro año, el general Angulo expiaba el crimen de haber combatido al lado del vencedor de Gualcho en favor de la unidad centroamericana.

Que los Borbones se estremecieran en Francia cuando el héroe de Austerlitz y de Marengo se hallaba en la isla de Elba, se comprende, porque sus cálculos les presentaban a cada instante a Napoleón volviendo a las Tullerías en medio del entusiasmo universal.

Pero que los serviles de Nicaragua se estremecieran al ver un soldado de Morazán, cuando aquel jefe ilustre se hallaba en la tumba y no había en toda la América Central quien pudiera subrogarlo, es una miserable cobardía.

Rechazado Angulo, fue recibido don Pedro Gotay, quien celebró en León el convenio siguiente:

"Art. 1 - El Comisionado del Supremo Gobierno del Salvador reconoce el hecho de haber sido auxiliados los facciosos que vinieron a perturbar el orden público de Nicaragua, en los meses de julio y agosto últimos, con armas y otros elementos de guerra, por subalternos del Gobierno su comitente, sin su orden ni conocimiento.

Art. 2 - A nombre del mismo Gobierno del Salvador se compromete y ofrece que serán castigados ejemplarmente, como revolucionarios contra aquel Gobierno, los que resulten cómplices en vista de los datos que suministre el de Nicaragua, y de los que se recaben por el del Salvador, con arreglo al artículo 4 del tratado celebrado en Masaya, en 6 de mayo último, capturándolos sin pérdida de tiempo, y debiendo ser sentenciados dentro del término de dos meses, contados desde la fecha en que sea ratificado este convenio.

Art. 3 - Igualmente se compromete, a nombre del Gobierno del Salvador, a que se dictarán todas las providencias y precauciones más exactas para que por ningún punto marítimo ni terrestre de sus fronteras se repitan iguales atentados a los que se han experimentado contra Nicaragua, ya sea protegiendo de cualquier manera revoluciones interiores en este último, o auxiliando a los facciosos de Texiguat, que hoy comanda José M.ª Valle, y han agredido por la frontera de Honduras el territorio de este Estado.

Art. 4 - Asimismo se compromete el propio Señor Comisionado a que los buques y embarcaciones de guerra pertenecientes al Salvador, que por cualquier motivo tengan que tocar en las costas de Nicaragua, lo harán precisamente por el puerto habilitado; y en caso de que alguna circunstancia extraordinaria los conduzca a otro lugar, inmediatamente darán aviso a la autoridad más cercana, pondrán en manos de ella la correspondencia que porten, y no harán desembarque sin el permiso correspondiente.

Art. 5 - Mientras Nicaragua recibe la satisfacción que le es debida y queda pendiente, los Comisionados de parte de su Gobierno declaran subsistente el tratado de 6 de mayo último, celebrado en Masaya, quedando roto de hecho, y por consiguiente Nicaragua en libertad de adoptar la política que crea conveniente, si no se le diere la satisfacción debida en el tiempo que se le ha fijado en el artículo 2 del presente convenio, o si se repitiere otra falta.

Art. 6 - Igualmente declara y quiere Nicaragua que su Comisionado cerca de Honduras y el Salvador siga practicando los oficios para que está autorizado, con objeto de conseguir la paz que se halla alterada entre aquellos Estados.

Art. 7 - Nicaragua queda expedita para unir, combinar y mover sus fuerzas con las de Honduras, con el fin exclusivo de destruir la facción de Texiguat, por ser esta enemiga común de los dos Estados.

Art. 8 - Este convenio será ratificado y canjeado por los Gobiernos contratantes, dentro de veinticinco días contados desde esta fecha."

Este convenio, suscrito el 25 de octubre de 1845, necesitaba la ratificación.

El señor Gotay era un comerciante rico y un respetable padre de familia, cualidades muy recomendables; pero que no le daban capacidad para celebrar un tratado internacional, ni para salvarse de redes que le tendían hombres avesados en la política y en la intriga.

El 25 de octubre, el Salvador y Honduras estaban en guerra abierta y la sangre de los salvadoreños humeaba en el Obrajuelo, La Unión, San Miguel, Monterredondo, Santa Rosa, Sensenti y Comayagua.

Los texiguats, combatiendo a su Gobierno, que entonces derramaba a torrentes la sangre salvadoreña, eran aliados del Gobierno del Salvador, y el señor Gotay no debió haberlos mencionado ni aun con la restricción de que solo se refería a los que mandaba Valle.

Con hombres como el señor Gotay quieren entenderse los serviles; a hombres como el general Angulo los rechazan.

Este tratado fue muy grato para Ferrera y Guardiola, que estaban en guerra con el Salvador, pues la paz entre el Salvador y Honduras se firmó en Sensenti hasta el 27 de noviembre de 1845 y debe considerarse como simple tregua.

Aunque el tratado de 25 de octubre no estaba ratificado por el Salvador, Ferrera, Guardiola y Muñoz se empeñaron en que al instante Nicaragua diera los datos contra las personas que se creían cómplices en la invasión de Valle.

Guardiola había seguido una información en Nacaome.

Se hizo declarar a Manuel Lara, natural de Guatemala y avecindado en Santa Ana; a Hermeregildo Mendoza, natural de Yuscarán; a Gregorio Chacón, vecino de Danlí; y a Norberto Medina, del mismo vecindario.

Estos hombres temblaron en presencia de los soldados de Guardiola.

Siempre que nombran a este jefe lo llaman benemérito.

El objeto de Guardiola es presentar como criminales a Barrios y a Cabañas.

Vamos a ver si el benemérito general Guardiola pudo conseguir su objeto.

Dice Lara que fue aprehendido por las autoridades de Aluaren; que iba de San Miguel; que se introdujo a Honduras por un cerro que está arriba de Aramecina; que llevaba pliegos del general Cabañas para algunos vecinos de Liure y para José María Valle, que era uno de los jefes que se hallaban al frente de la revolución de Texiguat; que llevaba también armas para los texiguats y que iba a ponerse a las órdenes de Valle.

Esta declaración fue tomada en Nacaome el 24 de septiembre de 1845.

Lo mismo, con diferencia en las palabras y en accidentes, dijeron Hermeregildo Mendoza, Gregorio Chacón y Norberto Medina.

Cualquiera, al ver estas diligencias, dirá: "el general Cabañas está convicto de haber revolucionado a Honduras, de haber intervenido, estando al servicio del Gobierno del Salvador, en los asuntos interiores de otro Estado; y es, por tanto, acreedor a un proceso y a una pena."

Pues no es así. Cabañas no hacía más que cumplir sus deberes.

El Salvador y Honduras estaban en guerra, y en esa guerra Honduras faltó a lo que prescribe el Derecho de Gentes en medio de los combates, hasta el extremo de que Guardiola asesinara al general Carballo después de haberse decretado una suspensión de armas, y en los momentos en que Carballo, confiando en esa suspensión, no estaba preparado para defenderse.

Guardiola, en vez de ser juzgado por tan execrable crimen, fue honrado en Honduras con el título de dos veces benemérito.

Los vecinos de Texiguat y de Liure no podían soportar al benemérito Ferrera, ni al dos veces benemérito Guardiola, y se insurreccionaban contra ellos; e insurreccionados estaban cuando los beneméritos hacían la guerra al Gobierno del Salvador.

Los vecinos de Texiguat y de Liure eran enemigos de los enemigos del Salvador y amigos del pueblo salvadoreño, que luchaba porque los beneméritos de Honduras no colocaran al general Malespín, íntimo amigo y correligionario de ellos, en la silla del poder Ejecutivo del Estado del Salvador.

Es muy conforme a la táctica militar y a las leyes de la guerra apoyar a los pueblos que se insurreccionan contra un enemigo declarado.

José María Valle no era un bandido; era hombre de bien.

Fue uno de los bravos defensores de la plaza de León, donde combatió al lado del general Cabañas.

Cualquiera dirá, leyendo estas palabras, que es una audacia asegurar que Valle era un hombre de bien, y es preciso probarlo.

Valle publicó una proclama. (Documento núm. 20.)

Esta proclama fue anotada en Nicaragua.

En las notas, hicieron Muñoz, Montenegro y Sandoval cuantos cargos pudieron a Valle.

Lo colmaron de injurias y diatribas.

Sin embargo, anotándose estas palabras: "Pueblos de Nicaragua: decidme, ¿qué males os he hecho yo?", ni Muñoz, ni Montenegro, ni Sandoval, ni ninguno de los hombres de su círculo pudieron echarle en cara más que haberse incendiado algunas chozas en medio de los fuegos del combate.

Si el benemérito general Ferrera hubiera preguntado: "¿Qué daños he hecho yo?", con la contestación se habría ocupado mucho papel.

Para contestar la misma pregunta al dos veces benemérito general Guardiola y al general Malespín, se habrían necesitado muchos volúmenes.

¿Y cuántos habrían sido indispensables para dar igual respuesta al general Carrera?

Habría sido preciso, después de escribir mucho, concluir con estas palabras consignadas en el último versículo del Evangelio de San Juan:

"Hay también otras muchas cosas que si se escribiesen cada una por sí, ni aun en el mundo pienso que cabrían los libros que se habrían de escribir."

Valle no hiere al clero, porque había clérigos que no estaban de acuerdo con los beneméritos.

El padre don Dionisio Crespín fue fusilado el día de la toma de la plaza de León.

El padre José María Cortez fue ultrajado y una casualidad lo salvó en los momentos de ir al cadalso.

El presbítero doctor don Isidro Meléndez fue desterrado del Salvador por Malespín.

El presbítero don Ignacio Zaldaña fue también desterrado del Salvador por Malespín.

El padre Pastrán estaba perseguido por Muñoz.

En una de las notas a la proclama de Valle se encuentran estas palabras:

"Los sacerdotes son hombres y no están exentos de delinquir, y si delinquen es necesario castigarlos."

Es asombrosa la sindéresis del partido servil.

Cuando los sacerdotes son reaccionarios como Casaús, como Viteri, como Piñol, como el padre Durán, como el padre Lobo o el padre Perdomo, no se les puede tocar, y si se les toca cae el Salmo 108 contra los que osaren molestarlos.

Cuando los sacerdotes son progresistas como Crespín, Cortez, Meléndez, Zaldaña y Pastrán, no están exentos de delinquir, y si delinquen es necesario castigarlos, y se les castiga aunque no delinquen; y bien se les puede herir con un machete, como lo hizo Carrera en Quezaltenango con el cura Ugarte.

El movimiento de Nicaragua que acaudillaba Valle se hallaba apoyado por muchos hombres de bien.

Pruébalo el acta de Chinandega, que dice así:

ACTA DE CHINANDEGA

Silvestre Montano, Secretario de la Municipalidad de la Ciudad de Santa Ana del Estado de Nicaragua.

Certifico: que en el libro de acuerdos de la municipalidad que a mi cargo es, a los folios 15, 16 y 17, se halla el acta que a la letra es como sigue:

En la Ciudad de Santa Ana de Nicaragua, a 29 de julio de 1845, hallándose reunidos en la casa consistorial de esta Ciudad, el Sr. cura y Vicario del distrito, y los vecinos que suscriben esta acta, convocados por el cuerpo municipal en virtud de una excitación oficial que le ha dirigido el Sr. Comandante de operaciones, a fin de que exprese sus sentimientos con respecto al pronunciamiento general que ha hecho el pueblo el 22 del corriente en favor de las fuerzas con que el general José María Valle obra sobre la Ciudad de León.

Y teniendo en consideración, según el clamor público, que esta opinión es una consecuencia natural e incontestable de todas las violencias y depresiones que se cometieron por las tropas que invadieron el Estado en el mes de noviembre y que forzaron la capital hasta tomarla el 24 de enero último, cuyas violencias aún continuaron después; y que, además, la Constitución y las leyes y aun el derecho de gentes fueron escandalosamente hollados por el funcionario encargado de sostenerlas, según lo patentizan las formales acusaciones que ante la soberanía del Estado se le hicieron por el Sr. Francisco Madriz y el vecindario de la Ciudad de Rivas, cuyas piezas circulaban impresas sin que al pueblo de Nicaragua se le haya dado hasta la fecha una plena satisfacción de tamaños atentados; que esta misma conducta ha producido sucesivamente varias persecuciones y vejaciones públicas, aun por funcionarios subalternos, que han sido toleradas con injurias aún de las personas de sentido común; teniendo presente que este distrito no tuvo representación en las cámaras que últimamente recesaron, porque, a pesar de estar disminuida la cámara respectiva, no se quiso llamar a su representante, usurpando así el derecho que la Constitución confiere de un modo pleno a los pueblos que lo componen; y que mientras no desaparezcan todos estos motivos de desagrado, no se podrá esperar una paz durable y una reconciliación de partidos; esta junta y la corporación municipal han tenido a bien adherirse al pronunciamiento hecho por el pueblo, ofreciendo todos los recursos que puedan conseguirse para auxiliar y sostener el ejército del general Valle, a quien desde luego autorizan y traspasan todo el derecho que puedan tener como autoridades y como ciudadanos para lograr la regeneración del Estado, de la propia manera que lo verificaron las municipalidades del Departamento Oriental en el mes de diciembre del antepróximo año, cuando se creyeron ultrajadas en sus garantías.

Y deseando al mismo tiempo esta junta y corporación que su pronunciamiento produzca efectos saludables al Estado, cuyos sentimientos están todos animados, como también a fin de que se restablezca la paz desgraciadamente perdida y desaparezca la guerra civil en que se hallan los pueblos, acordó igualmente que esta acta sea elevada a los señores jefes militares de ambos partidos por medio de un comisionado especial cerca de ellos, a cuyo efecto ha sido nombrado por unanimidad de votos el Sr. Lic. Pedro Zeledón, para que también los excite a un acomodamiento racional y benéfico a los pueblos, procurando que uno y otro, olvidando toda clase de resentimientos personales, le den al Estado la paz que tanto desean los pueblos.

E igualmente acuerdan que se excite a las municipalidades del distrito y demás que convenga, transcribiéndoles la presente acta, para que, en vista de los poderosos fundamentos que han motivado el predicho pronunciamiento, lo secunden si lo tienen a bien.

Con lo que se concluyó, la que firman los señores municipales y demás individuos que aparecen.

Estanislao González, Alcalde 1.° - Ramón Quezada, Alcalde 2.°

Regidores: Felipe Molina - Marcelino Balmaceda - Esteban Díaz - Simón Romero - José María Martínez - Ambrosio Sosa.

Síndicos: Félix Rojas - Francisco Reyes.

Presbíteros: Juan Francisco Rocha - José M. Pastrán.

Concurrentes: Norberto Ramírez - Mariano Montealegre - Toribio Tijerino - Luz Cascante - Ano Baca - Ano J. de Paz - Francisco Reyes Terán - Agustín Cabezas - Rafael Ricarte - José Robleto - Pedro E.

Molina - Tomás Cabezas - José María Peñalva - Valerio Saavedra - Francisco Romero - Nazario Blandón - Francisco Ramírez - Juan Callejas - Bruno Delgadillo - Mateo Bonilla - Cirilo Delgadillo - Juan Delgadillo - Juan Delgado - Demetrio O'Conor - Blas Meza - Bonifacio Meza - José N. González - Por mí y el Sr. Julián Guevara, Beltrán Martínez - Higinio Romero - Por mí e Hipólito Espinoza, Pío Meléndez - Matilde Guevara - Prudencio Ortega - Pedro Méndez - Felipe Muñoz - Atiliano Delgado - Francisco Martínez - Por mí y Nicolás Santos, Juan Ibarra - Pilar Gutiérrez - Pedro Araica - Silvestre Montano, secretario.

Con solo ver en esta acta el nombre de don Mariano Montealegre, bastaría para comprender que la revolución era digna y respetable.

En ella se ven nombres históricos como el de Ramírez y Tijerino y el de sacerdotes como el padre Rocha.

El acta de Chinandega se publicó anotada y las notas son una confesión paladina de los asertos que ella contiene.

Los serviles de Honduras y Nicaragua acostumbraban reproducir anotados los documentos que salían de las manos de sus enemigos.

Este sistema es muy útil para la historia, porque en un solo pliego se ve el pro y el contra, y se puede formar juicio exacto del asunto.

Los serviles de Guatemala observaban diferente sistema.

Ellos no confiaban en las notas, por muy peritas que fueran las plumas de los señores Pavón y Milla.

En vez de anotar, escondían y quemaban.

Pero no pudieron esconder ni quemar todo lo que les perjudicaba.

En las notas al acta de Chinandega se dice que desde que tomó posesión Sandoval no había habido persecuciones hasta el 26 de julio.

He aquí una confesión tácita de que las hubo en tiempo de Sáenz y de que continuaban después del 26 de julio.

Se confiesa que Chinandega no fue representada en las Cámaras, y solo se da por disculpa que fue electo el Licdo. don Pedro Zeledón y que la elección, por ser viciosa, se declaró nula.

Muñoz siguió otra información en Nicaragua contra Barrios y Cabañas, a quienes se deseaba aniquilar.

Algunos testigos fueron examinados por don Pablo Buitrago.

Los testigos no hacen más que reproducir los conceptos de la información de Nacaome.

Nada hay respecto al Gobierno de Honduras posterior a la paz de Sensenti, ni podía haber, porque la paz se firmó el 27 de noviembre de 1845 y esta información termina el 17 de octubre del mismo año.

Toda la información se contrae a explicar militarmente el movimiento de Valle y a decir que don Gerardo Barrios era gobernador de San Miguel, que no pudo ignorar la salida de elementos de guerra del puerto de La Unión y que no lo impidió.

Testigos que declaran bajo el poder de las bayonetas suelen decir lo que se quiere que digan.

La veracidad de estas declaraciones es tan dudosa como lo demuestra la que Lara dio en Nacaome.

Este dijo que en El Salvador había habido una revolución contra don Joaquín Eufrasio Guzmán y que habían sido asesinados en las cárceles el general Belloso, el brigadier Ignacio Malespín y el coronel Narciso Méndez.

Todo esto era falso y solo existía en la cabeza del declarante.

¿Qué fe puede darse a estas declaraciones?

Pero aceptemos íntegra la acusación que se hace a don Gerardo Barrios de que, siendo gobernador de San Miguel, supo que salían elementos de guerra del puerto de La Unión para el Estado de Nicaragua y no lo impidió.

Aumentemos el cargo, suponiendo que el gobernador de San Miguel preparó las armas y el parque, reclutó gente, cargó el buque y dio orden para que todos los elementos que tenía a bordo desembarcaran en Cosigüina a fin de favorecer la revolución que se levantaba en Nicaragua contra el Gobierno de Sandoval.

Presentado así el hecho como hipótesis, examinemos su justicia en absoluto.

El Salvador y Honduras estaban en guerra, y en guerra desastrosa.

¿Por qué? Porque Honduras quería volver a colocar a Malespín en la presidencia de El Salvador.

¿Qué hubiera sucedido si Malespín vuelve a la presidencia?

Habría habido escenas de sangre y de horror.

Todos los hombres del 2 de febrero habrían expiado su patriotismo en el cadalso. Era preciso sostener una guerra a muerte con Honduras para que no triunfaran las pretensiones hondureñas.

¿Qué hubiera sucedido a los salvadoreños si no triunfan en el Obrajuelo?

El territorio salvadoreño habría sido despedazado como la Polonia, porque estas eran las aspiraciones de Ferrera y de Carrera.

Ferrera se atrevió a exhibirlas muy claramente. (Documento núm. 21.)

Se trataba nada menos que de arrebatar a El Salvador el importantísimo departamento de San Miguel.

¿Qué debía hacer el gobernador de San Miguel?

¿Debía por ventura cruzar los brazos y esperar el maná?

No. Debía hacer cruda y rigurosa guerra a Honduras y a sus aliados.

El Gobierno de Nicaragua era aliado de Honduras.

Don Blas Antonio Sáenz dictó en 3 de marzo de 1835 un decreto que dice:

"El Gobierno de Nicaragua es neutral en las cuestiones habidas en los demás Estados."

Pero ese mismo decreto manda levantar un ejército que pone a las órdenes del general de brigada José Trinidad Muñoz, a quien se nombra general en jefe.

Muñoz era enemigo del partido liberal y amigo de Malespín.

Por lo mismo, era enemigo acérrimo del Gobierno que en El Salvador se inauguró el 2 de febrero de 1845.

El Gobierno salvadoreño envió a Nicaragua con una comisión especial a don Manuel Vidal.

Vidal pedía:

1.° Que Nicaragua no auxiliara a Malespín, ni permitiera acopios de elementos de guerra para alterar la tranquilidad de El Salvador.

2.° Que se solicitara también la neutralidad de Honduras.

3.° Que si el Gobierno de Honduras auxiliaba a Malespín, Nicaragua auxiliara a El Salvador.

4.° Que se consideraran existentes los pactos entre Nicaragua y El Salvador antes de la invasión de Malespín.

Vidal fue mal mirado por los gobernantes de Nicaragua.

No se contestaban siquiera sus notas.

Se le dijo, por fin, que nada podía hacerse sin la concurrencia de las Cámaras que iban a reunirse; pero que no se reunían porque siempre se encontraban diputados y senadores enfermos, ausentes o impedidos.

Vidal, a vista de tantas falsedades, se retiró, llevando la más íntima persuasión de las simpatías que animaban al Gobierno de Nicaragua en favor de Honduras y de Malespín.

Acababa de salir Vidal cuando llegaron a Nicaragua los señores Licdos. Basilio Salinas y José María Rugama.

Estos dos señores no fueron mal mirados.

Se les manifestaron simpatías y se les prodigaron atenciones.

Las hostilidades estaban declaradas ya entre Honduras y El Salvador por la protección que el Gobierno hondureño daba a Malespín.

Salinas y Rugama iban a Nicaragua a ligar aún más al Gobierno de ellos con el Gobierno nicaragüense.

Iban a presentar el decreto que Honduras dio tomando bajo su protección a Malespín y a los demás jefes y oficiales que lo acompañaban.

¿Y qué hizo el Gobierno de Nicaragua?

Recibió muy bien ese decreto.

Lo declaró un acto de justicia y hizo que se insertara en el periódico oficial con este encabezamiento:

Ministerial.

"El día de hoy, han dado aviso los Señores Licenciados Basilio Salinas y José María Rugama de estar en esta Ciudad investidos con el carácter de comisionados cerca de este Gobierno por el Supremo de Honduras; y ellos mismos han traído el decreto que aquel alto funcionario emitió en 23 del último marzo. Este acto de justicia patentiza la filantropía de aquel digno Presidente, dándose a luz para satisfacción de los habitantes de este Estado."

Este editorial y esta reproducción de un decreto que hería directamente al Gobierno de El Salvador, rompen la fingida e hipócrita neutralidad y convierten al Gobierno de Nicaragua en un aliado de Honduras.

"Este acto de justicia", dice el periódico oficial, "patentiza la filantropía de aquel digno presidente, dándose a luz para satisfacción de los habitantes de este Estado."

Estas palabras envuelven un ultraje grotesco a todas las víctimas de Malespín en León.

¿Podía imaginarse que las víctimas de Malespín, de Quijano y de Guardiola vieran con placer el decreto de que se habla?

¿Dónde está el talento del general Muñoz y de su camarilla?

Muñoz vociferaba que había tenido necesidad de ir a Nicaragua con Malespín, conducido por la necesidad y únicamente para salvar a los nicaragüenses del yugo ominoso de Casto Fonseca.

Ya de ese yugo estaban salvos.

Malespín había fusilado a Casto Fonseca y devorado, como una pantera hambrienta, otras víctimas.

La redención de los nicaragüenses estaba consumada.

¿Por qué se pretende ahora proteger a Malespín y a los jefes y oficiales que lo acompañan?

El decreto hondureño dice:

"Considerando que la gratitud que el Gobierno de Honduras tiene hacia el general Malespín y los jefes y demás individuos que lo acompañan por los importantes servicios que han prestado a su causa, agregados a la situación desgraciada en que se encuentran, &. &."

Estos considerandos los adopta el Gobierno de Nicaragua; hace suyo el decreto y lo publica en el periódico oficial precedido por un editorial laudatorio.

Todo acto hostil de los salvadoreños contra un Gobierno que así procede es legítimo.

Muñoz no marchó a León al lado de Malespín para redimir a los nicaragüenses del yugo ominoso de Casto Fonseca, sino para dar pábulo a su ambición de mando militar, subrogando a Fonseca.

Él es responsable de todo lo ocurrido en León.

Los defensores de la plaza no podían soportar el nombre de Muñoz.

Él lo comprendía y deseaba aniquilarlos.

Algunos de ellos se hallaban en El Salvador sirviendo al Gobierno del 2 de febrero.

Muñoz los veía con desconfianza, con odio y con envidia, y deseaba lanzar contra ellos a la pantera que desgarró a Fonseca.

El general Muñoz, declarado general en jefe por don Blas Antonio Sáenz, se habría lanzado contra el Gobierno del vicepresidente Guzmán si Nicaragua no se le hubiera conmovido.

Los levantamientos de los pueblos del Estado llamaban su atención en el interior y no lo dejaban salir.

Estos pueblos, insurrectos contra el Gobierno que Malespín impuso a Nicaragua, eran aliados del Gobierno de El Salvador por la naturaleza misma de las cosas.

Algunos jefes salvadoreños simpatizaban con ellos.

Estas simpatías no podían ser un crimen.

Sin embargo, hasta entonces no se acusa a ningún jefe salvadoreño de haberlos protegido directa ni indirectamente.

Las hostilidades del Gobierno de Nicaragua contra el Gobierno de El Salvador continuaron sin cesar en escala ascendente, hasta el extremo de celebrarse sin ningún miramiento ni disfraz las derrotas que los salvadoreños sufrían.

El señor Ministro Rocha, en nota oficial que no se tuvo la precaución de ocultar y que se halla en el núm. 21 del Registro, felicita a Honduras por haber derrotado a los salvadoreños.

Esa derrota conducía a El Salvador a ser dividido como la Polonia, plan que destruyó el triunfo de los salvadoreños en el Obrajuelo.

Si el gobernador de San Miguel supo que de La Unión salían elementos de guerra para proteger a los autores del acta de Chinandega y no lo impidió, hizo muy bien.

Si no solo lo supo, sino que protegió la salida de esos elementos, hizo muy bien.

Aclarada la situación, las Cámaras de El Salvador ratificaron el 10 de mayo de 1846 el tratado que celebró Gotay; pero con una notable diferencia.

He aquí:

"Los Tribunales y jueces respectivos de El Salvador juzgarán, con arreglo a la Constitución y leyes vigentes, a los autores y cómplices del auxilio dado a la facción de José María Valle, cuando obraba contra la Administración de Nicaragua, y el Gobierno los excitará y hará cuanto esté de su parte para que se terminen prontamente las causas que se instruyan."

Los tribunales salvadoreños no pudieron condenar a hombres a quienes la conciencia pública salvaba.

Muñoz quedó ofendido, pero ya no era temible.

La guerra entre El Salvador y Honduras había terminado, y solo el general Muñoz, dominando a un pueblo donde sus enemigos pululaban, no podía dividir el territorio salvadoreño.

DOCUMENTOS JUSTIFICATIVOS
NÚMERO 1.

"El Senador en ejercicio del S. P. E. del Estado-Considerando:

Que después de la desastrosa guerra que ha sufrido Nicaragua para alcanzar su libertad, el Gobierno no está en aptitud de tomar participio en las cuestiones intestinas de los demás Estados; que si favoreciera de cualquier manera a alguno de ellos, por el mismo hecho sería puesta en grave e inminente peligro la tranquilidad de éste, por la exhaustez absoluta de fondos, y por el deseo francamente pronunciado de los habitantes de permanecer en la quietud y reposo, que han procurado conseguir reconquistando las garantías sociales a precio de su propiedad y de su sangre; y que el deber primario y principal de todo Gobierno es el de poner al Estado que se le encomienda regir a cubierto de todo lo que pueda comprometer su conservación.

Con tan interesante y recomendable fin, y usando de las facultades omnímodas que le han conferido los pueblos:

DECRETA.

Art. 1.° El Gobierno de Nicaragua es neutral en las cuestiones habidas en los demás Estados. En consecuencia, no prestará ningún auxilio a cualquiera de los otros.

Art. 2.° Ninguna fuerza extraña podrá introducirse en el Estado, a menos que ponga a disposición de las autoridades locales de las fronteras las armas y demás elementos de guerra que traiga. Por consiguiente, todo el que intentare traspasar esta disposición, será tratado como enemigo del Estado, cualquiera que sea su rango o categoría.

Art. 3.° Si las Autoridades de la frontera o los Gobernadores Departamentales consideraren que la introducción de algún individuo de los otros Estados es sospechosa y puede producir inquietud en este, lo asegurarán y pondrán a disposición de este Gobierno para lo que convenga.

Art. 4.° Se levantará un Ejército capaz de hacer respetar la neutralidad de Nicaragua, que será comandado por el Sr. General de Brigada José Trinidad Muñoz, quien al efecto es nombrado por el presente, General en Jefe.

Art. 5.° No habiendo el Sr. General Francisco Malespín satisfecho por su parte los compromisos que contrajo con el Estado, el Gobierno rompe los que tiene contraídos con él, por la condición precisa e indispensable de que en todo convenio se supone por base irrevocable la reciprocidad en el cumplimiento de los deberes que se crean los pacisentes, reservándose el mismo Gobierno la facultad de reclamar las demasías que cometió en el Estado el mismo Sr. Malespín.

Dado en San Fernando, a 3 de marzo de 1845.

Blas Antonio Sáenz.

Al Secretario general del despacho.

NÚMERO 2.

Discurso pronunciado por el Senador Director Sr. Blas Antonio Sáenz al instalarse el Cuerpo Legislativo del Estado.

Señores Senadores y Representantes:

Si en todo tiempo la reaparición del Poder Legislativo es el signo de la felicidad de un Estado, en la actualidad es más que esto para nosotros: es y puede llamarse su vida.

Una administración destructora que legó a los Pueblos su ruina y envilecimiento, que les arrebató su riqueza y cegó las fuentes que se las produjera, que relajó la moral pública, que quebrantó una a una sus garantías constitucionales, y osó usurpar con insolente audacia las funciones sublimes que están encargadas al recato mesurado de los enviados del Pueblo.

Un poder que, bajando del alto puesto en que se le colocara, se constituyó caudillo de una facción para afligir y agobiar a ciertos pueblos y a determinados individuos, ¿qué podría producir en último resultado? ¿Qué otra cosa sino la muerte del Estado?

Servilizado ese Poder a un partido, esclavo de un súbdito, fue solo el instrumento de la ruina de la Patria.

Un hombre arrogante y despechado, desoyendo las voces del comunal interés y de la política, armado con una vara de hierro, clavó el puñal en el corazón del Estado y lo dejó exánime.

¡Ah! Con cuánto escándalo vimos llevar el terror de pueblo en pueblo y sumergir al honrado ciudadano en el abatimiento y nulidad más degradante, a la vez que el criminal, enseñoreándose de los destinos públicos y reproduciéndose en todas partes, promulgaba la inmoralidad como un sistema.

Este lugar, este recinto consagrado a la ley, fue violado con impunidad, y el Poder sagrado que ejercéis, el primero entre los poderes de la sociedad, se vio humillado y anonadado, hasta temblar ante el autócrata que le amenazara.

Los Legisladores virtuosos huían; y vosotros, dignos Representantes, vosotros erais el objeto de la diatriba y del escarnio del Gobernante, que, no contento con algunos actos de firmeza que como fenómenos se producían, ni contenido en los límites constitucionales, encargaba a la imprenta la penosa tarea de ir a publicar al mundo entero el descrédito y envilecimiento de un Pueblo en otros días grande, morigerado y virtuoso.

Pero cerremos este período de desgracias y devolvamos una vida alegre a la Patria.

Cayeron los tiranos, porque el espíritu de pandilla lleva consigo la impotencia gubernativa, y esta impotencia fomenta a su vez aquel espíritu: quien no gobierna, no tiene, ni tener puede, el apoyo del Estado.

Cayeron a la voz unísona de los Pueblos, porque, como dijo un escritor español:

"Las fuerzas de un Estado levantado en cuerpo son tan grandes e incalculables a los ojos de un verdadero estadista, como lo son las fuerzas vivas a las del mecanismo."

Ya no existen sino los recuerdos lamentables de los males que ocasionó la mano de la tiranía, y la miseria, la ruina, la muerte que dejó por trofeos su iniquidad.

Heridas profundas que curar, lágrimas que enjugar, y otras mil y mil necesidades a que ocurrir, son hoy día la atención del Gobierno.

A vosotros, dignos Legisladores, a vosotros toca aplicar a esta miserable Patria la panacea que la restablezca.

Estáis en un lugar inmune, a donde no penetran los tiros ni las asechanzas del malvado; estáis libres del terror, y podéis levantar vuestra voz y vuestra frente sin miedo y sin tener que ver primero la cara de un tirano.

Esas armas que os cercan son para repeler al que ose atentar a vuestra seguridad; son las armas de los vencedores, de los soldados ciudadanos que os sacaron de las manos viles que por tanto tiempo os oprimieron.

Aquí no hay más que interés público y un acento fuerte por obtener días de tranquilidad, en que puedan los hombres consagrarse al trabajo; deseos vehementes de establecer una unión nacional que nos dé respetabilidad en el exterior, seguridad interior, crédito y amistad universal; votos unísonos para que las leyes sean conformes a las necesidades y costumbres del Pueblo, y no la especulación y granjería de unos pocos que, a costa del Estado, se enriquecían y elevaban a una esfera a donde ascender no debieran.

Los Pueblos os miran de hito en hito con profundo respeto, y hasta esas sillas las veneran como el trípode en que vais a ser inspirados para decretar su ventura.

No ya más leyes de circunstancias y excepcionales; seamos justos para que se nos respete; obedezcamos la Constitución para que tengamos estabilidad.

Quizá en esas páginas sagradas no está el mal, como algunos juzgan; aunque el Gobierno, unido a ellas por una promesa inviolable, será incapaz de traicionar sus juramentos, porque también entiende que la apostasía de los hombres no daña nunca a la santidad de los principios, ni sobre esto debe recaer la censura, que refleja entera sobre la frente de los impostores.

Aún no hemos probado un desarrollo libre del sistema interior, siempre engrillado el pensamiento, y el Legislador apenas se creía hacer bastante conteniendo el cáncer de los males.

El Secretario del Despacho os dará cuenta de las disposiciones que el Gobierno ha emitido y convenios celebrados durante vuestro receso, en medio de turbulencias, cuando la anarquía amagaba por todas partes el edificio social, cuando había llegado a su término la crisis y estaba para hacer una explosión aterradora, cuando las armas del Estado iban en pos de una gloria efímera y trajeron el baldón y la deshonra, cuando, en fin, los enemigos del orden apuraban los recursos de trastornarlo todo.

Sea, empero, dicho en honor y justicia de estos mismos Pueblos, que, rotos los vínculos de la ley y desconocido el poder entonces existente, en nada otra cosa pensaron con mayor solicitud que en constituir un Gobierno que proveyera a sus necesidades y presidiese sus destinos en la lucha que emprendían: fueron sumisos y obedientes, y han contribuido hasta el último grado con su fortuna para coronar con la victoria de las armas el empeño que habían contraído.

Pero aún no está dicho todo.

¿Cuándo y en qué circunstancias estos Pueblos heroicos erigieron un Gobierno?

Cuando un General Jefe de dos Ejércitos se presentaba en la antigua Capital del Estado reclamando satisfacción a los que habían llevado la guerra a El Salvador y Honduras, cuando el General Malespín se les anunció como protector para reclamar sus derechos.

Entonces, dije, los Pueblos establecen el punto de contacto que debe guiarlos en el camino difícil del restablecimiento Constitucional.

Tanta virtud y tanto mérito son dignos de la consideración del Legislador que viene a curar las heridas que dejó la revolución.

Llegó, Señores, mi término: nombrad la mano diestra que venga a regir los destinos del Estado; la mía es débil, lo confieso sin presumida modestia, y si me veis con el bastón, fue por la necesidad, a pesar de la convicción de la insuficiencia con que lo recibí.

En mis determinaciones no he tenido otro norte que el bien público; he solicitado el consejo de los sabios, he escuchado la opinión de todos.

Mis errores y mis padecimientos hoy los recompenso viéndoos reunidos en este recinto sagrado y retirándome en la confianza de que haréis el bien, por el que hago mis votos fervientes.

He Dicho.

NÚMERO 3.

Estado de El Salvador. Ejército protector de la Constitución.
Del General y V. P. del mismo.- San Miguel, Marzo 6 de 1845.
Al Sr. Ministro general del S. G. del Estado de Nicaragua.

Mientras que los pueblos de ese Estado, y en particular esa Capital, sufrían la devastadora y sangrienta guerra que Francisco Malespín le acaba de hacer, los de El Salvador deploraban la ruina y la desgracia de sus hermanos, y no limitándose a una fría e inactiva reprobación, se pronunciaban en diferentes puntos contra la administración de aquel hombre, el más funesto que llevara el nombre americano.

Mas el poder armado que igualmente pesaba sobre ellos, el espionaje, la persecución, las confiscaciones y el terrorismo, armas todas de la tiranía y de la usurpación, detuvieron por algún tiempo el esfuerzo simultáneo de los pueblos, hasta que los sucesos del 24 de enero y del 2 de febrero próximos pasados en esta Ciudad y la Capital, abrieron la puerta para que en todos los ángulos del Estado se hiciese resonar el más unánime y más rápido pronunciamiento que jamás se oyera en Centroamérica contra el tirano y sus agentes.

Y yo, colocado en la silla del Ejecutivo, fiel observador de la voluntad soberana del pueblo y en el deber de evitar los males a mis comitentes, si insistía en una temeraria y caprichosa resistencia, me puse a la cabeza del general sacudimiento, dándole así regularidad y orden.

Desde este momento han renacido en El Salvador la seguridad y la libertad, y con ellas, el entusiasmo de un pueblo embriagado en el recobro de sus derechos ha excedido de todo término de comparación, sin traspasar los límites de la moderación y de la obediencia más respetuosa a las leyes y a las autoridades públicas.

Los recursos de todo género se agolparon al Gobierno, y el tirano ha recibido en el territorio salvadoreño el más triste y funesto desengaño, no quedándole un pueblo, una aldea, una choza donde ser asilado y acogido.

A la par de esto, un Ejército de más de dos mil hombres voluntarios y decididos a la muerte ha venido a mis órdenes a completar la confusión y el asombro del enemigo común, cuyas fuerzas fugitivas y aterradas se han dispersado en todas direcciones y se han presentado al Ejército y al Gobierno, quedando aquel reducido a un puñado de catorce o quince oficiales, montados en tres buques en que cargan los preciosos despojos de las Iglesias y propietarios de esa Capital, y vagan inciertos por las costas de Honduras, en el

Pacífico, alimentándose con la esperanza, aunque infructuosa, de que el general Ferrera o ese Estado se le auxiliara de algún modo para seguir bañando en sangre a El Salvador y a los demás Estados del Centro.

Mas yo, no pudiendo persuadirme de que el Gobierno de Nicaragua se prestase a las miras siniestras de Malespín, y convencido de que la unión, la armonía y la buena inteligencia entre los dos Estados jamás se habrían interrumpido sin la maligna influencia de aquel monstruo, no he vacilado un instante en dirigirme a ese S. G. por medio de esta y aun de un agente autorizado, con el fin de informarle de los acontecimientos relacionados y de estrechar de nuevo los vínculos de fraternidad y de concordia que han ligado a los salvadoreños con los nicaragüenses y a sus Gobiernos.

Los pactos existentes son para el del Salvador inviolables, porque nunca estuvo en sus opiniones e intereses el alterarlos, y si los interrumpió una mano usurpadora y violenta, fue cuando aún para el Salvador no existían de hecho ni su propia Constitución ni sus leyes.

Bajo tales conceptos, y autorizado plenamente por las Cámaras Legislativas y por el Gobierno al tomar el mando en Jefe del Ejército, tengo el honor de reiterar a U. Sr. Ministro: que los votos del Salvador son unánimes por mantener la armonía y amistad con el de Nicaragua, como si no se hubiesen interrumpido; que los pactos y tratados existentes permanecen en su vigor y fuerza; y que el envío del Comisionado basa sobre estos principios y el de promover que se niegue a Malespín todo auxilio y cooperación para continuar en su criminal vandalismo y devastación.

Confío en que ese Supremo Gobierno se servirá dar acogida al dicho Enviado y prestarle la atención que en semejantes casos ofrezco se dará a los de ese Estado, suscribiéndome con esta ocasión su más atento y obediente servidor.

D. U. L.

Joaquín E. Guzmán.

NÚMERO 4.

"Ministerio General del Supremo Gobierno del Estado de Nicaragua. Casa de Gobierno. San Fernando, marzo 29 de 1845.

Señor Comisionado del Supremo Gobierno del Salvador cerca del de Nicaragua.

Acabo de recibir la respetable comunicación de U. de este día, en que, a consecuencia de mi nota de ayer, solicita contestación de este Ministerio para el Señor Vicepresidente del Salvador, avisándole que U. evacuó su comisión, excepto el punto relativo a auxilios de tropa, para regresar con este documento al punto de su procedencia. Mi Gobierno, a quien di cuenta con su citada, me ha ordenado contestarle de la manera que lo ejecuto. Por el extraordinario que U. mandó a San Miguel en 25 del corriente, se ha satisfecho a la nota que el Sr. Vicepresidente dirigió, comunicando el objeto de la misión que lo traía a Nicaragua; y por la de ayer se dijo a U. lo bastante, a juicio del Supremo Director, respecto al segundo punto. Este alto funcionario, resuelto a no traspasar los límites de sus atribuciones, ha puesto en conocimiento del Cuerpo Legislativo la correspondencia que ha mediado entre U. y este Ministerio; porque, como tiene dicho, sus deseos de estrechar las relaciones de amistad con los Estados de la Confederación, le mantienen en el firme propósito de agotar los medios que estén en su alcance y de remover por su parte cuantos obstáculos lo embaracen. Así pues, ve con sentimiento su resolución de regresar al Salvador, y si en su poder estuviera, llenaría en todas sus partes los deseos de U. y del Gobierno a quien representa. Sírvase U., señor Comisionado, admitir las respetuosas consideraciones con que soy su obediente servidor.

D. U. L.
Domingo Alemán."

NÚMERO 5.

"Ministerio General del Supremo Gobierno del Estado del Salvador. Casa de Gobierno. San Salvador, mayo 31 de 1845.

Señor Secretario de Relaciones del Supremo Gobierno del Estado de Nicaragua.

Con fecha 29 del corriente dirijo al señor Secretario de Relaciones del Supremo Gobierno del Estado de Guatemala la nota que dice:

Por las notas que conducía el extraordinario que hice salir para esa ciudad antes de ayer, se habrá impuesto ese Supremo Gobierno del estado alarmante a que, por fin, hubieron de llegar las cosas relativamente al Estado de Honduras. Una convicción la más evidente de que el General Ferrera expiaba los momentos de introducir con éxito todas sus fuerzas sobre este territorio; la provocación incesante a un rompimiento; la agresión diaria de partidas de su tropa a los pueblos de este Estado; el empeño de hacer circular papeles sediciosos y alarmantes; las reclutas de gentes y caballos que se atrevían a hacer en nuestros pueblos por medio de incursiones rápidas; los términos de su correspondencia y las noticias de que la fuerza existente en Gracias debía moverse sobre el Departamento de Cuscatlán y el de esta capital, ya no dejaron duda de que una faena escandalosa se ha empleado por el Gobierno hondureño para dormir al del Salvador sobre un precipicio que se cava bajo sus pies, a tiempo que se le engañaba con mentidas esperanzas de un arreglo. Más datos ha tenido de esto mi Gobierno desde tiempo antes; mas como esperaba mucho de la lenidad de su conducta, excusó de varias maneras aun las explicaciones desagradables a que dieran lugar las publicaciones injuriosas de Nacaome; y prescindiendo de este y otros motivos de desconfianza, se disponía ya a dirigir comisionados para conferenciar de nuevo en Gualcinse, cuando apareció el Cuerpo Legislativo y, cesando en el mismo acto las facultades extraordinarias del Ejecutivo, fue necesario dar cuenta a aquel alto poder con los antecedentes de este negocio.

Las Cámaras, no menos animadas de deseos de paz, comenzaban a discutir sobre el asunto el 22 del presente, y la Comisión de Guerra había ya producido el más favorable informe, cuando se tuvieron partes de la nueva agresión verificada por tropa hondureña sobre el pueblo de Saco, en donde se persiguió a las autoridades y vecinos, y además, se cometieron otras innumerables demasías de toda clase. Este incidente desagradable, unido a todos los otros datos, produjo dos cosas: 1.ª el choque de nuestras fuerzas con las invasoras de Honduras y persecución consiguiente de estas entre los límites de aquel territorio, y 2.ª la suspensión de la deliberación legislativa sobre paz con Honduras.

Ha llegado, pues, señor Ministro, el caso que se temía de que no valieran las medidas adoptadas hasta aquí para hacer desistir del propósito de perturbar al Salvador que ha animado al General Ferrera y sus colaboradores desde que se situaron en Nacaome. Sensible en extremo es para mi Gobierno verse en la indispensable necesidad de cortar de raíz los males que amenazan a este pueblo: el cielo es testigo de la fuerza de las intenciones y del amargo sentimiento que experimenta en tal situación; pero su deber le llama a obrar, y hará por sostener el honor de las armas salvadoreñas, ya que ha desechado la amistad de ese pueblo generoso. Y tengo la honra de transcribirlo a U., señor Secretario, por disposición del Señor Vicepresidente, para que ese Supremo Gobierno se imponga igualmente que el de Guatemala de todo lo contenido en ello, y de suscribirme su más atento seguro servidor.

D. U. L.
Francisco Dueñas

NÚMERO 6.

"El Gobierno Supremo—En virtud de las informaciones seguidas en la villa de Managua a consecuencia de los desórdenes y reuniones tumultuarias habidas desde el 13 hasta el 16 del presente; hallando que estas reuniones han sido verdaderas sediciones y asonadas, conforme a los artículos 107 y 210 del Código Penal: que las autoridades así civiles como militares no han cumplido con su deber: que por esta causa el orden público se ha alterado hasta el grado de necesitarse la presencia del Prefecto con fuerza armada, para contener los desórdenes; que sobre las muertes que hubo el día 14 por la noche, no se han hecho las averiguaciones debidas para saber si han sido justas o criminales; usando de la facultad que le confiere el Decreto Legislativo número 22,

ACUERDA:

1.° Confínanse, para mientras se sustancian las causas respectivas, al Capitán José Zavala, a la Ciudad de Granada; al de igual clase José María Zelaya, al Distrito de Matagalpa; al Señor Encarnación Molina, al Distrito de Acoyapa; al Señor Segundo Chaves, a esta Ciudad; y a Francisco Ramírez (a) Marta, al pueblo de Nandaime.

2.° La causa contra los dos primeros será seguida por el Gobernador militar a quien corresponde, y se le excita para que haga justa averiguación sobre las muertes habidas el 14, las circunstancias y verdadero origen, recibiendo declaraciones imparciales.

3.° La causa contra los tres segundos y sus cómplices será ampliada y seguida por el Juez de 1.ª Instancia respectivo, quien dará aviso de sus progresos al Ministerio de Justicia cada ocho días.

4.° Dése cuenta a la Corte Suprema de Justicia de Oriente y Mediodía por el deber que tienen de cuidar que los jueces subalternos administren cumplida justicia. Los Ministros respectivos son encargados de la ejecución de esta providencia.

San Fernando, Junio 23 de 1845.

Sandoval.

NÚMERO 7.

"Sr. Ministro de Relaciones del Supremo Gobierno del Estado—Rivas, Junio 26 de 1845—Del Alcalde 1.° Constitucional y Prefecto interino del Departamento—Como a las nueve de la mañana del día 24 se me dio aviso por el Sr. Teodoro Granados, que en la madrugada de aquel día habían asestado tiros de pistola o fusil, sobre la puerta de un cuarto de su casa que habita el Sr. Licenciado Benito Rosales, que afortunadamente no estaba allí, dijo, porque habiéndole anticipado el Sr. Santiago Rubio aviso de que se precaucionara, había tomado todas las medidas conducentes a este fin. Yo pasé a reconocer el lugar en que esto sucediera, y la horadación de la puerta, y en efecto encontré que una posta había traspasado aquella y que otra se había detenido en la tabla, pero observé que la dirección oblicua que llevaban, era opuesta al lugar en que la cama era situada. Supe también, y lo oí con extrañeza, que aquel tiro no había sido oído por el mismo Sr. Rosales ni su señora, por el Sr. Granados ni por la suya, estando en la misma casa—Con estos antecedentes iba a proceder a la investigación del hecho, cuando supe que era atribuido a determinadas personas, que por esta razón se querellaban ante el Juzgado de 1.° Instancia y el que es a mi cargo acusando la difamación; me pareció más oportuno esperar el resultado para dar cuenta al Supremo Gobierno por el honroso conducto de U. con los datos que resultaran de las diligencias que se practicaban ante ambos juzgados, y con los más informes que recogiera de la causa que motivaba una exaltación de la opinión pública, en premio de la justa causa que sostiene nuestro aliado el Estado de Honduras, contra la proditoria agresión que El Salvador ejecutaba en su territorio—De las diligencias practicadas y según los informes que he pedido al Sr. Alcalde 2.° Juez en 1.ª Instancia, resulta que Rubio, por un celo de amistad, manifestó al Sr. Rosales que no estuviera descuidado, porque según había oído, la opinión se pronunciaba contra él, y que a muchos exasperaba el contenido de un escrito que él había presentado contra el Sr. Síndico Juan Fernández, lo que ha dado motivo a que se atribuyera a este sujeto de irreprensible conducta el atentado—Yo, sin embargo, diré a U. con la sencilla expresión de la verdad, lo que se notaba con anterioridad—La noticia que circuló por el número 20 del Registro Oficial, de que el Estado de Honduras había sido invadido por fuerzas salvadoreñas, causó en algunos pocos una exhalación de gozo que contrastaba con la indignación que produjo en el público la violación de la paz y de las inmunidades territoriales que cada Estado tiene, tanto más, como que se decía que comandaban las fuerzas invasoras los mismos que habían resistido con arma en mano el voto expreso de estos pueblos, sosteniendo la tiranía que anonadó en fin la opinión en el triunfo heroico de 24 de enero.

Tal festinación debía producir en el pueblo enemigo de aquella dominación, y celoso de sus derechos y de los goces que disfruta, una reacción de principios—Así es que, en la noche del 22, con ocasión de la circulación del número 21 del mismo Registro en que se participa la derrota de Cabañas, se reunieron simultáneamente gentes del interior de esta Ciudad y de los barrios inmediatos con músicas a victorear los triunfos de Honduras que veían como la fianza de su seguridad interior, y en estas reuniones tuvieron lugar algunos vivas al General Guardiola, y mueras a Cabañas, actos que aquellos mismos individuos sindicados reputaron como un insulto; porque a la verdad no podían estar limitados a su acepción particular cuando faltaba una calificación legal—Es esto cuanto ha pasado, y el orden y tranquilidad en nada se ha alterado; pues aunque los agraviados, bien por aquel hecho o ya por las inculpaciones, se han querellado, todo está sujeto a las reglas de justicia, en cuyo tribunal ventilan sus acciones—Así espero que U. se sirva darle cuenta al S. P. E., aceptando U. las seguridades de mi aprecio y respetos—D. U. L."

Ilario Gutiérrez

NÚMERO 8.

"Prefectura Occidental—Por rumores públicos, llegó a mi noticia que se tramaba en esta Ciudad una conspiración, la que perseguí hasta encontrar sus autores. En efecto, ella iba a estallar el 21 por la noche al favor de una traición; mas habiendo sido descubierta ésta, de nuevo se prepararon para el 24; pero todo fue en vano, ella fue rechazada por la opinión de la mayoría, que rodeándome de la manera más entusiasta, presentaron los buenos Leoneses sus pechos al frente de los que deseaban asesinarlos.

Los anárquistas, acobardados, han tomado el partido de ocultarse; se les siguen sus causas, y algunos han sido capturados—Estos sucesos han causado en la población la inquietud que era consiguiente, y anoche unos cuantos desesperados quisieron acometer sobre la plaza, suponiéndome descuidado; mas los centinelas y guardias de las avenidas les probaron con sus violentos fuegos que estaban alertas, y yo creo que han recibido un escarmiento—Todo lo que digo a U. para satisfacción del Supremo Director, reiterándole mis protestas de subordinación y aprecio—D. U. L."

León, Junio 26 de 1845.

José Trinidad Muñoz.
Sr. Ministro de Relaciones y Gobernación del Supremo Gobierno.

NÚMERO 9.

"Tratado de paz y unión, celebrado entre El Salvador y Nicaragua, firmado en San Fernando de Masaya, el día 6 de mayo de 1845.

Art. 1—Los Estados de Nicaragua y El Salvador se obligan a conservar entre sí una paz y unión inalterable. Dado caso sea perturbada por algún agravio grave, directo y conocido, el ofendido no podrá tomar satisfacción por sí antes de haber expuesto sus reclamos, y pedido explicaciones por tres veces y que no se le haya atendido.

Art. 2—Ninguno de los Estados contratantes intervendrá en manera alguna en los arreglos interiores del otro, ni menos intentará por la fuerza que se alteren los establecidos.

Art. 3—Se obligan a tratarse el uno al otro con toda consideración y contemplación, por las grandes ventajas que resultan de conservar recíprocamente su fraternidad y unión. Y para que este pacto sea estable, se comprometen a no alterar en los que se celebren con los otros Estados, las bases esenciales establecidas en el presente.

Art. 5—Siendo general el clamor de los pueblos de la República por el establecimiento de un Gobierno Nacional que le dé existencia política y representación ante las Naciones extranjeras, los Estados contratantes se comprometen firme y religiosamente a cooperar, de la manera más eficaz y positiva, a su establecimiento y plantación. Y pareciendo adecuado a la posición y circunstancias de la República, si no para que rija, al menos para crear el más conveniente, el proyecto de reformas presentado por el Supremo Delegado a las Asambleas de los Estados, Nicaragua y El Salvador lo recomiendan y ofrecen interponer todo su valimiento para que sea adoptado, tanto por sus respectivas Legislaturas, como por las de los demás Estados de Centroamérica.

Art. 6—Mientras se establece el Gobierno Nacional que debe representar la República, el Estado de El Salvador se compromete a unir todos sus esfuerzos, a fin de que tengan efecto las justas reclamaciones hechas o que se hiciesen por el Gobierno de Nicaragua al gabinete de San James, por la injusta ocupación de la costa de San Juan del Norte.

Art. 7—Se comprometen ambos Gobiernos a reintegrarse mutuamente de los enseres de toda clase que a cada uno pertenezcan, de los que existen depositados en Nacaome, siempre que el convenio de 18 de abril, celebrado en Chinameca, tenga cumplido efecto, y en caso contrario, se obligan ambos y cada uno de por sí a hacer las reclamaciones debidas, hasta conseguirlos y distribuirlos a sus respectivos dueños; haciendo otro tanto con los demás intereses que aparezcan en poder de hijos de cualquiera de los Estados contratantes.

Art. 8—El presente convenio será ratificado por el Supremo Gobierno de El Salvador dentro de treinta días de la fecha.

NÚMERO 10.

"Ministerio General. Gobierno Supremo. Estado de El Salvador.—Sr. Ministro de Relaciones del Supremo Gobierno de Nicaragua.—Casa de Gobierno. San Salvador, Junio 14 de 1845.— En mi anterior comunicación tuve el honor de participar a U. que había puesto en conocimiento del Cuerpo Legislativo el convenio de amistad y alianza celebrado entre ese y este Estado; y ahora tengo el placer de manifestarle que aquel alto cuerpo le dio su ratificación el día 3 del que cursa; y de orden del Sr. General Vicepresidente se ha mandado ejecutar y cumplir como ley de El Salvador el referido tratado.—Mi Gobierno, Sr. Ministro, ve cumplidos sus deseos de estrechar por todos los medios posibles la amistad de los dos Estados más poderosos de la República; y espera que la paz que felizmente se halla establecida, no será alterada por ningún motivo.—Sírvase U. manifestarlo así al Supremo Director de ese Estado, y admitir las protestas de mi distinguido aprecio.—D. U. L."

Francisco Dueñas.

NÚMERO 11.

"Honduras y Nicaragua."

D. U. L.—Casa de Gobierno.—Comayagua, Mayo 26 de 1845.— Sr. Ministro General del Supremo Gobierno del Estado de Nicaragua.—Tengo la complacencia de decir a U. que el Sr. Presidente del Estado ha visto la grata comunicación de U. de 8 del presente, en la cual se sirve decir estar ya concluido con los señores comisionados de este Estado, un tratado de paz, amistad y alianza defensiva, y que nada desea más el Sr. Director de ese Estado que probar del modo más positivo a este Gobierno la constante disposición en que se halla ese, de estrechar y conservar con el de Honduras la unión, de la que tal vez pende la prosperidad de ambos países.—El Sr. Presidente se complace al ver cumplido el objeto que se propuso en constituir comisionados cerca de ese Supremo Gobierno, y se da a sí mismo la enhorabuena, porque en el resultado feliz de esta unión, alcanza a ver el escollo de las miras que los enemigos de esta administración fomentan para desacreditarla; pero por otra parte, siente que el convenio celebrado en 25 del mes anterior de que U. hace mención en su apreciable nota ya citada, no haya venido su original ni en copia, teniéndose solamente a la vista el decreto que en 6 de este mismo mes emitió el Poder Legislativo de ese Estado, ratificando lo pactado en dicho documento con las modificaciones que merecía, según el artículo 1.°—Este obstáculo, en el cual juzga el Sr. Presidente no tener parte ninguna la intención, impide el deseo que tiene de darle su aprobación al convenio referido; y es por esta razón, que sin tenerlo a la vista, siente no poder decir cosa alguna sobre el particular; pero convencido plenamente de que al paso que la administración que sucumbió en la plaza de León fue para este Estado el enemigo más injusto y audaz, ha encontrado en el Gobierno del actual Supremo Director las más estrechas simpatías y una identidad de principios que lo unen sinceramente a él, de lo cual se congratula.—Sírvase U., Sr. Ministro, decir lo expuesto al Supremo Director, por ser lo mismo que el Sr. Presidente me ha ordenado indicarle; y aceptar los respetos con que me repito su muy atento seguro servidor."

José María Cisneros.

NÚMERO 12.

Parte Oficial.

Ejército del Estado—General en Jefe—Son las doce del día, hora en que tengo el honor de participar a U. que desde la tarde de ayer se me presentó el enemigo en el pueblo de Sutiaba, compuesto de más de trescientos hombres armados con fusil, y multitud de hombres de arma blanca, todos acaudillados por José María Valle (a) Chelón, Guadalupe Lagos (a) Diablo Blanco, el Charingo, Elera, Blas Muñoz y otros varios, entre los que se cuentan algunos salvadoreños.

La tarde la pasé en reconocimientos, y la noche esperando el asalto que me amenazaban. Al amanecer, después de algunas escaramuzas, se emboscaron en la calle real, rondas de Sutiaba y Guadalupe.—A las ocho de la mañana tuvieron el atrevimiento de mandar al Padre Carlos Llanes a ofrecerme garantías para que saliese de la plaza, amenazando con el asalto y sus consecuencias; a lo que contesté que pusiesen las armas a disposición del Gobierno, y que excusasen hacerme otra propuesta.—En seguida me atacaron por tres puntos paralelos, y un flanco, mas a pesar de su considerable número, ellos fueron rechazados, dejando treinta y tres muertos, ocho prisioneros y treinta y cinco fusiles, reconcentrándose en el pueblo de Sutiaba y sus cercanías. De nuestra parte solo ha habido tres heridos.

NÚMERO 12.

"Es imponderable, Señor Ministro, el valor y subordinación con que se han comportado los valientes que tengo el honor de mandar; ellos han ejecutado mis órdenes con la exactitud que era necesario para triunfar.—Una guerrilla de valientes comerciantes y propietarios, que no pasaban de doce, al mando de los Señores José María Morales y Salazares, con el más decidido entusiasmo en la calle de San Juan de Dios, han rechazado los esfuerzos de más de cien hombres que se les echaron encima.—La intrépida y diestra compañía de Gendarmes, mandada por su bravo Comandante, Teniente graduado de Capitán, Sr. Mateo Pineda, no ha dejado que desear, ejecutando cuanto se le ha ordenado, con tanta serenidad como los más viejos veteranos.—Estos, ya en la calle real, ya en cualquiera otro punto donde su presencia era necesaria, allí estuvieron sembrando el terror.

La Caballería, mandada por el denodado Capitán Laureano Zelaya y el Alférez J. Sandoval, ha dado pruebas de merecer el nombre de valientes. En todos los puntos se batieron protegiendo la infantería; y cuando solos les mandé dar la carga que decidiera la acción, se han arrojado sobre el grueso de la infantería que ya tomaba la plazuela de la Merced, la hicieron retroceder y le causaron las dos terceras partes de los muertos que se cuentan.—De igual manera se ha comportado la Caballería de patriotas que, al mando del Sr. José Guerrero y los Señores Salinas, dio su mortífera carga por la derecha cuando se le mandó, e hizo algunos prisioneros.—El resto de las fuerzas de Artillería, Infantería y Patriotas, con la mayor serenidad y firmeza, se mantuvieron en sus puestos apoyando los movimientos, y haciendo el sacrificio de refrenar su valor por cumplir con las órdenes que se les imponían.—Todos, Sr. Ministro, se han manejado de la manera más digna de un nicaragüense; y al recomendarlos a la consideración del

Supremo Gobierno, me cabe la honra de hacerlo muy particularmente por el Sr. Teniente Coronel Agustín Hernández, quien con su serenidad y valor, conservó el orden en todos los puestos, mientras yo ejecuté mis operaciones.

También son dignos de alta consideración los jóvenes José María Sarrias, José María Lanzas, Miguel Durán y Julio Jerez, que como Ayudantes de Campo me acompañaron en todos los peligros, y comunicaron mis órdenes con la mayor exactitud, de igual manera que el Teniente Coronel Félix Herrera, quien me ha ayudado con la mayor actividad.

Todo lo que se servirá U. poner en conocimiento del S. D., dándole el parabién por este acontecimiento que anuncia la extinción de la facción.—D. U. L."

León, Julio 26 de 1845.

Sr. Ministro de la Guerra.

José Trinidad Muñoz.

NÚMERO 13.

Parte Oficial.

Ahora que son las nueve de la mañana, tengo el honor de decir a U. que he ocupado esta plaza, de la que eran dueños los bandidos.— Ayer salí de León a la cabeza de cien infantes y cuarenta caballos, y tomando el rumbo de las haciendas y trapiches que les han servido de guarida, los recorrí hasta llegar a las cinco de la tarde a Chichigalpa, en donde hice alto para dar algún descanso a las tropas. A las siete de la noche se me echó encima la caballería enemiga, la que fue rechazada y casi disuelta; a las ocho de la noche emprendí un movimiento de flanco, con el objeto de tomar la retaguardia del enemigo, que en número muy considerable me esperaba en las orillas de esta Ciudad, por el camino que a ella conduce de Chichigalpa; amanecí en las cercanías por el camino del Realejo, y a paso de maniobra ocupé la plaza sin que hiciesen ninguna resistencia, porque todos huyeron despavoridos, dejando en mi poder los oficiales que tomaron prisioneros en el asalto.

Una pieza de artillería de a dieciséis que habían sacado del estero del Realejo, unos cuantos fusiles, la proveeduría, unas libras de pólvora, algunas arrobas de plomo, otras de salitre, once lanzas, algunos caballos y tres prisioneros. Los que me esperaban emboscados en los puntos dichos huyeron por todas direcciones sin presentar acción, y he mandado que se les persiga por partidas de caballería.

En toda la operación el enemigo ha tenido tres muertos y algunos heridos; de nuestra parte no hemos tenido ni la más leve contusión, porque la sombra sola de los valientes que tengo el honor de mandar llena de espanto a los bandidos sin disputarnos el triunfo.

Con nada es comparable, Señor, el sufrimiento y valor de las tropas que han operado. En lo más oscuro de la noche, sin camino, por en medio de las montañas, sin una hora de descanso porque así lo exigía la celeridad del movimiento, sin víveres y sin agua, no he oído la más pequeña queja ni murmuración, y en sus semblantes no he notado sino bravura y entusiasmo. Los más patriotas espartanos los habrían elogiado. Ellos merecen, Señor, bien de la Patria, y espero se digne recomendarlos a la alta consideración del Supremo Director, reiterándole mis protestas de subordinación y aprecio.—D. U. L."

Chinandega, Agosto 8 de 1845.

José Trinidad Muñoz.

Sr. Ministro de la Guerra.

NÚMERO 14.

Parte Oficial.

Ejército del Estado, General en Jefe.

Son las diez de la mañana, hora en que tengo el honor de decir a U. las novedades siguientes: el 15 salí de León con el objeto de atacar esta plaza, en donde estaba el enemigo; después de varios movimientos para evitar que evadiera la acción, la ocupé ayer a la una del día, habiendo ellos hecho un movimiento de retirada que por el cansancio y fatiga de mis tropas yo no pude seguir: pernocté en mis cuarteles, y a las siete de la mañana de hoy me atacaron por todas direcciones, haciendo un impulso verdaderamente desesperado hasta introducirse a la misma plaza, de donde han sido arrojados con pérdida de más de cuarenta muertos, dieciocho prisioneros, entre ellos cuatro heridos; fusiles van recogidos hasta ahora treinta y tantos, una caja de guerra, lanzas, caballos y algunas municiones sueltas.

Entre los muertos del enemigo, se cuenta el Capitán Toribio Fonseca de Managua; mas este triunfo ha costado la vida del heroico patriota Baltazar Robelo, y la del valiente Sargento de Caballería Gregorio Acuña, un cabo y tres soldados; quedando heridos levemente el Ayudante del Teniente Coronel Lacayo, Mariano Criollo, el patriota Andrés Ramírez, pasado de una pierna, el valiente Capitán Dr. Máximo Jerez, con una fuerte contusión, el Capitán José Zavala y el patriota Mariano Salazar, nueve heridos de las compañías insignes de Granada, siete dragones y de las compañías de León, ocho.

Es imponderable, Sr., el valor y serenidad con que han operado los señores jefes, oficiales y tropa que tengo el honor de mandar. El Teniente Coronel Lacayo, con la mayor firmeza, sostuvo los puntos que le tocó defender; los denodados Capitanes Zavala y Cerda, a la cabeza de sus compañías, hicieron retroceder al enemigo por los puntos que les tocó cargarles; el intrépido Capitán Ballestero, sus valientes subalternos y compañías, de igual manera que el bizarro Capitán Santos Ramírez, los Tenientes Fermín Martínez y Manuel Bermúdez, han dado pruebas de ser dignos defensores de la santa causa de las leyes.

La valiente compañía de Gendarmes, su bravo Comandante Mateo Pineda y subalterno Vicente Criollo, han dado ejemplos no comunes de valor, así como la joven compañía veterana que, con su Capitán Pascacio Bermúdez y subalternos Miguel Martínez y Gerónimo González, han aterrorizado al enemigo cuando les ha tocado, probándoles que pertenecen a la invencible guardia de los Supremos Poderes del Estado.

Mi Estado Mayor, compuesto en su mayor parte de los ilustres patriotas Señor Francisco Díaz Zapata, Señores Mariano y Trinidad Salazar, Rafael Ugarte, José Sanzón, Capitán de milicias Sr. Rafael Bermúdez, el id. Marcos Argüello, el patriota Domingo Lacayo, Domingo Murillo, José María Sarrias, Juan Martínez y otros, se han batido con el mayor ardor y comunicaron mis órdenes en medio de todos los peligros, e inspirando entusiasmo a todas las tropas; pero toda recomendación es pequeña cuando se trata del bizarro Teniente Coronel Ponciano Corral, quien como Jefe de Estado Mayor ha hecho ejecutar mis órdenes con la mayor exactitud, y ha dado cargas al enemigo a la cabeza de la Caballería con tanta intrepidez que la hubiera envidiado el célebre Murat.

Su valor, su actividad y celo lo hacen digno de toda recompensa, por lo que, en uso de las facultades que el Supremo Gobierno me ha concedido, le he conferido en medio de la acción el grado de Coronel en recompensa de su mérito, y espero que el Supremo Gobierno se digne confirmarlo.

Todos, Señor, son dignos del mayor elogio por sus comportamientos. En dos horas de acción, solo se ha visto valor y entusiasmo.

Todo lo que espero se sirva poner en conocimiento del Supremo Director, felicitándole por mi parte y reiterándole mis protestas de subordinación y aprecio.—D. U. L."

Chinandega, Agosto 17 de 1845.

José Trinidad Muñoz.

Sr. Ministro de la Guerra.

NÚMERO 15.

"Ministerio General del Gobierno Supremo. Estado de El Salvador.—Casa de Gobierno: San Salvador, Septiembre 22 de 1845.

Sr. Ministro de Relaciones del Supremo Gobierno del Estado de Nicaragua.—

Habiendo el Supremo Gobierno de El Salvador nombrado comisionados cerca del de Nicaragua a los Sres. General Nicolás Angulo y Pedro Gotay, y estando libradas en esta fecha las credenciales del caso, me ha ordenado dirigirme al Sr. Director Supremo por el respetable medio de U., como tengo el honor de verificarlo notificándole: que los dichos comisionados van ampliamente autorizados e instruidos para satisfacer a ese gabinete de todo lo relativo a la intervención que se ha supuesto a mi Gobierno en los disturbios actuales de ese Estado, haciendo al efecto todas las explicaciones que requiere la naturaleza del negocio, entrando en arreglos amistosos sobre cualquier diferencia que se pretenda suscitar y adicionando, si fuere necesario, el tratado últimamente concluido.

Dicha autorización es librada a ambos comisionados mancomunadamente y a cada uno de ellos de por sí, en tal forma que, si alguno se encontrase impedido por enfermedad u otro motivo, sea legal, estable y duradero lo que con el otro se concluya.—El Gobierno de El Salvador espera que su aliado, el de Nicaragua, recibirá y admitirá a los nominados agentes diplomáticos como a tales comisionados por este Estado, dándoles fe y crédito a cuanto digan, expongan y protesten a nombre de mi Gobierno; pues quiere que se tenga como si él mismo lo hiciera.—Y al participar a U. lo expuesto, aprovecho la oportunidad de renovar al Sr. Ministro de Relaciones las seguridades de aprecio y consideración con que me suscribo su muy atento y respetuoso servidor.—D. U. L."

Francisco Dueñas.

NÚMERO 16.

Ministerio de Relaciones del Gobierno Supremo del Estado.— Casa de Gobierno.—León, Octubre 7 de 1845.

Sr. Ministro de Relaciones del S. G. del Estado de El Salvador.— Tuve la honra de dar cuenta al Sr. D. S. de este Estado con su muy atenta carta de 22 del pp., en la que se digna notificarle por mi medio que el Sr. Vicepresidente de El Salvador se ha servido nombrar comisionados cerca de él, a los Sres. Nicolás Angulo y Pedro Gotay, quienes vienen ampliamente instruidos y autorizados para satisfacer a mi Gobierno de todo lo relativo a la intervención que se ha supuesto al suyo en los disturbios actuales de este Estado.

Ha llegado en efecto el Sr. Angulo a la boca de Cardón, según lo avisa en carta del cinco del presente, solo por no haber llegado a tiempo a La Unión el Sr. Gotay.

Muy satisfactorio será para mi Gobierno recibir al Sr. Gotay como comisionado de su aliado, el de El Salvador; pero con sentimiento tiene que negar su desembarque al Sr. Angulo por estar comprendido en el decreto de 9 del último agosto.

Sr. Ministro: mi Gobierno ha proscrito justamente a los sectarios del General Morazán, conocidos con el nombre de COQUIMBOS, porque ellos harán siempre la ruina de la patria. El propósito y deber del Gobierno de Nicaragua es la paz, porque es la que únicamente puede hacer la felicidad de los nicaragüenses: este deber le obliga a hacer valer las disposiciones dictadas con tan sublime objeto.

Dígnese el Gobierno de El Salvador autorizar a cualquier otra persona que no se halle en igual caso que el General Angulo; y mi Gobierno se apresurará a facilitar los medios de una reconciliación franca y amistosa.

Los procesos creados comprueban que en el Departamento de San Miguel se han armado los aventureros: que de allí salió un auxilio en la barca misma que ahora conduce al General Angulo. Son hechos que no pueden ocultarse en un pueblo.

Mi Gobierno no duda que el suyo satisfaga sus justos agravios de una manera digna de un Gobierno ilustrado, y con tal objeto me ha mandado referir los hechos que acabo de indicar.

Sírvase, Sr. Ministro, poner lo expuesto en conocimiento del Sr. Vicepresidente, y admitir la alta consideración con que el infrascrito tiene la honra de firmarse su humilde servidor.

D. U. L."

José del Montenegro.

NÚMERO 17.

"Señor Ministro de Relaciones del Supremo Gobierno del Estado de Nicaragua.—Cardón, a bordo de la Veloz Salvadoreña, Octubre 5 de 1845.

El Señor General Vicepresidente, en ejercicio del Supremo Poder Ejecutivo de El Salvador, deseando satisfacer cumplidamente al Supremo Gobierno de Nicaragua sobre las inculpaciones que se le hacen de haber promovido o auxiliado la facción que desgraciadamente trastornó el orden y causó males al pueblo nicaragüense en julio y agosto últimos, se ha dignado honrarme con el título de Comisionado cerca de ese Supremo Director, como se impondrá U. mejor por las dos cartas oficiales que acompaño; y a efecto de evacuar esta importante comisión, entraré esta misma tarde al puerto del Realejo, en donde espero se servirá U. decirme si puedo internarme, y hasta qué punto, mandándome, en este caso, el correspondiente salvoconducto.

Aunque el Sr. Don Pedro Gotay fue igualmente nombrado Comisionado y debió embarcarse en el puerto de La Unión, no habiendo podido verificarlo, solo yo debo dar cumplimiento a las intenciones de mi Gobierno, supuesto que, previendo algún inconveniente, tuvo a bien autorizarnos para que en común, o uno solo por sí, pudiera representarlo; así es que mi internación, si se tiene a bien, será con un escribiente y dos sirvientes.

Sírvase U., Sr. Ministro, ponerlo en conocimiento del Supremo Director de ese Estado, con las sinceras protestas de mi consideración y distinguido aprecio, las mismas con que me suscribo de U. atento servidor."

Nicolás Angulo.

NÚMERO 18.

"Ministerio de Relaciones del Gobierno Supremo del Estado.— Casa de Gobierno.—León, Octubre 7 de 1845.

Sr. General Nicolás Angulo.—

Tuve el gusto de avisar al Sr. Director Supremo su arribo a ese puerto, y el objeto con que solicita salvoconducto para internarse hasta el punto que se le señale, según me lo dice en su apreciable de cinco del corriente.

Desgraciadamente, U. es uno de los proscritos por el Decreto de 9 de agosto último, que corre en el Registro Oficial número 30, que tengo la honra de acompañar: esto impide su internación en el territorio del Estado, y el Gobierno se ve en la necesidad de negarle el salvoconducto.—Este incidente no es un obstáculo para que el infrascrito ofrezca a U. la respetuosa consideración, con que se firma adicto servidor."

Montenegro.

NÚMERO 19.

Por equivocación numérica, se pasó del 18 al 20 sin que se haya omitido ningún comprobante.

NÚMERO 20.

"A los pueblos del Estado.—El General en Jefe libertador del mismo, José María Valle.

Pueblos de Nicaragua: decidme, ¿qué males os he hecho yo? ¿Os he echado contribuciones, he atropellado vuestras personas, he ultrajado la Santa Religión de Jesucristo? Estoy cierto de que responderéis que no: lejos de eso, os trato de libertar, de quitaros el abominable y pesado yugo que en menos de un año pusieron los tiranos sobre nuestras cabezas.

¿Vosotros creéis que a esto me anima el interés pecuniario? Nada de esto, amados pueblos; si no me engaño, ya está muy cerca el día de nuestro triunfo, de nuestro contento y alegría; de vosotros espero contribuyáis a nuestra libertad y a vuestra libertad."

Nuestros antagonistas dicen en sus papeles públicos que echan todos los días, que soy contrario a la Religión, y que no respeto al pobre anciano, a la débil mujer ni al tierno niño: no sé con qué cara se presentan los tiranos con tanto orgullo ante el público, que siempre lo tienen de juguete para hacerles creer que estoy acompañado de una partida de pícaros bandidos para cometer todo género de crímenes: tirad la vista sobre los que me acompañan, y veréis que son los mejores hombres del Estado, los más religiosos, los más ilustres y los más humanos: mirad que todo lo que dicen de mí es solo para seduciros, que ellos son los que violan a cada paso la carta fundamental del Estado, haciendo confiscaciones de bienes, desterrando Sacerdotes y a las infelices mujeres. ¿Qué tiempo, pueblos, os dejaron descansar? Ni un solo instante, porque sin atender a que acabáis de sufrir una desastrosa guerra, continuaron vuestra destrucción con excesivas contribuciones, y creando dobles Ejércitos a nuestra costa, ¿y esto será en vuestro bien? De ninguna manera: pregunto a Chinandega, Ciudad honrada, cómo ha tratado a sus hijos y vecinos el titulado General Muñoz, que dicen que es Benemérito de la patria: solo con tropelías y confiscaciones: preguntad a los infelices de Somoto Grande, qué hicieron con los tristes indios los hombres de ese Gobierno cruel, si no fue el tratarlos con el mayor rigor que jamás lo habréis visto. No por esto creeréis que me aparto de que sus planes malos no mereciesen un digno castigo, pero no con tanta crueldad como lo hicieron, confiscándoles sus cortos haberes y despojándolos a sus padres y sus madres de sus amados hijos, y pasándolos a ajeno poder, como lo hacía un Jefe de Estado Mayor, Juan Palacios, que muy pronto expió su crimen en el campo de Marte.

En fin, lo que mi entendimiento no se imagina ver, ellos lo hicieron y quieren agregarlo a mí: abrid los ojos y ocurrid a quitaros ese pillaje de aristócratas y seréis felices.

José María Valle.

NÚMERO 21.

Este documento es el mismo que se halla en las páginas 695, 96 y 97, tomo cuarto de esta Reseña.

También se halla en el núm. 15 de la Gaceta de Guatemala, correspondiente al 28 de agosto de 1845.

CAPÍTULO VI: "NO MOLESTEN AL PUEBLO CON TANTAS ELECCIONES"

COSTA RICA

SUMARIO.

1- La situación. 2- Cámara de diputados. 3- Renuncia del doctor Castro. 4- Entra en receso la Cámara de diputados. 5- Elección de don Francisco María Oreamuno. 6- Don Rafael Moya. 7- Don Rafael Gallegos.

En mayo de 1844 se hacían en Costa Rica demostraciones de regocijo porque había comenzado a regir la nueva ley fundamental.

Don Francisco María Oreamuno, natural y vecino de Cartago, ejercía el poder Ejecutivo en calidad de Vicepresidente.

Él invitó a las autoridades y a muchos vecinos de todas las provincias para celebrar en Cartago la publicación de la nueva ley fundamental, y hubo tres días de espléndidas festividades.

A pesar de tantos regocijos se notaba algún malestar.

La separación del mando militar de don Antonio Pinto producía una escisión entre las familias.

Pinto era tío político del doctor Castro, Ministro de Estado.

No teniendo ya empleo el general Pinto, y estando el doctor Castro en el Ministerio y con la influencia que le daba, no solo la cartera, sino su talento y valimiento, en la familia había una completa escisión, que ha venido marcándose en todos los acontecimientos políticos ulteriores.

Es posible que durante este choque de familia haya habido circunstancias que condujeran a desagrados que se podían evitar, pero era imposible al doctor Castro colocar otra vez a su tío político don Antonio Pinto en el mando de las armas, dadas las circunstancias que rodeaban al Gobierno.

Las dos Cámaras decretadas por la Asamblea Constituyente complicaban la máquina política y los enemigos de la ley fundamental exageraban los defectos de la Constitución.

El 28 de junio Alfaro continuó al frente del Estado, volviendo a tomar el mando que había ejercido Oreamuno en calidad de Vicejefe.

El 3 de julio se instaló la Cámara de diputados, compuesta de los señores doctor José María Castro, Rafael Ramírez, Juan Bautista Bonilla y Jacinto García, representantes por San José; presbítero José Francisco Peralta, presbítero José Gabriel del Campo y presbítero Juan Manuel Carazo, por Cartago; presbítero Joaquín Flores, Manuel Palma y Pío Murillo, por Heredia; Juan José Lara y Pedro Savorio, por Alajuela.

Todavía no estaban declaradas las elecciones por El Paraíso, Escazú, Esparza y Guanacaste.

La primera ocupación de la Cámara de diputados debía ser la apertura de los pliegos de votaciones para senadores.

Organizado el Senado, debían abrirse los pliegos y computarse los sufragios emitidos para Jefe del Estado y para magistrados de la Corte Suprema de Justicia.

El doctor Castro renunció el cargo de Ministro. (Documento núm. 1.)

La renuncia fue admitida. (Documento núm. 2.)

Y en su lugar se nombró Ministro de Relaciones y Gobernación al benemérito señor Juan Mora, quien había sido Jefe del Estado durante dos períodos constitucionales y Vicejefe durante el período del General Morazán.

A Mora, no obstante su gran reputación como hombre probo y como funcionario justo, se le retiró de los destinos públicos por medio de las actas de septiembre y hasta ahora vuelve a hacerse justicia a su mérito indisputable.

La Cámara de representantes no podía llenar su misión por no haberse reunido los pliegos que contenían los votos para senadores.

Se inculpaba a los jefes políticos por la demora.

Es extraordinario que con tanta frialdad se viera una Constitución que acababa de emitirse.

Parece que los enemigos de la nueva ley fundamental se empeñaban en desacreditarla en su cuna.

El mal efecto de la creación del Senado se palpa.

Costa Rica no estaba dividida en brazos como la Francia antes de la revolución de 1789.

La igualdad ante la ley estaba reconocida.

Si no había cuerpos diferentes que representar, ¿por qué existían dos representaciones?

La Cámara de diputados se componía de hombres que en vez de una limitación necesitaban impulso.

¿Cuál era en tal caso la misión del Senado?

Cartago solo eligió clérigos. Eran diputados por Cartago el padre Peralta, el padre Campo y el padre Carazo; y por Heredia lo era el padre Flores.

¿Necesitaría este Concilio una Cámara de senadores que mitigara su espíritu progresista y su valentía en la rápida senda del progreso y de las innovaciones?

Si Cartago había elegido diputados a tres clérigos circunspectos y graves, y si los senadores debían ser más graves y circunspectos que los diputados, ¿qué senadores podía elegir ya Cartago?

Por último se reunió el Senado, se abrieron los pliegos y se declaró electo Jefe del Estado a don Francisco María Oreamuno, quien tomó posesión con disgusto y repugnancia.

Oreamuno era un ciudadano respetable y poseía conocimientos generales.

No se recibió de abogado y había combatido, antes de la emisión de los códigos, a un pequeño círculo de letrados que, abusando del embrollo de las leyes españolas, pretendieron tener en sus manos exclusivamente el tuyo y el mío de todos los costarricenses.

Don Francisco María Oreamuno era un hombre culto sin afectación, y el cortesano más refinado no habría tenido que tacharle en los salones de fina sociedad.

Todavía el año de 44 el espíritu de localismo, que tan funestos resultados produjo en 1835, no estaba totalmente aniquilado y Oreamuno tenía que hacerle frente.

Las disposiciones dictadas en favor de un departamento herían susceptibilidades en otro.

Muchas reformas deseaba el Jefe hacer en Cartago y no se atrevía a llevarlas a cabo para que no se le tachara de localista por ser vecino del mismo Cartago.

Don Francisco María Oreamuno renunció la Jefatura del Estado y su renuncia no fue admitida; pero él insistió en retirarse del poder Ejecutivo.

Hostigado un día, abandonó el puesto y se dirigió a Cartago.

Las Cámaras y muchas personas respetables de todo el Estado se esforzaron en que volviera a la silla del poder Ejecutivo; pero los esfuerzos fueron inútiles.

Hubo quienes opinaran que se debía declarar haber lugar a formación de causa y así se hizo.

Esta declaratoria separaba al señor Oreamuno del ejercicio del poder Ejecutivo, que era cuanto él deseaba.

Separado Oreamuno, recayó la Jefatura en don Rafael Moya, vecino de la ciudad de Heredia y Presidente entonces del Senado.

Moya era un rico propietario, padre de una numerosa familia, cuyas ramificaciones le daban considerable valimiento.

Don Felipe Molina dice que Moya cooperó activamente a impulsar las mejoras de los caminos.

El señor Molina es una gran autoridad en la materia, porque desempeñaba la secretaría de la Junta Itineraria y conocía perfectamente todo lo relativo a caminos y mejoras materiales.

Moya tropezaba todavía con algunas tendencias localistas. Sus discursos lo comprueban.

Él dijo a los jefes, oficiales y tropa de las milicias de Alajuela:

"COMPATRIOTAS:

Yo os saludo con la más cordial satisfacción. ¡Cuánto me complazco al observar vuestra actitud, a la vez que pacífica, circunspecta, marcial e imponente! El Gobierno os considera como uno de los más firmes y principales apoyos del orden público. Confiad en el Gobierno, como él confía en vosotros. No: jamás esas armas victoriosas se empuñarán sino para sostener la ley y defender al Estado de enemigos exteriores, mal que les pese a los chismosos y rastreros intrigantes que intentan sembrar la discordia y conmoveros con pérfidas sugestiones, para convertiros en juguete de sus depredaciones y en gradas de su personal engrandecimiento."

Conservemos, pues, la unión y la buena armonía, que forman las únicas bases sólidas de nuestra prosperidad. Cada uno de vosotros tiene mucho que perder en cualquier trastorno. Que jamás llegue el aciago día de un rompimiento, pues si alguien se atreviese a perturbar el orden, los pueblos se levantarían en masa para sofocar el incendio y castigar al delincuente, y la ilustre Alajuela sería sin duda la primera en ponerse a la vanguardia de los defensores de la ley. —¡Viva la Patria! ¡Viva la Unión!

San José, diciembre 28 de 1844.

Dijo a las milicias de Cartago:

"¡Gracias al Cielo! Las funestas competencias y rivalidades insensatas van desapareciendo a toda prisa ante la antorcha de la civilización; y pocos habrá, según concibo, tan negados a las lecciones de la experiencia para desconocer que los miembros pertenecientes a una misma familia solo deben emular en industria y amor a la comunidad entera. ¿Quién no advierte que los pueblos dominantes pagan esta ventaja con el sacrificio de la parte más preciosa de sus derechos?

Compatriotas, recordad que la discordia es la ruina de los Estados. Vivid siempre unidos en vuestro propio seno y con las otras poblaciones, cooperando unánimes al sostenimiento del orden, de la paz y de las autoridades legítimas."

Dijo en San José:

"JOSEFINOS.- A vosotros os corresponde dar el ejemplo de la moderación y buen sentido. Ningún motivo existe, por fortuna, de desavenencia con las demás poblaciones: cerrad, pues, los oídos a cualquiera que trate de alarmaros o de infundiros recelos. El Gobierno vela por la tranquilidad general, y para afianzarla cuenta con vuestro apoyo."

San José, enero 4 de 1845.

Moya procuró fomentar la enseñanza y en su tiempo se estableció un colegio en Heredia.

La fatalidad lo puso en manos de un clérigo: el presbítero don Manuel Paul.

No debe extrañarse.

La enseñanza laica costeada por la nación es una conquista que Centroamérica no había hecho en tiempo de Moya.

Se debe, en algunas secciones centroamericanas, a esfuerzos muy posteriores.

El padre Paul era un hombre instruido y de talento.

Él se encargó más tarde de la redacción del periódico titulado: "Correo del Istmo", que se publicaba en Nicaragua.

Entre las mejoras materiales correspondientes a este período se encuentra el paso por medio de barcas del río llamado La Barranca, que se halla entre Esparza y Punta Arenas.

Una cuestión se presentó entonces que paralizaba el rápido progreso del bello puerto de Punta Arenas. Era la siguiente: ¿Será mejor Tárcoles que Punta Arenas?

Los partidarios de Tárcoles sostenían con calor sus ideas por la prensa.

Los amigos de Punta Arenas contestaban con fuerza y hasta con acrimonia.

Pero los empresarios de este puerto comenzaron a temer y muchas edificaciones se paralizaron.

Esta fatal cuestión permaneció durante muchas administraciones hasta que, de hecho, vino a resolverla el muelle que hoy tiene Punta Arenas.

Moya terminaba su período como senador y, en tal concepto, no podía continuar funcionando como Jefe del Estado.

En consecuencia, fue llamado al ejercicio del poder Ejecutivo el senador don Rafael Gallegos. (Documento núm. 3.)

El señor Gallegos aceptó. (Documento núm. 4.)

Uno de los ciudadanos más veraces y respetables que ha tenido Costa Rica, don Juan Mora, primer Jefe que aquel Estado tuvo, dijo muchas veces:

"Moya se hizo notable en el poder por la rígida observancia de las leyes y por no haberse separado nunca de la órbita de sus atribuciones."

El 1.º de mayo de 1845 se hizo cargo del poder Ejecutivo, en calidad de senador, don Rafael Gallegos.

El señor Gallegos no es un personaje nuevo en la historia.

Lo hemos visto ejercer el poder Ejecutivo al terminar su segundo período constitucional don Juan Mora. Véase el capítulo 8.º, libro 4.º de esta Reseña.

Una nube se presentaba en el horizonte.

La Constitución que se acababa de publicar, que comenzaba a regir y que había sido tan festejada, era ya el blanco de los tiros de las mismas personas que habían contribuido con más ardor a solemnizar su publicación y que con más acrimonia habían censurado al general Pinto por haber presentado alguna oposición para jurarla.

Se decía que era impracticable el sistema de elecciones de todos los funcionarios de los altos poderes.

Es un absurdo establecer que los Ministros del Gobierno sean electos por el pueblo.

La elección popular debe ser de Presidente.

Y este alto funcionario debe estar investido de la facultad de nombrar y destituir el Ministerio, por una serie de motivos que los publicistas expresan.

Pero la elección de diputados es preciso que sea popular.

Los diputados son los representantes del pueblo y solo el pueblo puede conferirles poderes.

La elección de jueces superiores puede ser o no popular; pero la elección popular es mucho más conforme con el sistema liberal-democrático que la hecha por las Cámaras o Asambleas.

Muchos publicistas, entre los cuales se halla el inmortal Montesquieu, sostienen la elección popular de los jueces.

En Costa Rica se decía que era preciso no molestar al pueblo con tantas elecciones.

Esta razón será muy buena; pero desgraciadamente es la misma que dio en Roma Tiberio César para aniquilar la soberanía del pueblo y reasumirla en el Senado, no para que este alto cuerpo la disfrutara, sino para que fuera un patrimonio de los Césares dominadores del Senado.

No era el Jefe Gallegos quien combatía la ley fundamental.

Círculos políticos que no estaban conformes con la posición que les había tocado, ni con el régimen del mismo Gallegos, eran los que más increpaban la Constitución.

Las Cámaras legislativas acordaron enviar representantes a la dieta de Sonsonate. (Documento núm. 5.)

El Mentor Costarricense contiene un artículo que es conveniente consignar aquí para que se vea cuáles eran las ideas que sobre nacionalidad había entonces en Costa Rica. Dice así:

"Dieta proyectada para Sonsonate.

Son ya cuatro los Estados que han contraído el solemne compromiso de enviar sus representantes a aquel punto para que se ocupen en discutir sobre los intereses nacionales. Solo resta que se ejecute.

Cuando la integridad de la República se está perdiendo, y la anarquía y guerra civil devoran algunas de sus comarcas, nada menos debiera esperarse, sino que todos depusieran en el altar de la patria sus pasiones, odios o caprichos, cooperando a un plan, que si bien no es probable dé por resultado la creación de un gobierno nacional, siquiera estrechará los vínculos de fraternidad entre los Estados, establecerá la unidad de miras y de acción, el concierto de sus operaciones políticas, y la manera en que hayan de figurar ante las demás naciones, formando un solo cuerpo.

Sin embargo, tal es el estupor, que no abrigamos ninguna esperanza halagüeña. Nuestra suerte parece, pues, irremediable y bien merecida.

La Italia gime en la esclavitud porque jamás logró volver a unirse desde que se fraccionó al atravesar el caos de la Edad Media. Los antiguos griegos fueron repetidas veces sojuzgados porque no supieron obrar de acuerdo. Multitud de ejemplos históricos pudiéramos citar acerca de los males que acarrea el aislamiento y dislocación."

Estas ideas emitidas en Costa Rica prueban que sin la incesante propaganda servil guatemalteca, la República se habría reorganizado.

En este período continúa funcionando don Joaquín Bernardo Calvo como Ministro de Gobernación y aparece por primera vez don Manuel José Carazo como Ministro de Hacienda.

Entre los acontecimientos notables de ese período se encuentra la muerte del presbítero don Joaquín García, natural y vecino de la ciudad de Cartago, quien había adquirido los conocimientos que podían obtenerse en la época en que él estudió.

Fue promotor fiscal del Obispo de Nicaragua, fray Nicolás García Jerez.

Cuando se trataba de la división de la diócesis, el padre García fue propuesto al Papa Gregorio XVI para primer Obispo de Costa Rica.

El padre García había tenido participación en los asuntos políticos, pues lo hemos visto desempeñando las funciones de Ministro de Estado. (Capítulo 17, libro 4.)

Era un hombre benéfico y su muerte fue sentida en todo el Estado y especialmente en la ciudad de Cartago.

Un tratado de amistad y alianza se hizo entre El Salvador y Costa Rica.

Fue firmado en San José el 10 de diciembre de 1845 por los plenipotenciarios Marcos Idígoras y Joaquín Bernardo Calvo. (Documento núm. 6.)

La opinión pública no estaba satisfecha con las mejoras alcanzadas hasta entonces, y se aspiraba a un camino carretero al Atlántico.

La carretera nacional hacia el Pacífico era de grande utilidad.

Ella fue un progreso inmenso para Costa Rica, pero el movimiento mercantil hacia el Pacífico dejaba mucho que desear.

No existía entonces el ferrocarril de Panamá y era preciso conducir los frutos a Punta Arenas para llevarlos a Europa por el estrecho de Magallanes o por el Cabo de Hornos.

Establecida la línea férrea entre Colón y Panamá, la carretera de Cartago a Punta Arenas fue más importante.

No llenaba, sin embargo, los deseos de los costarricenses, quienes aspiran a llevar sus frutos en tres o cuatro días desde sus puertos del Atlántico hasta los Estados Unidos de América.

Los esfuerzos por abrir una carretera hacia el Atlántico dieron lugar a una cuestión internacional.

Don Cárlos Thierriat, natural de Francia, alegó derecho a unas caballerías de tierra que el año de 29 había denunciado el señor Alfonso Dumatray, y en cuyo favor no se había expedido título de propiedad.

Por ese terreno debía pasar la carretera nacional y Thierriat formó un reclamo contra el Gobierno costarricense.

El asunto se ventiló con más calor que tino, y fue preciso pagar diez mil pesos por vía de indemnización.

El señor Gallegos dictaba medidas de interés público, y especialmente en el ramo de policía.

Nombró inspector de vacuna al Licdo. don Bruno Carranza, previno a la junta de caridad que se reuniese con el fin de designar el lugar a propósito para construir el edificio del hospital de San Juan de Dios, de presentar el modelo y plano correspondiente y de disponer la recaudación de suscripciones voluntarias levantadas al efecto en el departamento de San José.

Un hospital en Costa Rica no tenía la misma importancia que en otros países del mundo más ricos, adelantados y opulentos.

En Costa Rica estaba perfectamente dividida la propiedad, y casi no había una sola familia que no tuviese un terreno con su correspondiente plantío y enseres y una casa de habitación.

En un país como ese se necesitan menos los hospitales que en otros países donde nadie puede salir a la calle sin ser molestado por nubes de mendigos, ni dejar su puerta abierta sin que la casa se inunde de pedigüeños.

Gallegos no vio el hospital que deseaba.

Ese edificio se levantó bajo la administración de don Juan Rafael Mora, con dinero dejado por el presbítero doctor don Juan de los Santos Madríz.

Cuando aquel edificio estuvo concluido, nadie quería ocuparlo, porque todos los enfermos del país tenían recursos propios en sus casas y no necesitaban de la caridad pública.

Se había emitido el año anterior la célebre ley reglamentaria de justicia de 4 de noviembre, que estuvo vigente hasta el año de 52.

En cumplimiento de aquella ley se nombraron jueces militares.

Se trataba de enviar al Licdo. don Manuel Aguilar y a don Rafael García Escalante a la Dieta de Sonsonate y se hacían elecciones de los funcionarios que debían renovarse según la Constitución, cuando un movimiento revolucionario puso término a la administración de don Rafael Gallegos.

Este movimiento es parte de un drama que, visto desde el lunetario, presenta una faz, y presenciado desde los bastidores exhibe otra muy diferente.

Veámoslo desde las lunetas.

El Mentor Costarricense dice:

El día 7 del presente mes de junio de 1846, memorable para el patriotismo, se efectuó en Costa Rica un cambio político con el mayor orden y regularidad, mediante el acuerdo simultáneo de los cuatro regimientos principales del Ejército del Estado, establecidos en la Capital y en las ciudades de Cartago, Heredia y Alajuela. Ellos proclamaron una nueva era demandando una nueva Constitución adecuada a las circunstancias del país: el grito resonó por todos los pueblos y fue acogido y secundado sin demora, porque la opinión estaba preparada, porque los costarricenses desean la paz y apetecen con ansia sus mejoras y su futuro bien.

Este grito desconoció la Carta fundamental que regía, llama a una Asamblea Constituyente que la forme de nuevo, y ha colocado en la silla del Supremo Poder Ejecutivo al señor José María Alfaro, que otra vez, en crisis apurada, rigiera con prudencia los destinos del Estado.

A consecuencia de aquel suceso, el Sr. José Rafael de Gallegos, que estaba encargado del mando del Estado como Presidente nato de la Cámara de Senadores, vuelve a esta en su carácter de tal con la satisfacción de haber conservado ilesos los derechos y dignidad del Estado, y de haber promovido su bien hasta donde se lo permitieran sus facultades y los recursos que la ley pusiera en su mano.

El Sr. Alfaro tuvo necesidad de encargarse de hecho de las riendas del Gobierno desde el día indicado, y el 18, a las once y media de la mañana, previo acuerdo de la Cámara de Senadores y ante la misma, prestó juramento de ejercer el poder que le han confiado los pueblos promoviendo su felicidad por medio del respeto a las garantías individuales y de los principios de justicia y de los consignados en el acta del 7.

Este acto sagrado se celebró con asistencia de la Suprema Corte de Justicia y demás Corporaciones y empleados, por ante los Ministros del Despacho, en medio de una numerosa y lúcida concurrencia. El Sr. Presidente accidental de la Cámara de Senadores hizo un discurso que juzgó propio del acto, al que contestó con otro el Jefe Supremo Provisorio. En seguida, se dirigió la comitiva a la Iglesia Mayor, donde se cantó un solemne Te Deum, y habiendo regresado al Despacho, terminó todo con las evoluciones de las tropas que hacían los honores a los Poderes públicos que se habían reunido.

Veámoslo desde los bastidores.

Don Rafael Gallegos era un hombre de bien, intachable en su conducta, cualidades que cerraban las puertas a inmoderadas e ilegítimas ambiciones.

Los regimientos principales del Ejército del Estado ninguna ofensa habían recibido de Gallegos ni tenían nada que decir contra su persona.

Tres o cuatro individuos habían logrado alucinar a los jefes.

Muchos propietarios, parientes y amigos de Gallegos sabían lo que iba a suceder y pudieron evitarlo.

El Jefe del Estado se opuso para que no hubiera efusión de sangre, y porque no amaba una silla que solo amarguras le había proporcionado en dos períodos históricos que en ella estuvo.

Todavía hay recuerdos vivos de dos personas, porque no hace muchos años que bajaron a la tumba, don José María Alfaro y don Rafael Gallegos, y puede preguntarse a los costarricenses si, reconociendo todas las virtudes cívicas que al señor Alfaro adornaran, ¿podría el pueblo y el ejército llamarlo para que salvara a Costa Rica del señor don Rafael Gallegos?

La caída de Gallegos fue una intriga de muy pocos.

¿Cómo es que se levanta el Ejército contra un Jefe a quien todos respetan y a quien no se puede echar en cara una sola falta?

Las consideraciones y miramientos con que los autores del bochinche del 7 de febrero trataron a Gallegos prueban la veneración que inspiraba al público aquel ciudadano honrado.

Don José María Alfaro, asumiendo una verdadera dictadura, dio el 3 de junio la declaratoria siguiente:

Deseando alejar todo motivo de dudas que pudieran suscitarse en los Pueblos con ocasión del cambio político de 7 del corriente, y que el régimen administrativo de los mismos Pueblos continúe sin interrupción hasta tanto se adopte el que mejor convenga a sus intereses, según los principios consignados en la acta de aquel día, ha venido en declarar y Declara:

Art. 1.º Se hallan en ejercicio, conforme a la acta de 7 del presente junio, los Señores Senadores y Magistrados, cuyo período no ha concluido, y sus funciones están detalladas por la misma acta y por las leyes que reglamentan los Cuerpos a que pertenecen.

Art. 2.º Todos los funcionarios y empleados que actualmente existen en todos los ramos de la administración pública, ya sean de nombramiento del Gobierno o de elección popular, se conservan y continúan en sus respectivos destinos, y en consecuencia serán acatados y obedecidos con arreglo a las leyes en los objetos de su encargo.

Art. 3.º La autoridad de los Jefes Políticos es la misma que designa la ley de 13 de junio de 1828 y las demás que reglamentan el Gobierno político-económico de los Departamentos y Pueblos.

Art. 4.º Es del deber de las Autoridades políticas, así como de los militares, cuidar del orden público, de la seguridad de las personas y bienes de los habitantes en sus respectivas comarcas, y de que las leyes sean puntualmente cumplidas y sus ejecutores respetados y obedecidos.

Art. 5.º Las demás autoridades y corporaciones, así civiles como eclesiásticas, de hacienda y militares, conservan en el Estado el lugar que les ha señalado la ley, estando expeditas sus atribuciones de conformidad con las reglas preestablecidas.

Art. 6.º La presente declaratoria se imprimirá, circulará y publicará inmediatamente para que surta sus efectos.

Dado en la Ciudad de San José a los diez días del mes de junio de mil ochocientos cuarenta y seis.

José María Alfaro.

DOCUMENTOS JUSTIFICATIVOS
NÚMERO 1.
Renuncia.

Jefe Supremo Provisorio del Estado.

Cuando pasada la espantosa revolución de 842, me nombrasteis vuestro Secretario General; yo vi a mi patria circundada de peligros y en desaliento los muchos hombres que con preferencia a mí debían ser llamados al Ministerio del Gobierno. La triste perspectiva de un cuerpo que acaba de sufrir un sacudimiento mortal; el doloroso espectáculo de una madre mutilada, y la noble ambición a la gloria de embalsamar sus heridas y de decirle "he aquí a un hijo que no te abandona," pudieron más en mi corazón que las ideas de mi insuficiencia y menor edad; admití el destino, vos lo sabéis, Señor, para ejercerlo mientras hubiese riesgos y mientras una regularización de cosas podía atraer a los hombres dignos de él, porque en política es crimen retener un cargo cuando otras manos pueden servirlo mejor.

Desde que apareció la nueva Carta Fundamental, llegó el término y desde entonces insto, pero en vano, porque se me permita la separación del Ministerio que me es confiado. Hoy hago ya formal dimisión de este destino después de tanto tiempo de llevarlo por el sendero de la ley, despreciando la calumnia y sereno a las saetas de la envidia.

Mi conciencia está tranquila y con esta satisfacción quiero dejar altas funciones para descender a la igualdad del vulgo, dulce encanto para un corazón republicano; por tanto, os ruego, Señor Jefe, seáis servido admitirme esta renuncia en obsequio de los intereses de una Patria que ha merecido siempre vuestros desvelos, en bien de un amigo y compañero y en justa recompensa de mis servicios prematuros.

San José, junio 28 de 1844.
José María Castro.

NÚMERO 2.

Gobierno Supremo del Estado.

San José, julio 3 de 1844.

Visto: y considerando que el Sr. Doctor y Maestro José María Castro, actual Ministro del Despacho en el Departamento de Relaciones y Gobernación, se prestó a servir el Ministerio del Gobierno en 1842 solo por el tiempo que durasen los peligros del Estado y mientras este se reorganizaba; que tanto este rasgo de patriotismo como el celo, exactitud y arreglo de las leyes con que ha sabido desempeñar por largo tiempo tal empleo, lo hacen digno de la consideración pública; y finalmente que con posterioridad a la presente renuncia, el Gobierno ha tenido comunicaciones oficiales de la A. C. de haber sido electo el expresado Sr. Dr. Castro Representante a la Cámara Legislativa:

Teniendo a la vista el artículo 98 de la Constitución, y siendo uno de los deberes del Gobierno oír las justas excusas de aquellos funcionarios que más se han distinguido por sus capacidades, por sus servicios a la causa pública y por sus méritos contraídos, en cuyo caso se encuentra el Sr. Doctor Castro, admítesele la renuncia que hace del encargo que obtenía de Ministro del Despacho en el Departamento de Relaciones y Gobernación y dénsele las gracias a nombre del Estado por los importantes servicios que ha sabido prestar.

Nómbrase interinamente para su reemplazo al Benemérito Sr. Juan Mora; y mientras este toma posesión, el Ministro de Hacienda y Guerra ejercerá el Ministerio de Relaciones, y autorizará el presente decreto y las comunicaciones que son consiguientes.

José María Alfaro.
El Ministro de Hacienda y Guerra.
Joaquín Bernardo Calvo.

NÚMERO 3.

Ministerio de Relaciones y Gobernación.
Casa de Gobierno, San José, abril 30 de 1845.

Sr. Senador José Rafael Gallegos.

El día de hoy termina el período de las funciones del Senador Presidente Sr. Rafael Moya, según la declaración de las Cámaras Legislativas de 21 de febrero último y 3 del presente abril, y de consiguiente también termina el tiempo en que legalmente ha podido ocupar la Silla del Poder Ejecutivo por impedimento del Jefe Supremo Sr. Francisco María Oreamuno.

Este se halla aún impedido para el ejercicio de su encargo en virtud del decreto número 10 del 26 último, y conforme a la declaratoria de la Cámara de Representantes de aquella fecha, es U. el Senador llamado a ocupar dicho encargo desde el día de mañana en adelante.

En tal concepto, el Senador Presidente encargado del Poder Ejecutivo me manda significar a U.: que le es muy plausible la ocasión de poner en sus manos la Administración pública, con la conciencia de que los pueblos reposan tranquilos a la sombra de la paz y del buen orden, y que la prudencia y recto juicio de U., manifestados de varios modos y en distintas circunstancias, serán un nuevo germen vital para la prosperidad y engrandecimiento del Estado y para su consolidación.

Y que, quedando el Ministerio encargado de hacer mañana las comunicaciones correspondientes, los funcionarios públicos y los pueblos reconocerán en U. la persona encargada de la primera Magistratura de Costa Rica.

Me es en extremo satisfactorio hacer a U. esta insinuación de orden del Senador Jefe Supremo, y tengo la honra de suscribirme con todo respeto su muy atento y obediente servidor.

D. U. L.

NÚMERO 4.

San José, abril 30 de 1845.

Señor Ministro de Relaciones.

Me he impuesto de la apreciable nota de U. de esta fecha en la que me manifiesta que el día de hoy termina el período de las funciones del Senador Señor Rafael Moya según lo declararon las Cámaras, y de consiguiente termina el tiempo en que ha podido ocupar la silla del

Poder Ejecutivo por impedimento del Jefe Supremo Señor Francisco María Oreamuno.

Y que, de conformidad con la declaratoria de la Cámara de Representantes, soy el Senador llamado a ocupar aquel destino desde el día de mañana.

Y concluyendo con insinuarme, por mandado de dicho Señor Senador Presidente, lo plausible que le es poner en mis manos la Administración pública en ocasión que los pueblos reposan tranquilos a la sombra de la paz y del orden, y contestándole debo decir:

Que, sumiso como siempre a la Constitución y a las leyes, me haré cargo desde el día de mañana del destino a que soy llamado, cuyas delicadas funciones no podré desempeñar cumplidamente por carecer del tino y conocimientos que se necesitan para gobernar con acierto un Estado.

Pero procuraré imitar, en cuanto me sea posible, a mi digno antecesor en su conducta pública, recibiendo con aprecio y gratitud sus consejos y los de los hombres ilustrados que deseen el bien y prosperidad del Estado, por cuyo medio me prometo que, en los pocos días que lo rija, lograré el feliz éxito de entregarlo tan tranquilo como lo está al presente.

Dígnese U., Sr. Ministro, felicitar de mi parte al Señor Senador Presidente por el buen desempeño de sus funciones, principalmente por el tiempo que tan honrosamente ha fungido en el Poder Ejecutivo, y U. sírvase admitir las consideraciones de amistad y aprecio con que me suscribo su obsecuente servidor.

D. U. L.

José Rafael de Gallegos

NÚMERO 5.
La Cámara de Representantes del Estado libre de Costa Rica.

Considerando:

1.º Que los Estados de Guatemala, El Salvador, Honduras y Nicaragua están acordes en enviar Comisionados a la Ciudad de Sonsonate, para que reunidos discutan y propongan las medidas conducentes al establecimiento de un Gobierno o Representación general de la República.

2.° Que sus respectivos Gobiernos han excitado al de Costa Rica a fin de que preste su concurrencia a dicha Dieta o reunión, y que los intereses de este Estado así lo aconsejan.

3.° Que examinado el proyecto de Pacto Confederal propuesto por el Sr. Delegado Fruto Chamorro, no parece conveniente ni adecuado a los intereses de Centroamérica.

DECRETA:

Art. 1.° El Estado de Costa Rica enviará dos Comisionados a la Reunión o Dieta que se va a celebrar en Sonsonate.

Art. 2.° Se les autoriza plenamente para entrar en conferencias con los Representantes de los otros Estados, acordar e iniciar cualesquiera arreglos o planes que juzguen acertados, a fin de establecer la unión o constituir un Gobierno común; reservándose Costa Rica la aceptación y ratificación de tales planes y arreglos.

Art. 3.° Se les autoriza igualmente para mediar e interponer los respetos de Costa Rica en las desavenencias que hayan o puedan suscitarse entre los demás Estados, a fin de restablecer entre ellos la paz y buenas relaciones que debe haber entre Pueblos hermanos.

Art. 4.° Su elección corresponde al Supremo Poder Legislativo.

Art. 5.° Se asigna a cada uno la remuneración mensual de doscientos pesos, y el viático de cuatrocientos por ida y vuelta.

Art. 6.° El Ejecutivo cuidará de aprontarles dos mesadas a cada uno, y el viático de ida para que se pongan en marcha a la mayor brevedad posible.

Art. 7.° No se adopta el proyecto de Pacto Confederal iniciado por el Sr. Fruto Chamorro.

A la Cámara de Senadores.

Dado en la Ciudad de San José, a los diez días del mes de julio de mil ochocientos cuarenta y cinco.

José María Castro, Representante Presidente.

Rafael Ramírez, Representante Primer Secretario.

Gordiano Fernández, Representante Segundo Secretario.

Sala de la Cámara de Senadores.

San José, agosto primero de mil ochocientos cuarenta y cinco.

Al Poder Ejecutivo.

Juan Mora, Senador Presidente.
Juan de Dios Céspedes, Secretario.

NÚMERO 6.

Tratado de amistad y alianza entre los Estados de El Salvador y Costa Rica en la República de Centroamérica.

Deseando los Gobiernos de El Salvador y Costa Rica establecer sólidamente la buena correspondencia y amistad que existe entre ambos Estados, han resuelto fijar por medio de un convenio varios puntos, cuyo arreglo dé por resultado la conveniencia recíproca de los dos Estados y el mejor bien para la República.

Con tal mira han nombrado, el Gobierno de El Salvador a su Enviado Extraordinario cerca del de Costa Rica, Señor Marcos Idígoras, y el de este Estado al Señor Joaquín Bernardo Calvo, Ministro de Relaciones y Gobernación, los cuales, después de haber comunicado sus poderes y de haberlos juzgado expedidos en buena y debida forma, concluyeron y firmaron los artículos siguientes, regulados por las órdenes e instrucciones de sus Gobiernos.

1.º Habrá una paz sólida e inviolable y una amistad y alianza sincera entre los Estados de El Salvador y Costa Rica.

2.º Estos reconocen y respetan la soberanía de que cada uno goza actualmente para gobernarse por sí y arreglar su administración. Ninguno de los dos se injerirá por pretexto alguno, directa o indirectamente, en los negocios interiores del otro, y se tratarán con la consideración, urbanidad y contemplación que demandan los Estados en la capacidad de cuerpos políticos, soberanos e independientes.

3.º En consecuencia, siendo de un común origen y mirándose como hermanos los habitantes de El Salvador y Costa Rica, gozarán indistintamente en uno y otro Estado de las mismas garantías y derechos que por las leyes disfrutan sus propios hijos, salvo las disposiciones constitucionales.

4.º Los dos Estados contratantes se prometen mutuamente, sin reserva ni excepción alguna, que los reos de delitos comunes de uno y otro Estado serán entregados a la vez que sean reclamados en la forma establecida por las leyes; que respecto de los asilados por opiniones políticas, el Gobierno del Estado en que se acojan cuidará y queda en la obligación de impedirles que inquieten a aquel de donde proceden; y finalmente, que los actos legales, documentos públicos y jurídicos del uno, se considerarán legítimos en el otro, siempre que se encuentren arreglados a las leyes respectivas y debidamente comprobados.

5.º En el caso que entre los Estados contratantes hubiere (lo que Dios no permita) algún agravio directo y conocido, se reclamará el procedimiento de que nazca la queja, por primera, segunda y tercera vez, hasta conseguir el restablecimiento de la armonía y buena inteligencia que los dos se han prometido y se prometen.

No obteniéndose esto, ambos Gobiernos se someterán a la decisión imparcial del Gobierno de uno de los Estados de la Unión Centroamericana que de común acuerdo elijan, y el fallo será inapelable y se conformarán con él, aun cuando a su parecer no sea justo.

En todo caso, la justicia se considerará estar contra el primero que tome las armas, el cual será responsable de los males y perjuicios que se causen.

6.º Si uno de los dos Estados contratantes se viese en lo sucesivo amenazado de guerra de alguno de los de la República, bajo cualquier pretexto que sea, el otro promete, se empeña y obliga a interponer eficazmente sus buenos oficios con el fin de que vuelvan a la armonía, amistad y mutua inteligencia las dos partes contendientes; mas si la guerra promovida afectase la independencia, seguridad e integridad de la República, las partes contratantes empeñarán mutuamente todo su poder con arreglo a las disposiciones de la ley.

7.º Habiendo convenido los Gobiernos de Guatemala y El Salvador en la organización de un Gobierno Nacional por el artículo 7.º del tratado de 4 de abril del presente año, que ha comenzado a tener efecto por el nombramiento de sus respectivos comisionados; y habiendo manifestado Costa Rica iguales deseos según decreto de las Cámaras de 10 de julio último, adhiere a dicho artículo bajo los conceptos que expresa el mencionado decreto, y en consecuencia queda convenido que Costa Rica mandará sus dos Comisionados a Sonsonate tan presto como se haya celebrado la paz entre Honduras y El Salvador.

8.° Los dos Estados contratantes se prometen no convenir con otro de la República ni Potencia exterior en cosa alguna que altere en lo más mínimo este tratado, ni le resulte perjuicio el menor a su amigo y aliado; y antes bien procurará redunde en lo posible en beneficio directo suyo, cualquiera que se celebre, a cuyo fin se le enterará del modo y tiempo convenido para abrir y seguir las negociaciones.

9.° El presente tratado no tendrá efecto sino es hasta que las partes contratantes lo hayan ratificado en competente forma, y las ratificaciones se enviarán en el término de cuatro meses, o antes si fuese posible, contando desde esta fecha.

En fe de lo cual, los infrascritos otorgan el presente en virtud de sus poderes, y es fecho en la Ciudad de San José, a los diez días del mes de diciembre de mil ochocientos cuarenta y cinco años.

25.° de la Independencia.

Márcos Idígoras.

Joaquín Bernardo Calvo.

CAPÍTULO VII: HORDAS SALVAJES EN GUATEMALA

República de Guatemala.

SUMARIO.

1- Consideraciones generales. 2- Manifiesto de 21 de marzo, firmado por Carrera. 3- Observaciones. 4- Decreto de 21 de marzo de 1847. 5- Observaciones. 6- Incompetencia del Gobierno para emitir el decreto citado.

Don José Milla y Vidaurre dice en la Biografía de don Manuel Francisco Pavón:

Entramos en el segundo período de la vida de aquel cuya biografía escribimos; período el más fecundo en acontecimientos y el más interesante en la historia del país. En el primero, la influencia del Sr. Pavón en las cosas públicas fue más bien privada que oficial, y su nombre, como ha podido advertirse, no es de los que figuran en primera línea en los anales de la época desventurada que hemos tenido que recorrer rápidamente.

En la comunión política a que el Sr. Pavón pertenecía, había por entonces personas que tenían mayor influjo que él en la dirección de los negocios. Arce y Aycinena, el Coronel Montúfar, don José Francisco Córdova, Irisarri, Sosa, Dávila, don José Beteta y otros pocos sujetos, eran los que llevaban principalmente la voz. Pavón no participaba en todo de sus ideas y hacía el papel alternativamente de consejero o de moderador, teniendo no pocas veces que templar las opiniones exageradas y que oponerse a proyectos de golpes de Estado prematuros.

Uno de estos fue el de la declaratoria de la independencia del Estado de Guatemala y su erección en República separada, que concibieron desde entonces unos pocos de los que dirigían los negocios; idea que no tenía a la sazón otro inconveniente que el de haberse anticipado diez u once años a los acontecimientos, que ya en

1839 vinieron a hacerla necesaria y a establecerla de hecho y de derecho.

El proyecto de separación era antiguo y se venía meditando desde el año de 1828.

Todos los proyectos, pues, de nacionalidad que presentaban los Estados eran mirados como enemigos de la idea halagadora que sustentaba la comunión política a que pertenecía el señor Pavón, esto es: el partido servil.

Todas las publicaciones de los serviles tendían a desacreditar esos pensamientos de unidad.

"El Tiempo," periódico aristocrático, y "La Gaceta" manifiestan la más completa uniformidad de ideas.

Manifiéstala igualmente "La Revista," periódico de la Sociedad Económica que comenzaron a redactar el año de 1846 el socio censor Pavón y el Secretario Milla y Vidaurre.

Ese periódico presenta de relieve la índole y aspiraciones de la reaccionaria corporación a que servía de órgano.

So pretexto de publicar artículos sobre tabaco y sobre azúcar, penetra en el corazón de la política para dar pábulo a las ideas oscurantistas.

Alaba a los jóvenes que apoyan el reaccionarismo, vilipendia y anonada a los que manifiestan ideas opuestas; conviértese más de una vez en cronicón eclesiástico, dando cuenta de las misas y procesiones, de los altares y ornamentos, y por último tiene el atrevimiento, que ya no sufrieron los liberales, de publicar que debía cortarse las alas a la democracia.

Contiene artículos sobre estabilidad. Ellos son lógicos.

Los serviles estaban apoderados de todo, y era natural que la Sociedad Económica quisiera la estabilidad.

El doctor Molina, en el periódico titulado Mensual de la Sociedad de Medicina, contestaba a Milla y a Pavón.

En una de sus contestaciones desenvuelve este pensamiento:

"La estabilidad es un bien o es un mal. Es un bien si todo va bien.

"Es un mal en el caso contrario."

El fraccionamiento de hecho era para los serviles un gran bien que deseaban fuese estable.

Dice Milla, hablando de aquella comunión política que desde el año de 1828 pretendía fraccionar a Centroamérica, que "la idea no tenía a la sazón otro inconveniente que el de haberse anticipado diez u once años a los acontecimientos, que ya en 1839 vinieron a hacerla necesaria y a establecerla de hecho y de derecho."

¿Qué acontecimientos fueron esos que en 1839 vinieron a hacer necesaria y a establecer de hecho la fractura de la patria?

Esos acontecimientos fueron: el triunfo del partido servil aristocrático por medio de la ficción del envenenamiento del agua de las fuentes y de los ríos; la entrada de Carrera a Guatemala al frente de hordas salvajes el 13 de abril de 1839; el restablecimiento de todo lo viejo que nos dejó la Casa de Austria, y la caída de todo lo nuevo que con inmenso trabajo se había levantado desde el año de 1821.

He aquí los hechos que hacían necesaria la muerte de la antigua patria.

Su vida habría sido incompatible con la creación del régimen oscurantista de los treinta años inaugurado el 13 de abril.

Y, ¿cuál es el derecho que en 1839 estableció el fraccionamiento?

Es un decreto que dictó Rivera Paz el 17 de abril, cuatro días después de la entrada de Carrera.

¿Y quién era Rivera Paz?

Era un ciudadano a quien Carrera, dirigido por los nobles, sacó de su casa el 13 de abril, lo colocó en la silla del Ejecutivo, y lo declaró Presidente.

Ese derecho era también un decreto de la Asamblea Constituyente, creada por los nobles y para los nobles, esto es, por la comunión del señor Pavón y para ella.

Esa Asamblea aprobó el 14 de junio el decreto que Rivera Paz había emitido el 17 de abril.

¡Qué prisa se daba la comunión política de Pavón para separar el Estado de Guatemala del resto de Centroamérica!

Lo primero que hizo el Gobierno servil de 1839 fue decretar la separación.

Lo primero que hizo la Asamblea servil del mismo año fue confirmar el decreto de separación.

Los serviles tenían hambre y sed de fraccionamiento desde el año de 1828, pero les faltaba apoyo material para decretarlo.

Las hordas salvajes que entraron a Guatemala el 13 de abril de 1839 les dieron el apoyo que necesitaban, el fraccionamiento se decretó y en seguida lo declararon necesario y establecido de hecho y de derecho.

Se bautizó el año de 1847 al Estado de Guatemala con el nombre de República, y se puso en escena una nacióncita que de República solo tenía el nombre.

En ella no existía división de poderes y don Pedro Aycinena llegó a exclamar:

"No se reconoce más que un solo poder del cual es Jefe Supremo el Presidente."

En ella no había libertad de conciencia, pero ni aun la más remota tolerancia.

En ella no había sufragio popular ni más voz que la de cuatro nobles que guiaban a Carrera.

Cuando se decía a Milla que su Gobierno era monstruoso, él, repitiendo palabras de los magnates a quienes servía, contestaba:

"Estamos como queremos, como debemos y como podemos."

Para que la comunión política de Pavón se hallara tan satisfecha era preciso haber roto los vínculos que a Guatemala ligaban con el resto de Centroamérica, porque ese gran resto no habría aceptado aquel régimen fatal y se hubiera empeñado en imprimir otro carácter a la política militante.

Inde fractio.

Si los serviles anhelaban el fraccionamiento desde el año de 1828, y si hasta el año de 1839 lo pudieron obtener, si lo consideraron como un espléndido triunfo y como una necesidad de hecho y de derecho, es indudable que el envío de comisionados a las diversas dietas que después del año de 1839, y antes del año de 1847, hizo la comunión política de Pavón, fue una hipocresía, un embuste y una farsa.

Así se explican ciertos juegos políticos, siendo uno de ellos el siguiente:

Los artículos 1, 4, 7, 8, 10, 15, 20, 30, 32, 33, 35, 42, 46, 53, 75 y 76 del Pacto de Chinandega están enteramente conformes con las instrucciones que la comunión política de Pavón dictó a los comisionados para la Villa de Santa Rosa.

Sin embargo, esa misma comunión rechazó el Pacto de Chinandega y cuanto se encaminaba a la unidad y se oponía al decreto que tanto anhelaba y que al fin expidió el 21 de marzo de 1847.

La Sociedad Económica, entre un artículo sobre carbón de piedra y otro sobre Semana Santa, nos dijo lo siguiente:

"Decreto del 21."

"El Supremo Gobierno se ha servido expedir, con anuencia de todas las autoridades, un decreto en que, poniéndose en ejecución otro de la legislación de 1833, se declara a Guatemala República independiente.

Los fundamentos de esta medida están expuestos largamente en un Manifiesto que ha dado el Excmo. Sr. Presidente; Manifiesto en que se demuestra de una manera sólida y convincente la justicia, la utilidad y la legitimidad del paso. En nuestro juicio, es uno de los mejores escritos que han visto la luz pública de algún tiempo a esta parte. Parécenos ser obra de una larga y detenida meditación, y que, presentando de una manera franca y explícita hechos y razones que en la ocasión presente no han debido callarse, los expone con tal moderación que nadie puede ofenderse justamente de ellos.

El decreto mismo nos parece dictado con suma prudencia y circunspección. Guatemala entra a ocupar el rango que le pertenece, se abre una nueva era y escribe su nombre en el catálogo de las Naciones; pero, al hacer esta declaratoria justa y necesaria, no cierra la puerta a la organización de los cinco Estados en una sola Nación; la República está dispuesta a anudar los antiguos lazos y a adoptar los medios equitativos y prudentes que para el objeto se propongan.

El pueblo ha acogido y celebrado con entusiasmo el decreto; hombres de diversas ideas y comuniones políticas se han reunido alrededor de la bandera nacional de Guatemala, y olvidando envejecidas desavenencias y haciendo callar mezquinos intereses, se han acordado tan solo de que eran guatemaltecos.

La moderación y el decoro han reinado en el banquete de las autoridades, lo mismo que en los del ejército y el pueblo. El entusiasmo ha sido, nos atrevemos a asegurarlo, cordial y sincero, y el 21 de marzo será para la actual administración un día de gloriosa memoria.

No nos extendemos en detalles de la función del domingo porque sabemos estar publicados en la Gaceta oficial y no queremos cansar a nuestros lectores, a quienes remitimos a dicho periódico.

Limitámonos, pues, a congratularnos con el Supremo Gobierno y el pueblo guatemalteco por el paso importante que se ha dado, y a consignar nuestros votos más fervientes por la prosperidad de la nueva República de Guatemala."

Este artículo, como todo lo que escribían Pavón y Milla, da mucha luz en política.

Sabemos por él que el Manifiesto de que se trata es obra de una larga meditación: luego, el envío que se acababa de hacer de representantes a la dieta de Sonsonate era una farsa.

El Manifiesto es, a juicio de Milla y Pavón, uno de los mejores escritos que habían visto la luz pública.

De manera que si se pudiera demostrar que ese Manifiesto es un tejido de errores, el mejor escrito de los serviles quedaría pulverizado.

El documento de que se trata fue firmado por Carrera y dice así:

"Manifiesto del Presidente de Guatemala."

"El Gobierno ha dictado hoy una medida, tiempo ha indicada por la opinión pública, reclamada imperiosamente por las circunstancias, y que el curso natural de los acontecimientos hacía ya indispensable aun para la conservación misma del Estado.

El de Guatemala se erigió el 15 de septiembre de 1824, y entró a formar con las demás secciones del antiguo Reino la que se denominó República Federal de Centroamérica. Cuando se verificó este acontecimiento político, Guatemala tenía hechos ya grandes sacrificios en obsequio de toda la nación: había contribuido con cerca de 300,000 pesos para el sostenimiento de las Autoridades Nacionales; y puede decirse que la existencia de estas, en todo el intervalo corrido desde el 24 de junio del año de 1823, en que se instaló el primer Congreso Nacional Constituyente, hasta que se promulgó la Constitución Federal el 1.º de septiembre de 1824, fue debida única y exclusivamente a Guatemala. De los demás Estados, a quienes una súbita transición no había dado tiempo de establecer ni sistemar sus rentas, algunos nunca contribuyeron con nada, y otros suministraron una que otra suma, insuficiente aun para cubrir las dietas de su representación en el Congreso. En cambio de los costosos sacrificios que Guatemala había tenido que hacer y continuaba haciendo, en recompensa de los préstamos y otros pedidos con que se vio precisado a gravar a sus pueblos para ocurrir a las enormes y perentorias urgencias de los Poderes Generales de la Nación, solo obtuvo, como dijo con mucha justicia su primera Asamblea Constituyente, la depresión, la odiosidad y desconfianza de los demás Estados, y lo que es más, la desmembración, en que jamás ha consentido, de una de las secciones más interesantes de su territorio.

Después que se proclamó la Constitución Federal, Guatemala, fiel a los deberes que le impusiera el nuevo sistema adoptado, los llenó siempre con religiosidad: no solo cumplió como uno de tantos miembros de la Federación, no solo aprontó espontáneamente los contingentes que le asignaron las leyes generales, y que siempre fueron en una proporción enorme respecto de los demás asociados, sino que también suministró otras sumas cuantiosas que se le pidieron, en distintas ocasiones: ya para pacificar a Nicaragua en 1825; ya para rechazar la alevosa invasión de marzo dos años después; ya para la pacificación de Honduras en 1830; y ya para otras diversas y muy frecuentes urgencias de la Nación. Solo en el último semestre del año de 1829 ingresaron a las arcas federales más de 200,000 pesos suministrados por Guatemala; siendo muy debido hacer notar aquí, que en los ocho años de existencia política que contaba la República en esta época, ya los Estados habían echado mano, diferentes veces, de las rentas generales para sus peculiares erogaciones, mientras que el de Guatemala había atendido a las suyas sin tocar en nada los recursos consignados al sostenimiento de las Autoridades Nacionales. Cuando, a fines de 1832 y principios de 1833, los mismos Estados se apropiaron las rentas federales, no solo de hecho, como en tiempos anteriores, sino a virtud de disposiciones emanadas de las Legislaturas y emitidas con aquel preciso objeto, Guatemala fue el único, entre todos, que dejó al Gobierno Nacional en posesión de todas las que le correspondían en el territorio del Estado.

Pudiera pensarse que, hasta esta época, la presencia de las Autoridades Nacionales en la antigua capital del Reino había sido el único garante de la lealtad y sumisión guatemalteca al pacto federativo: pudiera imaginarse (y así se imaginó) que el deseo de perpetuar una dominación ilusoria sobre las que antes se habían consignado como sus provincias, bajo el yugo común de la Península, fue el móvil poderoso que hizo pasar a Guatemala por todos los sacrificios que se le exigieron a efecto de mantener aquel pacto ruinoso; pero en 1834 las Autoridades Federales se trasladaron a la capital de El Salvador, y se trasladaron después de haber hecho la Legislatura de Guatemala la primera iniciativa sobre el particular; no obstante, continuaron percibiendo sus rentas en el Estado durante todo el quinquenio que precedió aun a su final disolución.

Al recordar estos hechos, está muy lejos del Presidente de Guatemala la idea de presentar contrastes odiosos: reconoce, por el contrario, que los Estados no han podido menos de obrar en el sentido de sus verdaderos intereses, siguiendo las tendencias naturales de la opinión, estrechados, las más veces, por exigencias perentorias y teniendo, casi siempre, que ceder al imperio de sus peculiares circunstancias: reconoce, en semejante conducta, que todo fue obra del curso regular de los acontecimientos, el resultado necesario de un régimen eminentemente dispendioso, de una organización política en que intentaron combinarse los elementos más opuestos y contradictorios; pero, víctima también Guatemala de los diversos acontecimientos que obligaron a las demás secciones de que se componía la antigua Federación, a romper un pacto tan ominoso, no le era dado al actual encargado de sus destinos dejar de presentarlos como han sucedido, al dictar una medida que debe estimarse también como una consecuencia inevitable de aquellos mismos acaecimientos."

Combatido el pacto de 1824, de la manera que se ha indicado, infringido, desde un principio, en sus bases fundamentales, y teniendo, como tenía, contra sí los hábitos y necesidades de los pueblos, era bien claro que jamás podría consolidarse: así es, que a pesar del triunfo de 1829, el clamor de reformas resonó en medio del terror y de las proscripciones de aquella época, y en 1832 y 1834 se levantó aún con más fuerza, por decirlo así, bajo la espada misma del vencedor.

Si se conservó, pues, por algunos años más un simulacro de Gobierno Nacional en la capital de El Salvador, fue debido únicamente a las disensiones que se fomentaban en los Estados y a la esperanza con que se mantuvo en expectación a los pueblos, de que se reconstituiría la República bajo un sistema menos oneroso.

Pero las declaratorias que hicieron sucesivamente, en todo el año de 1838, las Asambleas de Nicaragua, Honduras y Costa Rica, separándose de la Federación y reasumiendo toda la plenitud de su soberanía, hubieron de poner término a la existencia política del Gobierno general. Guatemala secundó este paso en abril del siguiente año.

A un desenlace semejante, en la larga contienda que se había sostenido entre la Federación y los Estados, debía necesariamente seguirse el desconcierto de toda la República. Previendo un evento de tantas consecuencias, la Legislatura de Guatemala había hecho la primera iniciativa, desde marzo de 1832, proponiendo la convocatoria de una Convención de Estados: adoptada unánimemente esta medida, en ella se fijaron todas las esperanzas como en el único medio de preservar a la nación de la nueva y más violenta crisis que la amenazaba.

Consecuente Guatemala a las miras que se había propuesto al acordar la iniciativa de marzo, y llegado el caso de hacerlas efectivas, en diciembre de 1839 mandó, sin tardanza, sus comisionados a la Villa de Santa Rosa, en el Departamento de Gracias, lugar designado, de común acuerdo, para la reunión de la Dieta Nacional; pero esperaron, en vano, a los demás comisionados, pues solo concurrió en su mayoría la representación de El Salvador, algunos días después del que se había señalado para la reunión; por parte de los otros tres Estados, se presentó solamente uno de los representantes de Honduras que residía en el mismo Departamento de Gracias.

La guerra, que por este tiempo despedazaba a los pueblos de Honduras, y la justa desconfianza en que mantenían a los Estados la presencia y la dominación en El Salvador de los antiguos corifeos del bando que había resistido las reformas, bien pudieron, por aquella vez, justificar la falta de concurrencia a una reunión que se estimaba entonces como la única esperanza de salud para la República.

Luego, pues, que se restableció la paz, y que hizo cesar todo motivo de inquietud el triunfo obtenido por Guatemala en 1840, si no sobre el último, sobre el más desesperado esfuerzo de aquella facción pertinaz, debió creerse naturalmente que la reunión de la Dieta no sufriría ya nuevas dificultades: mas no sucedió así.

Convocada, por segunda vez, para la capital de El Salvador, señalado día para la concurrencia y constituida, sin demora alguna, toda la representación de Guatemala en dicha capital, esperó, en vano, por más de dos meses, sin que llegasen los comisionados de los otros Estados.

Entonces se proyectó la reunión de Chinandega; pero dudando que tuviese efecto, aunque Guatemala se mostró anuente, difirió la concurrencia de sus representantes.

Bien sabido es lo que pasó en la precitada ciudad; bien conocido el pacto que lleva su nombre, en el cual se reprodujo bajo formas, acaso más complicadas, el mismo defectuoso sistema que acababa de derrocarse; y nadie, en fin, ignora que aun los Estados que habían tenido parte en aquel nuevo pacto y ratificado en un principio, después lo desecharon unánimemente.

De este modo se vieron frustrados, por tercera vez, los objetos con que se había pensado y convenido en reunir una Dieta general de los Estados; y un medio tan adaptable, tan sencillo y practicado en otros países con buen éxito, quedó completamente desacreditado en Centroamérica.

Semejante fenómeno en nuestra política, aunque al parecer extraordinario, no podía menos de tener causas muy naturales, y estas causas se encontraban en las tendencias e intereses de los mismos Estados.

Con efecto, todos ellos temían ver menoscabado el poder de que se hallaban investidos, y ninguno estaba dispuesto a desprenderse de las rentas que necesariamente deberían consignarse al sostenimiento del Gobierno general, cualquiera que fuese su forma y organización.

Se reconocía, por otra parte, y no era posible dejar de reconocer, la necesidad de un Poder que representase unida a toda la Nación y proveyese, tanto en el interior como respecto del extranjero, a todo cuanto fuera de un interés común.

He aquí el conflicto que ha dado lugar a que se hablase y discurriese tanto sobre nacionalidad sin llegar nunca a los medios de hacerla efectiva.

El que últimamente se adoptó, provocando una nueva reunión en Sonsonate, solo ha servido para poner, aún más de manifiesto, que por ahora, no es posible concluir arreglo alguno que demande el concurso y anuencia de todos los Estados.

Es muy reciente el hecho de que se trata, y muy obvios los motivos por qué no concurrieron al punto designado los comisionados de Nicaragua, por qué se retiraron los de El Salvador y Honduras, y por qué los de Guatemala, después de un mes de inútil espera y de reiteradas e infructuosas instancias, tuvieron también que retirarse.

Públicos y auténticos son los documentos en que constan estos hechos, que han pasado a vista de la nación entera.

Entre tanto, el crédito de esta ha padecido en el exterior, los arreglos urgentes que demandaba la liquidación y pago de la deuda nacional no han podido hacerse, hemos tenido que sufrir intimaciones depresivas de parte del extranjero, nuestros puertos han sido bloqueados, amenazada nuestra independencia y desmembrado nuestro territorio: en una palabra, la nación ha existido sin carácter ni respetabilidad para con los extraños, sin fuerza ni unidad en el interior.

Semejante estado de cosas no puede ni debe prolongarse por más tiempo: es indispensable ponerle un término. Si los arbitrios discurridos hasta ahora han sido inadecuados, necesario es ocurrir a otros que no se hagan ilusorios.

Bien de desearse era que las diversas fracciones de Centroamérica formasen un solo y grande Estado: que una sola cabeza rigiese sus destinos; que de un centro común partiera la impulsión que llevase a todas partes el movimiento y la vida; y que una sola dirección, sabia, prudente y uniforme, hiciese sentir a todos los pueblos las ventajas de la regularidad y del orden, y los precaviese igualmente de los males de la anarquía.

Pero la idea de una organización política combinada de esta manera tuvo, desde un principio, contra sí la opinión de las antiguas provincias, y sería en la actualidad una verdadera utopía absolutamente impracticable.

El espíritu de localismo, los hábitos, los intereses y rivalidades que creó la forma de Gobierno adoptada en 1824, y han fortificado veintidós años de una existencia independiente, todo opondría una resistencia invencible a cualquiera cambio que tendiese a alterar la organización interior de los Estados.

Siendo, pues, inadaptable, por ahora, el sistema unitario o central, y habiéndose ensayado ya inútilmente los medios de establecer una especie de Confederación, aunque proyectada sobre una de las combinaciones menos defectuosas en este género, parece que los hechos mismos están indicando cuál es el único partido asequible en las presentes circunstancias.

Los Estados, a pesar del menoscabo que han sufrido en su riqueza y población, a consecuencia de tantas agitaciones intestinas, reúnen aún elementos bastantes para constituirse en Repúblicas independientes, y en toda la capacidad de cuerpos políticos.

Así han existido, de hecho, desde que se disolvió la Federación, o por mejor decir, desde que sacudieron el yugo de la España; y Costa Rica, el más pequeño de todos, no solo ha podido ocurrir a sus exigencias interiores, no solo ha cubierto en su totalidad la parte que le tocaba en la deuda extranjera, sino que además, le vemos caminar rápidamente a un alto grado de prosperidad.

¿Qué no deberán, pues, prometerse los Estados de Nicaragua, Honduras y El Salvador bajo un orden de cosas estable?

Con respecto a Guatemala, la primera y más grande de todas las secciones de Centroamérica por su riqueza, población y luces, sería un absurdo negarle condición alguna de cuantas sean necesarias para elevarse al rango de una Potencia verdaderamente tal.

Casi por sí sola tuvo que subvenir a las inmensas erogaciones del Gobierno Nacional, y sin embargo, ha podido después, con sus recursos pecuniarios, librar a uno de sus aliados de los conflictos del bloqueo de 1843; ha auxiliado a otro de ellos, en una época más reciente, facilitándole armas; ha ocurrido a todos los reclamos del extranjero; ha consignado una de las rentas más pingües al pago de la deuda proveniente del préstamo contratado con la casa de Barclay; está amortizando, por centenares de miles de una vez, su deuda interior; tiene cubiertas todas sus demás atenciones, y cuenta aún con un sobrante considerable en sus arcas.

Si tal es la situación de Guatemala después de las violentas oscilaciones en que le mantuvieran, por muchos años, las contiendas de los partidos; si ha podido en un corto período de paz, no solo reparar los desastres de las revoluciones pasadas, sino también multiplicar sus recursos, ahora que aquella se afianza cada día más y el espíritu de discordia cede ante las mejoras efectivas que se promueven, no es de dudarse que el Estado seguirá haciendo nuevos y más grandes progresos hacia su verdadera prosperidad.

Que se le haga justicia, respetando sus derechos como él respeta los de otros; que no se le susciten motivos que pudieran impelerle a una conducta contraria, ni se le quiera turbar en la marcha que sigue pacíficamente sin comprometer, en manera alguna, ajenos intereses; he aquí lo único que demanda Guatemala, que bastándose a sí misma, no tiene necesidad de mendigar socorros prestados ni de usurparlos con violencia.

En tal situación, el Estado presenta todas las ventajas que pudieran desearse para elevarle al rango que le corresponde entre los pueblos libres.

Cuenta con una población superior a la de otras Repúblicas del antiguo y del nuevo mundo; ocupa un rico y extenso territorio en una de las posiciones más felices del globo, y en donde en otros tiempos florecieron imperios poderosos; comprende trescientos y más pueblos que se muestran unísonos en sentimientos y decididos a sostener una Administración en que reconocen su propia obra, y que ha señalado sus primeros pasos exonerándolos de los gravámenes y contribuciones que pesaban antes sobre ellos: en una palabra, Guatemala abunda en todos los elementos que constituyen el poder y la fuerza de los Gobiernos independientes.

Harto se ha retardado el día de consignar en una declaración solemne los derechos que le competen como a tal: harto tiempo ha tenido que pasar por todas las vicisitudes de una existencia precaria y vacilante en obsequio de la paz general; que posponer su propio engrandecimiento al deseo de no separar su suerte de la de los otros Estados sus hermanos, a la esperanza de formar con todos ellos un solo pueblo; y aun en los esfuerzos que se hicieron contra el Gobierno Nacional, en las medidas que se adoptaron para derrocarlo, Guatemala se limitó a secundarlas, sin adelantarse nunca a tomar la iniciativa, en obvio de siniestras interpretaciones.

Nada, en fin, ha omitido en su manejo y relaciones con los demás pueblos de Centroamérica de cuanto pudiera acreditar sus sentimientos de verdadera confraternidad, olvidando, a la vez, hasta las inmerecidas inculpaciones con que se intentara concitar contra ella envejecidos odios; pero ya es llegado el caso de que consulte, por sí mismo, a su propia conservación: que fije sus destinos, y siga la dirección que le señalan sus intereses bien entendidos.

La más grave responsabilidad pesaría sobre los actuales depositarios de la confianza de los pueblos, si dejasen subsistir, por más tiempo, un orden de cosas que demasiado ha comprometido ya el decoro del país y la integridad de su territorio, que le mantiene sujeto a leyes y disposiciones dictadas para otras épocas y circunstancias, que le embaraza en algunos de los más urgentes arreglos que reclama la mejora de sus rentas, que no le permite entablar sus relaciones con el extranjero, al paso que le suscita en este particular frecuentes y desagradables altercados y que, además, envuelve otros muchos y no menos graves inconvenientes, a que más tarde, acaso, ya no será dado poner remedio.

A vista de este cúmulo de circunstancias, y de los hechos que se han referido imparcialmente, no podrá, con justicia, calificarse de precipitado o poco circunspecto el paso que da hoy el Presidente de Guatemala: es de su más estrecho deber el salvar al Estado de todos los peligros de una situación incierta y dudosa, el darle una representación y un nombre entre las naciones para ponerle a cubierto de la ambición de los extraños, que hoy hace resonar el eco aterrador de la conquista en un país vecino, el asegurar el bienestar de sus pueblos para remover todo motivo de subversión y trastorno en el interior, para promover, sin embarazos ni restricciones, todas las mejoras de que son susceptibles y puedan hacer efectiva su decantada regeneración, elevándolos a la altura de los progresos del siglo.

He aquí las consideraciones en que se ha fundado el decreto expedido en esta fecha, consideraciones bastantes a evidenciar, por sí solas, la justicia, necesidad y conveniencia de la resolución adoptada.

Sin embargo, al dictarla, no solo se han tenido presentes los hechos que la habían preparado, las circunstancias que la reclamaban, los conflictos que pudieran resultar de retardarla: se han consultado también las disposiciones legales que previeron sabiamente el evento en que se halla hoy el Estado.

Como la disolución del pacto federativo fue un suceso que se retardó más de lo que pudo imaginarse, atendido el clamor universal que se levantó contra él cuando apenas había comenzado a establecerse, la Legislatura de Guatemala, desde el 27 de enero de 1833, emitió su memorable decreto de la misma fecha, que sancionó la siguiente Legislatura el 26 de febrero, a fin de darle toda la fuerza y carácter de una ley constitucional.

En él se consignó literalmente la declaración que sigue:

"Si por algún evento, o en cualquiera tiempo, llegase a faltar el pacto federal, el Estado de Guatemala se considera organizado como preexistente a dicho pacto, y con todo el poder necesario para conservar el orden interior e integridad de su territorio, y poder libremente formar un nuevo pacto con los demás Estados, o ratificar el presente, o constituirse, por sí solo, de la manera que más le convenga."

A consecuencia de esta declaratoria, emanada de un poder legítimo, hecha con todos los trámites prescritos por la Constitución, promulgada a vista de las autoridades federales, y que fue, sin oposición, generalmente reconocida y aprobada en toda la República, bien pudo el Estado, luego que se verificó el suceso que había previsto su Legislatura, erigirse en un Gobierno independiente y constituirse de la manera que hubiese estimado más conforme a sus peculiares intereses.

Tuvo a bien, sin embargo, ensayar antes el primero de los arbitrios acordados en el decreto de enero y aguardar el éxito de la reunión de la Dieta general de los Estados.

Acorde con esta mira, hizo concurrir a sus comisionados a los puntos y en las épocas que sucesivamente se designaron para la expresada reunión, y esperó, durante cuatro años, sin alterar en nada el compromiso a que voluntariamente había querido sujetarse en su resolución de 17 de abril de 1839.

Por segunda vez se hallaba el Estado en libertad de obrar sin respetancia alguna a los motivos que habían dictado la convocatoria de una Dieta general; firme, no obstante, en su propósito de promover eficazmente la reorganización de la República, expidió su decreto de 27 de julio de 1842, proponiendo una nueva reunión más expedita que la primera que se había proyectado sin efecto.

Pero ya se ha visto cuál ha sido el resultado de los esfuerzos y gastos hechos al intento, después de los que ya se habían invertido infructuosamente en tres diferentes ocasiones.

Es, pues, llegado el caso de dar el lleno a la última cláusula de la precitada declaratoria de enero; y el Gobierno, al verificarlo así, obra en el convencimiento de ceñirse rigurosamente al sentido y tenor de la ley, y de cumplir estrictamente con uno de sus más sagrados deberes.

No se ha procedido de otra manera, aun en ocasiones menos urgentes, por los encargados del Ejecutivo, y su conducta ha merecido siempre la aprobación de las Legislaturas, y ha encontrado apoyo en la opinión o aquiescencia de los pueblos.

Si fuera dado dejar para más tarde una resolución a que tanto estrechan las circunstancias, el Presidente la remitiría a la decisión de un cuerpo deliberante; pero se trata de una medida vital para el Estado, de una medida del momento.

Se ha consultado, empero, anticipadamente la voluntad pública, aunque bastante conocida ya, y es muy satisfactorio poder asegurar que se halla en perfecta consonancia con las convicciones del Gobierno: ni podía ser de otra manera en un asunto que tanto interesa a la prosperidad y engrandecimiento del país, y que se promueve con estos únicos objetos.

Todas las autoridades residentes en la Capital, los altos funcionarios, tanto del orden eclesiástico como del civil y militar, las personas más notables por su saber y patriotismo, todos han sido también convocados y reunidos para dar consejo al Ejecutivo; y como no podía menos de esperarse, unánime ha sido el sentir en esta ilustrada y numerosa reunión, unísono el voto en favor de un proyecto que ya contaba, desde antes, con la aprobación de todos los buenos guatemaltecos.

De esta manera ha sido solemnemente sancionada por el asentimiento general de los diversos órdenes del Estado la misma sabia determinación que las leyes habían prevenido y dispuesto de antemano.

Por otra parte, la idea de constituir a Guatemala en una nación independiente, igual en representación y derechos a las demás naciones del globo, ha sido muy bien acogida del extranjero; y lo ha sido porque no ve en tal proyecto el sueño patriótico de un pueblo que comienza su carrera política, sino un paso necesario, urgente y oportuno, sugerido por la experiencia de todo un Estado que cuenta con sobrados elementos para mantener su rango, y que ha podido conservar su independencia y su ser político durante una larga serie de disensiones, tan violentas como las que han hecho desaparecer del mapa a otros pueblos.

No es una vana conjetura la que dicta este lenguaje: tiene ya el Estado iniciado un convenio con S. M. el Rey de los belgas, y abiertas conferencias con los plenipotenciarios de S. M. B. y Ciudades Anseáticas para formalizar otros, todos ellos basados sobre los principios de igualdad con que se trata entre soberanos, cuyo concepto y carácter es explícito y terminantemente reconocido respecto del Gobierno de Guatemala.

He aquí un antecedente que inspira la más plena confianza relativamente al reconocimiento de nuestra independencia; y un acto tan importante y que no había podido tener efecto entre las fluctuaciones de una suerte indecisa, será el primer fruto que se recoja del paso que fija hoy sobre principios estables y conocidos nuestra existencia política.

Costa Rica se constituirá muy pronto sobre principios idénticos, según lo anuncian, del modo más ostensible, los arreglos que ha decretado últimamente en sus aranceles y su contestación negativa a las recientes invitaciones que se le han hecho para que concurriese por medio de comisionados a la nueva reunión proyectada en Nacaome.

No es de dudarse que los otros Estados, ahora que han logrado poner un término a sus divisiones intestinas, se apresurarán a seguir el doble ejemplo con que se les invita a desviarse de la política inestable y ruinosa que los ha hundido en tantos males para tomar una dirección más acertada y segura.

Mas en todo evento, y cualquiera que sea el partido por que se decidan los demás pueblos de Centroamérica, cualquiera que sea la forma de gobierno u organización que tengan a bien adoptar, Guatemala encontrará siempre, en los principios de justicia que fundan su resolución de erigirse en un Estado independiente, nuevos y más poderosos motivos para estrechar sus relaciones de alianza y confraternidad con los demás de la República; para identificar su suerte con ellos y correr los mismos peligros todas las veces que amenace una agresión exterior; para interponer sus buenos oficios en las contiendas que puedan dividirlos; y, en suma, para brindarles todos los auxilios que deben ser comunes y recíprocos entre pueblos hermanos.

Tales son los sentimientos que animan a la actual administración de Guatemala, y a que ceñirá invariablemente su conducta en todo cuanto se refiera a los demás Estados centroamericanos.

Protesta, asimismo, que si en lo sucesivo llegasen a cesar los obstáculos que ha creado una falsa política, el acto solemne de constituirse en República independiente no será para el pueblo guatemalteco un óbice que le impida formar con los demás de Centroamérica una sola nación, como en otro tiempo.

Con respecto al extranjero, en nada alterará los principios que ha profesado hasta hoy, y son los mismos que profesan y practican todas las naciones cultas; antes bien, dispensará la más amplia protección a los habitantes industriosos de otros países que quieran venir al Estado a explotar algunos de los muchos y variados ramos de riqueza en que abunda; no omitiendo, en esta parte, nada de cuanto pueda conducir a inspirar confianza y dar seguridad; sin que por esto, empero, se autoricen abusos ni se entienda abierto el camino a injustas y exageradas pretensiones.

¡Guatemaltecos!

Vuestra es la obra grandiosa que se ha emprendido hoy: vuestra es también la obligación de sostenerla y perfeccionarla.

Guatemala, denigrada porque ha tenido que pasar por los errores e ilusiones que han fascinado a todos los pueblos del mundo en su infancia social; vilipendiada por los que no han querido ver en la historia de nuestra revolución más que las aberraciones que nos son comunes con todos los gobiernos nacientes, se presenta hoy a desmentir las vanas conjeturas de sus enemigos.

Superior, por la índole moderada y circunspecta de sus hijos, así como también por la inagotable riqueza de su suelo, a todas las causas físicas y morales de destrucción que la han combatido durante veinticinco años de trastornos, se encuentra hoy, a pesar de tantos motivos de retroceso, en capacidad de alternar dignamente con las demás naciones del globo.

¡Habitantes de la nueva REPÚBLICA DE GUATEMALA!

Proclamad con el mismo entusiasmo con que disteis el primer grito de libertad en 1821 la medida de verdadera regeneración que os asegura en este día el rango de Pueblo Soberano: acreditad que sois dignos de figurar en tal categoría, manteniendo inalterable entre vosotros la paz que habéis conquistado con vuestra constancia y vuestros esfuerzos; adelantándoos más y más en la senda de mejora y de progreso que, guiados por un feliz instinto, vosotros mismos os habéis sabido trazar.

El Gobierno confía demasiado en vuestras virtudes para no dudar del buen éxito de la medida acordada con vuestro unánime consentimiento, y se complace de antemano en los bienes que van a derivarse de ella.

Guatemala, marzo 21 de 1847.

Rafael Carrera.

Este manifiesto, que de Carrera solo tiene la firma, fue, como dicen el Censor y el Secretario de la Sociedad Económica en La Revista, obra de una larga y detenida meditación; se meditaba, según dice el biógrafo de Pavón, desde el año de 1828.

Una obra tan pensada es preciso que tenga mucho mérito, y efectivamente de mucho mérito la creen el Censor y el Secretario. He aquí sus palabras: "En nuestro juicio, es uno de los mejores escritos que han visto la luz pública."

Este escrito, así calificado, produjo una impresión desagradable en los Estados; pero especialmente en El Salvador.

Se atribuye a don Alejandro Marure, autor del Bosquejo Histórico y de las Efemérides.

Efectivamente, Marure lo redactó; pero no es su autor. Es el autor de una obra el que la inventa, el que la causa, el que compone un libro científico o literario.

No es autor el que recibe los materiales y las inspiraciones y, mediante un determinado honorario, se limita a dar la forma.

Al señor Marure se llamó para que diera forma a materiales aglomerados por la reacción, y él les dio forma sin consignar su nombre y sin llevar la responsabilidad.

Ese manifiesto hiere.

Sus verdaderos autores olvidan que el reino de Guatemala fue uno, que se compuso de muchas provincias, de las cuales algunas se hallaban dentro del territorio que formó el Estado, como Sololá y Chiquimula, y otras fuera del territorio que formó el Estado, como Nicaragua, Honduras, San Salvador y Costa Rica.

Juarros nos presenta una tabla de las provincias y partidos de este reino. (Documento núm. 1.)

La unidad del reino hacía que los gastos extraordinarios en favor de objetos que servían a todo él se hicieran con las rentas del mismo.

Se habla de los gastos que se hicieron para rechazar la invasión de marzo de 1827; pero no se dice que esa invasión fue provocada por los serviles. Véase el libro 1.°, cap. 1.°, núm. 19 de la Reseña.

El presupuesto del Gobierno Federal era de 500,000 pesos anuales.

En catorce años que duró la Federación debieron haberse gastado siete millones.

El empréstito de la casa de Barclay ascendió a la suma nominal de siete millones ciento cuarenta y dos mil ochocientos cincuenta y siete pesos, equivalentes a cinco millones efectivos.

Con solo esta cantidad pudo haberse cubierto en gran parte el presupuesto federal de los catorce años.

Pero los serviles consumieron el empréstito, y a Centroamérica le tocó la deuda de la cantidad efectiva de 7,142,857 pesos con sus correspondientes intereses desde el año de 1825.

Esta hermosa partida significa mucho.

Los serviles callan las enormes erogaciones que pesaron sobre el Estado de El Salvador, desde que en el Espinal se hizo correr la primera sangre centroamericana, para establecer el imperio el 12 de marzo de 1822 hasta el 7 de febrero del año siguiente en que el general mexicano obtuvo su último y efímero triunfo sobre los salvadoreños.

¿Cómo es que los autores del manifiesto callan no solo estas inmensas erogaciones, sino los grandes valores de los hijos de aquel país que destruyó la guerra?

¿Quedarían compensadas estas erogaciones y subsanados estos exterminios con los 200,000 pesos de que habla el manifiesto?

Se habla de una pequeña suma erogada para pacificar a Honduras el año de 1830; pero no se dice que esa revolución fue promovida por los serviles de Guatemala, ni la influencia que tuvieron una serie de papeles publicados por ellos en Belice para sublevar el departamento de Olancho.

Más sumas que las invertidas en pacificar a Honduras el año de 1830 empleó Guatemala para combatir a Arce en Soconusco.

Esas sumas se expendían entonces en favor de la nacionalidad centroamericana. ¿Por qué no figuran en el manifiesto de 21 de marzo?

No figuran en él porque la invasión de Arce fue un atentado servil tan notorio que no se oculta ni a los niños, y no podía hacerse mérito de considerables sumas erogadas en favor de la unión, pero contra los serviles revolucionarios.

¿Por qué no se habla de las gruesas sumas que Guatemala erogó para sostener la unión centroamericana en Honduras el año de 1832?

No se habla de esas sumas porque el señor Marure, a quien se encargó poner las formas del manifiesto, no podía, sin increpar a los serviles, recordar la proclama de Domínguez, la salida de la goleta Ejecutivo hacia la isla de Cuba para pedir al capitán general fuerzas que restablecieran en el continente el gobierno español, ni el acta de 10 de agosto de 1832, de la cual no se puede hablar sin indignación, en que esos miserables patricidas se declaran súbditos del rey de España.

En esa guerra, que terminó con la rendición del Castillo, no solo hicieron erogaciones El Salvador y Honduras, no solo murieron en ella salvadoreños y hondureños, sino también guatemaltecos, y se trataba de sostener la unidad de la patria y la República.

¿Por qué no se citan esos sacrificios?

No se citan porque los serviles quieren que sus atentados queden cubiertos por el velo del misterio.

Se supone que es un gran bien celebrar tratados con naciones poderosas, sin comprenderse, porque de esto se sabía poco, que un tratado entre una nación poderosa y otra chica no admite reciprocidad y es casi siempre la ley del embudo.

Se dice que Costa Rica pronto seguiría las huellas de Guatemala; pero se calla que allá tenían los nobles agentes en la prensa y hasta en el poder legislativo; y sin embargo, el decreto de república no pudo darse sino hasta agosto de 1848, y mediante la cooperación del general Flores, ecuatoriano que celebraba el fraccionamiento de Colombia y era amigo de Chatfield y Pavón.

Se dice en globo que los Estados habían echado mano diferentes veces a las rentas federales; pero se calla que fueron devueltas, y se ocultan los móviles de todo.

Cornejo, en San Salvador, se propuso molestar al Presidente y destruir la Unión, de acuerdo con la aristocracia de Guatemala.

El Congreso Federal condenó la conducta de aquel Jefe. (Véase el Discurso de Alcayaga, Libro 2.° Cap. 31, núm. 13.)

Cornejo sucumbió; su caída produjo un gran pesar a los serviles, y la Federación continuó su marcha.

Reapareció el partido de Cornejo en tiempo de don Joaquín San Martín, y los pagos a la Federación se interrumpieron.

San Martín cayó y continuó el régimen constitucional federativo.

Lo mismo sucedió en Nicaragua.

Los amigos de Cornejo y San Martín, ligados con la reacción guatemalteca, ocuparon las rentas federales; pero don Dionisio Herrera hizo que el país volviera a la senda constitucional.

Siempre que los Estados echaron mano, como dice el manifiesto, a las rentas federales, estaban impulsados por revolucionarios de la escuela recalcitrante.

Hay liberales, preciso es decirlo, entre los promotores de muchas medidas que parecen absolutamente separatistas y entre ellos suele verse al mismo Herrera; pero el móvil de esos liberales no era destruir la unidad y crear cinco fútiles nacionalidades, sino reformar la Constitución de 1824 y hacer la liga sobre otras bases.

El maquiavelismo servil propagó la idea, no de fraccionamiento, que no habría tenido séquito, sino de reforma para llegar al fraccionamiento y no hacer la reforma.

Los folletos de Aycinena sostienen que se debe destruir la Constitución del 24, no para hacer cinco republiquillas, sino para formar una nacionalidad sobre bases sabias.

Si esos folletos hubieran presentado la idea de cinco republiquitas, habrían sido vistos por todos, exceptuándose la comunión política de Pavón, con el mayor desprecio.

El autor de "El Toro Amarillo" decía en el Congreso: "Es preciso salir de la Unión, para volver a la Unión, con prudencia, experiencia y tino."

Estas palabras alucinaban entonces a los incautos, y siguiendo al señor Aycinena, se proponían muchos liberales, de todas partes y hasta de los departamentos de Los Altos, salir de la Unión, para volver a la Unión con prudencia, experiencia y tino.

¡Cayeron miserablemente en la red!

Hicieron esfuerzos para salir de la Unión, auxiliando inocentemente a sus propios enemigos, y cuando fuera de la Unión estaban, dijeron al señor Marqués: volvamos a la Unión, con prudencia, experiencia y tino.

Entonces aquel sabio aristócrata, por respuesta, les envió el manifiesto del 21 de marzo.

¡He aquí la buena fe política de la aristocracia!

Aycinena no quería ni aun el Gobierno Unitario que en la Asamblea Nacional Constituyente Centroamericana sostuvieron los nobles.

Él, siendo ministro de Rivera Paz, dijo al gobierno de Nicaragua con fecha 14 de julio del 43, que el Gobierno Unitario es imposible y que protestaba contra la idea de establecerlo.

Esta nota le fue contestada por Castellón, el 5 de agosto del mismo año.

En la contestación se le dice que la idea de un Gobierno Unitario es un pensamiento político como cualquier otro y no puede considerarse como un crimen.

Ni el Gobierno Unitario centroamericano querían los nobles. ¿Y por qué?

Porque bajo el régimen unitario se daba participación en el gobierno a Centroamérica toda.

La América Central no podía ser una en calidad de colonia. Sería una, pero con el sufragio popular, que no favorecería a los reaccionarios; sería una, pero con la autonomía de los municipios, que tanto combatía la aristocracia; sería una, pero con libertad parlamentaria, que los serviles destruían, no solo con el veto, sino con el informe previo del gobierno a la iniciativa de toda ley; sería una, pero con otras libertades públicas que hubieran imposibilitado a los nobles cortar las alas a la democracia, como pedían los redactores de la Revista, a fin de afianzar aquel régimen anhelado por la comunión política de Pavón, que hizo exclamar a don José Milla y Vidaurre:

"Estamos como queremos, como podemos y como debemos."

Tratándose de dinero, es muy digno de notarse que en el manifiesto del 21 de marzo, considerado por la Revista de la Sociedad Económica como una de las mejores producciones del partido servil, solo se hable de paso del empréstito de la casa de Barclay.

El mérito del manifiesto se encuentra más en lo que calla que en lo que expresa.

El empréstito de la casa de Barclay ascendió a la suma nominal de 7,142,857 pesos, equivalente a la suma efectiva de 5,000,000 de pesos.

De estos, se reservaron en Londres, para asegurar el pago de los dividendos, 200,000 $.

Quedaban disponibles 4,800,000 $.

Esta suma debió invertirse, según convenio con los prestamistas ingleses, en fortificar los puertos, en asegurar las fronteras, en comprar máquinas e instrumentos útiles a las ciencias y a las artes, y el resto dividirse proporcionalmente entre los Estados para desarrollar sus intereses locales.

Estos son hechos que no pueden contestarse porque acaecieron a presencia de Centroamérica, porque está muy fresca la memoria de ellos, porque existen comprobantes en los archivos, y porque el mismo señor Marure, que prestó a los nobles el servicio de redactarles su manifiesto del 21 de marzo, los consigna en el capítulo 3.°, libro 2.° del Bosquejo Histórico.

Ahora puede preguntarse: ¿qué cantidad de este empréstito se dio a los Estados para el desarrollo de sus intereses locales?

Lo que se les dio puede expresarse con solo ceros, porque nada fue.

Sin embargo, los Estados quedaron obligados a pagar el empréstito y lo han pagado.

¿Para qué sirvió ese empréstito?

Para hacer daño a los mismos Estados.

No obstante, ellos, aunque dañados, han tenido que pagarlo.

Con dinero del empréstito de la casa de Barclay pudo Arce y su círculo aristocrático sostener las consecuencias de la prisión del jefe Juan Barrundia, que se hallaba en buenas relaciones con los Estados de Centroamérica.

Con el dinero de la casa de Barclay pudieron los serviles hacer frente a las consecuencias del golpe de Estado del 10 de octubre de 1826, que disolvía el Congreso de Centroamérica para que no juzgara a Arce, ni apoyara la Constitución hallada por él.

Con el dinero de la casa de Barclay opusieron los serviles dificultades de hecho a la reunión del Congreso ilegalmente disuelto, que debió haberse reunido en Ahuachapán.

El señor doctor Alcayaga, presidente del Congreso Federal, habló muy alto sobre todo esto y en la sesión del 18 de enero de 1832 dijo:

"Arce, colocado en la primera silla de la República, se erigió en déspota disolviendo con mañosidad el Congreso y el Senado e impidiendo su reunión por medio de la fuerza; usurpó las facultades que el Congreso no podía concederle; gastó gran parte del empréstito extranjero en verificar sus planes de revolución; protegió y premió descaradamente a los asesinos del benemérito Flores, y no quiso dar cuenta al Congreso de la inversión de los caudales públicos."

Se contrató el empréstito para fortificaciones que no se hicieron; para seguridad de las fronteras que no se aseguraron; para comprar máquinas e instrumentos útiles que no se compraron; para fomentar la instrucción que no se fomentó; para dividir el resto entre los Estados, que no se dividió.

Pero si no les tocó el dinero, les tocó la deuda, y cada uno de ellos ha tenido que reconocer y que pagar la parte proporcional que le cupo en la deuda pasiva de Centroamérica.

Con jactancia se dice en el manifiesto del 21 de marzo que el clamor de reforma resonó, y que en 1832 y 34 se levantaba aún con más fuerza bajo la espada misma del vencedor, y se supone que los liberales se oponían a esa reforma.

Esto está bueno para decirlo a las mujeres y a los niños, pero no a los hombres que saben lo que ha pasado.

Se han publicado documentos en que consta que los serviles vencidos en 1829 recurrieron al medio de la religión para levantar a los pueblos.

Arce, en una carta escrita a los alcaldes y justicias de la vara alta del pueblo de Huehuetán, carta que se publicó en el capítulo 32 de esta Reseña, dice:

"He recibido con el mayor agrado la nota de Uds., del 19 del corriente, en que me avisan que Agustín Guzmán ha entrado en el territorio de esta provincia sin permiso de las autoridades propias, que son Uds. Yo estoy dispuesto a castigar a estos malvados, que han atropellado el pacto de neutralidad, y a defender a los pueblos de Soconusco; y así mismo espero que Uds. no les den ningún auxilio, y maten a todo el que cojan de ellos, en la inteligencia de que es para Uds. todo lo que traigan, pues es lo que han robado en San Francisco Motocingo, y es justo quitárselos.

Tengan Uds. mucho cuidado, no vayan a robar las alhajas de la iglesia y sus bienes, como lo hicieron en el expresado San Francisco, porque estos pirujos no son cristianos, sino herejes, enemigos de Dios y de los hombres, y ASÍ LOS DEBEN MATAR SIN TEMOR NINGUNO.

Avíseme de las novedades que ocurran, y reciban el afecto de quien los ama.--Manuel José Arce."(1)

Estas palabras son dignas de conservarse en la memoria:

"Estos pirujos no son cristianos, sino herejes, enemigos de Dios y de los hombres, y así los deben matar sin temor ninguno."

Si este era el lenguaje de don Manuel José Arce, hombre ilustrado, ¿cuál sería el lenguaje que después emplearon los excelentísimos señores don Rafael y don Sotero Carrera?

El mismo lenguaje de Arce emplea Domínguez en una circular que, con fecha 31 de diciembre del 31, dirigió a las municipalidades del Estado de Guatemala, y en una proclama que lleva la misma fecha.

Domínguez sucumbió y entre sus despojos se encontraron ocho camándulas de rezar y veinticinco oraciones a la Virgen de Guadalupe para entumir a los liberales.

De él se ha hablado en el capítulo 34, libro 2.°, refiriéndose lo relativo a la toma del Castillo de Omoa.

El lenguaje de Arce y de Domínguez era el mismo lenguaje que empleaban los curas en los púlpitos.

Unas veces acudían a los temblores del año 30, otras a los eclipses o a otros fenómenos de la naturaleza, para presentar la ira de Dios, sin embargo de que la ira es un pecado capital que no debemos suponer lo cometa Dios.

Todas estas supercherías, a fuerza de ser repetidas, perdieron su importancia; ya no producían efecto alguno y era preciso que los reaccionarios las sustituyeran con otro agente de revolución: este agente fue la reforma.

Morazán comprendía mejor que los serviles los defectos de la Constitución de 1824, porque era Presidente de Centroamérica, porque como primer magistrado de la República debía dar cumplimiento a esa ley fundamental, y porque los defectos de ella servían a los reaccionarios para combatir a los liberales.

El partido liberal se colocó al frente de la reforma, y siempre que pidió reformas, se opusieron a ellas los serviles, porque no querían más reformas que la desunión y llegar mediante ella al decreto del 21 de marzo de 1847.

Don José Francisco Barrundia pidió en el Congreso Federal que se diera un decreto de convocatoria a elecciones de diputados a una Asamblea Nacional Constituyente.

El decreto se emitió y los separatistas lo combatieron.

Barrundia lo sostuvo no solo en la tribuna, sino por la prensa.

Él decía que la reforma era indispensable; la hiciera el pueblo de Centroamérica, interesado en su felicidad y en su ventura, y no los jefes de los Estados, interesados en conservar su autoridad y en no separarse del poder.

El periódico titulado El Centro Americano contiene en diversos números, y especialmente en el número 16, una acalorada defensa de este decreto que los separatistas combatieron en combinación con algunos unionistas ignorantes, a quienes se había hecho creer que era otra la manera de reformar la Constitución. (Capítulo 13, libro 3.°)

Desechado el decreto de Barrundia, su hermano don Juan se empeñó en el Congreso Federal en que se decretaran de hecho las reformas que más se habían pedido, y efectivamente fueron decretadas.

A esas reformas se opusieron los mismos que dictaron el decreto del 21 de marzo de 1847.

Una comisión de la Asamblea de Guatemala, compuesta de don José Antonio Azmitia y don José Mariano Rodríguez, hizo al proyecto objeciones cuya falta de solidez puede verse en el capítulo 4.°, libro 4.°

¿Qué significa, pues, contra los liberales y contra los Estados de Centroamérica ese grito de reforma que dice el manifiesto se levantó en 832 y 34?

Significa las maniobras del partido reaccionario, que pedía reformas para destruir la Unión y que las rechazaba cuando le eran presentadas para llegar al absoluto fraccionamiento.

Habla el manifiesto de las declaraciones que hicieron sucesivamente en todo el año de 38, las Asambleas de Nicaragua, Honduras y Costa Rica, separándose de la federación y reasumiendo toda la plenitud de su soberanía; pero no explica qué clase de separación fue esa, ni cuáles fueron sus móviles.

El 30 de abril de 38, la Asamblea Constituyente de Nicaragua declaró la soberanía e independencia del Estado; pero no decretó la República.

El año de 38, el Estado de Guatemala se hallaba en completa anarquía.

Hordas de salvajes, unidas a las fuerzas de la Antigua, habían derrocado al jefe doctor Gálvez.

Caído Gálvez, los salvajes de las montañas y los antigüeños no pudieron entenderse, y siguió entre ellos un nuevo choque que explotaban los serviles para dominar la situación.

Quezaltenango, Totonicapán y Sololá se declararon independientes, alegando, entre otras causas, que no les convenía ser parte integrante de un Estado anarquizado.

El general Morazán ya no era Presidente de la República, por haber terminado su segundo período constitucional, y la situación de Guatemala no había permitido que se renovaran las autoridades federales.

En esos momentos, Nicaragua reasumió la soberanía y la independencia, pero con las restricciones que debía imponerle un pacto de Unión.

La situación geográfica de Nicaragua llamaba más la atención del extranjero que la situación geográfica de Guatemala.

Se hacían en el extranjero detenidos estudios del territorio nicaragüense, y Luis Napoleón Bonaparte, en diferentes posiciones de su vida, había fijado en Nicaragua miradas escudriñadoras.

El territorio del Estado se hallaba bajo una verdadera amenaza por la Mosquitia, bajo el protectorado británico.

Los nicaragüenses comprendían muy bien que la unión hace la fuerza y querían permanecer unidos a la familia centroamericana, como lo demuestra el nombramiento de Castellón, Núñez, Salinas, Juárez y Rosales en 1841 a una dieta centroamericana, y el manifiesto de estos señores que da a conocer todos los esfuerzos de Nicaragua para reorganizar la República, y todas las maquinaciones de los separatistas para combatir tan gran pensamiento. Véase el capítulo 9 del libro 7 de esta Reseña.

Los esfuerzos de Nicaragua por restablecer la unidad centroamericana los acredita la convención firmada en Chinandega a 11 de abril de 42 y el Pacto de Chinandega, combatido por los nobles de Guatemala y suscrito por representantes de los Estados de Nicaragua, Honduras y El Salvador a 17 de julio de 1842.

Costa Rica había sufrido una revolución.

Cayó el jefe del Estado don Manuel Aguilar y Carrillo asaltó el poder.

Su política en Costa Rica era de aislamiento, porque seguía las huellas del doctor Francia en el Paraguay.

Carrillo aspiraba a declararse jefe vitalicio e irresponsable, como se declaró en 1841.

Él sabía que bajo el régimen centroamericano le era imposible gobernar como autócrata a un pueblo laborioso y moderado, y pretendió romper todos los vínculos que a Costa Rica ligaban con los demás Estados.

Pero todavía en 1838 existía una Asamblea, y si esa Asamblea reasumió la soberanía del Estado, fue por no existir un gobierno federal, pues había terminado el período constitucional del presidente y no se habían podido renovar las autoridades nacionales, por maniobras de los serviles de Guatemala; pero no declaró República el Estado.

Por el contrario, el artículo 2.° del decreto de 14 de noviembre de 38 dijo:

"Protestan (los pueblos del Estado) que pertenecerán a la gran familia centroamericana y que sus votos son porque subsistan perpetuamente los vínculos de asociación con ella."

Nicaragua pide la Unión, hace esfuerzos para obtenerla y protesta contra los que la combaten.

Costa Rica protesta que pertenecerá a la gran familia centroamericana y que sus votos son porque subsistan perpetuamente los vínculos de asociación con ella; y el gobierno de Guatemala, el 21 de marzo de 47, rompe definitivamente estos vínculos, declara que su Estado es grande, rico e inteligente, que se basta a sí mismo y lo llama República soberana.

Aun después del fatal ejemplo que dieron los nobles el 21 de marzo de 47, la Asamblea Constituyente de Honduras, que emitió la ley fundamental de 1848, no segregó el Estado de la familia centroamericana.

Por el contrario, dijo en el artículo 2.°:

"Es uno de los de la confederación de Centroamérica en virtud de la aceptación que libremente ha hecho del pacto de Nacaome."

Honduras, como Nicaragua, no quería la Constitución del 24, pero tampoco quería el fraccionamiento. Aspiraba a la nacionalidad sobre otras bases.

Con presencia de este cuadro, se puede preguntar: ¿quién produjo...?

Se jactan los autores del manifiesto de haber enviado representantes a la villa de Santa Rosa, donde debía celebrarse una convención de Estados.

El extranjero que lea esto se sorprenderá, pero el centroamericano que haya penetrado en la política de su patria, no podrá menos, al leer esas líneas, que censurar con acrimonia el maquiavelismo de los serviles.

Ellos enviaron representantes a Santa Rosa y les dieron extensas instrucciones, calculadas para dificultar la unión.

Se buscaron para representantes a los serviles más separatistas. Basta decir que entre ellos figuraban don Juan José Aycinena y don Manuel Francisco Pavón, y a personas que por sus achaques no podían viajar, como el señor Marure, o que por su edad avanzada y costumbres sedentarias no querían salir de su casa, como don Venancio López.

La dieta no tuvo efecto por trastornos que accidentalmente ocurrían y no por causas permanentes.

Los reaccionarios de Guatemala quedaron muy complacidos de estas dificultades, y al exponer la Asamblea Constituyente las razones que hubo para que la dieta no tuviera efecto, dijo que no había personas idóneas que quisieran atravesar grandes distancias y climas mortíferos. (Véase el capítulo 12 del libro 7.)

Asombra que hombres como Aycinena y Pavón, con solo la mira de buscar un pretexto, hayan querido lanzar sobre su patria el ridículo que le arroja ese párrafo.

¿Qué idea puede formarse el extranjero de un país donde no se encuentra un hombre de inteligencia que tenga valor de salir de Guatemala para ir a los Llanos de Gracias?

Pero el maquiavelismo se marcó más tarde en Chinandega.

Los delegados de Nicaragua, Honduras y El Salvador se ajustaron a las instrucciones que Guatemala había dado a sus representantes para la villa de Santa Rosa, con el fin de que el grande Estado, como decía Barrundia, entrara en la Unión.

Este esfuerzo de los unionistas, aceptando instrucciones que no los satisfacían, no bastó, porque la Asamblea de Guatemala tuvo a bien rechazar un pacto celebrado conforme al texto literal de sus propias instrucciones.

Se citan dos decretos emitidos por la legislatura de Guatemala, según los cuales, si por un evento llegaba a faltar el pacto federal, el Estado de Guatemala debía considerarse como preexistente a dicho pacto, y con todo el poder necesario para conservar el orden interior y poder libremente formar un nuevo pacto con los demás Estados, ratificar el existente o constituirse por sí solo de la manera que más le conviniese.

Se hace solo la cita y no se explican las causas, porque conviene que estas se ignoren.

Desde el año de 32 la propaganda servil contra la unión centroamericana había sido incesante y perenne.

El año de 33 había circulado por toda la América Central el folleto de Aycinena que se llamaba: "Toro amarillo."

El Congreso federal, a cuyo frente se hallaba Barrundia, comprendiendo la conveniencia de la reforma, dictó un decreto que convocaba a elecciones a una Asamblea Nacional Constituyente.

¿Podrá negarse la competencia al pueblo de Centroamérica para congregarse en Asamblea a rever su Constitución o a emitir otra?

El decreto de convocatoria no se aceptó porque no se quería la reforma, sino la separación, y los debates por la prensa y en las asambleas entre los que apoyaban el decreto y los separatistas que lo combatían produjeron grandes trastornos, hasta el extremo de que la Asamblea de Guatemala creyera oportuno dar una medida de precaución para el caso de un cataclismo, y emitió el decreto de 27 de enero de 33.

Mas como la Asamblea se hallaba en sesiones extraordinarias, era preciso que lo ratificara en sesiones ordinarias, y lo hizo el 26 de febrero del mismo año.

Dadas estas explicaciones, ya podrá comprenderse el manifiesto precedente y el decreto que sigue.

"El Exmo. Señor Presidente del Estado de Guatemala se ha servido expedir el siguiente

DECRETO.

El Presidente del Estado de Guatemala,

Con el importante objeto de fijar, de una manera permanente, el bienestar de los pueblos, cuya administración es a su cargo, dando cumplimiento a la ley constitutiva, debida a la previsión de las legislaturas de 1832 y 33, que dice así:

"El Jefe Supremo del Estado de Guatemala..."

"Por cuanto la Asamblea extraordinaria tuvo a bien emitir y la actual ordinaria sancionar el decreto que sigue:

La Asamblea Legislativa del Estado de Guatemala, reunida en sesiones extraordinarias con el principal objeto de dictar medidas que aseguren en el mismo Estado el orden constitucional y la tranquilidad pública.

Considerando: que la forma de gobierno que ha adoptado la Nación no está del todo cimentada, y que, antes bien, los movimientos populares del Estado del Salvador y el pronunciamiento de la Asamblea de Nicaragua presentan los síntomas más tristes de la disolución del pacto federal.

Conociendo que, si por desgracia llegase esto a suceder, acaso los enemigos del orden, para entablar la anarquía, reputarán por roto el lazo que une entre sí a los pueblos del Estado, desconociendo la misión de sus altos poderes.

Deseando prevenir estos males y conservar en todo caso la integridad del Estado, previos los trámites prescritos por la Constitución y con unanimidad de votos, ha venido en decretar y decreta:

Art. 1.° Si por algún evento, o en cualquier tiempo, llegase a faltar el pacto federal, el Estado de Guatemala se considera organizado como preexistente a dicho pacto, y con todo el poder necesario para conservar el orden interior, la integridad de su territorio y poder libremente formar un nuevo pacto con los demás Estados, o ratificar el presente, o constituirse por sí solo de la manera que más le convenga.

Art. 2.° El artículo anterior se tendrá como adición al 11, sección 1.ª de la Constitución del Estado.

Art. 3.° Se sujetará el presente decreto a la ratificación de la próxima Legislatura ordinaria.

Dado en Guatemala, a veinte y siete de enero de mil ochocientos treinta y tres.

Francisco Alburez, diputado presidente.
Manuel J. Ibarra, diputado secretario.

Buenaventura Lambur, diputado secretario.

Y la presente Legislatura ordinaria, en uso de la facultad que le concede el artículo 265 de la Constitución del Estado, ha venido en sancionar, por unanimidad de votos, el decreto que antecede de 27 de enero de mil ochocientos treinta y tres.

Dado en Guatemala a veinte y seis de febrero de mil ochocientos treinta y tres.

Manuel J. Ibarra, Diputado por Guatemala, Presidente.
José María Flores, Diputado por Verapaz, Vicepresidente.
Macario Rodas, Diputado por Totonicapán.
José Antonio Alcayaga, Diputado por Quezaltenango.
Juan Martínez, Diputado por Guatemala.
Domingo García, Diputado por Sacatepéquez.
Mariano Rivera Paz, Diputado por Verapaz.
Presb. Manuel Rendón, Diputado por Sacatepéquez.
Manuel Cayetano Morales, Diputado por Chiquimula.
Manuel Abarca, Diputado por Guatemala.
Felix Solano, Diputado por Sololá, Secretario.
Francisco de Paula Castillo, Diputado por Quezaltenango, Vicesecretario.

Guatemala, abril 12 de 1833.
Ejecútese.

Firmado de mi mano, sellado con el sello del Estado y refrendado por el Secretario del Despacho General del Gobierno.

Mariano Gálvez.

Y por disposición del P. E. se inserta en el Boletín Oficial por los efectos consiguientes. D. U. L.

Guatemala, abril 12 de 1833.
Marcos Dardón.

Y CONSIDERANDO:

1.°

Que en el espacio de ocho años transcurridos desde la disolución del pacto federal que este Estado concurrió a formar con los demás de Centroamérica en 1824, no ha sido posible restablecer dicho pacto, ni formar otro nuevo, y Guatemala no ha podido ejercer la parte del poder público que tenía cometida a las autoridades federales, y se ha visto privado de las relaciones políticas que era de su deber abrir y fomentar, para aprovecharse de los progresos de la civilización y de los frutos de la paz, que afortunadamente ha gozado en estos últimos años.

2.°

Que durante esta situación desventajosa y de tanto peligro, que ha debido cesar desde que se observó ser infructuosas las tentativas de reorganización, por no haberse llegado a reunir la Convención ni la Dieta, convocadas en distintas épocas para aquel objeto, se han sufrido usurpaciones permanentes y otros ultrajes de parte de nuestros vecinos, sin que de la nuestra pudieran emplearse, para reparar o impedir estos males, los medios de que las naciones usan en semejantes casos, por no poder dichos Estados servirse directamente del derecho de gentes.

3.°

Que, en consecuencia, se incurriría en grave responsabilidad dejando continuar por más tiempo esta situación excepcional, cuyos enormes inconvenientes son obvios, principalmente para los que han estado encargados del Gobierno, y tenido que transigir, por no ser posible terminar legalmente cuestiones que, de otra manera, exponían al Estado y comprometían su misma existencia.

4.°

Que habiéndose ofrecido en el decreto de 17 de abril de 1839 que continuarían sin alteración las disposiciones federales que tocasen al exterior, el Estado ha quedado sujeto a leyes en las cuales no puede introducir las reformas que el transcurso del tiempo y nuevas circunstancias hacen necesarias; lo que envuelve el absurdo de que, hallándose el mismo Estado independiente de hecho, lo es solamente para tener obligaciones, y no para hacer respetar sus derechos.

5.°

Que en la expectativa de reorganización nacional, el Estado no ha podido darse una Constitución política, porque en la incertidumbre de los términos y condiciones en que aquella pudiera tener efecto, era imposible fijar el número y la entidad de las facultades que el Estado debiera reservarse, pudiendo tal reorganización verificarse desde la adopción de un sistema que produjese la fusión completa de intereses hasta el de la confederación intentada inútilmente; y también porque Guatemala no ha querido prevenir ni poner obstáculo de ningún género a la reforma proyectada.

Por tanto, en ejecución de la ley de 27 de enero de 1833, y para que pueda utilizarse la autorización concedida por la Asamblea Constituyente en decreto de 27 de julio de 1841, que dice así:

"El Gobierno queda autorizado por el presente decreto y se le faculta, cuanto sea bastante, para proveer a la seguridad y defensa del territorio y para mantener las buenas relaciones con el exterior, según convenga al Estado, sin considerarse restringido en aquellas atribuciones que anteriormente ejercía el Gobierno Federal:"

con anuencia del Consejo y demás autoridades del Estado,

DECLARA Y DECRETA:

1.°- El Estado de Guatemala se halla en el caso prevenido en la última parte del art. 1.° de la preinserta ley constitutiva; en consecuencia, le corresponde todo el poder de Nación independiente, y se considera en toda la capacidad de cuerpo político.

2.°- La representación popular, que será convocada para deliberar sobre el proyecto de Constitución que le presentará el Gobierno, tomará en consideración, de preferencia, esta declaratoria.

3.°- Todos los habitantes del Estado, sus autoridades y funcionarios obrarán en el sentido de esta declaratoria, dada en ejecución de una ley constitutiva; y aquellos a quienes corresponda, cuidarán de que los actos públicos, como las ejecutorias y provisiones de los Tribunales, sean expedidos a nombre de la REPÚBLICA DE GUATEMALA.

4.°—Continuando vigentes, como lo están, y en su vigor y fuerza los tratados y convenios existentes con los demás Estados, sus ciudadanos gozarán en Guatemala de las consideraciones a que tengan derecho por dichos convenios, o por los que en adelante se celebren.

5.°—La absoluta independencia en que ahora se constituye esta República, no será jamás un obstáculo a la reorganización de Centro-América, y los otros Estados hallarán perpetuamente en Guatemala la misma favorable disposición de su antigua confraternidad.

6.°—Todo acto en contravención a lo dispuesto en la ley de 27 de enero de 1833 y a la presente declaratoria, se reputará como una hostilidad, si viniere del exterior; y si de parte de los habitantes de esta República, como una traición, que será juzgada y castigada con arreglo a las leyes existentes.

Dado en el Palacio del Supremo Gobierno de Guatemala, a veinte y uno de marzo de mil ochocientos cuarenta y siete.

Rafael Carrera.

El Secretario del Interior,
J. Antonio Azmitia.

El considerando 5.° dice que el Estado no había podido darse una Constitución por la incertidumbre en que se hallaba.

Este considerando exhibe una nueva farsa.

Desde que se publicaron los folletos de Aycinena, el grande ataque que los serviles daban a la ley fundamental estaba basado en que primero se decretó la Federación y luego se organizaron los Estados.

Aycinena decía: "Sepárense, constitúyanse y vuélvanse a unir."

Entonces la ruptura del pacto, en vez de ser un motivo para que Guatemala no se diera una Constitución, era razón poderosa para haberla emitido.

Pero así como no se quería nacionalidad, tampoco se quería ley fundamental.

Decretada la República, ya no había pretexto para que el país continuara marchando sin brújula y sin guía, y así continuó marchando, porque los serviles no querían ley, sino que la voluntad de ellos fuera la única norma del Estado que acababan de llamar República.

¿Quién había hecho Presidente a Carrera?

El Congreso Constituyente instalado el 8 de diciembre de 1845.

¿Para qué?

Para que cesaran los choques entre el Jefe del Estado y la Comandancia General, y no se volvieran a ver farsas como las que presenció el Estado reduciendo el Teniente General a prisión, el año de 41, al Presidente Rivera Paz; como la de septiembre de 44, cuando el mismo Teniente General dio orden al batallón permanente para que se sublevara porque no se le pagaba el prest, y fusiló en seguida a los jefes que lo habían obedecido; como la célebre de Pinula que presenta una sublevación fingida en que hay heridos y muertos verdaderos; como las capitulaciones de la villa de Guadalupe en que nadie capitula y Carrera dicta la ley a la misma Asamblea de nobles, hechura suya, y al funcionario que de Presidente del Estado solo tenía el nombre.

El Congreso creyó que era menos malo que ejerciera el poder gubernativo por derecho el que de hecho gobernaba según su voluntad y su capricho, y nombró interinamente Presidente a Carrera, mientras se emitía la ley fundamental que el mismo Congreso formaba con empeño.

Esa ley fundamental se emitió.

Ella debía ser sancionada por otro Congreso que al efecto fue instalado.

Carrera se opuso a la sanción, intimidando a los diputados, quienes, temerosos de las bóvedas del castillo y de la muerte, negaron la sanción; pero prescribiendo que dentro de un año se convocara una Constituyente.

¿Cumplió Carrera este decreto?

No.

Pasó el año y no hubo convocatoria.

En vez de convocar a una Asamblea, Carrera y Azmitia emitieron el decreto de 21 de marzo de 1847.

¿Tenían facultad para dictarlo?

No.

El Congreso Constituyente no hizo a Carrera legislador: lo hizo Jefe del poder gubernativo, y nada más.

El Congreso de sanción le prescribió que dentro de un año convocara al poder legislativo, y no lo hizo.

El decreto de 21 de marzo no es un acto gubernativo; es un acto eminentemente legislativo, ejecutado por quien no era legislador.

Los decretos en que pretende apoyarse Azmitia para fundar la declaratoria de 21 de marzo, hablan, no del poder gubernativo, sino del Estado de Guatemala, y Carrera no era el Estado, a no ser que imitase a Luis XIV cuando dijo: "El Estado soy yo."

Es una ilegalidad, es una violencia de todo principio, es un atentado que cuatro personas alrededor de un funcionario sin ideas y exhausto de todos los conocimientos que el Gobierno exige le hagan firmar una resolución que afecta vitales intereses y precisamente en momentos en que ningún peligro que hiciera disculpable la medida se presentaba.

El decreto de 21 de marzo de 1847 rompe todo vínculo entre Guatemala y el resto de Centroamérica, y establece fundamentalmente un nuevo régimen; por consiguiente, se necesitaban para emitirlo, no solo facultades legislativas, que Carrera no tenía, sino un poder constituyente de que Carrera absolutamente carecía.

Con todas estas ilegalidades, con todos estos vicios, fue separada Guatemala del resto de Centroamérica, se convirtió a Carrera en héroe de farsa, se le llamó como a Bolívar fundador de la República, y se tuvo la insensatez de acuñar moneda con el busto del guerrillero de Mataquescuintla, como legítimo sucesor de los monarcas españoles en este país vilipendiado.

DOCUMENTOS JUSTIFICATIVOS
NÚMERO 1
NÚMERO PRIMERO Y ÚNICO.

"Tabla de las provincias y partidos de este reino, en que se expresa el número de ciudades, villas y pueblos de cada una, y el de sus habitantes, conforme al padrón hecho el año de 1778, en cumplimiento de real orden de 10 de noviembre de 1776."

PROVINCIAS	Ciudad	Villas	Pueblos	Habitantes
Ciudad de Guatemala				23434
Provincia de Sacatepéquez	1	2	48	50786
Provincia de Chimaltenango	"	1	21	40082
Provinica de Sololá	"	"	31	27953
Provincia de Quezaltenango	"	"	25	28563
Provincia de Totonicapán	"	"	48	51272
Provincia de Chiquimula	"	"	30	52423
Provincia de Verapaz	1	"	14	49583
Provincia de Escuintla	"	1	33	24978
Provincia de Sonsonate	"	1	21	29248
Provincia de Suchitepequez	"	"	19	17535
Provincia de San Salvador	2	4	121	117436
Provincia de Nicaragua	3	5	49	106926

Provincia de Chiapas	1	1	109	69253
Provincia de Honduras	3	3	117	87730
Provincia de Costa Rica	1	3	10	24536
Partido del Peten	"	"	9	2555
Castillos de S. Juan, S. Felipe y Omoa	"	"	0	1046
Totales	12	21	705	805339

CAPÍTULO VIII: UNAS MEMORIAS INCULTAS Y GROTESCAS

ESTADO DE HONDURAS

SUMARIO

1. La situación 2. Tratado entre Nicaragua y Honduras 3. Otros premios a Guardiola 4. Se dará a Coronado Chávez el título de padre conscripto 5. El general Guardiola es nombrado Ministro de Relaciones 6. Cuestión internacional 7. Frivolidades 8. Sucesos de El Salvador 9. Elección de Lindo 10. Hechiceros 11. Ovaciones a Lindo 12. El Presidente de Honduras declara la guerra a los Estados Unidos de América 13. Diplomacia guatemalteca en Honduras 14. Un nuevo proyecto de Constitución

El tratado de paz entre Honduras y El Salvador, firmado en Sensenti a 27 de noviembre de 1845, no fue más que una tregua.

La hostilidad de Honduras contra El Salvador continuó tan vehemente que el general Ferrera, en una Memoria presentada a la Cámara legislativa el 26 de enero de 1846, ultraja a todo el Estado de El Salvador y especialmente a su Gobierno.

No podían ignorar los consejeros del general Ferrera, entre los cuales se hallaba don Felipe Jáuregui, que un tratado de paz y amistad pone término, no solo a las hostilidades militares, sino también a las que se hacen por medio de la palabra y de la prensa oficial.

La Memoria de Ferrera sería censurable aun en pleno estado de guerra, porque contiene expresiones incultas, grotescas y pretende emplear el ridículo en un documento oficial que exige gravedad y circunspección.

Dice Ferrera:

"Enfurecido el señor Eufracio y sus seductores contra Honduras porque abrigaba y protegía a sus amigos y aliados."

El señor Eufracio es el General don Joaquín Eufracio Guzmán, vicepresidente a la sazón del Estado de El Salvador en ejercicio del poder Ejecutivo.

Los amigos y aliados de Honduras eran el general Malespín y los hombres que lo seguían después del 2 de febrero de 1845.

La alianza del Gobierno de Honduras era con el Gobierno de El Salvador y no con la persona del general Malespín.

Cuando Malespín dejó de ser Gobierno, dejó de ser también aliado del Gobierno de Honduras.

Pero el general Ferrera, que servía al partido monárquico, pensaba que un tratado de amistad y alianza entre dos gobiernos republicanos democráticos es un pacto de familia como el que hizo Carlos III con los príncipes de la casa de Borbón que mandaban en diferentes naciones europeas.

Este párrafo de Ferrera es muy útil para la historia.

Ferrera, al principio de la guerra con El Salvador, pretendía disimular su protección a Malespín y ocultarla.

Pruebas evidentes lo presentaron ante Centroamérica como reo convicto de la promoción y sostenimiento de la guerra.

Después no solo apareció convicto, sino también confeso, y en la Memoria de que se trata repite paladinamente esta confesión.

No solo ultraja Ferrera a El Salvador y a su Gobierno, sino a don Fruto Chamorro, por haber tenido el carácter de Supremo Delegado y haberse opuesto más de una vez a las violencias que el general Ferrera ejecutaba.

La Memoria de que ahora se habla es un precedente que no deja duda de la intervención que Honduras tuvo en la guerra que posteriormente ensangrentó el suelo salvadoreño y que terminó con la muerte de Malespín en San Fernando.

La Asamblea ratificó el 13 de enero un tratado de amistad y alianza entre Honduras y Nicaragua.

En este tratado se habla de la no intervención; pero lo que se deseaba en Honduras era intervenir en El Salvador con el apoyo de Nicaragua, y obtener un defensor en el caso de que los salvadoreños se vieran obligados a ejecutar actos de represalia.

No contenta la oligarquía hondureña con haber ensangrentado a Nicaragua y destruido una parte de la ciudad de León, pretende arrastrar una vez más al Estado de Nicaragua a los desastres de la guerra.

¿Para qué? Para proteger a Malespín, verdugo de los leoneses.

El tratado se halla al fin de este capítulo. (Documento núm. 1.)

Es digno de notarse que en este convenio se habla de nacionalidad, lo cual prueba que la opinión de los pueblos estaba muy por cima de la opinión de los reaccionarios, y que estos mismos tenían necesidad de tributar homenaje a las aspiraciones de la generalidad de los gobernados.

Las atrocidades de Guardiola en La Unión y en San Miguel y el asesinato del general Carballo le produjeron nuevos premios.

La Cámara lo declaró segunda vez benemérito de la patria y le otorgó una medalla de oro. (Documento núm. 2.)

Tal era la moral política que dominaba entonces en aquella sección de Centroamérica.

Si a Guardiola se premiaba, no podía quedar sin premio el Presidente Coronado Chávez, que unas veces solo de nombre y otras en realidad había estado al frente del movimiento contra El Salvador.

Hay premios que dañan porque, en vez de elevar en la conciencia pública, lanzan sobre la persona premiada el ridículo y el escarnio.

La Cámara concedió a Coronado Chávez el título de padre conscripto de la patria.

Los diputados quedaron muy satisfechos y Coronado Chávez muy complacido, pero en el exterior se hizo befa de los legisladores y de Chávez.

Al título de padre conscripto iba unida una medalla de oro. (Documento núm. 3.)

El Senado de Roma se compuso al principio de cien personas, que tenían la denominación de padres.

Tulio Hostilio, tercer rey de los romanos, dispuso que el Senado se compusiera de doscientas personas y el primer Tarquino agregó otras cien, sin que se hubiera variado hasta entonces la simple denominación de padres.

Al inaugurarse la República, los cónsules Bruto y Colatino agregaron otros nuevos senadores que fueron llamados conscripti.

Entonces se introdujo la denominación de Padres conscriptos, que frecuentemente usan los oradores de esa época, cuando en sus arengas se dirigen al Senado de Roma.

A Coronado Chávez le convenía tanto, según estos antecedentes históricos, el título de padre conscripto como el de padre Santo, padre espiritual o padre Eterno.

El ridículo se aumentó por el abuso que se hizo del título. En todas las cubiertas de cartas, en todas las notas y nombramientos, se llamó a Chávez Padre conscripto.

La Cámara cerró sus sesiones el 23 de marzo, muy satisfecha de la sabiduría de sus acuerdos, y en este concepto la saludó el Gobierno.

Guardiola fue nombrado Ministro de Relaciones.

Coronado Chávez creía probablemente que no solo era padre conscripto sino padre omnipotente, y que con solo su voluntad convertía a un soldado inculto en publicista y diplomático.

Guardiola estaba muy bueno para dar en el campo de batalla una carga a la bayoneta; pero era incapaz de redactar una nota diplomática.

La dificultad se remedió colocando a su lado un jefe de sección encargado de escribir cuanto ocurriera en el Ministerio.

El general Guardiola lució su habilidad diplomática con una cuestión con Chatfield.

Mr. Lesperance, súbdito inglés, había sido arrestado por tropas de Honduras en San Antonio del Norte, el 29 de julio de 1845, por creérsele espía del Gobierno de El Salvador, y Chatfield dirigió al Gobierno de Honduras formal reclamo. (Documento núm. 4.)

Este reclamo fue acompañado de una cuenta que hacía subir la indemnización a 15,189 pesos. (Documento núm. 5.)

Guardiola, aunque dos veces benemérito de la patria, no era capaz de contestar a Chatfield.

Tampoco se creyó que el asunto debía confiarse a la inteligencia del jefe de sección, y se acudió a otras personas, quienes formularon la nota que debía firmar el señor Ministro de Relaciones Exteriores. (Documento núm. 6.)

Pasado este incidente, que terminó con un arreglo amistoso, el Gobierno de Honduras se ocupaba en descripciones de las visitas que el Padre conscripto hacía a los departamentos, del entusiasmo que inspiraba su persona, de actas que se hacían levantar en honra de Chávez, de Ferrera y de Guardiola, y de solemnizar recuerdos llamados a perpetuar odios entre pueblos hermanos.

El aniversario de las acciones en que Honduras triunfó sobre El Salvador durante la guerra que a los salvadoreños hizo para restablecer el poder de Malespín fue celebrado pomposamente.

En cambio, los salvadoreños ninguna demostración de júbilo hicieron para celebrar el aniversario de la batalla del Obrajuelo, que obligó a los hondureños a firmar la paz de Sensenti.

La independencia no era celebrada en Honduras el 15, sino el 29 de septiembre.

Decíase que la independencia se hizo en Guatemala el 15 y en Honduras el 29, sin tener en consideración que el Presidente de la Audiencia y Capitán General de todo el reino la proclamó el 15 de septiembre bajo el mismo dosel en que representaba al rey de España.

La festividad, como todo lo de entonces, era una función verdaderamente eclesiástica.

Celebró de pontifical el Obispo Campoy.

Predicó el canónigo Pedro José Aguilar.

Estalló en El Salvador la revolución del Obispo contra el Gobierno.

El señor Viteri, después de vencido, se dirigió a Honduras, donde encontraba entonces apoyo y protección.

Desde allí lanzó a Malespín a la lid y ahí encontraban refugio todos los facciosos que a las órdenes de Malespín combatían al Gobierno salvadoreño.

Don Manuel Rafael Reyes, comisionado de El Salvador en Comayagua, dirigió al Gobierno hondureño una nota en que le refiere lo que pasa, y le pide la entrega de los revolucionarios asilados. (Documento núm. 7.

El Gobierno de Honduras contestó hablando de su buena fe, de su sinceridad, de su franqueza, de las órdenes impartidas para que se persiguiera a los mismos que en el territorio hondureño se asilaban y protegía. (Documento núm. 8.)

Al escribirse esta nota, la cuestión estaba resuelta de hecho por la muerte de Malespín, acaecida en San Fernando el 25 de noviembre.

Honduras había tenido hasta entonces dos constituciones políticas, una emitida en diciembre de 1825 y otra en enero de 1839.

La del año de 1825 fijaba al Jefe del Estado el período de cuatro años (Artículo 41).

La constitución del año de 1839, vigente en el período a que estas líneas se refieren, dice:

"El Presidente durará dos años: podrá ser reelecto una sola vez; mas su admisión será voluntaria en este último caso." (Artículo 46.)

Este artículo es eminentemente liberal; pero la oligarquía hondureña lo nulificaba.

Hemos visto a Ferrera ser electo y reelecto.

No podía ya tener una segunda reelección; pero vino Coronado Chávez, que antes era Ministro de Ferrera, y se llamó Presidente del Estado, quedándose Ferrera con el mando de las armas en calidad de Ministro de la Guerra.

Quien en realidad mandaba era Ferrera, y Coronado Chávez no era más que el primero de los súbditos del general Ministro.

Terminaba el período de Chávez y, aunque era padre conscripto, no tenía popularidad.

Guardiola era dos veces benemérito; pero se temían las influencias guatemaltecas ejercidas indirectamente sobre él.

Ferrera había gobernado dos períodos consecutivos y la Constitución no permitía tres.

Los partidarios de Ferrera alegaban que pasando un período podía el jefe reelecto entrar tercera vez al poder: que después del segundo período de Ferrera había gobernado Coronado Chávez, quedando por el mismo hecho el general Ferrera apto para entrar tercera y cuarta vez al Gobierno.

Don Juan Lindo trabajaba para sí.

Es el mismo que el año de 41, por medio de la espada de Malespín, disolvió las Cámaras de El Salvador e hizo salir del país, como execrables criminales, a los diputados y senadores, por creerlos morazanistas.

El que así respetaba la Constitución, las inmunidades parlamentarias y la soberanía del pueblo, aspiraba a ejercer el poder Ejecutivo de Honduras y a continuar la cadena de jefes oscurantistas y reaccionarios que ya tenían el país convertido en esqueleto.

Se hicieron elecciones.

No hubo elección popular, y reunida la Asamblea dictó el decreto siguiente:

"El Consejo de Ministros en ejercicio del Poder Ejecutivo del Estado de Honduras.

Por cuanto: la Cámara de Representantes ha decretado lo que sigue.

La Cámara de Representantes del Estado de Honduras, de conformidad con los artículos 40 de la Constitución y 16 y 17 de la ley de 14 de enero de 1839, habiendo procedido a la apertura de los pliegos que contienen la elección para Presidente del Estado en el período de 847 y 848; y no habiendo resultado elección de hecho en ninguna persona, pasó a verificarlo entre las que reunieron número suficiente de sufragios para formar candidato, en cuya consecuencia tuvo a bien decretar y

DECRETA:
ARTÍCULO ÚNICO.

Hace por Presidente del Estado electo por unanimidad de votos al Benemérito General Señor Francisco Ferrera; y por suplentes a los Señores Licenciado Francisco Guell, Zenón Bustillo y Leonardo Romero.

Dado en Comayagua, a 11 de enero de 1847.

Joaquín Aguiluz, R.P. - Macedonio Zúniga, R.S. - Saturnino Bográn, R.S.

Por tanto: ejecútese.

Lo tendrá entendido el Jefe de Sección encargado del Ministerio de Relaciones, y dispondrá se imprima, publique y circule."

Ferrera presentó su dimisión.

La Asamblea la admitió y nombró Presidente a don Juan Lindo.

He aquí el decreto:

"La Cámara de Representantes del Estado de Honduras,

Habiendo tomado en consideración la renuncia que el Señor General Benemérito Francisco Ferrera hace de la Presidencia del Estado para la que fue nombrado en decreto de 11 del corriente; enterada de la fuerza persuasiva que contienen las razones en que la funda, tomándolas por bastantes y justas, ha tenido a bien admitírsela, y en tal virtud procedió en el acto a nombrar de entre los demás candidatos la persona que debe ocupar este alto destino; por todo lo cual ha estimado por oportuno emitir el siguiente

DECRETO.
ARTÍCULO ÚNICO.

Hace por Presidente del Estado, unánimemente electo para el período de 1847 y 1848, al Señor Doctor Juan Lindo.

Dado en Comayagua, a 13 de enero de 1847.

Joaquín Aguiluz, R.P. - Macedonio Zúniga, R.S. - Saturnino Bográn, R.S.

Por tanto: ejecútese.

Lo tendrá entendido el Jefe de Sección encargado del Ministerio de Relaciones, y dispondrá se imprima, publique y circule."

Dado en la Ciudad de Comayagua, en la Casa del Gobierno, a 14 de enero de 1847.

F. Ferrera. - Santos Guardiola. - Al Señor Fruto Fajardo."

Lindo aceptó y Ferrera pudo seguir en el Ministerio de la Guerra y con el mando de las armas, que era su ambición.

Guardiola continuó distinguiéndose como Ministro de Relaciones.

La educación monacal, las pastorales del señor Irías, los sermones de los curas, las cruces, procesiones, incensarios y navetas producían frutos.

A los moradores del pueblo de Ilama llegó la noticia de que sus mayores habían tenido un rey a quien los brujos hechizaron (Carlos II).

En sus tradiciones estaba que el confesor del rey creía en el hechizo (fray Froilán Díaz) y que un alto sacerdote (el Cardenal Portocarrero) procedía contra los hechiceros.

No ignoraban que en España se habían seguido muchos procesos contra los brujos y que había sido quemada mucha gente por el crimen de brujería.

Sus curas, después de la independencia, les habían enseñado que el espíritu maligno sale de las profundidades del infierno, se introduce en el cuerpo humano y hace atrocidades con la gente.

Los infelices vecinos del pueblo de Ilama, nutridos con esta educación, declararon hechiceros a Cipriano y Doroteo Cano, y después de esta declaratoria solemne los asesinaron, aunque no tan cruelmente como los benditos padres del Santo Oficio, porque la muerte no fue por medio del fuego.

No solo los curas de aldea enseñan a los indios que hay brujos, el clero más ilustrado enseña lo mismo a la parte más culta de la sociedad humana.

Él dice que Faraón, rey de Egipto, tuvo unos sueños y que a la mañana hizo llamar a todos los magos de su reino: que Nabucodonosor, rey de Babilonia, mandó llamar a los magos, astrólogos y encantadores con motivo de un sueño: que los encantadores de otro rey de Egipto, llamado también Faraón, arrojaron un día sus varas en tierra, y estas se convirtieron en culebras: que otro día los encantadores de Egipto convirtieron en sangre las aguas de los ríos, de los arroyos y de los estanques: que el rey Saúl quiso hablar con Samuel, que había muerto y estaba sepultado, y dijo a una pitonisa: hazme venir a Samuel, y Samuel vino y habló con Saúl: que los endemoniados salen de los sepulcros, fieros en gran manera, que los espíritus malignos se extraen de ellos por un milagro, se introducen en piaras de cerdos, y estos se arrojan en el mar: que una muchacha, que tenía espíritu pitónico, daba grandes ganancias a sus amos adivinando: que San Pablo le extrajo al diablo y los amos de ella protestaron porque habían perdido las ganancias que por medio del espíritu pitónico hacían.

Si todo esto enseña el alto clero a la alta sociedad, y además le presenta como ciertos no solo los milagros de ambos Testamentos, sino todos los milagros asombrosos que supone han hecho todos los santos del calendario católico, ¿por qué se extraña que los indios del infeliz pueblo de Ilama hayan creído hechiceros a Cipriano y Doroteo Cano?

¿Qué debía hacerse en este caso?

Para castigar el crimen, era preciso castigar a un pueblo entero compuesto de mil y tantos habitantes y comenzar por los curas que les habían metido en la cabeza que el diablo se introduce en el cuerpo humano unas veces, y otras en el cuerpo de los cerdos, y hace atrocidades.

Los diputados indultaron a los asesinos. (Documento núm. 9.)

A Lindo se le hicieron todas las ovaciones que en Honduras se hacen a los jefes que suben al poder.

La Asamblea estableció escuelas departamentales, y probablemente para extirpar el fanatismo y para que no se repitieran crímenes como el de Ilama, puso las escuelas bajo la inspección de los padres curas.

Las necesidades de la guerra habían hecho que el Gobierno tomara la mitad de la renta decimal.

El señor obispo Campoy, poco complacido con esta medida, hizo un reclamo.

El 27 de febrero el Gobierno dio un acuerdo firmado por el general Guardiola, Ministro de Relaciones Exteriores e Interiores, como entonces se decía, accediendo a la solicitud del Obispo.

En el acuerdo se encuentran estas palabras:

"El Gobierno desea vivamente que no se suspenda el rezo, ni demás actos del coro."

Mientras que todo esto pasaba en Honduras, los Estados Unidos obtenían triunfos sobre México que excitaron el patriotismo y el amor de los hondureños a la raza latina.

Lindo no se afligió cuando Gutiérrez Estrada pedía la monarquía en México, ni cuando el general Flores intentaba establecerla en el Ecuador; pero un fuego sagrado devoró su corazón al contemplar flameando en el extinguido imperio de Moctezuma el pabellón de los Estados Unidos de América.

El Presidente de Honduras, sin estar autorizado por la Asamblea, lanzó la proclama siguiente:

"El Presidente del Estado de Honduras a los Centroamericanos.

Compatriotas:

La fatalidad rige actualmente los destinos de Méjico y amenaza a sus hijos con la desolación y exterminio. Los norteamericanos han destruido la hermosa población de Veracruz, se han posesionado de sus escombros y marchan sobre la Capital; en el día no sabemos qué otras desgracias pesarán sobre aquella Nación...

Son nuestros hermanos, sus riesgos son nuestros y su suerte es la que nos espera; no debemos guardar silencio y sí ayudarlos de alguna manera en su honrosa lucha.

Sepa el mundo todo que los hondureños están prontos a cumplir sus deberes de cualquier naturaleza que sean.

A todo trance sostendré en el Estado una paz honrosa; pero no lo haré con sacrificio del honor hondureño porque un pueblo envilecido solo sirve para arrastrar cadenas y para sufrir humillado las amenazas y las injurias que le haga el más fuerte.

Hoy me dirijo a los Gobiernos de la República haciéndoles las observaciones convenientes para que, si lo tuviesen a bien, procuremos auxiliarlos como sea posible, o por lo menos manifestarles nuestra buena disposición por su causa y libertad.

La división y los partidos interiores han arruinado a nuestros hermanos mejicanos. Ocho millones de habitantes de que se compone aquella Nación no han podido defenderse de un puñadito de hombres que han mandado a tomarse sus tierras, sus propiedades, y anular sus derechos. ¿Cuál sería la suerte de los centroamericanos si continuásemos divididos?

Los hondureños siempre se presentan extraordinariamente grandes, se ha trabajado por dividirlos moviendo los resortes más convenientes, pero nada ha sido bastante para extraviarlos. El respeto al Gobierno y la sumisión a la ley lo consideran como su poder, su gloria, y su honor... ¡¡¡Qué placer experimenta el que rige los destinos de un pueblo adornado con estas virtudes...!!!"

Comayagua, junio 1.° de 1847.

El benemérito general Ferrera, y el dos veces benemérito general Guardiola, publicaron también una proclama. Es la siguiente:

"Los Generales de División que suscriben, al Ejército de Honduras.

Compañeros:

Notoria es la angustia de Méjico, y evidente la obligación que tenemos de cooperar a la defensa de aquel pueblo. Sus hijos son nuestros hermanos, y la causa que sostienen, es también la nuestra, la de la Libertad contra la conquista.

Ayer se ha publicado la proclama que a los centroamericanos ha dirigido el Señor Presidente del Estado cumpliendo un deber sagrado; y nosotros queremos manifestar nuestra deferencia, y nuestros deseos de cooperar a la vez que él tuviese a bien llamarnos para auxiliar a nuestros vecinos.

Olvidadas están para siempre todas aquellas ideas que pudiesen dividirnos. La Patria es primero que nuestros intereses y que nuestras pasiones. Su triunfo es nuestra gloria y nuestro honor. Ella demanda nuestra unión y esto basta para que se la ofrezcamos cordialmente.

Unión y Libertad es nuestra divisa: oprobio eterno al que promueva y auxilie disensiones y conquistas."

Comayagua, junio 2 de 1847.

F. Ferrera. - Santos Guardiola."

Es probable que ni en el Capitolio de Washington, ni en la Casa Blanca se haya tenido noticia de esta declaratoria de guerra, porque no produjo ningún resultado.

Don José Mariano Rodríguez, Ministro de Relaciones de Guatemala, anunció a Honduras que el licenciado don Ignacio González partiría con el carácter de comisionado guatemalteco cerca del Gobierno hondureño. (Documento núm. 10.)

La misión de González a Honduras era la misma que se confió a don José Montúfar para San Salvador, pero el teatro de ambos era muy diferente.

El Salvador no había perdido su virilidad.

La administración de Malespín fue corta y no pudo aniquilarlo.

Honduras, bajo las administraciones de Ferrera, de Chávez y bajo la espada de Guardiola, quedaba exánime.

Todas las aspiraciones de los pueblos que no estuvieran conformes con la voluntad de sus tiranos, eran vistas como grandes crímenes y se procedía a la matanza y al exterminio.

Pueblos enteros llenos de vida y de energía quedaron convertidos en sombras.

Lindo seguía las mismas huellas de los reaccionarios de Guatemala, a cuyo círculo pertenecía de corazón, y no era posible que les diera un disgusto negándose a reconocer la República de Carrera.

El Presidente dictó una nota que fue firmada por el Ministro de Relaciones don Santos Guardiola. (Documento núm. 11.)

En ella se reconoce a González como agente legítimo de la República de Guatemala.

Pero hay una adición que, no obstante las tendencias reaccionarias de Lindo y su amistad con los nobles de Guatemala, disgustó a los serviles. Es la siguiente:

"Dejando al verificarlo, (el reconocimiento) intactos y subsistentes los compromisos y deberes en que se halla constituido, (el Gobierno de Guatemala) respecto de los otros de Centro-América en cuanto al restablecimiento de un Gobierno general."

Esta adición es altamente significativa y debió haber producido a los nobles un gran desconsuelo.

Cuando ellos creían que su decreto de 21 de marzo iba a ser considerado en toda la América Central como el pensamiento más sabio y admirable, hallaba obstáculos en todas partes.

El Salvador rechazaba de frente la idea de reconocer la República de Carrera.

Honduras la reconocía bajo condiciones, y esas condiciones eran dardos disparados contra el decreto de 21 de marzo.

¿Qué era esto?

La situación de Honduras estaba amenazada por el rey Mosco y por sus protectores, y en aquellos días precisamente la correspondencia entre el Gobierno de Honduras y el Cónsul inglés Chatfield era y sería agitada.

Honduras creía que solo la Unión centroamericana podía salvarla y no miraba con placer el decreto de 21 de marzo.

Las mismas amenazas extranjeras había sobre Nicaragua, y la opinión de reorganizar a Centroamérica era, por lo mismo, dominante en aquel Estado.

Don Ignacio González fue recibido por Lindo el 2 de agosto de 1847 y regresó a su país sin haber obtenido más que lo que expresa la nota de Guardiola.

Los serviles de Guatemala se propusieron desacreditar a todos los hombres que en Centroamérica querían la unidad. Los llamaban anarquistas, y hasta bandidos.

Para ser hombre de bien era preciso decir que el decreto de 21 de marzo era justo, sabio, sapientísimo.

Era preciso asegurar que Carrera, desgarrando a Centroamérica y bautizando uno de sus jirones con el pomposo nombre de República, se había hecho tan grande como Washington y Bolívar, que dieron libertad a un mundo.

"La Gaceta" y "La Revista," periódicos redactados por Pavón y por Milla, eran un dúo sempiterno en loor de la República Carrera.

Si Lindo en Honduras disgustaba a los nobles de Guatemala con ideas de reorganización que ellos execraban, entre las cuales estaba ya un proyecto de convención nacional en Nacaome, por otra pensaba agradarlos reformando la Constitución de Honduras.

Lindo había saboreado el poder y quería perpetuarse en él.

El artículo 46 de la Constitución, que fijaba al Gobernante el período de dos años, y que solo permitía una reelección, no podía ser grato para el señor Lindo.

De nada sirven las leyes si faltan las virtudes cívicas.

La oligarquía hondureña siempre hizo befa de ese artículo constitucional.

La Constitución era una farsa en manos de aquellos oligarcas.

La renovación de los gobernantes era lo que fue en Venezuela en tiempo de los Monagas.

Sin embargo, no gustaba a los nobles de Guatemala las elecciones, aunque fueran de farsa, y con el nombre de estabilidad dejaban ya traslucir sus ideas de inamovilidad.

La Constitución hondureña era unicamarista.

Lindo, como hombre de bien, de orden y de juicio, quería dos Cámaras para que los diputados representaran al populacho y los senadores a los grandes de Honduras.

Lindo era católico, apostólico, romano, y como buen creyente no podía soportar que la Constitución, entre los derechos imprescriptibles de los hondureños, consignara el tributar a Dios culto según la conciencia de cada uno (artículo 8).

La Constitución, pues, estaba condenada a muerte por el señor Lindo y una Asamblea constituyente se hallaba en perspectiva.

DOCUMENTOS JUSTIFICATIVOS
NÚMERO 1.
"Tratado de Amistad y Alianza entre Honduras y Nicaragua."

El Presidente en quien reside el Poder Ejecutivo del Estado de Honduras.

Con vista del presente convenio de amistad y alianza celebrado ayer entre el Señor Licenciado Sebastián Escobar, Comisionado del Gobierno de Nicaragua, y el Benemérito General Señor Francisco Ferrera, Ministro de Guerra de este Estado, cuyo tenor original es como sigue:

"Deseosos los Gobiernos de Honduras y de Nicaragua de estrechar las relaciones de amistad y alianza, que naturalmente los unen, y de evitar su interrupción por cualquier evento; y convencidos de que es del todo necesario procurar, de acuerdo con los demás Estados de la República, que se establezca un centro común de autoridad, que arregle los negocios de interés general, para asegurar la felicidad de la misma República, su independencia, la integridad de su territorio y su dignidad; deseando además conservar la buena armonía que reina entre los hijos de los dos Estados contratantes por medio de la franca comunicación que debe haber entre pueblos amigos y hermanos: fundados en consideraciones tan poderosas, han nombrado al efecto comisionados de confianza, el primero (Honduras) al Señor General Benemérito Francisco Ferrera, Ministro de la Guerra, y el segundo (Nicaragua) al Señor Licenciado Sebastián Escobar, quienes, habiendo exhibido y canjeado sus respectivos poderes, por haberlos encontrado en debida forma; y conferenciado sobre todos y cada uno de los objetos que deben arreglarse, han convenido en los artículos..."

SIGUIENTES.

Artículo 1.° Mientras no se restablezca un poder general de la República, siendo como son amigos y hermanos los Estados de Honduras y de Nicaragua, pactan y se obligan a mantener, observar y hacer observar constantemente las relaciones de amistad, unión y buena armonía, que felizmente existen entre los dos Estados, debiendo procurar cada uno de sus Gobiernos que no aparezca motivo de queja y desconfianza que pueda alterarlas.

Art. 2.° Los Estados de Honduras y de Nicaragua profesan el principio de la no intervención, reconocen la Soberanía e Independencia que cada uno goza al presente, para gobernarse por sí; y por consiguiente ninguno podrá injerirse directa ni indirectamente en la Administración interior del otro.

Art. 3.° Siendo Nicaragua y Honduras amigos y aliados, se comprometen a auxiliarse mutuamente hasta conseguir la satisfacción del agraviado, cuando fuese injustamente invadido, ya sea por uno o más de los Estados de la República, o ya por fuerza extranjera: en el primer caso, los gastos del auxilio serán de cuenta del que lo pida; en el segundo, siendo común la causa de defender el territorio de la República, es un deber sagrado de los dos contratantes consumir todos sus recursos, por salvar la independencia de Centro-América. También se comprometen a auxiliarse recíprocamente en los casos en que sea turbada su tranquilidad por facciones, previa la interpelación correspondiente.

Art. 4.° Si por desgracia ocurriese algún motivo de agravio entre los dos Estados contratantes, no se ocurrirá al triste medio de las armas para obtener la debida satisfacción; sino que se reclamará el procedimiento que haya producido la queja, por primera, segunda y tercera vez, hasta la consecución del restablecimiento de la armonía. Si esto no bastase, se formará un arbitramento compuesto de un individuo nombrado por cada Gobierno. Si entre estos hubiere discordia, elegirán los mismos árbitros un tercero entre otros cuatro, que, por mitad, nombrarán los Gobiernos al mismo tiempo que a los principales; no conviniendo en el tercero, lo dará la suerte entre los cuatro nombrados, que no deben ser nicaragüenses ni hondureños. Este arbitramento resolverá la cuestión con vista de todos los documentos, sin más recurso, aun cuando a alguno de los Estados parezca injusta la decisión. Se reunirá el arbitramento en que primero de estos invadiere al otro será considerado como injusto y responsable de los daños y perjuicios que se causen con la guerra.

Art. 5.° Ambos Gobiernos se comprometen a no introducir fuerza armada en ningún caso, en el territorio de su aliado, sin su especial allanamiento, el cual se otorgará bajo las condiciones que pacten los dos Gobiernos.

Art. 6.° Nicaragua y Honduras, convencidos de la necesidad de establecer en la República un poder general que, manteniendo la paz en el interior y dirigiendo las relaciones exteriores, le dé existencia y respetabilidad, se comprometen a nombrar cada uno dos Representantes que se reunirán en Sonsonate con los comisionados de los demás Estados, con el fin importante de procurar el establecimiento de dicho Gobierno General.

Art. 7.° Los habitantes de Nicaragua y de Honduras gozarán indistintamente en uno y en otro Estado de las mismas garantías y derechos que por las leyes disfrutan sus naturales, con las restricciones que estas prescriben. Los reos de delitos comunes de uno de los Estados que se acogieren al otro, se entregarán, siendo reclamados como las leyes lo establecen. El Gobierno, a cuyo Estado se refugiaren los perseguidos por causas políticas, cuidará y quedará obligado a impedirles que inquieten a aquel de donde procedan. Los actos legales y documentos públicos de uno de los dos Estados, cualquiera que sea su naturaleza, se considerarán legítimos recíprocamente en el otro, siendo arreglados a las leyes respectivas, y comprobados debidamente.

Art. 8.° Siendo recíprocos los daños y perjuicios recibidos por ambos Estados durante los sucesos desagradables que se terminaron en 24 de enero del año próximo pasado, ambos contratantes renuncian toda reclamación, que con este motivo, o por cualquier otro, pudieran hacerse, quedando de esta manera canceladas cuentas de toda especie, hasta la fecha de este convenio, en obsequio de la paz y de la armonía.

Art. 9.° Este convenio será ratificado entre veinticinco días, a contar desde el de la fecha; y canjeadas las ratificaciones entre los quince siguientes.

En fe de lo cual firmamos esto por duplicado en Comayagua a doce de enero de mil ochocientos cuarenta y seis.

Francisco Ferrera - Sebastián Escobar.

Considerando: que el comisionado por este Estado se ha arreglado a sus instrucciones, y que el referido convenio está en consonancia con los deseos del Gobierno y de los intereses del Estado que rige: oído al Consejo de Ministros, y con previas facultades del Poder Legislativo, ha venido en emitir el siguiente:

DECRETO.

Art. 1.° Ratifícase en todas sus partes el convenio de amistad y alianza celebrado entre los Señores Comisionados de Nicaragua y Honduras, Señores Licenciado Sebastián Escobar y General Francisco Ferrera, el día de ayer doce de enero en esta Capital; y se tendrá como ley del Estado, tan luego como se obtenga el canje de su ratificación.

Art. 2.° El presente convenio se pondrá en conocimiento de la Cámara Legislativa en cumplimiento de la ley.

Dado en la Ciudad de Comayagua, en la Casa del Gobierno, a 13 de enero de mil ochocientos cuarenta y seis.

Coronado Chávez.

El encargado del Ministerio de Relaciones.
Francisco Cruz.

NÚMERO 2.

"El Presidente en quien reside el Poder Ejecutivo del Estado de Honduras.

Por cuanto: la Cámara de Representantes ha decretado, y constitucionalmente se ha sancionado lo que sigue.

La Cámara Legislativa del Estado de Honduras, atenta a que el Benemérito General Señor Santos Guardiola, ha acreditado con acciones heroicas en los campos de batalla su patriotismo y decidida adhesión a la causa justa del Estado, y muy particularmente durante dos años que por desgracia se vio envuelto en disensiones y guerra civil, hasta restablecerse la paz alterada desde principios del año de 844; y considerando: que por sus relevantes servicios comprobados a juicio de la Cámara con los documentos oficiales del Supremo Gobierno, es acreedor al reconocimiento y gratitud de la Patria, ha tenido a bien decretar y

DECRETA.

Artículo 1.° Se declara segunda vez Benemérito de la Patria al invicto General Señor Santos Guardiola.

Art. 2.° Se premia además por sus relevantes servicios con una medalla de oro, que en la circunferencia del anverso llevará esta inscripción: "Honor al Invicto General Guardiola" y en el centro esta otra: "Estado de Honduras 1846." En el reverso llevará esta: "Segunda vez Benemérito de la Patria" y en el centro "Por sus hazañas."

Art. 3.° Será costeada de los fondos de hacienda pública, y queda encargado el Gobierno para que se fabrique a la mayor brevedad, en buena forma; y, estándolo, se pondrá en posesión de ella en acto público en la Casa del Gobierno al agraciado, pronunciando el Presidente del Estado al ponérsela al cuello estas palabras: "La Patria agradecida, hoy premia tus servicios."

Art. 4.° Este decreto será publicado con solemnidad, y comunicado al expresado General, cuyo pliego que lo contenga llevará en la parte superior el sello de las armas del Estado.

Pase al Gobierno: Dado en Comayagua a 4 de febrero de 1846.

Victoriano Castellanos, R. P. - Mariano Garrigó, R. S. - Joaquín Meza, R. S.

Por tanto. Ejecútese.

Lo tendrá entendido el Ministro de la Guerra y dispondrá lo necesario a su cumplimiento.

Dado en la Ciudad de Comayagua, en la Casa del Gobierno, a 6 de febrero de 1846.

Coronado Chávez. - Al Benemérito de la Patria Señor General Francisco Ferrera.

NÚMERO 3.

"El Consejo de Ministros en ejercicio del S. P. E. de Estado de Honduras para este solo caso.

Por cuanto: la Cámara de Representantes ha decretado y constitucionalmente se ha sancionado lo siguiente:

"La Cámara Legislativa del Estado de Honduras, deseando premiar el mérito del actual Presidente en el desempeño del S. P. E., y estimular a los ciudadanos que opten a él, a seguir la misma senda, ha tenido a bien decretar y;

DECRETA.

Artículo 1.° Se condecora al Señor Coronado Chávez con el título de PADRE CONSCRIPTO DE LA PATRIA.

Artículo 2.° El Consejo de Ministros hará labrar una medalla de una onza de oro para que sirva de distintivo al Padre Conscripto, la que llevará en el anverso las armas del Estado y esta leyenda: "El Pueblo Hondureño reconocido"; y en el reverso, el busto de un hombre de sesenta años con esta inscripción: "Al Padre Conscripto de la Patria"; dicha medalla la portará sobre la casaca al lado izquierdo del pecho.

Art. 3.° El mismo Consejo de Ministros mandará fabricar una tabla en donde, sobre color azul celeste, se inscribirán en una sola línea con letras de oro los nombres de los Padres Conscriptos, y la fecha de su condecoración, encabezando las listas con estas palabras: "Padres Conscriptos de la Patria"; cuya tabla será fijada en el Salón de Sesiones del Cuerpo Legislativo.

Pase al Supremo Poder Ejecutivo del Estado.

Dado en Comayagua, a 19 de marzo de 1846.

Victoriano Castellanos, R. P. - Mariano Garrigó, R. S. - Joaquín Meza, R. S.

Por tanto. Ejecútese.

Lo tendrá entendido el Jefe de Sección del Despacho de Relaciones, y dispondrá lo necesario a su cumplimiento.

Dado en la Ciudad de Comayagua, en la Casa del Gobierno, a 24 de marzo de 1846.

Santos Guardiola - F. Ferrera - Casto Alvarado - Al Señor Francisco Cruz.

NÚMERO 4.

"Guatemala, abril 11 de 1846."

Al Secretario principal del Supremo Gobierno del Estado de Honduras.

Señor,

La convicción que Centro-América ha adquirido en acontecimientos anteriores, de que el Gobierno de S. M. B. se halla siempre resuelto a proteger a sus súbditos de injurias y mal tratamiento, me inducía a esperar que no habría ocasión de dirigirme otra vez a estos Estados en un tono de reconvención; y me hallaba particularmente inclinado a creer que el Gobierno de Honduras, por su frecuente comunicación con los súbditos británicos, habría sido uno de los últimos en dar justa causa de queja; y además, que el conocimiento que tiene de la diplomacia le hubiera hecho dirigirse a este Consulado general en caso de que las circunstancias hubieran hecho necesaria, por razones políticas, la detención forzosa y encarcelación de algún súbdito británico.

Ese Supremo Gobierno seguramente percibirá que quiero hablar de lo ocurrido con M. Federick Lesperance, que fue arrestado por las tropas de Honduras en S. Antonio del Norte el 29 de junio de 1845, y detenido en prisión forzosa por orden del Gobierno durante más de tres meses, en la pequeña aldea de Siguatepeque, careciendo aun de los artículos más necesarios para la vida, y obligado a mantenerse miserablemente con tortillas y agua, bajo la custodia de la Municipalidad indígena, que tenía orden de fusilarlo si intentaba escaparse o tener comunicación con las personas de afuera.

Me parece que es innecesario detener la atención del Supremo Gobierno de U. con los pormenores que acompañaron la prisión de Mister Lesperance, o recordar los pasos que dio para persuadir al Presidente del Estado, y al Jefe militar, General Ferrera, de que era un traficante pacífico que no tenía que ver con los disturbios del país

No parece que haya habido el menor fundamento para suponerlo un espía de El Salvador, particularmente cuando no se le siguió causa ni hubo forma alguna de juicio; además, aparte de la consideración que se le debe como súbdito británico, Mister Lesperance merece un cierto grado de favor y de protección por su conocida industria y hábitos pacíficos, durante los 12 o 13 años que ha traficado en diferentes secciones del país, y además porque posee una casa en el puerto de Trujillo, cuya circunstancia le hace hasta cierto punto habitante del Estado de Honduras.

Aunque se negó a Mister Lesperance el permiso de hacer una declaración ante las autoridades de Siguatepeque y Comayagua, no dejó de aprovechar la primera oportunidad de hacerlo, y en Olanchito dos testigos respondieron afirmativamente, ante la autoridad competente, a las preguntas contenidas en el documento núm. 1.° de esta nota; pero al día siguiente el mismo alcalde, ante quien se había seguido esta diligencia, le quitó el documento, pretextando para ello un decreto del Gobierno que cerraba los tribunales mientras continuase la revolución, sin embargo de que a aquella fecha había ya cesado, como lo dice el mismo Gobierno, en el pasaporte que dio a Mister Lesperance.

En apoyo de estos hechos, tengo el honor de acompañar una copia de la declaración de dos testigos fidedignos, y también otra del pasaporte que llevó Mister Lesperance.

No es mi objeto entrar en argumento para demostrar que la prisión de Mister Lesperance por el Gobierno de Honduras era irrazonable y cruel, puesto que no se tomó medida alguna para paliar este acto, o para darle alguna apariencia de legalidad; ni tampoco me detendré en manifestar la imposibilidad de consentir en que los súbditos de la Reina sean maltratados con impunidad, porque es evidente que ningún motivo razonable puede alegarse para hacerlos víctimas, sea en su persona o en su propiedad, de las guerras fratricidas y sin objeto alguno, que desgraciadamente ocupan con demasiada frecuencia, para la ruina y miseria de Centro-América, cuya posición geográfica y capacidades naturales pudieran procurarle los destinos más sublimes.

Así pues, al manifestar a U. que voy a transmitir inmediatamente una relación del caso al Gobierno de S. M., acompañándole copias de esta nota y los documentos que la acompañan, me tomo la libertad de añadir un memorandum de la suma que Mister Lesperance reclama como una compensación por las injurias y pérdidas que por su prisión ha sufrido, observando que yo mismo puedo añadir un testimonio acerca del estado de completa sordera en que se halla, y que asegura ser el resultado de una enfermedad que contrajo durante su detención el año pasado.

Al mismo tiempo tendré mucho gusto en recibir cualesquiera explicaciones o propuestas que ese Supremo Gobierno desee hacer sobre el caso. Tengo el honor de ser de U., Señor, muy obediente y humilde servidor.

Federico Chatfield, Cónsul General de S. M. B. en C. A."

NÚMERO 5.

"Reclamo de Mister Federick Lesperance, súbdito británico, para que se le compense la injuria que se hizo a su salud, pérdida de tiempo e interrupción de sus negocios, durante una injusta prisión de 108 días en el pueblo de indios de Siguatepeque, por el Gobierno de Honduras, sin los artículos más necesarios para la vida."

Por mis gastos durante la prisión y la manutención de mis criados y mulas, desde el 29 de junio hasta el 10 de octubre de 1845 en Comayagua y Siguatepeque, habiéndoseme rehusado la manutención......00.164

Por la pérdida que he sufrido en mis negocios durante esta detención, habiendo tenido al tiempo de ella esperanzas de entrar como socio en un establecimiento mercantil de Belice, cuya cabeza principal me había ofrecido admitirme en la compañía, y cuya conveniencia perdí en consecuencia de mi prisión por el Gobierno de Honduras....08.000

Por gastos pasados y presentes durante cinco meses de enfermedad, habiendo sufrido grande alteración mi salud por la humedad de los lugares a que he estado confinado, causándome casi una total sordera de que todavía sufro....03.000

Por prisión y mal trato sin causa, durante 104 días.....03.500

Por pequeñas sumas pagadas a abogados, alcaldes & en Siguatepeque, Olanchito y Trujillo.....00.025

Por gastos de viaje desde Trujillo hasta Guatemala y de Guatemala a Belice, para dar una relación de lo ocurrido al Cónsul General de S. M. y solicitar su intervención para mi indemnización, cuya distancia es de 309 leguas españolas....00.500

La suma total de mi reclamo es, como arriba se ve, de quince mil ciento ochenta y nueve pesos, que humildemente solicito se digne U. recabar del Gobierno de Honduras para mí.

Guatemala, abril 6 de 1846.

F. Lesperance.

Tengo una casa y tierras en Trujillo, que valen ochocientos pesos, que con gusto abandonaría al Gobierno de Honduras, más bien que correr el riesgo de visitar aquel Estado.

Firmado. F. Lesperance

Copia fiel. Chatfield.

NÚMERO 6.

"Ministerio de Relaciones del Supremo Gobierno del Estado de Honduras." D.U.L.

Casa del Gobierno. Comayagua, mayo 17 de 1846.

Señor Federico Chatfield, Cónsul General de S. M. B. en Centro-América.

Ha sido puesta en conocimiento del Supremo Gobierno su carta oficial, fecha 11 de abril próximo pasado, en que incluye el reclamo que M. Federico Lesperance le hace por supuestos y gratuitos agravios, apoyado en los documentos que también se han recibido; que sin entrar en todos los detalles que comprende dicha carta y reclamo consiguiente, se limita mi Gobierno a contestar con la mayor satisfacción en los términos que tengo el honor de verificarlo.

Según el derecho de las Naciones, Señor Cónsul, el Supremo Gobierno de Honduras lo tiene para dictar providencias que garanticen la integridad del territorio, la propiedad, el orden y cuanto por la Constitución le está encomendado conservar; y en tiempo de guerra puede legalmente prohibir la entrada de los extranjeros, o detenerlos si estuviesen dentro del territorio, por la sola sospecha de que puedan informar al enemigo del estado del país y de sus fuerzas.

Así lo asientan varios autores que han tratado de esta materia, y entre ellos el Señor Wattel en su tratado de derecho de gentes, tomo 2.°, párrafo 108, traducido por Otarena, edición de 1822.

Aconsejado de la prudencia, y guiado de aquellos principios, habiendo sufrido del Gobierno de El Salvador una injusta invasión y sin previa declaratoria de guerra, la cual fue repelida el dos de junio del año pasado de 45, se vio en el caso de dictar medidas serias, no solo para evitar una segunda invasión, sino para frustrar las insidias y subversiones que aquel Gobierno, entonces enemigo, ponía en práctica en este Estado por medio de emisarios y escritos, cuyos antecedentes se han publicado por la prensa de este Gobierno y difundido en todo Centro-América.

En medio de estos acontecimientos, y cuando una sola persona no se había aventurado a introducirse de El Salvador a este Estado, se apareció en esta Capital el 3 de julio F. Lesperance, en momentos precisamente en que se recibía comunicación extraordinaria del Señor Jefe Político del Departamento de Tegucigalpa, refiriéndose nada menos que a informar que sabía por medio de un espía, que Apolonio Marín y Sousa eran dirigidos a los Estados de Nicaragua y Costa Rica, con la misión de instigar en aquellos Estados contra este, y que Lesperance se dirigía a Honduras con las mismas instrucciones y bajo el carácter ostensible de comerciante; cuyo documento tengo el honor de remitirle en copia con el número primero.

Si el reclamante, Señor Cónsul, se queja de que fue hecho preso por una escolta armada en San Antonio del Norte, ninguna justicia tiene para ello, porque cuando este sujeto se presentó en dicho punto aún ignoraba mi Gobierno su ingreso; pero teniendo los Comandantes de los destacamentos de la frontera órdenes terminantes de no permitir a persona alguna procedente de El Salvador traspasase la línea, aunque fuese con el carácter de agente público, sin que precediese salvo conducto u orden expresa de la Suprema Autoridad del Estado, la captura fue en cumplimiento de estas disposiciones, como se deja ver del texto de la orden, copia número segundo que igualmente le remito, para conocimiento del Señor Cónsul.

La circunstancia de que Federico Lesperance merezca un buen concepto por su conocida industria y hábitos pacíficos, por su residencia de doce años en el país y por poseer una casa en el puerto de Trujillo, no es capaz de destruir la sospecha que inspiraba el dicho de un espía, con la feliz coincidencia de aparecer Lesperance en esta Capital en los mismos momentos, y de saberse al mismo tiempo que Sousa y Marín visitaban efectivamente los Estados de Nicaragua y Costa Rica; por manera, que si se quisiese probar su inocencia con aquellas circunstancias, también se podrían aducir mil pruebas en contrario, en que se evidenciaría que los extranjeros, como todos los hombres, son susceptibles de cometer los hechos que se atribuyen a Lesperance según el número primero: que esto lo afirma la historia de todos los tiempos y países: que se han dado iguales casos en Centro-América: que los hombres de bien en lo privado han solido no serlo en lo político; y que si muchos hijos de Honduras han traicionado al Estado y le han hecho la guerra, no obstante los sagrados vínculos de la naturaleza, no hay inconveniente alguno para admitir igual propensión en un inglés semi-radicado aquí, pero con fuertes vínculos en el Estado de El Salvador y muy particularmente en el Departamento de San Miguel de donde procedía.

La circunstancia de no habérsele seguido causa a Lesperance no solo está en contradicción con la triste idea que el Cónsul de un Gobierno ilustrado se ha formado de la incivilidad del de Honduras, sino que es en esta parte en donde más resalta su justificación y cordura.

El simple parte de cualquier individuo del Estado, vigorizado con la aparición del sujeto que indicaba o con la comprobación de cualquier punto de los que abrazase su informe o denuncia, darían motivos suficientes a cualquier Autoridad para proceder contra el denunciado, arreglándose a leyes y disposiciones anteriores.

El aviso oficial de la primera Autoridad de un Departamento debía tener por consiguiente mayor grado de fuerza ante mi Gobierno respecto del sujeto denunciado; y estando esta Suprema Autoridad en posesión de todos los elementos que pudieran haber perdido a Lesperance por el hecho consumado de haber traspasado la línea que estaba cerrada por medio de un decreto y órdenes secundarias, es calificable a toda luz la medida preventiva que tomó sin inferir otro agravio al contraventor y denunciado por emisario.

Para que se comprenda mejor lo que queda dicho, fije su atención el Señor Cónsul en las siguientes observaciones.

Si al tiempo de invadir a este Estado las armas de El Salvador, mi Gobierno era respetado y obedecido de sus súbditos, después de aquel suceso la opinión pública por sí sostenía y defendía la independencia y Soberanía del Estado.

Cada hondureño estaba constituido en el más vigilante centinela, y es indudable que habiendo querido que sirviese de norma el informe del Jefe Político de Tegucigalpa, pudieron haberse reunido impunemente y sin temor de compromisos ulteriores, los documentos que hubiesen bastado a hacer aparecer convicto de delitos políticos a Federico Lesperance; y el Gobierno pudo haberlo sacrificado con apariencias de legalidad.

Mas como no era esa su intención, y es justo apreciador del derecho natural, y de todos los demás sociales, se limitó a prevenir los demás males que pudiera causar Lesperance si en efecto traía la comisión odiosa que se le suponía, por su audacia en traspasar una línea cerrada y por el denuncio que se le hacía.

No se hallaba en el caso, Señor Cónsul, este Gobierno de hacer regresar a Lesperance a El Salvador, por los principios que quedan citados: no convenía a los intereses del Estado que transitase por sus pueblos hasta Trujillo: tampoco convenía que residiese en esta Capital, si no era sumido en un calabozo para eludir las miras que se le atribuían; y por lo tanto, dispuso ponerlo bajo la inspección de la Municipalidad de Siguatepeque, distante diez leguas de esta Capital, no aherrojado ni encerrado en un calabozo ni rodeado de aparato militar, sino vigilado por una autoridad civil e inerme, con la orden perentoria de no permitirle despachar correo alguno ni hacer cosa que diese lugar a ejercer la misión que con fundamento se sospechaba traía.

Si se dieron estos pasos, está persuadido mi Gobierno de que no son desconocidos en el derecho internacional, como se ve de estas terminantes palabras del Señor Martens, hablando de la Suprema policía, en su obra de derecho de gentes:

"Todo Estado tiene derecho para mantener a distancia a toda persona sospechosa."

Este axioma lo asienta hablando de los extranjeros sin distinguir tiempo de paz o de guerra. ¿Y cómo es que el Gobierno de Honduras, en uso de los derechos naturales del pueblo que rige, debía haber aventurado su suerte, solamente por no impedir la acción de un hombre, que por pertenecer a una potencia poderosa, hacía probablemente un injusto reclamo?

No, el Gobierno de Honduras, apoyado en ese código sacrosanto que liga todas las naciones, y a cuya observancia se debe el equilibrio y armonía de la sociedad universal, no trepidó en obrar como debía, y aun sin llenar esta medida sino en cuanto cupiera en una razonable precaución; y porque estaba convencido de que el Gobierno de su Majestad Británica y todos sus agentes y subalternos estimarían el hecho en su justo valor, y no querrían dar al mundo un ejemplo que mancillase su general estimación.

Aun no prescinde el Gobierno de esta idea, no obstante la inmerecida acritud de que usa el Señor Cónsul en la carta oficial que se contesta, a la primera impresión que ha recibido por el reclamo de una parte interesada.

Es una aseveración del todo falsa y depresiva al Gobierno de Honduras la que estampa Lesperance, asegurando que no se le permitió seguir información en Siguatepeque y esta Capital, sin tener un motivo justificable para ello; porque si se hubiese querido obrar con tal barbarie, se habrían hecho las prevenciones convenientes a todas las autoridades con quienes pudiese tocar el querelloso, y su desatinado intento no lo habría conseguido ni en Trujillo ni en otro pueblo del Estado.

Si la autoridad de Olanchito le exigió la devolución de la información que había seguido allí Lesperance, fundada solamente en un decreto cuyos efectos habían cesado, de este incidente se evidencian dos cosas:

Primera, que este hecho prueba la fidelidad y sentimiento nacional de las autoridades de este Estado, y el ningún influjo que en él tuvo el Gobierno;

Y segunda y más esencial, que si esto hizo aquella autoridad oficiosamente, ¿cuánto habrían practicado todas las demás si el Gobierno hubiese querido obrar cruelmente contra Lesperance?

Ellas habrían seguido cuantas informaciones hubiesen hecho aparecer criminal a ese sujeto; y de aquí se deduce con evidencia que la conducta de mi Gobierno en retener solamente a Lesperance, es más digna y justificable que si lo hubiese mandado juzgar y ejecutar mediante una formal sentencia.

De los mismos fundamentos se infiere, pues, que la denigrante información que siguió Lesperance en Trujillo, apoyada únicamente en el dicho de sus dos sirvientes, es de ningún valor legal por la parcialidad con que los considera el derecho civil.

Es cierto que el pueblo de Siguatepeque es compuesto de indígenas, pero indígenas medianamente civilizados, en nada parecidos por consiguiente a los que el Señor Chatfield habrá conocido en el Estado en que reside y en otros puntos de América; y este aserto pueden justificarlo cuantos conocen los pueblos que circuyen esta Capital.

En consecuencia, no se persuade mi Gobierno de la dureza con que supone Lesperance lo han tratado, sino que han cumplido con la orden que se les comunicó, según la copia que le acompaño con el número 3.°; aunque es verdad que no debía cuadrar esta disposición con sus deseos e intereses.

Es también muy natural que Lesperance no haya encontrado en el pueblo de su detención los alimentos que deseara, pero hay los ordinarios de la mayor parte de los pueblos de Honduras y muy sanos; y su localidad es tan hermosa como fresca y salubre su temperamento. En términos que ese pueblo es elegido siempre por los vecinos de esta Ciudad para mudar de aires y restablecer la salud alterada.

En testimonio de la sana política del Supremo Gobierno de Honduras, tiene el Ministerio la satisfacción de manifestar al Señor Cónsul, además de lo expuesto, que si bien obró a su pesar de la manera indicada con Lesperance, no ha sido esta su general conducta con los súbditos de su Majestad Británica.

En el mismo período de la guerra y cuando no estaba firmada la paz sino suspendidas las hostilidades con el Estado de El Salvador, el propio Ministro de Relaciones que suscribe, como General en Jefe del Ejército, dio pasaporte para el interior de este Estado a los Señores Felipe Toledo y Carlos Guillermo Dieseldolff del establecimiento de Belice; porque tenía orden para ello y porque los consideró neutrales.

Este hecho fue aprobado por el Gobierno y, en consecuencia, aquellos dos sujetos recorrieron los pueblos que les convenían, y a la vez que se presentaron en esta Capital, fueron tratados con las consideraciones de Bidas y se les refrendó el pasaporte para el mismo Estado de El Salvador, no obstante algunos temores que había aún, y sobre todo lo que pueden aquellos Señores atestar si se desea mayor grado de evidencia.

Dadas las explicaciones que la diplomacia y la rigurosa justicia demandan, se considera autorizado este Supremo Gobierno para, por mi medio, recabar del Señor Cónsul Chatfield:

Primero, un lenguaje más moderado y propio del lugar que ocupa cuando se refiera a hablar al Gobierno de una sociedad regularizada; aunque sea la más pequeña e insignificante entre las del globo, como lo es la de Honduras.

Segundo, que si ha informado al Gabinete de su M. B. con el reclamo de Lesperance, se sirva verificarlo igualmente con esta comunicación y documentos peculiares.

Tercero, que en obsequio de la justicia y dignidad del Gobierno que representa, no solo deseche el desatendido reclamo de Lesperance, sino que lo compela a ser más moderado, justo y respetuoso con este Gobierno y los demás de Centroamérica que le dan seguridad y protección; y que, si el temor que le inspira una conciencia dañada por haber herido gratuitamente la dignidad de este Gobierno lo ha impulsado a protestar que no volverá al Estado aun cuando pierda sus propiedades, tenga entendido que estuvo a su disposición él y sus bienes, y con medio de destruirlo salvando las apariencias; y que, si entonces no entró en sus cálculos obrar de este modo, menos puede verificarse ahora, que felizmente ha restablecido la paz y el régimen Constitucional ha recobrado su imperio.

Todo lo que digo a U. Señor Cónsul, de orden Suprema, y al cumplirlo tengo el doble gusto de asegurarle el aprecio y respeto que le tengo ofrecido.

Santos Guardiola.

NÚMERO 7.
RECLAMACIÓN.

Del Comisionado del Gobierno del Estado.
D. U. L.
Comayagua, Noviembre 24 de 1846.

Señor Ministro de Relaciones del Supremo Gobierno del Estado:

Por las cartas oficiales del Ministerio de Relaciones del Gobierno del Salvador, y por los partes de las autoridades del departamento de Guerra, supongo estar impuesto el Señor Presidente de este Estado de la brusca invasión que, contra el expreso tenor del tratado de Sensenti, hicieron con unas pequeñas gavillas en dos Departamentos de aquel Estado los llamados Generales Francisco Malespín y Escolástico Marín, que, bajo la salvaguardia del referido tratado, estaban asilados en Honduras, de los males que causaron al comercio de la antigua República con su inesperada aparición en los momentos en que hacía sus cambios en las ferias de Chalatenango y San Vicente, y del funesto y triste desenlace de sus criminales tentativas; y como es de suponerse igualmente que este hecho atentatorio contra la paz de los pueblos hermanos unidos y ligados por los pactos más solemnes, ha quedado desnudo de todos aquellos por menores y circunstancias de que, sin violencia alguna, se deducen los justos derechos que asisten a mi Gobierno para reclamar y esperar del suyo la captura y entrega de los autores de tantos desastres, y el más digno y severo castigo de algunos hondureños, que pugnando contra los sentimientos de su Gobierno y los verdaderos intereses de su patria han auxiliado, de forma activa y eficazmente, a los trastornadores del Salvador, voy a informar a U. fundado en documentos auténticos de cuanto se ha obrado en el territorio de Honduras para arrojar sobre los salvadoreños la muerte y la desolación.

Francisco Malespín, que por uno de tantos extravíos del espíritu humano que son tan frecuentes y comunes en los pueblos republicanos, se vio elevado a la cúspide del Poder Supremo del Salvador, no era de esperarse que se mantuviera, ni por un momento, tranquilo, cuando estos mínimos pueblos, reconociendo su error y recuperando su dignidad, lo hicieron descender del alto puesto que indignamente ocupara, y lo redujeron a su estado natural: es desde entonces, pues, que este hombre funesto, contraviniendo los dictados de su propia conciencia, preparaba nuevos y más grandes males a su desgraciada patria, la cual, en la crisis más lamentable, le dio un timbre que no correspondió sino con los más cruentos sacrificios y los espectáculos más horrorosos.

El ingreso en este Estado del Obispo del Salvador, caudillo de las memorables asonadas del 11 y 12 de julio, creyó ser la ocasión más oportuna para poner en ejecución sus proyectos criminales, y olvidándose de cuanto se debía a sí mismo, se desentendió igualmente de todo lo ocurrido entre los dos durante la guerra terminada por el tratado de Sensenti; se combinó y se puso de acuerdo con él, y recorriendo, a continuación, varios pueblos de este Estado hasta la Ciudad de Nacaome en pos de armas y demás utensilios de guerra, se acabó de equipar en el de Guarajambala, y lanzándose sobre los fronterizos del Salvador, encontró en ellos el merecido escarmiento de su crimen y de su temeridad. Todo se comprueba de los ocho documentos que, respetuosamente, tengo el honor de acompañarle, como así mismo de quienes son los hondureños que, directa o indirectamente, han auxiliado en su empresa a Francisco Malespín y cuál ha sido su cooperación.

Demostrada como se ve la agresión que los disidentes que estaban asilados en este hicieron sobre aquellos pueblos, permítame hacer observar lo que, conforme a los pactos que ligan a Honduras con el Salvador, debe este exigir del primero como indispensable y muy necesario para su futura seguridad.

Por el artículo 3.° del tratado de Sensenti ofreció este Gobierno al mío que Francisco Malespín no penetraría en los Departamentos limítrofes al del Salvador, y que observaría, además, una conducta pacífica: Malespín, por el mismo hecho de permanecer en este Estado en ocasión que en aquel se publica como ley del mismo, contrajo él y todos sus compañeros la obligación común a todos los súbditos de respetarla, obedecerla y observarla, y como un consiguiente indispensable, la de sufrir las penas que las mismas leyes señalan a sus transgresores. De esta obligación general en cuyo cumplimiento está basada la paz y la seguridad del Pueblo de Honduras, no está exento ni el que solo ha puesto un pie de este lado de la línea que divide a este Estado de los demás, cualquiera que sea el rango o jerarquía que por otros respectos ocupe en la sociedad, o con más claridad: no está exento el Obispo del Salvador, no obstante su sagrada investidura, porque nada hay superior, más sagrado ni más augusto que la paz pública y la sangre preciosa del inocente pueblo; deduciéndose de todo como consecuencia natural y necesaria que Francisco Malespín y sus compañeros de armas son reos de este Estado, por la transgresión del tratado de Sensenti; pero que lo son de más graves delitos del Salvador, y que, siendo difícil al Gobierno de U. —como lo ha sido antes de hoy para evitar que por tales hombres se repitan iguales o peores atentados mientras permanezcan en este territorio—, el mío está en el preciso caso de pretender del de U. la captura y entrega de ellos, en cuya virtud, a su nombre y como su representante, pido sea muy servido el Señor Presidente de este Estado, en obsequio de la paz de los pueblos del Salvador, librar las órdenes convenientes para su captura y habidos que sean, mandarlos poner a la disposición del Jefe militar de la plaza de Chalatenango, y acordar: que a sus colaboradores, señores Juan Lindo y el Obispo del Salvador, se les hagan por la autoridad correspondiente los debidos cargos, y se les separe de donde hoy, con todas las facilidades posibles, dirigen sus dardos revolucionarios contra la Administración del Salvador.

Esta demanda, Señor Ministro, no tiene otra mira que la futura seguridad del Salvador y la consolidación de la paz en ambos Estados, pues mientras semejantes trastornadores estén en capacidad de obrar, la franqueza y la confianza que deben ser el fundamento de las relaciones de los Gobiernos serán dudosas y vacilantes entre el Salvador y Honduras.

Sírvase, Señor Ministro, poner lo expuesto en conocimiento del Supremo Presidente y permitirme que le repita el ofrecimiento de los respetos y consideraciones de su afectísimo atento servidor q. b. s. m.

Manuel Rafael Reyes.

NÚMERO 5
Casa del Gobierno, Comayagua, Noviembre 27 de 1846

Señor Comisionado del Supremo Gobierno de este.

He tenido la honra de recibir el muy apreciable oficio de U. de 24 del actual, y las ocho copias adjuntas, contraído a informar al Gobierno de Honduras de los sucesos ocurridos en el Estado del Salvador, y a reclamar la entrega del General Malespín y demás individuos que lo acompañaron en la invasión, y el castigo de los hondureños que, directa o indirectamente, lo auxiliaban para que llevase la guerra a aquel Estado. De todo se impuso el Señor Presidente, y al oír la relación de los sucesos que han tenido lugar con motivo de aquella asonada, ha sentido una impresión harto dolorosa, porque estos hechos, sea cual fuere su objeto, jamás debían dar otro resultado que llevar adelante el descrédito de nuestro país, alejar las esperanzas de nuestra organización general, tan deseada de todos los buenos centroamericanos, y verter gratuitamente la sangre inestimable de nuestros compatriotas.

El Señor Presidente de Honduras no duda haber cooperado al triunfo alcanzado por el Gobierno del Salvador, atendidos los pasos que oportunamente dio él y sus subalternos para nulificar la intención del General Malespín, como de ello está al corriente el Señor Comisionado, por los documentos que se le han mostrado, y los que se sabe han dirigido a su Gobierno. Siempre firme en su política franca y leal, oficiosamente ha emitido las providencias que se registran en las copias que, bajo los números 1.º y 2.º, tengo el honor de acompañarle; y para que el Gobierno del Salvador se convenza de los pasos que ha dado el mismo Señor Presidente sobre capturar a los individuos de la facción, según se lo tiene ofrecido, acompaño también a U. bajo los números 3.º, 4.º y 5.º copias de los documentos que han remitido los Señores General de División Manuel Quijano, y comandante del Departamento de Gracias, Coronel Eusebio Toro.

Pero, como de este ofrecimiento de perseguir y capturar, con la mira de que no vuelvan los invasores a causar daños al Salvador, no se sigue el compromiso que ya se alega como de derecho de entregarse si fueren tomados, porque no ha sido esta la intención del Gobierno de Honduras, ni ha precedido ningún pacto ni ejemplo anterior en Centroamérica que lo obliguen a tal condescendencia, se limita, como tiene dicho, a capturarlos y mandarlos juzgar, por la violación de los compromisos que personalmente contrajeron aquellos individuos al tiempo de ser asilados.

Estando sinceramente determinado el Señor Presidente de Honduras a seguir estos principios, que son conformes con la equidad y el derecho de las naciones, espera que no se le disputará, por el Señor Comisionado o su Gobierno, la supremacía que en estos casos debe ejercer, como en efecto la ejerce dentro de los límites de su territorio.

También espera, de la prudencia del mismo Señor Comisionado, que se prescindirá en orden a cuanto se dice en su citado oficio referente al cumplimiento del artículo 3.º del tratado de Sensenti; porque, además de que no se crea haberse faltado a dicho cumplimiento por parte de este Gobierno, parece que el del Salvador no puede sostener esta cuestión sin pasar por el estrecho de algunas observaciones que no han ido muy en consonancia con los principios o compromisos allí establecidos.

De esta manera, Señor Comisionado, me ha prevenido el Gobierno de Honduras satisfacer el apreciable oficio de U. preindicado; y lo verifico con el placer de suscribirme de U. atento servidor.

Fruto Faja.

NÚMERO. 9.

Secretaría de la Cámara de Representantes del Estado de Honduras.

D. U. L.

Comayagua, Enero 21 de 1847.

Señor Jefe de sección encargado del Ministerio de Relaciones.

En sesión de este día el Cuerpo Legislativo ha tenido a bien emitir el acuerdo número 89 que dice así:

"La Cámara de Representantes, habiendo tomado en consideración la exposición del pueblo de Ilama, dirigida a manifestar el error que pudo cometer aquel vecindario en el asesinato de los individuos Sipriano y Doroteo Cano por haberlos creído hechiceros y con el poder bastante para destruir a aquel vecindario, con cuyo mal lo habían amenazado los mismos ejecutados; teniendo presente el imperio que la creencia de semejantes preocupaciones ejerce en el ánimo apocado de la clase de indígenas en donde sensiblemente ha sentido su residencia la ignorancia y la superstición; resultando de todos los informes que el Cuerpo Legislativo ha hecho llegar a su presencia, haber sido producido aquel acontecimiento por un efecto de popular efervescencia y general prevención contra los desgraciados; no siendo posible extender a todo un pueblo compuesto de mil y tantas almas el castigo que la ley señala a esta clase de delitos; contemplando así mismo que, para complemento de un delito, ha de concurrir el dolo o malicia necesarios para el conocimiento de toda la gravedad de un hecho prohibido por la ley, el que no debe suponerse en el arrebato de un pueblo amotinado: haciéndose por tanto inaispensable la indulgencia del poder encargado de remitir las penas señaladas a los delincuentes, cuando de ellos resulte pública utilidad y estando este caso comprendido en el artículo 26, fracción 6.c de la Carta Fundamental del Estado; en sesión de esta fecha ha tenido a bien acordar: que el pueblo de Ilama queda indultado de la pena que pudiera merecer por el asesinato ejecutado en las personas de los referidos Doroteo y Sipriano Cano; y que, al poner en conocimiento la emisión de esta gracia, se haga entender al indicado pueblo; que, si bien el Soberano Cuerpo ha podido inclinar su paternal benevolencia para apartarlo del condigno castigo a la ejecución de un hecho que la ley condena, es precisamente con la condición de la sucesiva enmienda, y de la formal protesta de vivir subordinado y sometido a su rígida y puntual observancia."

Y lo comunicamos a U. para conocimiento del Supremo Gobierno y de quienes corresponda, renovándole nuestro afecto, Macedonio Zuñiga, R. S. – Saturnino Bogran, R. S.

NÚMERO 10
GUATEMALA.

Secretaría de Relaciones Exteriores del Supremo Gobierno de la República de Guatemala.

Señor Secretario del despacho de Relaciones Exteriores del Supremo Gobierno del Estado de Honduras.

Palacio del Supremo Gobierno. Guatemala, junio 4 de 1847.

El Señor Licenciado don Ignacio González, que, conforme tuve el honor de informar a U. S. en mi nota de 28 de mayo próximo anterior, ha sido nombrado Comisionado por el Gobierno de la República de Guatemala cerca del Supremo Gobierno de Honduras, pondrá en manos de S. E. el Señor Presidente de ese Estado la carta autógrafa de S. E. el Señor Presidente de esta República y entregará a U. S. la presente, cuyos documentos lo acreditan como tal Comisionado.

No dudando mi Gobierno que el de Honduras dará buena acogida a esta misión, espera asimismo se sirva dar entera fe y crédito a cuanto por escrito o verbalmente diga y esponga el señor González, particularmente al manifestar los sentimientos de amistad y buenas disposiciones de parte del de Guatemala.

Me es honroso, señor Ministro, poder reiterar a U. S., con esta ocasión, las consideraciones y distinguido aprecio con que me suscribo de U. S. obediente servidor.

J. Mariano Rodríguez.

NÚMERO 11.
CONTESTACIÓN.

Casa del Gobierno; Comayagua, agosto 10 de 1847.

Señor Ministro de Relaciones Exteriores del Supremo Gobierno de la República de Guatemala.

La estimable nota oficial de U. S. fechada el 4 de junio último, ha sido puesta en mis manos por el señor Licenciado don Ignacio González, Comisionado por ese Gobierno Supremo cerca del Supremo Gobierno de Honduras.

El 2 del corriente, día que se fijó para su recepción, entregó él mismo al señor Presidente de este Estado la carta autógrafa de su Excelencia el de Guatemala.

Este documento, y la estimable comunicación que contestó a U. S., han acreditado debidamente la misión del señor González, y mi Gobierno lo ha reconocido desde luego como agente legítimo del de esa República, dejando al verificarlo, intactos y subsistentes los compromisos y deberes en que se halla constituido respecto de los otros de Centroamérica en cuanto al restablecimiento de un Gobierno general.

No dudo que el señor González informe al Supremo Gobierno, de quien es órgano, que su acogida por el de Honduras ha sido leal y franca, y que está anuente a dar entera fe y crédito a lo que diga y esponga de palabra y por escrito.

El actual mandatario de Honduras cree no puede ceder al de Guatemala en cuanto a los sentimientos de amistad y benevolencia que los identifican. Sus más fervientes votos son por la prosperidad y engrandecimiento del pueblo guatemalteco.

Quiera U. S. permitirme el honor de continuar asegurándole que soy su respetuoso y muy obediente servidor.

Santos Guardiola

CAPÍTULO IX: PRESIDENTE LINDO; PRESIDENTE GUERRERO

El Salvador

SUMARIO.

Misión de don José Montúfar – 2. Obispo – 3. Nacionalidad – 4. Instrucción pública – 5. Beneficencia – 6. Agricultura – 7. Elecciones.

El Gobierno de Guatemala deseaba que el Salvador reconociera la República decretada el 21 de marzo de 1847.

Era Ministro de Relaciones en Guatemala don José Mariano Rodríguez, y en el Salvador don Francisco Dueñas.

El Gobierno guatemalteco buscó una persona para enviarla al Salvador, que no fuera antipática por sus antecedentes políticos, y esta circunstancia se creyó encontrar en don José Montúfar, quien, aunque estuvo al lado de su tío don Manuel en el sitio y capitulación de Mejicanos, era entonces muy joven y no dejó contra sí ninguna enemistad personal.

Don José Montúfar se halló entre los defensores de la plaza de Guatemala en febrero de 38 y formaba parte de la Plana mayor. Sirvió a las órdenes del general Morazán, cuando este ilustre jefe expedicionaba contra Carrera, y se hizo estimar de Morazán.

Muchas órdenes del Vencedor de Gualcho, dirigidas a don José Montúfar, se encuentran en cartas que más parecen correspondencia de un amigo que preceptos de un jefe.

Miramientos de don José Montúfar a su familia paterna, que lo distinguía, lo condujeron a las filas del partido servil, y el 18 de marzo de 1840 mandaba una fuerza colocada en la iglesia de San Francisco.

Don Manuel Montúfar, hermano de don José, se hallaba en las filas del partido reaccionario, y fue hecho prisionero en la mañana del 18 de marzo, al tomar los salvadoreños la plaza de Guatemala.

Al dar parte a Morazán, este jefe creyó que el prisionero era José Montúfar, y dio orden de que le fuera presentado a fin de tratarlo como amigo.

Descubierto el error, el general Morazán dispuso que a don Manuel Montúfar se le custodiara, sin inferirle ninguna ofensa, y tratándosele muy bien.

Morazán, en su manifiesto de David, publicado en el capítulo 19, tomo tercero de esta Reseña, hace una comparación entre la manera con que él trataba a los prisioneros serviles, y la manera con que los serviles trataban a los prisioneros liberales y presenta este cargo:

"El asesinato de todos los heridos el 19 de marzo en la plaza de Guatemala, ocupada a la bayoneta, evacuada después rompiendo la línea enemiga, por falta de municiones, y por no haber encontrado los auxilios que ofrecieron los liberales. Asesinato tanto más criminal, cuanto que se había trafado con las debidas consideraciones al oficial Montúfar y a 35 soldados que se tomaron prisioneros en la acción, y respetado al padre obispo y canónigos que se encontraron en la catedral confundidos con los soldados enemigos que se batieron con los nuestros dentro del mismo edificio."

Don José Montúfar llegó al Salvador en calidad de enviado del Gobierno de Guatemala y fue muy bien recibido por los salvadoreños.

Al presentar sus credenciales dijo lo siguiente:

"Exmo. Señor. – Al poner en manos de V. E. la carta del Presidente de la República de Guatemala en que me acredita como comisionado cerca del Gobierno de V. E., me es sumamente satisfactorio poder asegurarle que, si la política y la diplomacia de este siglo consiste en la sinceridad, ninguna misión, creo, podrá llamarse con más razón sincera que la que tengo el honor de venir a desempeñar."

Mi Gobierno, que ha sentido las dulzuras de la paz, los gozos de la abundancia, el placer del bienestar y la satisfacción que disfrutan los habitantes del Salvador y Guatemala, ha querido asentar estos gozos estrechando sus relaciones y cimentándolas sobre bases duraderas.

Con este grave objeto se ha apresurado mi Gobierno a constituir comisionados en todos los Estados de Centroamérica, y a mí, aunque indigno, me ha tocado la honra de representarlo en el Salvador.

Yo espero que, animados los guatemaltecos y salvadoreños por los mismos sentimientos y deseos, podré, auxiliado de los conocimientos de V. E. y de los ilustrados Ministros de su Gobierno, llenar el fin que el de Guatemala se ha propuesto.

El señor Presidente Aguilar contestó en esta forma:

"Sr. Comisionado del Supremo Gobierno de Guatemala. –

El Gobierno del Salvador, firme en el deseo de estrechar de todos modos el lazo de unión que lo liga a los otros Gobiernos de la República, mira con sumo aprecio todo lo que tienda a robustecer aquel precioso vínculo. Con constantes esfuerzos se dirige siempre a mantenerlo y conservarlo, como el origen fecundo de recíprocas utilidades y como la más segura garantía de la independencia nacional. Partiendo de este principio, muy grato es para el Gobierno este acto destinado a la recepción de U. en su carácter de comisionado de su aliado y hermano, el de Guatemala. Con nuestro placer acaba de oír el desarrollo de los conceptos en que se expresan los principales objetos de su comisión y los nobles sentimientos que animan a su Gobierno.

Los del Salvador, que basan su política en el respeto a los principios, son del todo idénticos a los que aquel profesa. De tales seguridades debe partir el Sr. comisionado, a quien anuncio, desde ya, que el Gobierno del Salvador está dispuesto a oír, con aprecio, las proposiciones que por medio de U. le haga el de Guatemala y aceptarlas, siempre que estén fundadas en principios de reciprocidad y tiendan al bien común de esta y aquella sección amiga y aliada.

Este suceso va a afianzar más la armonía y las buenas relaciones que ambos Gobiernos cultivan; y las simpatías que naturalmente existen entre guatemaltecos y salvadoreños serán más fecundas en felices resultados."

Digno es de observarse que Montúfar habla a nombre del Presidente de la República de Guatemala, y que el señor Aguilar contesta al comisionado del Supremo Gobierno de Guatemala, omitiendo con estudio la palabra República.

Don José Montúfar iba al Salvador a pedir, en nombre de los serviles de Guatemala, que los salvadoreños gravaran su sello en la hoja fatal que consumó el fraccionamiento de la patria, y los salvadoreños lo rehusaron.

Con presencia de este suceso histórico, de que fue testigo toda la América Central, puede preguntarse al partido reaccionario: ¿quién fraccionó a Centroamérica, fueron los serviles o los liberales?

Montúfar regresó a Guatemala sin haber obtenido lo que los serviles se proponían; y la negativa enojó a estos.

Siempre los serviles fueron enemigos del pueblo salvadoreño. Esta negativa los indignó aún más y se esforzaron en desacreditar la administración de don Eugenio Aguilar y las instituciones salvadoreñas.

Se temió, por lo mismo en el Salvador, que influencias guatemaltecas dificultaran en Roma, a donde había ido como Enviado don Ignacio Gómez, la separación del Obispo Viteri.

Pero no fue así. La conducta de Viteri lo había desacreditado de tal manera en todo el Estado del Salvador que era imposible que hiciera algo favorable a los serviles.

Otro Obispo era lo que convenía a los mismos serviles. Este debía presentarse sin los fatales antecedentes que manchaban la mitra de Viteri y con los prestigios de la novedad.

No podía tratar con desdén al Arzobispo ni al cabildo metropolitano. Tenían muchos medios los serviles de ejercer influencias sobre él y en esas influencias confiaban.

Pero no dejaron al señor Viteri abandonado. Ellos no perdieron medio de cooperar en favor de su traslación a Nicaragua, cuya iglesia se hallaba en sede vacante.

En Honduras mandaba Lindo y en Nicaragua Guerrero; pero ambos Estados coincidían con el Salvador en la necesidad de la unión centroamericana porque temían a la Inglaterra.

Los tres Estados formaron la dieta de Nacaome, y esta se esforzaba en que Guatemala, no obstante el decreto de 21 de marzo, y Costa Rica enviaran diputados a ella.

Costa Rica decretó el envío de representantes a Nacaome, y fueron nombrados don Joaquín Bernardo Calvo y don Juan Antonio Alsarado, pero Guatemala contestó por medio de una negativa clara, absoluta y terminante.

Dijo que el decreto de 21 de marzo la colocaba en una separación definitiva y que no podía dar un paso hacia atrás.

Con presencia de este otro hecho histórico puede volverse a preguntar: ¿quiénes rompieron la unidad, los serviles o los liberales?

La nota de que se trata está fechada en Guatemala a 8 de julio de 47 y tiene un párrafo que dice así:

"Por todos los motivos expresados en el manifiesto y decreto del 21 de marzo, el Gobierno de Guatemala creyó de su deber y se vio en la necesidad de tomar la resolución a que se contraen dichos documentos; y tales motivos existen aun, sin que pueda considerarse que las circunstancias que dieron mérito a aquel suceso hayan variado o desaparecido. Por la citada resolución, el Estado quedó erigido en República y como Nación independiente, en cuyo concepto, y en la capacidad de cuerpo político, soberano, comenzó y ha seguido obrando en todos sus negocios tanto en el interior como, principalmente, en el exterior respecto a sus relaciones con las naciones extranjeras."

No solo rehusaban los serviles concurrir a la dieta de Nacaome, sino que hacían esfuerzos por medio de agentes en Costa Rica para disuadir a los costarricenses a que cooperaran a las ideas de unidad.

El doctor Castro había visto durante su juventud las guerras y los trastornos centroamericanos y los atribuía, no a los vicios de la Constitución de 24, sino a la unión de pueblos que, en concepto suyo, debían estar separados.

Los agentes de Guatemala encontraban, en este punto, muy buenas disposiciones en el ánimo del Presidente de Costa Rica.

El doctor Castro es indudablemente un hombre de talento; pero ha incurrido en graves equivocaciones durante su vida política.

Es probable que cualquiera otro hubiera caído en ellas, hallándose rodeado de los mismos escollos que circundaban a Castro.

Esas equivocaciones se le presentaban entonces como cívicas virtudes, como actos de pericia política y como títulos de merecimiento ante la posteridad; pero el transcurso del tiempo pone de relieve la verdad, y las falsas glorias de hoy son las sombras de mañana.

Se atribuyen a determinados gobernantes de cada localidad los males que aflijen a cada una de las fracciones de Centroamérica, y no se tiene en cuenta que es imposible que continúen marchando aisladas: que carecen dentro de sí mismas de los elementos que una verdadera nacionalidad exija, y que si no vuelven con rapidez a la unión, antes de mucho tiempo desaparecerán para siempre del catálogo de las naciones, que es el mayor mal a que los separatistas pueden conducirlas.

Ese gran mal llegará a considerarse por una parte de los centroamericanos como un bien, cuando por completo se fastidien de los males que los agobiaban bajo el régimen de la separación, del aislamiento y bajo el triste impío del raquitismo.

Hace honor a los salvadoreños su insistencia por la unidad de Centroamérica y la constante lucha que por ella mantuvieron siempre con el partido reaccionario.

La Gaceta del Salvador correspondiente al 24 de setiembre de 47 contiene un artículo incontestable cuyas predicciones se han realizado. Dice así:

"Por las recientes correspondencias de los señores comisionados del Salvador a la Dieta Nacional, se sabe que en la última sesión acordaron esperar a los señores comisionados de Costa Rica hasta el 30 del corriente; y que si dentro de este término no concurrieran, proceder sin más demora a los arreglos que ya tienen preparados y en que están de acuerdo las legaciones de los tres Estados. Como el objeto es allanar toda clase de dificultades y no demorar por más tiempo la reorganización del país, nos parece muy acertada la medida. En este concepto esperamos de un día a otro el formal arreglo del pacto nacional que comunicaremos inmediatamente a nuestros lectores. Si la paz pudiera establecerse de una manera sólida en cada Estado, no juzgaríamos tan necesaria la organización de un poder general; pero ninguna sección de Centroamérica puede considerarse exenta de terribles conmociones. Circunstancias muy accidentales pueden mantener en el puesto por algún tiempo a los que gobiernan; pero la más pequeña chispa basta para producir un incendio en un país que no tiene base ni principios fijos de gobierno. Habrá, si se quieren todos los Estados, algún hombre que conserve un sistema para mantenerse al frente de los negocios públicos; pero este sistema acabará con su existencia y de aquí dimana la diferencia que hacen los publicistas entre un país regido por el sistema de un hombre y el de otro regido por principios. Nosotros debemos buscar alguna cosa más duradera y más indestructible, porque como ha dicho el héroe de nuestro siglo 'Los hombres no tienen la fuerza necesaria para asegurar el porvenir de las naciones.' Necesitamos, pues, para fijar nuestro porvenir, hacer algún arreglo común que evite lo transitorio de nuestros hombres públicos, y asegure nuestra marcha en el escabroso camino que hemos emprendido".

"Debemos, pues, los centroamericanos, fijar por medio de las instituciones análogas y generales el porvenir de nuestra nación, y no limitarnos a lo presente que no puede ser duradero cualquiera que sea el aspecto político, por el cual quiera considerarse. Es menester no hacernos ilusiones, ni querernos engañar a nosotros mismos, porque este engaño, afectando nuestros más vitales intereses, puede producirnos funestos resultados. Es necesario que confesemos, que mientras la nación permanezca dislocada, no puede ser duradera la existencia política de ninguna sección, porque ninguna de ellas tiene el poder necesario para conservarse una vez perdido el equilibrio que casualmente la sostiene. Y es menester, por último, no vivir de casualidades; pudiendo asegurar con más firmeza nuestro edificio social. Estas y otras muchas consideraciones nos hacen agotar todos los medios posibles para conseguir nuestra deseada nacionalidad: si ellos fuesen frustrados, si obstáculos insuperables se oponen a su realización, no por eso serán menos exactos nuestros discursos en esta materia."

"El Estado del Salvador se halla en el día en una posición la más bella y ventajosa para su modo de ser particular. Una perfecta tranquilidad reina en todos sus ángulos: una población agrícola entregada enteramente a sus trabajos se encuentra por todas partes; los partidos han desaparecido y la seguridad pública está perfectamente afianzada. Ligeras discusiones sobre ciertas medidas de gobierno vienen de cuando en cuando a anunciarnos que hay libertad para pensar y para escribir lo que se piensa. Por lo demás, nada hay notable en todo el Estado, sino el deseo de conservar la paz y el orden que felizmente se disfruta; sin embargo, de esta bella posición y de las ventajas que cada día adquirimos, quisiéramos afianzar con vínculos indisolubles nuestro porvenir y alejar hasta la más remota probabilidad de nuevos desastres, y por esto deseamos que la República vuelva a reaparecer, que se organice un poder nacional."

El Gobierno salvadoreño era entonces la expresión del partido liberal de Centro-América.

El 7 de octubre fueron firmados dos convenios en Nacaome.

En uno de ellos la Dieta se propuso la creación de un Gobierno nacional, y en el otro que se convocara una Asamblea Constituyente centroamericana.

Ambos convenios fueron atacados por el partido servil aristocrático.

Los serviles no solo se oponían a formar parte de la nueva nacionalidad, sino también a que se consolidara la liga de los tres Estados, como expresa la carta del general Flores dirigida a don Manuel Francisco Pavón, que se publicó en el libro anterior.

Los salvadoreños, después de haber visto todo lo que la prensa dijo acerca de los convenios de Nacaome, adhirieron al más conforme con los principios democráticos y con el sistema popular, sobre la convocatoria de una Asamblea Nacional Constituyente, que no llegó a tener efecto por las oposiciones que al Salvador se hacían por diversas partes de Centro-América.

En medio de estas grandes complicaciones políticas no se descuidaba ningún ramo de progreso ni de mejoras.

La Gaceta publicaba artículos literarios, filosóficos y científicos que hoy se leen con particular aprecio.

Se dio apoyo al colegio de la Asunción; se abrieron cursos de medicina y se protegió la enseñanza primaria.

La junta de caridad funcionaba conforme a sus estatutos, encaminándose al fin noble de su institución.

Ella se hizo cargo del hospital y verificó en él útiles mejoras.

El Presidente del Estado era doctor en medicina y manejaba este ramo con pericia.

Se fomentó la agricultura y se hicieron esfuerzos para que continuaran las plantaciones de café.

La Constitución salvadoreña señalaba el término de dos años al Presidente del Estado y se hacían elecciones conforme a la ley fundamental.

El 25 de enero se reunieron las Cámaras y aquel mismo día se expidió el decreto siguiente:

"Los Representantes del Pueblo Salvadoreño a las Cámaras Legislativas, reunidos en el número que la ley designa,

DECRETAN.

Se ha por instalada solemnemente la Asamblea General del Estado del Salvador, y ambas Cámaras abrirán sus sesiones ordinarias el día de mañana.

Comuníquese al Poder Ejecutivo.

Dado en el Salón de sesiones en la Ciudad de San Salvador a 25 de enero de 1848:

José María Zelaya, D. P. – Elías Delgado, S. V. P. C. Velado, D. Tomás Medina, S. José Aragón, D. Mariano Payes, D. Bernabé Chávez, D. Andrés Castro, D. Santiago Delgado, D. V. Rodríguez, D. J. A. Alvarado, D. Mariano Hernández, D. Juan V. Calderón, D. Julián Villegas, D. J. Norberto Morán, S. Manuel Andrade, D. Sixto Pineda, S. Eugenio Oyárzun, D. Ramón Rodríguez, S. Fermín Palacios, S. Miguel Santín, S. Rafael Miranda, D. S. Rafael Pino.

Por tanto: ejecútese. Lo tendrá entendido el señor general del despacho, y dispondrá que se imprima, publique y circule.

San Salvador, enero 25 de 1848.

Eugenio Aguilar – al Sr. Licenciado Francisco Dueñas."

El Presidente Aguilar pronunció ante la Asamblea general un discurso notable. (Documento núm. 1.)

El Presidente de la Asamblea, licenciado José María Zelaya, contestó. (Documento núm. 2.)

El asunto que más preocupaba los ánimos era entonces la elección de Presidente del Estado del Salvador, que estaba practicada y faltaba solo que se abrieran los pliegos que contenían los sufragios populares.

DOCUMENTOS JUSTIFICATIVOS
NÚMERO 1.

Sres. Representantes:

La Constitución os reúne hoy, y el voto de los pueblos os congrega en este lugar, confiando a vuestro patriotismo e ilustración la suerte futura del Estado. Yo os felicito cordialmente por este encargo de tanta magnitud con que los salvadoreños quisieron distinguiros, porque os veo principiar vuestros importantes trabajos en medio de la paz, de la calma y de la libertad; y me felicito a mí mismo por haberme cabido la gloria de dejaros preparado un campo inmenso para trabajar con fruto en vuestra importantísima comisión.

Me congratulo también con el muy heroico pueblo salvadoreño por la acertada elección que acaba de practicar del digno Presidente que debe sucederme, con ventaja, en el Gobierno.

Desciendo gustoso de la Suprema Silla del Ejecutivo, y os dejo con el mayor placer el bastón que me entregasteis al encargarme del Gobierno del Estado – Soy republicano liberal: este timbre me llena de orgullo, y en él se cifra mi gloria.

Vuelvo gustoso a mi elemento, vuelvo a confundirme en la masa popular de donde me sacó la representación del Estado para poner sobre mis débiles hombros el peso tremendo de la administración pública en circunstancias bien difíciles.

Mi período que concluye hoy ha sido uno de los más escabrosos y acerbos que cuenta la historia del Ejecutivo del Estado.

Recibí el Gobierno bajo los más fatales auspicios: sin rentas, sin crédito, sin ejército, sin armas y municiones, y cuando el Estado se hallaba anonadado por los desastres de la guerra anterior, vilipendiado con las desgracias, y comprometido por virtud de los tratados y reclamaciones de algunos gobiernos de los otros Estados; con la población dividida en partidos, y fluctuante entre pasiones, vehementemente agitadas; y sin conocimiento práctico de los hombres influyentes, y de los grandes negocios que se trataban.

Por fin mis angustias fueron de muerte en los días aciagos de la facción fraguada en esta Capital, y en la invasión brusca y bárbara que seguidamente hizo Malespín al Estado.

Ni la pérdida de mi cara esposa, y tiernos hijos, de mi pequeña fortuna, y de mi país natal expresaran tanto mi corazón como la sangre salvadoreña que se vertiera, y los trastornos y desgracias que necesariamente debían seguirse en el Estado.

Pero afortunadamente logré serenar aquella tempestad, y al poderoso brazo de la Providencia debo mi salvación, y la del Estado.

Pasado poco tiempo he ido tratando, y caracterizando a las personas notables, y fijando mi opinión en los negocios pendientes; y me propuse como base de mi administración y plan político la franqueza, la honradez y la moderación: a esto solo debo que no hubiese naufragado la nave de la afligida y moribunda patria, cuyo timón era en mis manos.

He promovido decididamente la reorganización Nacional con la franqueza con que siempre ha obrado el Estado en este negocio de tanta magnitud y vitalidad. He ofrecido, siguiendo los votos de esta honorable representación, que el Salvador se adheriría sin restricción alguna a la forma de gobierno que adoptase una Asamblea Nacional Constituyente.

Porque cualquier poder que no emane del pueblo, en este mismo encontrará siempre insuperables resistencias.

Si el sistema federal está sostenido en la opinión pública, siempre será proclamado; y si su apoyo es el interés de pocas personas o la fuerza, su existencia no pasará de peligrosa y efímera.

Pero mis esfuerzos han sido infructuosos, y mis esperanzas frustradas, y lo único que se ha hecho en este punto importantísimo es el tratado celebrado en Nacaome, que vuestra ilustración y prudencia examinará con el tino y mesura que su gravedad exige.

Mis relaciones con los gobiernos de los otros Estados han llevado el sello de la verdad y buena fe: no se ha tratado de evadir, ni menos de engañar; he respetado circunspectamente sus derechos, y cuidado con esmero de no darles motivo de una queja fundada.

No me he mezclado en los negocios interiores de otro Estado, ni permitido que se tome intervención en los nuestros, resuelto siempre a sostener a todo trance los derechos del Salvador, si aun a pesar de mi conducta leal y generosa fuesen vulnerados.

Por una política de esta especie, seguida sin excepción, todos los dignos gobernantes de los Estados han cultivado la amistad y buena armonía con el del Salvador.

Con Nicaragua existen hoy relaciones muy estrechas de fraternidad y unión.

Como el territorio de aquel Estado se halla amenazado por agentes ingleses, se han ofrecido a Nicaragua la cooperación y auxilios que ha pedido, porque los diversos Estados centroamericanos, como hermanos, deben ayudarse recíprocamente; y por los compromisos que a este respecto tienen contraídos ambos Gobiernos por diferentes tratados vigentes.

El Gobierno del Salvador no ha contraído obligaciones de ninguna especie en el exterior, ni gravado con deudas al Estado, porque se ha observado, en los gastos, la más rigurosa economía.

Por lo que hace al orden interior, se goza en toda la extensión del territorio salvadoreño, de la más profunda paz y libertad más perfecta: no ha habido revolución ni movimiento de ninguna clase que aquietara en todo el año pasado, porque se ha procurado que la ley y los principios rijan en su plenitud.

La agricultura se reanima, y el comercio toma mayor actividad con la confianza. Se han abierto y están abriéndose caminos carreteros para los paertos, y se ha cuidado de que todos especulen tranquilos y con seguridad.

La guarnición de esta Capital no ha llegado ni aún a la decretada por ley para ahorrar gastos, y al presente dejo los almacenes provistos del armamento y municiones necesarias para la respetabilidad y defensa del Estado.

La amortización de la deuda interior asciende hasta el día, a más de doscientos mil pesos, porque el papel moneda, aunque ruinoso para el Gobierno y para los tenedores, y solo útil para el negociante en este artículo, circula rápidamente en el Estado, y se recibe en todas las administraciones de hacienda pública.

De este modo, la mayor parte de las rentas se consumen en la deuda, y esta crece en proporción, porque a los empleados no se les pueden pagar íntegramente sus pequeños sueldos. Esta falta produce un gran retraso en los negocios, y suma dificultad para la admisión de los destinos.

Por lo demás, el Sr. Ministro General os informará detalladamente, en su memoria, sobre todos los demás ramos de la administración pública.

Quiero únicamente dediros, lleno de suma satisfacción, que las grandes atenciones del Gobierno y la multitud de angustias y penurias de que estoy rodeado no me han hecho olvidar, ni por un solo instante, el importantísimo ramo de instrucción pública.

La primaria en uno y otro sexo, y la secundaria, han llamado de preferencia toda mi atención. Me he dedicado a fomentarla cuanto la penuria del erario me lo ha permitido, y en ella se han hecho notables progresos. La Universidad de esta Capital, aunque fue establecida desde el año de 41, carecía de un sistema que reglamentase su organización y que trazase el plan de estudios que debía seguirse. El Gobierno acaba de vitalizar este establecimiento importantísimo, decretando sus estatutos el 20 del pasado diciembre. También dejo establecidas en la misma Universidad todas las cátedras necesarias para que la juventud salvadoreña, en lo sucesivo, pueda hacer su carrera en diferentes ramos sin tener que desviarse del techo paterno y del suelo de su nacimiento.

Si mis servicios SS. RR. merecen alguna consideración, escuchad mi voz: es la de un salvadoreño que ansía por el bienestar de su patria y que os habla con experiencia. Proteged de todos modos la instrucción pública con leyes sabias. En donde no hay civilización no puede haber libertad, ni derechos civiles, ni la industria humana florece en un suelo que no ha fertilizado la ilustración. Cuando los salvadoreños sean instruidos, serán de buenas costumbres y laboriosos, y el Estado contará con seguridad y riqueza pública. Van desapareciendo poco a poco los hombres de conocimientos que se educaran en otras partes, porque el Salvador tiene la desgracia de haber carecido anteriormente de establecimientos científicos. Que este negocio, pues, llame imperiosamente vuestra atención, y no olvideis que las economías mal entendidas amortigüen la enseñanza, como los rayos del sol a la flor naciente.

Permitidme que no concluya sin que os consigne una línea para nuestra historia. Es la primera vez que se ha visto en El Salvador que el Gobierno no hubiese violentado ni comprimido la opinión pública en las elecciones populares de las supremas autoridades que deben fungir en el periodo siguiente.

No concluiré sin manifestar al S. P. L. que el uso de las facultades extraordinarias con que el Ejecutivo quedó investido no ha costado una sola lágrima salvadoreña.

Las he limitado a la formación de la ley orgánica de hacienda, a la plantación de la Intendencia General y a decretar los estatutos de esta Universidad.

La posteridad juzgará de mi conducta administrativa. Todos mis actos como gobernante los encontrará escritos en el archivo del gobierno y puedo decirlo con confianza y satisfacción, que ni uno solo tiene necesidad de ocultarse a la luz pública. Mi corazón ha sido sincero: mis deseos, puros; y mi trabajo, asiduo. Si no he podido hacer todo el bien que apeteciera, he procurado al menos evitar males. ¡Ojalá que las circunstancias me hubiesen sido más lisonjeras!

"Vuelvo, pues, con mi espíritu tranquilo al hogar doméstico: haré allí votos por la felicidad de los salvadoreños; trabajaré por ellos como un particular; y estaré siempre dispuesto a prestar a mi patria el servicio que quiera exigirme. – HE DICHO.

Eugenio Aguilar."

NÚMERO 2.
"El Sr. Presidente de la Asamblea contestó.

Sr. Presidente:

El Cuerpo Legislativo, cuya existencia y aparición periódica es el mejor signo de la posición política del Estado, ha oído con placer vuestras manifestaciones, las cree fundadas en toda la verdad de los antecedentes y sucesos. En las variadas crisis en que se ha visto el país y en el contacto que tiene el Estado con los que más pueden afectarle, no es poca dicha haberlo salvado en un periodo que estaba enlazado con grandes disturbios y en que la disonancia de intereses ha obrado hasta contra su unidad.

En el interior no es poco, para los que sepan pesar el bien, haber hecho concentrar las opiniones a un solo interés y sostener un orden legal a pesar del agotamiento. Si nos tocase la buena suerte de que el aspecto de Centroamérica cambiase según los deseos del patriotismo ilustrado, y los que animan al Cuerpo Legislativo, entonces se vería toda la cooperación y eficacia de una gran parte de la República, que se puede llamar sana porque tiene el vigor de hacer transitorios los males, y siempre reaparecen los elementos que son precisos para ser libres y felices.

La Legislatura hace todo el aprecio que deben de tener vuestros sacrificios y constantes esfuerzos por secundar todas las medidas que las leyes anteriores, las necesidades y el interés os han hecho promover. Dejáis las bases y cierto espíritu de mejoramiento y progreso que ha recibido su fuerza de la cooperación de la autoridad. La opinión pública se ha ilustrado y, si no es posible recoger de pronto los frutos, por lo menos se ha iniciado todo lo que promete resultados más seguros.

El Cuerpo Legislativo hará todo el mérito de vuestras indicaciones en las resoluciones que adopte, dándoos las gracias porque en todo habéis procurado hermanar los verdaderos intereses de la República con los de los pueblos que habéis reunido; y si la paz y la armonía han sido el efecto de vuestras medidas, ellas indican que han caracterizado la sinceridad y que dejan un apoyo de confianza para las grandes operaciones sucesivas, de aquella confianza que nunca debe faltar y que es la primera condición en las relaciones mútuas. La Asamblea se congratula por el aspecto que hoy dan por resultado vuestros afares.
– HE DICHO.

José María Zelaya."

CAPÍTULO X: HONDURAS Y NICARAGUA... BUENOS AMIGOS

Nicaragua

SUMARIO.

1. La situación 2. Tratado de amistad y alianza entre Honduras y Nicaragua 3. Espíritu de localismo 4. Sucesos de Segovia5 Coqueterías de Muñoz 6. Nuevos desórdenes 7. Reunión de la Asamblea 8. Actos Legislativos 9. Sandoval y Zepeda 10. Se convoca extraordinariamente a las Cámaras 11.Agitaciones con León 12. Asamblea 13. Elecciones

Las agitaciones de Nicaragua, dando una ligera tregua, permitieron al director Sandoval visitar a los pueblos.

Es notable la situación en que algunos se encontraban.

En Chinandega no había gente y el jefe de sección, Eduardo Castillo, dirigió una nota al subperfecto ordenándole publicara un bando que impusiera multa a todos los vecinos que inmediatamente no volvieran a sus hogares. (Documento num. 1.)

No puede ser más significativa esta manera de recibir a Sandoval, ni más tiránica la orden del jefe de sección.

¿Por qué no ha de ser permitido a los vecinos de un lugar trasladarse a otras partes cuando les parezca?

Sandoval pretendía valerse de la religión como el elemento de gobierno.

Pasará mucho tiempo sin que los centroamericanos se convenzan de que el único sistema posible es la independencia entre la iglesia y el Estado.

Fueron educados bajo otro régimen, y lo que se oyó alrededor de la cuna, por absurdo que sea, deja profundas huellas y suele ser la guía al borde de la tumba.

El jefe de sección Castillo dirigió una nota al Vicario Capitular contraída a pedirle que los curas predicaran en favor del Gobierno. (Documento núm. 2.)

Nadie quería aceptar cargos municipales y un acuerdo de Sandoval prescribe órdenes a los prefectos para compeler a todos los que no estuvieran absolutamente imposibilitados.

El enterramiento de los cadáveres produjo también dificultades.

Estaba mandado que se verificaran en panteones fuera de poblado y que, mientras no los hubiera, las inhumaciones se hicieran en las iglesias de los barrios.

Sandoval no pensaba más que en sostener el Gobierno que en Nicaragua creó Malespín y no había podido preparar cementerios.

Se hicieron inhumaciones en la Catedral de León y el Gobierno reconvinó por ellas al prefecto de aquel departamento.

Él contestó que el Gobierno no había cumplido preparando los panteones según la ley, y que los vecinos de los barrios se quejaban de que todos los cuerpos muertos se enviaran a sus iglesias, y decían aquellos vecinos que también ellos eran acreedores a ser protegidos por las reglas de la higiene.

Estas observaciones del prefecto eran tan justas como incontestables; pero también había intereses eclesiásticos mezclados en el asunto, y el Vicario era el primer opositor a la orden gubernativa.

Los productos de enterramientos en la Catedral e iglesias del centro servían directamente a su señoría, quien se lamentaba de falta de dinero.

Efectivamente, le faltaba una parte de los diezmos, no porque el Gobierno hubiera salvado al pueblo de esta contribución fatal, sino porque, exigiendo el pago, tomaban los diezmos para acudir a las necesidades del fisco.

Los propietarios se quejaban de las incesantes contribuciones.

Ellos decían que en otro tiempo las contribuciones directas y los empréstitos forzosos eran recursos extraordinarios y que, a la sazón, se habían convertido en ordinarios.

Aseguraban que contribución y empréstito forzoso eran sinónimos, porque lo prestado jamás se pagaba.

Las contribuciones eran más sensibles para aquellos que más sufrían del Gobierno.

Vecinos de León, de Chinandega, del Viejo, que habían sido víctimas del ejército protector de la paz, que hizo la guerra a Nicaragua y que despedazó a León, tenían necesidad de contribuir al sostenimiento del Gobierno que de aquella catástrofe surgió.

Con razón los vecinos de poblaciones enteras abundaban sus hogares y se iban a los montes.

El 12 de enero de 1846 se firmó en Comayagua un tratado de amistad y alianza.

Fueron plenipotenciarios por Honduras: el general Ferrera y, por Nicaragua, don Sebastián Escobar.

Sandoval ratificó este tratado el 31 de enero. (Documento núm. 3.)

Un tratado de amistad y alianza con el Gobierno de Honduras, que acababa de invadir a Nicaragua, no podía ser grato a las víctimas de aquella invasión, y las familias que todavía lloraban los ultrajes infligidos por Guarliola lo miraban como un insulto.

Sin embargo, del reaccionarismo de Honduras y del perfecto acuerdo de la oligarquía hondureña con el Gobierno de Sandoval, que marchaban a la sombra de Carrera, no podía haber una coincidencia absoluta entre los nobles guatemaltecos y los gobiernos de Nicaragua y Honduras.

Los separaban las cuestiones territoriales con la Inglaterra.

Muñoz, en este punto, no adhirió a la aristocracia de Guatemala, como tampoco adhirió a ella el general Malespín.

Ferrera, ni aun en este asunto vital para Centroamérica, tuvo dignidad, y su servilismo llegó hasta el extremo de reconocer a la Mosquitia.

Pero no todos los serviles de Honduras llegaban a tan alto grado de abyección.

Lindo, que tanto daño había hecho a los partidarios del general Morazán y que tantos servicios había prestado a los nobles de Guatemala, tratándose de Mosquitia, no coincidía con ellos; y la discrepancia, como se verá más tarde, llegó hasta el extremo de producir un rompimiento absoluto entre los nobles y don Juan Lindo, quien, con gran sentimiento suyo, tuvo que unirse a los liberales.

En Honduras y Nicaragua había gente que pensaba ser indispensable la nacionalidad de Centroamérica para que aquellos dos

Estados se salvaran de las exigencias de Chatfield, y a esto tiende el artículo sexto del tratado de que se habla.

Don Pablo Buitrago dirigió al Director Sandoval una extensa carta que vio la luz pública, solicitando que las Cámaras de 1846 se reunieran en León, antigua capital del Estado.

Sandoval no tuvo inconveniente en contestar combatiendo la solicitud.

Por cartas simplemente no podía resolverse la cuestión.

Un decreto las convocaba para San Fernando y otro decreto confirmó el anterior, quedando vencido el señor Buitrago y herido el sentimiento de los leoneses que veían aquellas disposiciones como hostiles.

Los hombres de bien habían hecho sufrir a León un sitio que duró cerca de tres meses, habían destruido sus casas y sus edificios públicos, habían saqueado sus propiedades y asesinado tanta gente que las familias experimentaban más desolación que los egipcios, según el Éxodo, por la cuchilla del ángel exterminador.

Sin embargo, no se quería que ese pueblo víctima tuviera siquiera el placer de ver en su seno a los representantes de la patria.

Se le exigían contribuciones y se daban órdenes para que sus moradores acudieran al campo de batalla, pero no se accedía siquiera a una solicitud que podía contribuir a que lentamente se fueran olvidando sus pasados sufrimientos.

Los acontecimientos presentaron un carácter diverso por el departamento de Segovia.

Hombres que no inspiraban confianza y cuya presencia sola desacreditaba la causa en cuya fila se hallan, aparecían por allí.

El general Muñoz, a la cabeza de más de quinientos hombres, emprendió viaje a Segovia, o sea, el setentrión, como se dice en Nicaragua.

Allí permaneció dos meses, al cabo de los cuales el capitán Mateo Pineda obtuvo un triunfo en la montaña de Cacilí.

El 23 de marzo un acontecimiento extraordinario conmovió los ánimos.

El bandido Bernavé Somosa, con algunos pocos, pretendió apoderarse de la situación y murieron Bernardo Venerico, Domingo Guzmán, Sebastián Salolio y Guadalupe Rivas.

Esta matanza produjo espanto en Nicaragua.

El Gobierno debió haber aprovechado la oportunidad que aquel acontecimiento le proporcionaba para hacer patente la justicia de su causa y calmar la efervescencia que contra él existía.

Pero los gobiernos reaccionarios jamás se sujetan a las prescripciones del derecho.

La justicia para ellos es un estorbo que, con cualquier pretexto, debe ser hollado.

En Nicaragua había leyes preexistentes que caían sobre las frentes de los asesinos.

¿Por qué no se les juzgó conforme a estas leyes?

Porque era preciso manchar la causa más justa cometiendo desatinos.

El Gobierno emitió el 13 de abril el decreto siguiente:

"Art. 1. El General en jefe, los Prefectos, Gobernadores departamentales y todas las autoridades del Estado, son obligados, bajo su más estrecha responsabilidad, a perseguir y capturar de la manera que dieran lugar a los reos de los dichos asesinatos.

Art. 2. Todos los asesinos aprehendidos serán puestos a disposición del General en jefe y juzgados con arreglo a ordenanza, precisamente dentro de tercer día por una junta de oficiales.

Art. 3. Se recuerda para lo que convenga, que todos los administradores de las haciendas tienen por ley del Estado la autoridad de alcaldes de campo.

Art. 4. El General en jefe y los Prefectos castigarán severamente a los respectivos subalternos morosos en la persecución de los indicados asesinos, y consecutivamente darán cuenta al Gobierno de los progresos que hagan en el exterminio de aquellos.

Dado en León, a 13 de abril de 1846. – José León Sandoval. – Al Secretario del Despacho de la Guerra."

Este decreto produjo muy mal efecto.

Los mismos que deseaban el castigo de los asesinos lo censuraban.

Todos se creían amenazados y cada uno decía: "No sabemos qué huella dejan las garantías, si los asesinatos perpetrados por Somosa o la manera de proceder adoptada por el Gobierno."

El 21 de abril fue fusilado Juan Ventura Flores, en cumplimiento del decreto dictado el 13.

El 5 de mayo tuvo igual suerte Ponciano Romero, quien fue juzgado y condenado a muerte en cumplimiento del mismo decreto.

En la tarde del 8 de mayo fueron fusilados Vicente Bonilla y Manuel Contreras, juzgados y sentenciados conforme al texto literal de aquel decreto.

El general Muñoz quería más halagos, más incienso y más poder, e imitando a aquellas hijas de Eva que, para aumentar sus ovaciones, hacen desdenes, presentó al Ministerio la renuncia siguiente:

"Ejército del Estado.

General en jefe – Estando persuadido de que está bien afianzada la paz del Estado, por la cual he hecho todos los sacrificios que me han sido posibles, y ni pude seguir por más tiempo en el servicio; tanto porque asuntos de bastante importancia para mí exigen mi presencia en otras partes, como porque ya no soy necesario a mi patria, se pare, sirva U., Sr. Ministro, manifestarle al Spmo. Director que le suplico se digne en mandarme, se me separe del servicio y se me asignen los restos de mi sueldo, lo que me corresponda de bagajes y gratificación de campaña; al mismo tiempo que se me extienda mi correspondiente pasaporte para salir del Estado. Con este motivo reitero a U. mis protestas de consideración y aprecio. – D. U. L.

Cuartel General en León, Mayo 6 de 1846."

J. Trinidad Muñoz.
Señor Ministro de la Guerra.

¡Qué golpe tan espantoso para el Estado de Nicaragua!

El compañero de Malespín en el sitio de León abandonaba el país.

¿Sería inimaginable consentir en ese triste abandono, quedando los nicaragüenses en la orfandad?

Muñoz conocía la historia de Carrera y sabía muy bien lo que estas coheterías militares habían producido al teniente general ante la asamblea cristianísima de Guatemala y ante el Gobierno de Rivera Paz.

El Ministro de la Guerra contestó a Muñoz en esta forma:

"Ministerio de la Guerra – Casa de Gobierno.
León, 7 de mayo de 1846.
Sr. General en jefe:
Con bastante sentimiento ha sido vista por el Supremo Director la atenta comunicación de U. de ayer, relativa a hacer dimisión del destino que obtiene, a solicitar se le manden pagar los resagos de sus sueldos y lo que le corresponda en bagajes y gratificación de campaña, y a pedir su pasaporte para otro Estado.

Nicaragua es deudor al Sr. General, en gran parte, de su salvación; aún no están completamente afianzados en la paz y el orden; y exige todavía sus servicios; así que el Supremo Gobierno ni quiere ni puede admitir la renuncia de U.

El Director Supremo está persuadido íntimamente de la justicia del segundo punto de su citada comunicación: siente en extremo que la escasez del erario no le permite por ahora satisfacer su reclamo; sin embargo, ha dictado las órdenes correspondientes y tomado medidas eficaces para que, de preferencia y a la mayor brevedad, se cubran los créditos de U.

En cuanto al pasaporte, el Gobierno Supremo ama y desea mucho la felicidad del Estado, y no podría privarlo de su más fuerte apoyo.

En estos términos doy, de orden Supremo, contestación a la referida de U. – D. U. L.

César."

Las palabras marcadas con bastardilla eran lo que el general Muñoz deseaba que se le dijera.

En Nicaragua no había solo partidos beligerantes con bandera y principios políticos, sino también malhechores que, a merced de la revolución, ejercían venganzas y tomaban la propiedad ajena.

El 22 de mayo, por la noche, en medio de una copiosa lluvia, algunos fascinerosos se internaron en el pueblo de Chichigalpa, rompieron las puertas de la casa de Raimundo Abrego y robaron lo que de ella pudieron extraer.

Se dirigieron en seguida a la casa del guarda Felipe Urbina.

Esta casa estaba vacía, porque Urbina, temiendo algún suceso desagradable, había salido de ella.

Los malhechores, al retirarse, encontraron a Manricio Vaca, que llegaba de Chinandega.

Le quitaron la vida y se llevaron la bestia que lo había conducido y la montura.

El periódico oficial presenta estos hechos como una prueba de que es preciso proceder con severidad.

Indudablemente, era preciso proceder con severidad, pero tampoco se debía cometer ninguna iniquidad.

¿Quién ha dicho que severidad es sinónimo de injusticia?

¿Puede un Gobierno ser severo sin desviarse de los principios salvadores de justicia y de moral?

Por vía de severidad no se puede aceptar la retroactividad de las leyes, ni la idea de condenar sin prueba, ni mucho menos la creencia de que no debe oírse al reo antes de bañar con su sangre el cadalso.

El 7 de junio se reunió en San Fernando la Asamblea general, bajo la presidencia del Senador Norberto Ramírez.

En la memoria presentada por el Ministro de la Guerra, José Lino César, se hace un resumen de todo el movimiento militar y se pretende hacer creer que el decreto de 13 de abril es constitucional.

Una comisión compuesta de los señores Castillo, Bolaños y Morales dictaminó, el 14 de agosto, a favor de todo lo que el Gobierno había dicho y hecho, y el dictamen fue aprobado.

El Ministro de Relaciones anunció que don José García Gastón estaba encargado de abrir negociaciones con el Gobierno español.

Dijo que don José de Marcoleta había sido reconocido en Holanda y en Bélgica como encargado de negocios.

Nada dice el Ministro de Estado de la misión de Castellón y de Jerez a París.

Pero la prensa había dado ya noticia a los centroamericanos de esa misión.

Castellón no solo llevaba poderes de Nicaragua, sino también de Honduras.

Su objeto era combatir por medio de Francia y de Bélgica, cerca de cuyo Gobierno también estaba acreditado, las pretensiones de la Inglaterra en Centroamérica.

Nada pudo obtener.

Era imposible que el Gobierno pacífico de Luis Felipe disgustara a la Gran Bretaña para proteger a los centroamericanos.

La pequeñez de Bélgica la obligaba a ser neutral aun en las cuestiones más vitales europeas, y los vínculos que ligaban al rey Leopoldo con la reina de Inglaterra hacían imposible que Castellón obtuviera lo que pedía.

No estaba el remedio en los gabinetes enropeos. Se hallaba en la Casa Blanca y en el Capitolio de Washington.

El tratado Clayton Bulwer, cuyo texto se halla en las páginas 87, 88, 89, 90 y 91, tomo 4° de esta Reseña, dio el resultado que Castellón se proponía obtener en París y en Bruselas.

Los jóvenes que han aparecido en la escena pública después de ese tratado no comprenden su importancia, porque no presenciaron las grandes luchas entre la fuerza y la debilidad, y porque el Gobierno de los treinta años, procurando ocultar sus traiciones, les inculcó una serie de absurdos de los que todavía no se han emancipado.

Tienen una alta idea de los hombres que pretendieron entregarla patria al extranjero.

En muchos se palpa un odio implacable a los Estados Unidos de América.

Ese odio, sin que ellos lo comprendan, es el resultado de las doctrinas que enseña la escuela reaccionaria.

El Ministro de Relaciones presenta a Honduras como fiel aliado de Nicaragua, y dice que han corrido la misma suerte en las agitaciones políticas.

No se necesitaba esta paladina confesión para saberlo.

El Gobierno de Nicaragua fue un aliado fiel y un colaborador del Gobierno de Honduras desde el memorable 2 de febrero de 1845 hasta los tratados de Sensenti.

No debe, pues, extrañarse que algunos jefes salvadoreños hayan visto al Gobierno nicaragüense como a un íntimo aliado de su implacable enemigo.

Dice el Ministro que entre Nicaragua y Costa Rica existían felices relaciones de amistad.

Esto no es cierto.

La cuestión del partido de Nicoya estaba en pie y agitaba los ánimos.

Muñoz tenía sed de gloria y aspiraba a invadir el Guanacaste.

Esto se sabía muy bien en Costa Rica, y el Gobierno se preparaba para toda eventualidad.

Si una situación tan desagradable puede llamarse feliz, es preciso convenir en que ya no hay malestar entre las naciones.

La actitud de Muñoz respecto de Costa Rica produjo un gran mal a Centroamérica, porque la desconfianza entre los dos Estados era explotada por Chatfield, y dio lugar a escenas que, sin la presencia en la Comandancia general del colaborador de Malespín, no se habrían realizado.

Las Cámaras dictaron decretos sobre diversos ramos de la administración.

Entre ellos se halla el que eleva al rango de ciudad la villa de Managua y le da el nombre de Santiago de Managua.

Encuéntrase también entre ellos el que exige cristiandad para poder ejercer el oficio de escribano.

En Nicaragua, un libre pensador no podía ser escribano.

El decreto lo firman don Justo Abaunza, don Juan Bautista Sacasa y don Estanislao González como diputados; don Norberto Ramírez, don Pedro Aguirre y don Hermenejildo Zepeda como senadores.

Mucho había que trabajar en favor del progreso en un país donde las grandes notabilidades de ambos partidos creían que, para poder cartular, se necesita pertenecer a la escuela católica.

El decreto, además de la cristiandad, exige también moralidad; de manera que, en concepto de aquellos legisladores, no basta la cristiandad para que un hombre sea moral.

Pero debieron comprender que basta la moralidad para poder ser escribano.

El decreto dice así:

"Todos los optantes al oficio de escribanos comprobarán en las secciones de la Suprema Corte de Justicia respectiva, cristiandad, moralidad y edad, a más de sufrir el examen que requiere la ley de 10 de mayo de 1845."

¿Cómo han de opinar, por la libertad de cultos y la independencia entre la iglesia y el Estado, los liberales que dan un decreto como este?

Hallásе entre estos decretos el que declara no haber lugar a formación de causa contra el senador Blas A. Sáenz, acusado por los señores Francisco Madriz y Rosa Pérez por infracciones de la ley.

Muy justo será este decreto; pero dan lugar a duda las publicaciones del Gobierno.

Cuando los patriotas que firmaron el acta de Chinandega increparon al Gobierno por infracciones de la ley, la prensa oficial contestó que esos cargos no se podían hacer a Sandoval, sino a Sáenz, lo cual prueba que aquella prensa no creía inobjetable el Gobierno de Sáenz.

Por algunos días ejercieron el Poder Ejecutivo los senadores José María Sandres y Hermenejildo Zepeda.

A Zepeda le tocó una cuestión.

Las Cámaras, probablemente no muy complacidas con el triple Ministerio —Chamorro, Montenegro y César— decretaron que solo debía existir un Ministro general, y este decreto fue objetado por el Gobierno.

Las razones ostensibles eran la falta de dinero y la falta de trabajo para tres ministros.

No siempre lo más barato es lo mejor.

El Gobierno más barato es el de un hombre que reasuma todos los poderes; pero no es el que da más garantías.

Cuando el obispo Viteri quería en San Salvador un Gobierno barato, la oposición contestaba: "Lo barato sale caro."

La división del trabajo no solo es indispensable en las artes, sino también en las ciencias.

La necesidad de dividir los trabajos gubernativos no depende de la cantidad, sino de la calidad de estos.

No hay hombres universales. Los más sabios en el arte de hacer dinero, excelentes para un Ministerio de Hacienda, suelen no haber hecho estudios profundos en historia, en legislación y en diplomacia, y no serían aptos para manejar una delicada cuestión internacional.

Los más hábiles publicistas no siempre son capaces de mandar la fuerza armada.

Castelar sería un mal Ministro de la Guerra, y González Campos, que tantas glorias obtuvo con la espada en la mano combatiendo a don Círlos, representó un infeliz papel en las Cortes como presidente del Consejo de Ministros.

Las oposiciones lo hacían pedazos en las tribunas, y aquel valiente guerrero, no pudiendo desembainar la espada para herirlas en el parlamento, tuvo necesidad de abandonar una silla en la cual no podía permanecer.

El Director interino Zepeda tuvo cuestiones acerca de la manera con que el decreto fue devuelto a las Cámaras; pero Sandoval insistió.

También devolvió Sandoval un decreto ya mandado cumplir por el Director interino, que suspendía medidas sobre arbitrios decretadas por el Gobierno en virtud de poderes extraordinarios.

La legislatura terminó sus sesiones sin haber concluido muchos asuntos de importancia a juicio del poder Ejecutivo, y fue convocada extraordinariamente. (Documento núm. 4.)

A Managua llegó la noticia de que se proyectaba una revolución en León.

Algunos hombres del círculo de Sandoval, devorados por el espíritu de localismo, lanzaron diatribas y amenazas contra los leoneses.

El 28 de octubre se tuvo en la nueva capital noticia exacta de lo que acaecía.

La guarnición estaba sin presteza y los soldados no eran camaleones.

El prefecto convocó a los vecinos más notables y se acordó enviar a Managua una exposición.

Esta se hizo, y fue conducida a Sandoval por el presbítero Moreama y por los licenciados Mutuz y Salinas.

Estos señores fueron recibidos por el Supremo Director con muchas atenciones en la forma; pero había muy poco con qué satisfacerlos.

Sandoval dictó un acuerdo ordenando que se dieran a los comisionados seiscientos pesos para pagar los sueldos de la guarnición de León, y dictó otras disposiciones para que, cubiertos los gastos de preferencia, hubiera fondos para la tropa del departamento occidental.

Llegó a Managua la noticia de la revolución que condujo a Malespín a la tumba, y el círculo oficial, sin calcular los fatales resultados que a Malespín produciría aquella intentona a la que lo lanzaba Viteri, futuro obispo de Nicaragua, hizo manifestaciones de regocijo.

El júbilo lo exhibió la prensa.

En el núm. 91 del Registro oficial se encuentran estas palabras:

"Por comunicaciones del Prefecto Occidental, refiriéndose a cartas particulares venidas por el último correo, se asegura que el General Malespín, al frente de los salvadoreños emigrados a Honduras, ha invadido varios pueblos del distrito de Chalatenango, departamento de Cuscatlán, y que se han pronunciado contra el Gobierno los barrios de La Vega, el Calvario y el pueblo de Santiago Nonualco."

Si hubiera sido cierto el pronunciamiento de La Vega y del Calvario en favor de Malespín, este jefe no hubiera acabado su vida en el pueblo de San Fernando.

La noticia de que en el Calvario se habían pronunciado estaba calculada para producir efecto.

Aquel barrio es uno de los más liberales del Salvador y su pronunciamiento habría tenido una inmensa significación.

¡Ay del Gobierno que, para pasarlo bien, necesite que en la vecindad mande un general Malespín!

Las Cámaras reaparecieron en virtud de convocatoria extraordinaria el 11 de diciembre de 1846.

Los señores Tiburcio Caldera y Daniel Cuadra circularon dos papeles impresos contra el prefecto Ponciano Corral, atribuyéndole infracciones de la ley y complicidad al Gobierno.

Sandoval contestó de una manera virulenta y sin la dignidad ni la calma que corresponden al primer Magistrado de la nación.

Véanse estas palabras:

"Si se pudiera proceder solo a virtud de cualquier papelucho... ¡cuántos de esos nuevos principistas de nuevo cuño y patriotas de nombre estarían en varios puntos del Estado, expiando su conducta licenciosa!"

Esta respuesta del Director circuló por todas partes.

A cada diputado y senador se les dieron ejemplares y Sandoval quedó muy satisfecho.

Las Cámaras decretaron otra amnistía con limitaciones. (Documento núm. 5.)

Tratábase de establecer escuelas: pero no de mejorar la enseñanza.

El período de Sandoval terminaba y se hacían elecciones de Supremo Director.

De ellas no podía ocuparse la Asamblea en sesiones extraordinarias, las cuales se cerraron el 18 de diciembre.

Volvieron a abrirse ordinariamente el 12 de marzo de 1847 y se hizo cargo del mando del Estado el senador don Miguel R. Morales.

El Ministro Sebastián Salinas presentó una Memoria detallada de todos los ramos de la administración.

En ella dominan las ideas siguientes:

Reforma de la Constitución en el sentido que los conservadores llaman moderado y de orden.

Buenas relaciones e íntima amistad con el clero y los pontífices.

Enseñanza; pero según las prescripciones del Santo Concilio de Trento.

No debe extrañarse por qué las ideas de Salinas sobre educación eran lo que dominaba en la América Central.

Los hombres de distinta escuela se hallaron siempre en exigua minoría; fueron sin cesar mal mirados y jamás pudieron plantear sus sistemas por falta de cooperación y abundancia de obstáculos.

El 6 de abril de 1847, el senador don Miguel R. Morales entregó el mando al licenciado don José Guerrero, Director electo para el siguiente período constitucional.

Sandoval regresó a Granada, donde se le hicieron grandes honores.

DOCUMENTOS JUSTIFICATIVOS
NÚMERO 1.
Prefecto de Chinandega en 19 próximo pasado.

El Director Supremo, que acaba de efectuar su ingreso en esta ciudad, ha notado en su entrada la falta del vecindario, y, no dando —que será por efecto de desconfianza— me ordena prevenir a U. que inmediatamente publique un bando, mandando a todos los vecinos que concurran a ocupar sus hogares, conminándolos con la multa que tenga por conveniente en caso de no verificarlo dentro del tercer día; y lo digo a U. para su puntual cumplimiento, quedándome el gusto de ofrecerle, por la primera vez, mi humilde estimación.

– D. U. L. –
El Jefe de Sección.

Eduardo Castillo.

NÚMERO 2.
Nota dirigida al Sr. Vicario Capitular en 12 del pasado.

Una de las máximas saludables de los gobiernos amantes del orden en el orbe cristiano es la constante armonía con la autoridad Eclesiástica, para cooperar por medio del benéfico influjo de la moral evangélica al establecimiento de la paz.

El principal fundamento de esta es la inalterable obediencia al Gobierno, como U. sabe; y a su ilustración no se oculta que este es no solamente político, sino también divino, puesto que está comprendido en el cuarto del Decálogo, que, explicado con claridad, es por sí solo bastante para conservar en subordinación a los pueblos.

¿Cuánto se adelantaría a este respecto, si en estas desgraciadas circunstancias en que el genio del mal derrama por todas partes el veneno mortífero de la seducción para reproducir la guerra fratricida que ha ensangrentado el país, los venerables señores curas, como pastores y padres de sus respectivos pueblos, les predicasen expresa y directamente, que no se mezclen en facciones y se mantengan firmes en la obediencia al Supremo Gobierno, y en la paz de que depende su felicidad?

El Supremo Poder Ejecutivo no duda un momento que, con la brevedad que el caso exija, U. se dignará a expedir la correspondiente circular con tan loable objeto; y, al exhortar a U. con el mismo, me cabe el honor de suscribirme su respetuoso servidor.

– D. U. L. – El Jefe de Sección.

Eduardo Castillo.

NÚMERO 3.
AMISTAD Y ALIANZA.

Deseosos los Gobiernos de Honduras y Nicaragua de estrechar las relaciones de amistad y alianza, que naturalmente los une, y evitar su interrupción por cualquier evento; y, convencidos de que es del todo necesario procurar, de acuerdo con los demás Estados de la República, que se establezca un centro común de autoridad, que arregle los negocios de interés general, para asegurar la felicidad de la misma República, su independencia, la integridad de su territorio y su dignidad; deseando además conservar la buena armonía que reina entre los hijos de los dos Estados contratantes por medio de la franca comunicación que debe haber entre pueblos amigos y hermanos, han nombrado al efecto comisionados de su confianza: el primero (Honduras), al Sr. General Benemérito Francisco Ferrera, Ministro de la Guerra, y el segundo (Nicaragua), al Sr. Sebastián Escobar, quienes, habiendo exhibido y canjeado sus respectivos poderes, por haberlos encontrado en debida forma y conferenciado sobre todos y cada uno de los objetos que deben arreglarse, han convenido en los artículos

SIGUIENTES:

Art. 1 – Mientras no se restablezca un poder general de la República, siendo como son amigos y hermanos los Estados de Honduras y de Nicaragua, pactan y se obligan a mantener, observar y hacer observar constantemente las relaciones de amistad y buena armonía que felizmente existen entre los dos Estados, debiendo procurar cada uno de sus Gobiernos que no aparezca motivo de queja y desconfianza que pueda alterarlas.

Art. 2 – Los Estados de Honduras y Nicaragua profesan el principio de la no intervención: reconocen la soberanía e independencia que cada uno goza al presente, para gobernarse por sí, y por consiguiente ninguno podrá injerirse, directa ni indirectamente, en la administración interior del otro.

Art. 3 – Siendo Nicaragua y Honduras amigos y aliados, se comprometen a auxiliarse mutuamente hasta conseguir la satisfacción del agraviado, cuando fuese injustamente invadido, ya sea por uno o más de los Estados de la República, o ya por fuerza extranjera: en el primer caso los gastos del auxilio serán de cuenta del que lo pida; en el segundo, siendo común la causa de defender el territorio de la República, es un deber sagrado de los dos contratantes consumir todos sus recursos por salvar la independencia de Centroamérica. También se comprometen a auxiliarse reciprocamente en los casos en que sea turbada su tranquilidad por facciones, previa la interpelación correspondiente.

Art. 4 – Si por desgracia ocurriese algún motivo de agravio entre los dos Estados contratantes, no se ocurrirá al triste medio de las armas para obtener la debida satisfacción, sino que se reclamará el procedimiento que haya producido la queja por primera, segunda y tercera vez, hasta la consecución del restablecimiento de la armonía. Si esto no bastase, se formará un arbitramento compuesto de un individuo nombrado por cada Gobierno. Si entre estos hubiese discordia, elegirán los mismos árbitros un tercero entre otros cuatro que, por mitad, nombrarán los Gobiernos al mismo tiempo que a los principales: no conveniéndose en el tercero, lo dará la suerte entre los cuatro nombrados que no deben ser nicaragüenses ni hondureños. Este arbitramento resolverá la cuestión con vista de los documentos, sin más recurso, aun cuando a alguno de los Estados parezca injusta la decisión. Se reunirá el arbitramento en cualquier punto inmediato a la línea divisoria de los Estados. El que primero de éstos invadiere al otro, será considerado como injusto y responsable a los daños y perjuicios que se causen con la guerra.

Art. 5 – Ambos Gobiernos se comprometen a no introducir fuerza armada, en ningún caso, en el territorio de su aliado, sin su especial allanamiento, el cual se otorgará bajo las condiciones que pacten los dos Gobiernos.

Art. 6 – Nicaragua y Honduras, convencidos de la necesidad de establecer en la República un poder general que, manteniendo la paz en el interior y dirigiendo las relaciones exteriores, le dé existencia y respetabilidad, se comprometen a nombrar cada uno dos representantes que se reunirán en Sonsonate con los comisionados de los demás Estados, con el fin importante de procurar el establecimiento de dicho Gobierno general.

Art. 7 – Los habitantes de Nicaragua y de Honduras gozarán indistintamente en uno y otro Estado de las mismas garantías y derechos que, por la ley, disfrutan sus naturales, con las restricciones que estas prescriben. Los reos de delitos comunes de uno de los dos Estados que se acojieren en el otro se entregarán, siendo reclamados como las leyes lo establecen. El Gobierno a cuyo Estado se refugiaran los perseguidos por delitos políticos, cuidará y quedará obligado a impedirles que inquieten a aquel de donde proceden. Los actos legales y documentos públicos de uno de los dos Estados, cualquiera que sea su naturaleza, se considerarán legítimos recíprocamente en el otro, siendo arreglados a las leyes respectivas y comprobados debidamente.

Art. 8 – Siendo recíprocos los daños y perjuicios recibidos por ambos Estados durante los sucesos desagradables que se terminaron el 24 de enero del año pasado, ambos contratantes renuncian a toda reclamación que, con este motivo o por cualquiera otro, pudieran hacerse, quedando de esta manera chanceladas cuentas de toda especie, hasta la fecha de este convenio, en obsequio de la paz y de la armonía.

Art. 9 – Este convenio será ratificado entre veinticinco días, a contar desde la fecha, y canjeadas las ratificaciones entre los quince siguientes.

En fe de lo cual firmamos este por duplicado en Comayagua, a doce de Enero de mil ochocientos cuarenta y seis

– Sebastián Escobar – Francisco Ferrera.

NUMERO 3.

El Director Supremo del Estado.

Con presencia del anterior convenio, celebrado entre el Ministro de la Guerra del Supremo Gobierno del Estado de Honduras, General de División, Sr. Francisco Ferrera, Comisionado por aquel Gobierno, y el Sr. Sebastián Escobar, Comisionado por el de Nicaragua; y hallándolo conforme a las instrucciones que a éste se le confirieron, en uso de sus facultades, ha tenido a bien decretar y

DECRETA:

Art. 1 – Ratifíquese el expresado convenio en todas y cada una de sus partes.

Art. 2 – Póngase en conocimiento de la próxima Legislatura para su aprobación, rigiendo entre tanto como ley del Estado, desde luego que sea canjeado, si obtiene la ratificación del Gobierno Supremo de Honduras.

Dado en León, en la casa del Supremo Gobierno, a los treinta y un días del mes de Enero de mil ochocientos cuarenta y seis.

– José León Sandoval –

El Ministro de Relaciones, José L. César.

NÚMERO 4.

"Artículo 1. El Gobierno Supremo convoca extraordinariamente a los Señores Senadores y Representantes propietarios, o suplentes en falta de aquellos, para que se reúnan en Cámaras Legislativas en esta ciudad el día 6 del inmediato mes de Noviembre, a fin de que deliberen y resuelvan exclusivamente los asuntos siguientes:

Facilitar al Gobierno recursos positivos para llenar los gastos de la administración, pago de todos los empleados civiles, sostén de la fuerza armada, pago de los sueldos que ésta tiene devengados, de los inválidos y montepío, y para cubrir las acreedurías que, según la memoria presentada por el Sr. Ministro de Hacienda, carga el Estado.

Resolver sobre la contratación de un cuño, hecha por el Sr. Hilario Selva.

Fijar al Gobierno las reglas sobre que deba terminar la cuestión con el Salvador.

Rever los tratados o convenios que a la expresada fecha estarán ya concluidos entre la Legación que tiene en este Estado el Gobierno de Costa Rica y la comisión nombrada al efecto por el de Nicaragua.

Dictar las leyes y disposiciones que requiera la ejecución de dichos tratados y convenios en caso de ser aprobados.

Resolver sobre el proyecto de amnistía presentado por el Gobierno.

Dar curso al proyecto de reforma de la Constitución iniciado en la Cámara de Representantes.

Autorizar al Ejecutivo para ceder tierras valdías, y hacer de los fondos públicos los gastos estrictamente necesarios a fin de que el Estado pueda conceder una acogida hospitalaria y filantrópica a las inmigraciones de extranjeros miserables y útiles por sus oficios e industrias, que ya comienza la Europa a enviar sobre nuestras costas, como la que acaba de suceder el 14 del mes próximo pasado por la boca de San Juan, de algunas familias prusianas traídas a bordo del bergantín Frish, también prusiano, que fondeó en la Bahía de Apuel Puerto, los cuales el Poder Ejecutivo califica de urgentes, y en el caso de que, según lo dispuesto en la parte final de la fracción 24 del art. 135 de la Constitución, se haga referencia a ello.

Art. 2 – Los Prefectos de los Departamentos cuidarán de que los Señores Senadores y Representantes de sus respectivos territorios estén en esta ciudad, precisamente el 6 referido; y que se les provea del viático legal de cualesquiera fondos existentes en las receptorías o comisarias de su jurisdicción.

Dado en Managua a 1° de Octubre de 1846.
– José León Sandoval –
Al Secretario del Despacho de Relaciones.

NUMERO 5.
"El S. P. E. se ha servido dirigirme el decreto que sigue:

El Director Supremo del Estado de Nicaragua a sus habitantes.
Por cuanto la Asamblea Legislativa ha decretado lo siguiente:
El Senado y la Cámara de Representantes del Estado de Nicaragua, constituidos en Asamblea."

DECRETAN.
Artículo 1. Se concede una amnistia y olvido general sobre todos los sucesos que han tenido lugar en la última guerra civil que sufrió el Estado desde el veintidós de julio del año próximo pasado, hasta

hoy. En consecuencia, quedan restituidos al uso de sus derechos políticos y civiles todos los que se hayan envuelto y complicado en aquellos acontecimientos; y serán puestos en libertad los que se hallen presos, o confinados a presidio, o en lugares determinados, aunque sea por sentencia judicial.

Art. 2. No son comprendidos en la gracia concedida en el artículo anterior todos los que, con mano armada, hayan venido de fuera a introducirse al Estado a turbar el orden público, atacando de esta manera su independencia y soberanía; y estarán sujetos a ser juzgados conforme a las leyes vigentes.

Art. 3. No obstante lo dispuesto en el art. precedente, podrán volver al Estado los que, con hechos remarcables, acrediten su buena conducta y adhesión al actual orden político, y a la paz de que se disfruta; a cuyo efecto queda autorizado plenamente el Gobierno para expedir los salvo conductos que estime convenientes, previa la correspondiente calificación de los hechos.

Art. 4. No comprende esta amnistia a los que, bajo cualquiera pretexto, hayan cometido asesinatos u otros delitos atroces, que jamás deben salir de la esfera de delitos comunes ni puede abrazar esta ley.

Dado en el Salón de sesiones del Senado en Santiago de Managua a 12 de diciembre de 1846

– N. Ramírez S.P. – Pedro E. Alemán S.S. – Fernando Guzmán S.S.

Al Poder Ejecutivo – Salón de la Cámara de Representantes. Managua, diciembre 15 de 1846

– Miguel Ramón Morales, R.P. – Justo Abaunza, R.S. – Eduardo Castillo, R.S.

CAPÍTULO XI: UN GOLPE DURO PARA CARRERA

Guatemala, desde que se declaró República en marzo de 47, hasta el asalto de armas en Palencia en octubre del mismo año

SUMARIO.

1 - Una ficción 2 - Celebraciones del decreto de 21 de marzo 3 - Escasez de granos 4 - Primer movimiento revolucionario en la nueva República 5 - Efecto de algunas medidas tiránicas 6 - Nuevo régimen de policía y sus abusos 7 - Monopolio de aguardiente 8 - Asuntos eclesiásticos 9 - Segundo movimiento revolucionario 10 – Continúa 11 - Muerte de don Pedro León Velásquez 12 - Circular del ministro Azmitia y sus fatales consecuencias para el Gobierno 13 - Siguen los movimientos revolucionarios 14 - Sociedad de medicina 15 - Dieta de Nacaome 16 - Corte de Justicia 17 - El señor Federico Crowe 18 – Legislación 19 - El reloj de Palacio 20 - Fuerza armada 21 - Entran algunos jóvenes al mundo político 22 - Plan de fortificaciones 23 - Asalto de armas en Palencia 24 - Lugubres reflexiones acerca de la situación.

El 8 de abril de 1847 apareció en la Gaceta del Gobierno el siguiente acuerdo:

"Guatemala, marzo 16 de 1847.

Observando que entre las leyes orgánicas que dejó la Asamblea Constituyente convocada para reformar la ley fundamental, y por las cuales se gobierna hoy el Estado, falta la muy esencial relativa al ejercicio del Poder Legislativo; que, por semejante omisión y por hallarse el Estado en necesidad de proveer por sí mismo a las exigencias de su situación, ya que parece imposible la reorganización de Centroamérica; deseando facilitar los trabajos a los representantes del pueblo que deben ser convocados para constituir el país, el Gobierno acuerda que una comisión se ocupe de reunir los datos y formar el proyecto de la nueva ley fundamental, y nombra a los Sres. Dr. Pedro Molina, Alejandro Marure y Ldo. José María de Urruela, con las dietas que la ley atribuye a los diputados, por el tiempo que dure su ocupación en este importante encargo."

Este acuerdo es digno de meditarse porque él rebela las miras del partido servil aristocrático.

Pavón, Andreu, Milla y demás reaccionarios hablaban sin cesar de los grandes bienes que hizo al país la Asamblea Constituyente que en Pinula y Villa de Guadalupe destruyó Carrera.

La camarilla reaccionaria decía:

"Aquella Asamblea reglamentó el poder Ejecutivo y el judicial, dio una ley restableciendo los corregidores y marcando sus atribuciones, ¿qué falta, pues, para que el país esté constituido?"

Solo falta que se reglamente el poder legislativo.

Este acuerdo es la apoteosis de la Asamblea. Su mente manifiesta lo que sigue:

"Aquel alto cuerpo llenó dignamente su misión; solo le faltó reglamentar el poder legislativo, lo cual no hizo porque se le destruyó en Pinula. Faltan, por tanto, a la verdad, los que aseguran que aquella corporación augusta no dio lleno a la alta misión de constituir el país."

La capacidad de Carrera no alcanzaba para comprender este acuerdo que, sin explicárselo, se le presentó para que lo firmara.

Si alguno le hubiera dicho: "Ese acuerdo tiene, por fin, que U. refute lo que ha dicho contra la Asamblea y que combata lo que hizo en Pinula y Villa de Guadalupe", probablemente en palacio hubiera habido aquel día una desazón.

Este acuerdo gubernativo no es más que un medio de dar esperanzas a los que gritaban: "¡Guatemala es el único país de América y de Europa que no tiene una Constitución!"

El nombramiento del doctor Molina no era más que un medio de entretener a los liberales y de engañarlos con falsas esperanzas.

Los nombrados contestaron aceptando.

El doctor Molina dio una respuesta que dice así:

"Al Sr. Secretario de Estado del despacho de Gobernación.

Guatemala, 18 de marzo de 1847.

Es en mi poder la atenta nota de U.S. del 16, en que se sirve comunicarme que, deseando el Gobierno Supremo se forme un proyecto de Constitución para la República, ha nombrado a los Sres. José María Urruela y Alejandro Marure para que, con mi asociación, procedamos a trabajar en ello. En cuanto a mí, Sr. Ministro, debo manifestar a U.S. que estoy dispuesto a ocuparme en tan interesante objeto, no porque me crea capaz de desempeñarlo, sino por dar al Supremo Gobierno una prueba de la voluntad con que obedezco sus órdenes. Esta ocasión, Sr. Ministro, me place reiterar el aprecio y respeto con que me suscribo a U.S., muy atento y obediente servidor. Pedro Molina."

¿Cómo se explica esta nota del doctor Molina?

Si aquel ilustre ciudadano hubiera dicho que aceptaba por tener el placer de servir a su patria, la contestación hubiera sido inobjetable; pero decir al Gobierno de Carrera que aceptaba para dar una prueba de la voluntad con que obedecía sus órdenes, es casi inexplicable.

No puede decirse que al doctor Molina le faltaba ya energía, por la edad y por las enfermedades, porque después de este período dio pruebas de valor, de la energía y dignidad.

El doctor Molina era uno de aquellos patriotas que pensaban que don José Antonio Azmitia, Ministro de Carrera, tenía ideas liberales y que creían que, asociándose a Azmitia, un grupo de progresistas se podía encaminar el Estado de una manera regular.

Toda la experiencia de Molina no alcanzaba para predecir el desenlace.

Ni Azmitia era verdadero liberal, ni los nobles podían soportar que él dominara la situación.

1. En Guatemala no se han reconocido más que dos partidos, el servil aristocrático y el liberal.

Por lo mismo se ha llamado liberal a todo aquel que no habiendo nacido en la clase de los nobles, manifieste una u otra idea que no sea inquisitorial.

De estos liberales era Azmitia.

La nota del doctor Molina tiene fecha de 18 de marzo y da a Guatemala el nombre de República.

¿Cómo se entiende esto?

¿O esa nota publicada el 8 de abril no tiene la fecha en que fue escrita, o al publicarla se cambió la palabra Estado por la palabra República?

Muchos corregidores no entendían el decreto de 21 de marzo, ni el extenso manifiesto que lo precedía; pero todos lo celebraban con entusiasmo, porque esta era la orden que habían recibido.

Sotero Carrera, corregidor de Sacatepéquez, en nota de 14 de abril dijo lo siguiente:

"Inmediatamente se circuló (habla del decreto) a las autoridades y pueblos del departamento, previniéndoles que verificasen su publicación con toda solemnidad."

Lo mismo hicieron los demás corregidores.

Todos ellos, de orden suprema, mandaron a los vecinos que se alegraran, y estos se alegraron para no ser castigados.

Pero en la Gaceta se hablaba del júbilo de las poblaciones sin explicar las causas del supuesto regocijo.

El que lea los números del periódico oficial desde marzo hasta agosto de 47, sin estar enterado de las maniobras ministeriales, creerá que en los pueblos de Guatemala había más espíritu público que en la antigua Roma, y que los indios amaban con más entusiasmo la República de Carrera que Bruto y Colatino la República de Lucrecia.

Los nobles estaban encantados con su obra. Ya podían disponer de Guatemala a sus anchas, sin respetos ni miramientos de ninguna clase y con la cooperación de las mismas víctimas de su política tenebrosa.

Ellos se complacían en contemplar los decretos que había dejado la Asamblea Constituyente, que tanto bien hacía a la aristocracia, y se deleitaban mirando dos corporaciones dignas de aquella Asamblea: el Consulado de Comercio y la Sociedad Económica.

La cédula de erección del Consulado era citada como un modelo en la ciencia legislativa.

Los nombramientos de Prior y Cónsules, de consiliarios, de síndicos y de asesores eran asunto de que el Gobierno se ocupaba con un placer indefinible.

La Sociedad Económica no solo era encomiada en la Gaceta; ella se encomiaba a sí misma en su reaccionarísimo periódico titulado La Revista, cuyos redactores eran don Manuel Pavón y don José Milla y Vidaurre.

No había en toda la República más que dos periódicos: La Gaceta y La Revista, redactados por las mismas personas y con un solo y preciso fin: la vuelta, con toda rapidez, a los tiempos más oscuros de la Edad Media.

Los señores Pavón y Milla, en La Gaceta y La Revista, hablaban sin cesar de la divina Providencia, suponiéndola aliada y protectora del guerrillero de Mataquescuintla y enemiga sin piedad del partido liberal.

Esa divina Providencia solía serles no muy favorable.

Cuando más entusiasmados estaban los nobles celebrando su República se hizo sentir una escasez de granos, que conmovió a muchos pueblos, atribuida a las excesivas lluvias.

Esta conmoción dio cuidado al Gobierno, porque faltándole a Carrera el apoyo de los indios bárbaros que lo habían elevado, la aristocracia quedaba vencida.

Algunos individuos atribuían la carestía de granos, no solo a las excesivas lluvias, sino a reventas y monopolios de ciertas personas, entre las cuales se citaba a la esposa del mismo Carrera, negociante en granos en la hacienda de Palencia.

Se dieron algunas medidas para impedir que la carestía continuara y a Carrera se le hizo publicar la siguiente proclama:

"El Presidente de la República de Guatemala a sus habitantes.

Cuando sufre la Nación, su Gobierno no puede permanecer indiferente.

GUATEMALTECOS, habitantes todos de las ciudades, pueblos y aldeas de Guatemala: vosotros, principalmente los que necesitáis del trabajo de vuestros brazos para el sustento de vuestras familias, no es solamente vuestra la pena que os aflige por la escasez de abastos: sufro con vosotros, y si no bastaren las medidas adoptadas ya, estoy dispuesto a hacer cuanto esté en mis facultades por mejorar vuestra situación.

Esta, como lo sabéis, ha venido por un accidente extraordinario, aunque natural. Las excesivas lluvias de la estación pasada redujeron nuestras cosechas a una parte sumamente inferior de la que nos prometían nuestras justas esperanzas; y tal desgracia no fue exclusivamente nuestra, ha pesado sobre muchos pueblos de la tierra, tanto en éste como en el antiguo mundo, porque así lo ha querido la Divina Providencia.

Nosotros previmos la escasez: el Gobierno dictó providencias en agosto último con el deseo de evitarla; y no hay duda de que en algunos Departamentos se comienza a recoger el fruto de aquella previsión, y no pasarán por los horrores del hambre."

Para evitarla en otros menos favorecidos por la naturaleza, o donde el clima no permita las siembras en todo tiempo, se acopian granos, como debiera haberse hecho antes, si las municipalidades cumpliesen con su destino, si en todos los pueblos estuviese cobrado oportunamente y administrado con pureza el fondo de comunidad, que la ley destina para auxiliar al pueblo en casos semejantes al presente.

Por no haber depósitos en nuestros pueblos, el Gobierno ha destinado ahora fondos de la hacienda pública para la compra de granos, y el Cuerpo municipal los distribuirá, a costo y costos, en esta ciudad. No verán logradas sus siniestras esperanzas los que se hayan prometido enriquecer con la hambre del pueblo.

Se han dictado, además, otras medidas que obrarán contra el monopolio, porque aumentarán la concurrencia de los proveedores de harina, y no omitiré medios directos ni indirectos de procurar la abundancia: afortunadamente son hasta hoy fundadas las esperanzas de que dentro de un mes habrá copia de maíz en la Costa; y si aun así se mantuviere alto el precio de la harina, ya no lo pagará el pobre, porque no necesitará de este fruto.

Entre tanto, es de esperarse del celo de los Sres. Corregidores que, por medio de las municipalidades, procuren que no falten los víveres en sus respectivos Departamentos, no solo promoviendo las siembras para lo sucesivo y persiguiendo la holgazanería, sino también impidiendo, desde luego, las ligas y monopolios que encarezcan los granos o dificulten su provisión.

Y puesto que en ningún caso pueden separarse ni estar opuestos los intereses de la Nación y del Gobierno, por ser unos mismos, descansad en esta persuasión, mis queridos conciudadanos, confiando en que nada omitirá por aliviar vuestra suerte.

Rafael Carrera.

Guatemala, Mayo 26 de 1847.

Se exceptuó por seis meses de todo derecho de alcabala marítima y de bodegaje la harina extranjera que se introdujera en la República.

Se exceptuó también por seis meses de alcabala de garitas y derechos municipales la harina del país.

Hubo cambios de corregidores.

Se envió a Verapaz al teniente Coronel Mariano Paredes en subrogación de don Manuel Gatica; pero pronto se comprendió que Paredes estaba mejor en Chiquimula y se dio orden para que internamente se trasladara a ese departamento.

Verapaz no suscitaba sospechas, y para agradar al doctor Molina, cuya inteligencia se temía, fue nombrado corregidor interino de aquel departamento, don Manuel Irungaray.

El 21 de mayo de 1847, dos meses precisamente después del decreto de República, hubo un movimiento revolucionario en San Juan Sacatepéquez.

Se levantaron los indios contra los ladinos, alegando que estos los despojaban de sus tierras y los hacían trabajar indebidamente en determinadas labores.

El célebre corregidor, don Pedro León Velásquez, en un informe dado al Gobierno con fecha 1° de junio, se jacta de las medidas dictadas por él para apaciguar a los indios.

Se lamenta Velásquez de los robos rateros que hubo en el mes de mayo en Guatemala y de los heridos que en todo ese mes se llevaron al hospital.

Los que hoy publican los robos rateros que se hacen, para acumular cargos contra el Gobierno actual, sería conveniente que leyeran ese informe de Velásquez.

Las disposiciones gubernativas para producir granos, ejecutadas bárbaramente en algunos departamentos, aumentaban el malestar y producían disturbios.

Se dispuso que los corregidores expidiesen órdenes para que a determinadas personas se dieran mandamientos de indios que hicieran algunas siembras.

Manuel Figueroa ejecutó en Mita la orden con imprudencia y con crueldad, persiguiendo y vejando gente.

Estos ultrajes aumentaban el disgusto en las poblaciones e iban preparando los ánimos para un nuevo sacudimiento político.

El Gobierno comprendió que necesitaba prepararse para combatir una revolución, y, con pretexto de mejorar la policía, estableció en Guatemala un resguardo diurno de diez individuos, llamados comisarios, que debían hacer el servicio a caballo.

Los individuos del resguardo llevaban uniforme muy del gusto aristocrático.

Portaban casaqueta azul, collarín y vueltas amarillas, pantalón azul, cutarra blanca, sombrero charro negro con faja de lata que servía de toquilla y un escudo con el número en que cada uno estaba colocado.

Hacían el servicio con sable y pistolas.

Ya por el matiz de los colores, o ya por lo grotesco y exagerado del uniforme, la gente dio a estos comisarios el nombre de perejiles.

Ellos debían estar todos los días a las cinco y media de la mañana en el corregimiento, para tomar las órdenes y ejecutarlas hasta las ocho y media de la noche.

Un servicio tan activo debía estar muy bien pagado.

Para ser perejil se necesitaba ser mayor de edad, dar fianza o conocimiento de persona de notorio abono y tener buena conducta.

Todo esto suponía una buena paga.

Sin embargo, no tenían estos jendarmes más que dos reales diarios.

Lo que se quería era poder vestir de casaca y pantalón azul, cutarra blanca y sombrero charro a ciertos espías y esbirros del Gobierno, e introducirlos a la hora menos pensada a las casas y lugares sospechosos.

Las tabernas, estancos y billares no gozaban del sutil otorgado al domicilio, y los perejiles penetraban a todas partes suponiendo que había billares u otros juegos semejantes en las casas que los servicios consideraban sospechosas.

Un negocio de hacienda pública aumentó considerablemente el malestar.

El Gobierno tenía tanta necesidad como apetito de dinero, y dos personajes, en el mundo de la plata, le propusieron, mediante cuantiosas cantidades, un monopolio en el ramo de aguardiente, que fue aceptado.

La empresa tenía todos los estancos de Guatemala, la Antigua, Escuintla y Amatitlán.

Los que antes ganaban en el ramo quedaban sin participación en el negocio, y el malestar crecía al mismo tiempo que aumentaban las personas ofendidas.

La maledicencia llegó hasta el extremo de presentar al general Carrera como partícipe en las ganancias de los monopolistas, aunque, como es bien sabido, él era hombre incapaz de semejante cosa.

Hubo un celo extraordinario para impedir el contrabando, y en lo que menos se pensaba, al proceder contra los culpados e inocentes sospechosos, era en la observancia de la ley de garantías.

Los asuntos eclesiásticos en el Estado del Salvador no podían dejar de ejercer influencia en Guatemala.

Los extravíos del señor Viteri eran censurados con acrimonia por los liberales de Guatemala, y esta censura indignaba al partido reaccionario.

Don Ignacio Gómez, a quien hemos visto figurar en tiempo de Gálvez, era juez de 1ª Instancia en Guatemala.

El Gobierno del Salvador nombró a Gómez Ministro cerca de la Santa Sede, para presentar al papa el proceso de Viteri.

Gómez renunció al juzgado y le subrogó el licenciado don Manuel Dardón.

La escasez de granos molestaba a muchos pueblos, y las medidas dictadas por el corregidor don Manuel Figueroa, y por otros funcionarios de sus principios y su escuela, aumentaban el disgusto.

El Gobierno pretendía ocultarlo todo; pero el público lo sabía, y la Gaceta oficial, en el núm. 14 de agosto de 47, consignó estas palabras:

"La tranquilidad continúa inalterable, notándose, sin embargo, algún aumento en los delitos contra la propiedad, como un efecto del alto precio que los granos tienen en toda la República.

En algunas partes se han formado cuadrillas de ladrones; mas la policía las ha perseguido pronto hasta obligarlas a disolverse, y solamente una que se formó por Sansur y San Guayabá exigió el empleo de la fuerza armada."

¿Qué significa esto? Se ha dicho que los pueblos se conmovieron el año de 37 por las reformas liberales; ¿y por qué se conmueven el año de 47, hallándose Guatemala en pleno servilismo?

Hay arzobispo, hay frailes, hay diezmos, hay capellanías, hay prohibición de libros, hay Consulado de Comercio, hay Sociedad Económica con un Censor como Pavón y un secretario como Milla; se esperaba a los jesuitas y el fraccionamiento de la patria se había consumado el 21 de marzo, ¿y qué faltaba ya para la dicha de los guatemaltecos?

El año de 37 el cólera diézmaba los pueblos y los serviles suponían, para levantar a esos mismos pueblos, que el Gobierno envenenaba el agua de las fuentes y de los ríos.

El año de 47 no había cólera morbus ni supuestos envenenamientos; ¿cuál era, pues, la causa de la revolución?

Diez años bastaron para hacer comprender a mucha gente que se la había engañado.

Se ofrecieron riquezas, y estas solo fueron a determinados bolsillos.

Las manos de la generalidad de los hijos del pueblo quedaron vacías.

Los sermones, las procesiones, las repetidas bendiciones episcopales y los ejercicios disciplinarios no fertilizaban la tierra ni producían maíz ni trigo.

El hambre afligía a los pueblos y las indulgencias no les daban alimentos.

El movimiento de Sansur y San Guayabá era el reflejo de una gran conflagración.

El capitán Antolino Pivaral tuvo necesidad de reñidas acciones para dispersar momentáneamente a los sublevados y dio partes, que no vieron la luz pública, en los cuales se revela la gravedad de la situación.

Molina, Marure y Urruela presentaron un proyecto de Constitución que el Gobierno jamás pensó que se convirtiera en ley fundamental de su deforme República.

El proyecto era eminentemente conservador. El doctor Molina, arrastrado por las circunstancias, suscribió artículos enteramente opuestos a sus ideas.

Molina creía que más garantías daba a Guatemala una constitución conservadora que una dictadura sin límites.

El proyecto de Constitución supone que la soberanía reside, no en el pueblo, sino en los padres de familia.

El artículo 40 dice:

"La elección de las supremas autoridades de la República se hará por medio de apoderados, o cabezas de familia, que no tengan tacha legal."

Para comprender la monstruosidad de este artículo es preciso no ignorar las leyes civiles que entonces regían.

La mayoría de edad no se fijaba a los veintiún años, como se fija ahora, sino a los veinticinco.

No bastaban veinticinco años para salir de la patria potestad.

Era preciso que el hijo se hubiera casado y velado.

Si un padre de cien años tenía un hijo de ochenta, soltero o casado, pero sin velarse, este anciano no era considerado padre de familia: se hallaba bajo la patria potestad.

El proyecto de Constitución estaba enteramente conforme con las ideas de don Manuel Francisco Pavón, quien pedía que solo los padres de familia tuvieran intervención en los negocios públicos.

Los hijos de familia, según Pavón, solo podían intervenir en los asuntos políticos como cooperadores de respetables padres que tuvieran la suprema inspección de todo.

Esos padres de familia eran, por desgracia de la patria, con raras y notables excepciones, lo que aquel personaje, descrito por don José Batres y Montúfar, en la célebre leyenda que se titula "Tradiciones de Guatemala", expresa así:

"Era, pues, don Pascual, hombre cumplido,
Don Pascual del Pescon (que en el tintero
Se me había quedado el apellido),
Muy bueno y muy honrado caballero,
Que tres veces alcalde había sido,
Y rejidor decano, y tesorero
De la archicofradía del Santísimo,
De cuyo honor estaba orgullosísimo."

Estos eran los hombres en quienes, según Pavón, debía residir la soberanía guatemalteca.

Cada uno de ellos sentía en el alma que, por lo calamitoso de los tiempos, el tipo de un diputado, de un senador, de un ministro, no pudiera ser ya del todo aquel personaje de Batres y Montúfar, a saber:

Hombre de honor, viudo, buen cristiano,
De calzón corto, bata de indianilla,
Chupa bordada, capa en el verano,
Zapatos en invierno, con hebilla,
Peluquín con coleta, barbicano,
De carey los anteojos, sin patilla,
Que rarísima vez los ocupaba,
Pues solo para leer los empleaba.

Ellos opinaban que sus hijos no supieran el francés, para que no pudieran leer las obras de Voltaire.

Uno de ellos decía un día:

"No quiero que mi hijo sepa esas filosofías que pierden a las gentes",

y otro le contestaba:

"Tenés razón, más vale tenerlo ignorante en el cielo, que sabio ardiendo en los infiernos."

En el proyecto se ve una anomalía. Molina y Urruela opinan por excluir de las Cámaras a los clérigos, y Marure salva su voto en este punto.

¿Cómo es posible que don José María Urruela se adelante a opinar de esta manera?

No debe extrañarse. Esta era entonces la opinión de Carrera, como lo comprueban los supuestos tratados de la villa de Guadalupe.

Pero no podía ser esta la opinión del marqués de Aycinena, y con él coincidía entonces el autor del "Bosquejo Histórico" y de las "Efemérides."

Pues ni ese proyecto de Constitución se quería.

Pretender adoptarlo se consideraba un punible rojismo.

Era preciso que no hubiera ni esa monstruosa ley fundamental, para que pudiera continuar diciendo Milla:

Estamos como queremos, como podemos y como debemos.

En aquellos días hubo un acontecimiento muy sensible para Carrera: la enfermedad del comandante general y corregidor del departamento de Guatemala, coronel don Pedro León Velásquez.

Velásquez había acompañado a Carrera en sus fechorias.

Fue uno de los que entraron a Guatemala con él, el memorable 13 de abril de 1839, y de los que acompañaron al caudillo adorado de los pueblos en las matanzas de Quezaltenango.

Velásquez tenía un carácter áspero, y se le juzgaba vengativo y cruel.

Sus instintos a la tiranía los manifestaba en todas partes.

Si presidía una función de teatro y se daban aplausos a lo que a él no gustara, una orden de silencio convertía el teatro en un panteón; y si algunos minutos después el aplauso se repetía, los esbirros del tirano haciendo ostentación de varas de membrillo restablecían el silencio.

Hombre sin ideas políticas de ningún género, y sin instrucción de ninguna clase, ignoraba por completo todos los principios del Derecho administrativo, y procedía en el corregimiento a trochemoche según su voluntad o las órdenes directas que de Carrera recibía.

La pérdida de este personaje, digno de la administración a que correspondía, era una desgracia para el Gobierno, y se hicieron grandes esfuerzos para salvarle la vida; pero todo fue inútil.

El 9 de agosto falleció el coronel don Pedro León Velásquez.

Se le hicieron honores fúnebres de capitán general de provincia.

El cadáver fue colocado en un lecho de parada.

Se puso en la casa mortuoria guardia y centinelas.

En lo que se llamaba castillo de San José, se hicieron descargas de artillería.

Al día siguiente a las diez de la mañana, el cadáver fue trasladado en lúgubre procesión a la iglesia Catedral.

La nave principal del templo estaba cubierta de luto, y en ella se veían desde el presbiterio hasta la entrada, grandes hacheros negros con cirios encendidos, en señal de que Velásquez había permanecido fiel a las sagradas luces de la fe católica hasta su muerte.

Cerca del presbiterio se elevaba el féretro adornado con insignias militares y con decoraciones a las que Velásquez se hizo acreedor por sus crueldades.

La vigilia fue solemne.

Hizo de Preste el señor don José María Barrutia, provisor del arzobispado.

Oficiaba la orquesta, alternándose en el canto con los alumnos de los colegios seminario y de infantes.

En seguida se cantó misa de difuntos.

Una fuerza militar considerable, con los tambores enlutados, formaba enfrente de la Catedral e hizo tres descargas durante las ceremonias.

A la una de la tarde fue conducido el cadáver a un mausoleo preparado en el cementerio general.

Lo acompañaban los secretarios del despacho, la Municipalidad y el Estado Mayor.

Iba un numeroso concurso de personas convidadas por la Municipalidad, por el Estado Mayor y por la familia del señor Velásquez: cerraban la marcha las tropas de infantería que habían formado enfrente de la Catedral, las cuales, al depositarse el cadáver en el mausoleo, hicieron la última descarga.

No se sabe si los altos personajes del partido aristocrático comprenderían toda la fatal trascendencia de estos honores fúnebres.

Los actos de Velásquez se hallaban en la memoria de todos y su reprobación en la conciencia pública.

Esos grandes honores que se deben tributar al mérito, para levantar el espíritu público y estimular a la juventud, a las virtudes cívicas, se tributaban a la barbarie para dar gusto a Carrera.

Entre los jóvenes alumnos de ambos colegios, que cantaron en la vigilia, había muchos que conocían muy bien lo que pasaba y varias veces dijeron y repitieron a sus amigos, que entre las condiciones más penosas de la situación en que se hallaban veían la obligación que se les imponía de tributar honores a hombres de las cualidades de Velásquez.

Y en tesis general, ¿qué idea se debe formar de un culto que despliega la solemnidad de todos sus ritos, para colmar de honores a hombres como el que se acaba de bosquejar, y que no tiene una

338

campana, un ornamento, una vela, un réquiem, para el infeliz que, habiendo muerto sin mancilla, no poseyó un solo peso de que testar, ni dejó en su casa un centavo con que saciar la avaricia de los sacerdotes?

¿Qué tiene de común esa pompa pagana, que se ostenta en los templos que se hallan bajo el régimen del Vaticano, con las doctrinas enunciadas en el admirable sermón del monte y con la conducta del que humildemente se dejó prender en el huerto de Getsemaní?

Mientras los sacerdotes recibían dinero por las exequias de don Pedro León Velásquez, el Gobierno dictaba severas disposiciones para contener la revolución.

Azmitia dictó una circular a los corregidores el 13 de agosto, cuya parte resolutiva dice así:

"1.° En el Departamento no podrá permanecer persona alguna que no tenga ocupación. Los que no trabajen por su cuenta en empresas lucrativas, deberán tener un amo a quien presten su servicio por el jornal acostumbrado.

2.° Los que quieran mudar de amo deberán recabar del primero una certificación de su conducta, y con ella presentarse a aquel con que quieran acomodarse.

3.° Los que por primera vez tengan que buscar acomodo, o que por cualquier otro motivo les sea imposible cumplir con el requisito del artículo anterior, llevarán una certificación, en papel común, del alcalde de su pueblo, quien, bajo su responsabilidad, no podrá darla a los desconocidos ni a los que tengan causa pendiente, ni cobrar por ella derecho alguno.

4.° Ninguna persona, bajo la multa de cinco a veinte pesos, acomodará al que no le presente certificación del alcalde de su pueblo o del amo a quien haya servido anteriormente; y si en ella constase que está en deber alguna cantidad, no podrá tampoco acomodarla sin responder del pago de la deuda, obligándose a satisfacerla al acreedor; a cuyo efecto deberá retener aquella parte del jornal que sea compatible con la subsistencia del deudor.

5.° Por el hecho de encontrarse un hombre sin ocupación lucrativa o sin amo a quien servir, estará sujeto a la pesquisa de la autoridad, y si de la sumaria correspondiente resultare que es vago, se le aplicará a los trabajos públicos, o, si es joven, a que aprenda algún oficio, quedando siempre bajo la vigilancia de los alcaldes.

Cualquier falta de observancia de este bando será castigada con la multa de veinte a cincuenta pesos, según las circunstancias.

Parece increíble que un hombre como Azmitia haya juzgado poder dominar la revolución por medio de una circular que no hacía más que excitar el disgusto y abrir la puerta a nuevas crueldades.

Ya no existía Pedro León Velásquez; pero existían Manuel Figüeroa y otros hombres como él, en el servicio de los corregimientos.

A muchos hacendados faltaban operarios, y en momentos difíciles recibían gente sin la certificación del alcalde de su pueblo, que contenían los requisitos de que habla la circular en el artículo 4.°.

Lo sabía el Corregidor y procedía a exigir la multa de cinco a veinticinco pesos, y si los hacendados no la satisfacían, al instante iban a las cárceles y a los calabozos bajo todo género de vejaciones.

En seguida se averiguaba lo que debía el operario y se obligaba al hacendado a que pagara aquella deuda.

Las sumas se aumentaban con los gastos del proceso y el pago de tinterillos o abogados.

Algunos corregidores, por rivalidades y odios personales, declaraban indebidamente que ciertos adversarios suyos se hallaban en el caso del artículo 4.° de la circular y procedían a ejercer crueles venganzas.

El Gobierno se empeñaba en hacer creer que todo estaba tranquilo.

Según la Gaceta y la Revista de la Sociedad Económica, en todos los departamentos reinaba la tranquilidad, el orden y el concierto; pero el malestar no se podía esconder.

Un periódico de San Salvador, titulado "El Crepúsculo", refería las vejaciones de algunos corregidores, el disgusto que se veía en determinados departamentos y los motines que había en otros.

Pavón se llenaba de ira contra aquel periódico que, en concepto de los nobles, debía callarse, y atribuía la imprudente charla de los redactores a envidia de los salvadoreños a la República de Carrera.

Para distraer los ánimos, se había accedido a una solicitud de los médicos con el fin de crear una Sociedad de Medicina, de la cual ya se ha hablado; pero conviene darla a conocer mejor.

La componían los señores doctores Pedro Molina, José Luna, Eusebio Murga y Mariano Padilla; los licenciados Mariano Croquer, Francisco Abella, José González Mora, Juan Monroy, Vicente Molina y el señor Julio Rosignon. (Documento núm. 1.)

Entre los socios había muchos incapaces de dar un disgusto al Gobierno, como Luna, Croquer, Abella, Monroy y, sobre todo, Rosignon.

Pero los Molina y Padilla discutían acerca de todo.

Estas discusiones incomodaban mucho a don Manuel Francisco Pavón.

Los padres de familia como Molina y Padilla eran para el señor Pavón insoportables.

Pero le agradaban los Pascuales del Pescón, abundantes, por desgracia, no solo en la capital, sino en todos los departamentos de la flamante República.

La Sociedad de medicina a cuya cabeza estaba Molina, y la Sociedad Económica restablecida por Pavón y Batres, no podían estar de acuerdo.

La Sociedad de medicina publicaba un periódico mensual de doce o más fólios cada número, y aunque al principio casi solo lo ocupaban artículos del doctor Luna sobre la concepción, no inmaculada por supuesto, o de Abella sobre el modo de conservar los jugos ácidos, o de Padilla sobre los difuntos doctores Flores y Esparragosa, poco a poco se fue introduciendo en la política y tuvo la audacia de enfrentarse a la Revista de la Sociedad Económica, dando muchos disgustos a los señores Pavón y Milla, que se consideraban como infalibles redactores de aquel reaccionarísimo periódico.

En los demás Estados, en vez de tener envidia a los guatemaltecos, como creía Pavón, se les compadecía y los hombres pensadores nada menos querían que imitarlos.

La dieta de Nacaome invitó a Guatemala para que enviara a ella sus representantes.

El Gobierno guatemalteco se negó a esta solicitud contestando lo siguiente:

Guatemala, Julio 8 de 1847.

El día primero del corriente tuve el honor de recibir la estimable nota que, con fecha 15 del próximo pasado junio, se sirvieron remitirme los Sres. Comisionados a quienes me dirijo, informando de haber sido nombrados por sus respectivos Gobiernos para concurrir a formar aquella Dieta, con el importante objeto de convenir en las medidas más adecuadas al establecimiento de un Gobierno General, acompañando copia de la acta de instalación que tuvo lugar el 6 del mismo junio; y exponiendo varias razones por las cuales juzgan sería conveniente que el Gobierno de Guatemala mandase sus Comisionados a la misma Dieta, se sirven excitarlo a este efecto.

S. E. el Sr. Presidente, a quien he dado cuenta, impuesto de todo con el detenimiento que merece el asunto, y a que da lugar también la atención y términos de la comunicación citada, que no ha podido menos que apreciar debidamente, me ha ordenado contestar a los Sres. Comisionados en los términos que paso a verificarlo; previniéndome, al mismo tiempo, que al expresar las razones por las que no le es dable obsequiar la excitativa de los Sres. Comisionados, les manifieste así mismo, y ante todas las cosas, que esto en nada afecta ni altera en el ánimo del Gobierno de Guatemala su alta estimación hacia los Gobiernos de los Estados representados en la Dieta, ni el aprecio y consideraciones respecto a los Sres. Comisionados.

Por todos los motivos expresados en el manifiesto y decreto del 21 de marzo, el Gobierno de Guatemala creyó de su deber y se vio en la necesidad de tomar la resolución a que se contraen dichos documentos; y tales motivos existen aún, sin que pueda considerarse que las circunstancias que dieron mérito a aquel suceso hayan variado o desaparecido.

Por la citada resolución, el Estado quedó erigido en República y como nación independiente, en cuyo concepto y en la capacidad de cuerpo político soberano, comenzó y ha seguido obrando en todos sus negocios tanto en el interior como, principalmente, en el exterior, respecto a sus relaciones con las naciones extranjeras.

En este sentido, y como una de las principales –y puede decirse la más considerable razón que motivó la medida del 21 de marzo– fue la de adquirir la capacidad política de poder entrar en verdaderas relaciones con las naciones extranjeras afianzándolas debidamente por medio de tratados, lo cual se embarazaba, ni era dable en la posición difícil e incierta en que se encontraba antes de aquel acontecimiento.

Consiguiente a estas miras, mi Gobierno ha dado una preferente atención a tan importante objeto, y para llenarlo ha comenzado a celebrar tratados, teniéndolos ya concluidos y firmados desde el mes próximo anterior con la Inglaterra y con las Repúblicas de Lübeck, de Bremen y de Hamburgo, y tiene ya iniciado el correspondiente con la Francia; por cuyos tratados queda reconocida la República de Guatemala como nación soberana e independiente; reconocimiento que también ha sido consignado en el contrato celebrado con el Gobierno de la Bélgica, aunque ésta solo tenga por objeto la apertura de caminos y la navegación del Motagua.

En vista de esto, los mismos Sres. Comisionados sabrán apreciar la dificultad que el Gobierno de Guatemala debe pulsar ahora para retroceder de esta marcha de su política; retroceso que afectaría y destruiría de un todo el crédito de esta nueva República y de su Gobierno, al paso que pondría a una y otro en graves y muy serios compromisos respecto de aquellas naciones. La confianza que tiene este Ministerio en que a los Sres. Comisionados no puede ocultárseles la importancia de esta dificultad, le hace prescindir de otras explicaciones sobre el particular.

Esta nota que se halla en el núm. 26 de La Gaceta probablemente no ha sido leída por los que creen que los liberales fraccionaron a Centro América.

El espíritu liberal sostenía la dieta de Nacaome.

El espíritu servil la combatía.

La nota preinserta está dictada por la reacción.

Si hubiera misterios sobre nacionalidad en la política servil, esta nota rompería el velo de esos misterios, dejando a la vista la pura realidad, como el canto de gloria rompe el sábado santo el velo que cubre los altares, dejando a la vista la materia de que estos se componen.

El decreto de 21 de marzo, según la preinserta nota, no se dio para salvar una situación transitoria, sino para obtener una situación definitiva.

Dice el Gobierno que la situación de Guatemala está definida y que no puede volverse hacia atrás.

Anuncia esta nota bienes muy grandes: un tratado de comercio con la Inglaterra y otro con la Francia.

O los hombres que así escribían eran tan inexpertos en política como el más atrasado de los colegiales, o los guiaba la mala fe y hablaban en la confianza de que no había prensa, ni tribuna que los combatiera, ni público que pudiera juzgarlos con acierto.

¿Qué bienes nos han traído esos tratados de comercio por los serviles celebrados?

Ningunos; pero sí muchos daños.

Ha sido preciso denunciar esos tratados por ser una calamidad para Guatemala.

El Gobierno servil, por tratar, por decir que había tratado y por tener el placer de publicar en la Gaceta que celebraba tratados, imponía al país insoportables obligaciones, sin ninguna reciprocidad.

Si a nuestros puertos vienen buques de Inglaterra y Francia, a los puertos franceses e ingleses no va un solo buque guatemalteco, porque no tenemos marina de guerra ni mercante, ni una sola canoa que lleve nuestra bandera.

Se jactaban los serviles porque iban a celebrar un tratado sobre la canalización del Motagua.

Terminó la administración servil y el Motagua no se canalizó.

Ridículo es decir: "no admitimos la nacionalidad porque vamos a canalizar el Motagua;" pero es más ridículo haberlo dicho y no haber canalizado el río.

Carrera no conocía, ni rieles, ni canales, ni vapores y no podía tener empeño en que se realizaran empresas, cuya importancia no comprendía.

El Gobierno estaba rodeado de hombres de la escuela de don Pascual Pescon, y no son éstos los que ordenan los montes ni canalizan los ríos, aunque sí los que oyen misa y van al jubileo.

La comprensión de los gobernantes era tan limitada y miserable que opinaban que el telégrafo en Guatemala era un simple ramo de lujo.

¿Sería posible canalizar ríos u obtener algún progreso bajo la dirección de hombres como esos?

La dieta de Nacaome no solo era combatida por los serviles en el interior de Guatemala, sino fuera de Guatemala.

Ellos se empeñaban en que desistiera Honduras de toda idea de nacionalidad, y el muy conocido agente en Comayagua trabajaba con provecho a este respecto.

En Costa Rica tenían otro agente, hombre ilustrado y bondadoso; pero lleno de ideas separatistas.

El creía entonces sinceramente que nuestra felicidad y nuestra gloria se hallaba en el fraccionamiento.

Propagaba esas ideas en Costa Rica, las cuales encontraron muy buena acogida por el Presidente, doctor don José María Castro.

Sin embargo, el doctor Castro no podía ir muy de prisa.

La idea del fraccionamiento absoluto no estaba arraigada en el ánimo de todos los costarricenses.

Se temía que un Estado pequeño, solo en el mundo de las naciones, fuera el juguete de los fuertes y la Asamblea de Costa Rica dio un decreto apoyando la Dieta de Nacaome. (Documento núm. 2.)

Este decreto incomodó mucho a los serviles de Guatemala.

La corte de justicia estaba incompleta. Era preciso nombrar un magistrado y no había autoridad que hiciera el nombramiento.

Elecciones populares no querían los serviles.

El proponerlas era un desatino, una herejía que muy cara se pagaba.

La Asamblea Constituyente había muerto por la farsa de Pinula.

El Congreso Constituyente que la sucedió había llenado su misión dando una ley fundamental que los nobles rechazaron.

El Congreso que se convocó después para sancionarla le negó la sanción, cumpliendo órdenes terminantes de Carrera, impartidas bajo amenaza de penas muy severas, y se había ya disuelto.

El nuevo orden de cosas, como decía Pavón y repetía Milla, no lo había previsto todo hasta entonces.

Pero no había dificultades en derecho público para los reaccionarios.

Ellos hacen lo que quieren.

Supusieron que Carrera tenía la facultad de hacer magistrados, y hicieron magistrado a don Marcelo Molina, ex-jefe de los Altos.

En el nombramiento de Molina había doble mira.

No solo se trataba de llenar una plaza vacante en la Corte.

Se trataba de hacer a Molina grata la permanencia en Guatemala para retirarlo de los Altos.

Pavón decía:

"En Quetzaltenango no hay hombres: es preciso quitar de allá a don Marcelo, para que no tengan los quetzaltecos en quien confiar."

No quería Pavón que hubiera hombres en Quetzaltenango, para que no tuvieran los quetzaltecos en quien confiar, y todas las disposiciones de los reaccionarios se encaminaban a que siempre hubiera carencia absoluta de hombres.

Lo mismo deseaba Pavón en Guatemala, para que, no habiendo quien conociera sus tendencias, no hubiera tampoco quien hiciera oposición a su familia.

Azmitia era tan dócil que firmó el decreto de 21 de marzo, y se hallaba al lado de Carrera sosteniendo la administración, en medio de la más absoluta arbitrariedad.

Sin embargo, al señor Pavón disgustaba tanto el Ministerio de Azmitia que comparaba la administración con una dentadura que tenía una muela podrida, que era preciso extraer.

La muela podrida era don José Antonio Azmitia, a quien se ofendía para que, molestado por repetidas ofensas, abandonara pronto el Ministerio y quedara todo el Gobierno en manos de los nobles.

Desde el año de 45 se agitaba una cuestión sobre enseñanza.

Mr. Federico Crowe, protestante inglés, abrió una escuela de primeras letras de enseñanza mutua, según los sistemas modificados de Lancaster y Bell.

Siendo Crowe un protestante, se le creyó enviado y dotado por la propaganda protestante de Londres, y le hizo la guerra el arzobispo García Peláez, el clero y todo el fanatismo.

Crowe no podía convenir al partido servil.

Los reaccionarios habían triunfado por medio del clero, y el fanatismo católico era su pedestal.

Desvirtuado el clero guatemalteco, porque hasta los pueblos más ignorantes conocían ya sus tendencias, los reaccionarios llamaban a los jesuitas para que, con sus monitas secretas, sus incesantes y perennes trabajos, y con la favorable impresión que inspira la novedad, condujeran otra vez a los pueblos por la senda pacífica del servilismo.

Crowe dijo un día, hablando del libro de Tobías, que no era canónico, y este aserto produjo un grande escándalo.

Crowe era casado y no tenía tacha en sus costumbres.

Se le espiaba, se le vigilaba día y noche y solo se podía decir de él que pertenecía al rito protestante.

El deseo de aprender el inglés, que animaba a muchos jóvenes, rodeó a Crowe, no solo de discípulos sino de amigos y defensores, lo cual lo hizo doblemente temible a los ojos del Gobierno.

En la municipalidad figuraban don Ignacio Aycinena, don José María Urruela, don Juan Pavón, don Jacinto Rivera Paz, hermano de don Mariano, y otros hombres del mismo color político, y se mandó cerrar la escuela de Crowe.

Algunos padres de familia hicieron una exposición al Presidente contra esa medida.

El individuo encargado de recoger las firmas era reaccionario y, para ridiculizar a un clérigo llamado José Ignacio Iturrios, que figuraba en las filas del partido liberal, le presentó la solicitud para que la firmara, leyéndosela solo en parte y sin advertirle que la presentaban únicamente padres y madres de familia.

El presbítero Iturrios cayó en la red, dio su firma, se publicó por la prensa y los serviles hacían escarnio y befa de aquel clérigo sin ningún temor al salmo 108.

El asunto de Crowe dio al fin por resultado la expulsión del protestante.

En los libros del Gobierno aparece que Azmitia no firmó las disposiciones violentas contra Crowe, y este era uno de los cargos que a ese señor Ministro de Carrera hacían don Manuel Francisco Pavón y don Luis Batres.

El embrollo de la legislación española era insoportable y se hacía sentir la necesidad de una legislación moderna.

A ese gran pensamiento se oponía el doctor Aycinena, sostenedor de los principios de la escuela de Lord Burke.

Se oponían Pavón y don Luis Batres, amantes de todo lo viejo y enemigos de todo lo nuevo.

Ellos hacían creer que una nueva legislación equivalía a restablecer el código de Livingston, y amontonaban obstáculos sobre obstáculos para combatir el pensamiento de reforma.

Para contener el grito de los liberales, la reacción comisionó a don Alejandro Marure, a fin de que se reunieran en un solo cuerpo las leyes patrias.

Esta medida, que no libraba al país de la complicación de las leyes españolas, se publicó con elogio y como una prueba de lo que los reaccionarios amaban el progreso.

19-Entre los progresos de que el partido servil hacía gala se encuentra, no un ferrocarril ni un canal, sino el reloj del palacio del Gobierno.

En el núm. 26 de La Gaceta se halla un artículo bajo el seudónimo, un guatemalteco; pero al autor de estas líneas consta que fue escrito por don Narciso Payés de la Romana.

Comienza así:

"Loado sea Dios, porque volvemos a tener un reloj en la plaza mayor después de haber carecido de esta ventaja desde 836 en que, merced a la eficacia de algunas personas, se nos privó del que había para enviarlo a San Salvador, donde se halla desde entonces, sin haber servido un solo día. Es verdad que nos quedaron todos los demás relojes de torre en Catedral, Merced, Santo Domingo, San Francisco y Tridentino; pero el de la plaza mayor, donde están las oficinas del despacho del Gobierno y las de la administración de justicia, el Mercado en fin, era el reloj destinado a arreglar las horas de la parte principal de la ciudad; el destino de todos los otros se consideraba especialmente para el arreglo de los coros de la metropolitana y conventos."

Al reloj de Palacio se le dio una importancia que no tiene.

Su traslación a San Salvador se consideró como un acto de rapidez de los liberales; y la aparición de un nuevo reloj, como gran maravilla y como una de las glorias inmarcesibles del nuevo orden de cosas.

Don Narciso Payés de la Romana se propone increpar a los federales, sin embargo, de que él, cuando a sus intereses convino, sirvió a la Federación.

La palabra "eficacia", que se halla en bastardilla, quiere decir robo; pero el mismo artículo demuestra que no lo hubo.

Dice don Narciso Payés de la Romana, que el reloj de la plaza servía para el despacho del Gobierno y de la administración de justicia; y dice muy bien.

Pero, como el Gobierno y la Corte de justicia de la Nación se trasladaron en 836 a San Salvador, se trasladó también el reloj que debía regular sus horas, como se trasladaron otros objetos insignificantes, que eran nacionales y no de un Estado en particular.

Ese reloj no pertenecía al Mercado, ni tenía que ver con este.

Los serviles lo subrogaron en 1847 con el que ahora existe.

El Mercado se trasladó de la plaza principal a la antigua plaza del sagrario, y el reloj no se movió de su sitio, porque no corresponde al mercado municipal.

El antiguo reloj era viejo, se descomponía con frecuencia por sus muchos años; un viaje de más de sesenta leguas lo inutilizó, y, como dice don Narciso Payés, no llegó a servir en San Salvador un solo día.

¿Por qué no se trasladó a San Salvador el reloj de la Catedral, ni el de la Merced, ni el de Santo Domingo, ni el de San Francisco, ni tampoco el perteneciente al colegio Tridentino?

Porque estos relojes no eran nacionales.

Porque lo que se trasladaba a San Salvador era lo perteneciente al Gobierno nacional, que variaba de residencia, en virtud de leyes federales, y de esfuerzos de la Asamblea de Guatemala, que no quería eclipsar la alta talla del Presidente Morazán, al Jefe del Estado don Mariano Gálvez.

Con motivo del fallecimiento del coronel Pedro León Velásquez, fue nombrado Comandante general del departamento de Guatemala el Brigadier José Clara Lorenzana.

El nuevo Comandante palpaba disgustos, imaginaba conspiraciones y pretendía infundir miedo e inspirar terror.

Don José Clara Lorenzana podía escribir las cifras que quisiera; porque nadie le podía contestar, y si alguno se hubiera atrevido a replicarle, se le habría mandado a las bóvedas del Castillo, o se le habría fusilado sin oírlo, como al artesano Juan Abarca.

Abarca, en esos días, osó hablar contra la tiranía.

Lo supo el caudillo adorado de los pueblos, y lo mandó fusilar.

La orden de muerte se ejecutó sin tardanza en el llano de Buena Vista.

El público estaba ya familiarizado con estos crímenes, porque los veían frecuentemente, porque sus predicadores los ensalzaban y porque sus confesores los llamaban actos de justicia indispensables para salvar la religión del crucificado.

Los estudiantes no seguían ciegamente la opinión de sus doctores; lanzaban murmuraciones que les producían regaños de los serviles y elogios de los jefes del partido liberal.

Desde aquellos momentos, algunos jóvenes se decidieron a seguir la suerte de Barrundia y de Molina.

A esto los conducía la situación.

Sabían lo bastante para comprender que todo iba mal.

No estaban devorados por la sed de oro que aniquila el amor a la honra y a la gloria y que todo lo subordina al interés de algunos pesos.

Querían una patria libre.

Sus maestros y directores los reprendían por un deseo tan justo como loable.

Alguno de ellos, dentro de su propia casa y al lado de sus más cercanos parientes, encontraba un incesante martirio, en recompensa de sus aspiraciones.

En aquellos momentos no pensaban acerca de si Barrundia y Molina hicieron bien o hicieron mal en derrocar a Gálvez.

Tampoco pensaban en la prudencia o imprudencia con que se levantó la oposición el año de 37, ni en los medios de que se valiera para combatir al jefe del Estado, ni en los resultados de esa lucha formidable.

Los jóvenes miraban a un tirano salvaje, hollando con su machete ensangrentado todos los dogmas del Derecho público, y a una aristocracia corrompida, apoyando el salvajismo, y sin fijarse en lo pasado, de que no eran responsables; y, mirando solo el porvenir, se alistaron en las filas de Barrundia y de Molina.

El Gobierno, para sostener el orden y el concierto que acreditaba el frío asesinato del artesano Abarca, levantó cuarteles y almacenes hacia el lado de Buena Vista.

Se gastó mucho dinero, y de ello solo quedó lo que se llama castillo de San José.

Se acordó levantar una fortificación en el cerro del Cármen.

A esto se presentaba una dificultad.

Esta dificultad no era privar a Guatemala, que carece de ríos y de puentes, de alamedas y de sitios de recreo; de uno de los muy pocos lugares en que se puede encontrar algún solaz, sino la ermita que, sobre aquel pequeño cerro, se encuentra todavía.

Como había de atreverse un Gobierno, que en la persona del artesano Abarca había dado una nueva prueba de su respeto al Evangelio y al Decálogo, a tocar una ermita dedicada al culto de la Virgen del Cármen?

El Gobierno estaba en una verdadera dificultad. Por una parte, sus tácticos militares le decían que era indispensable el cerro del Carmen para defender el orden y el concierto.

Por otra parte, sus teólogos le aseguraban que no se podía tocar la ermita sin hacer una ofensa a la Virgen.

¡Qué conflicto!

Pero los reaccionarios para todo encuentran remedio.

El Gobierno hizo ver al Arzobispo que esta obra en nada se oponía a los usos de aquella ermita; y que, antes bien, contribuiría a aquel culto divino si se practicase en ella con mayor decencia y utilidad para el público. (Documento núm. 3.)

Los que conozcan el cerro del Carmen, cuya pequeñez exigiría el todo para los usos de una fortificación, y los que sepan que la ermita de la Virgen del Carmen se encuentra en la parte más elevada, comprenderán que es un absurdo lo que al Arzobispo se aseguraba.

Por último, el mismo pensamiento se modificó: el fuerte no se hizo en el cerro del Carmen. Se designó para levantarlo el alto de Matamoros, donde, sin ninguna utilidad, se ha gastado mucho dinero.

La escasez de granos continuaba, los monopolios seguían, el disgusto general iba en aumento, y, para impedir sus manifestaciones, la tiranía ejercida por los corregidores cada día era más grave.

Carrera tenía un depósito de armas, en su hacienda de Palencia, sita en una altura hacia el Este de la ciudad de Guatemala.

A las últimas horas de la noche del 15 y en la madrugada del 16 de octubre de 1847 fueron tomadas esas armas y todas las municiones y elementos de guerra por un número considerable de hombres al grito de:

¡Viva la libertad! ¡Muera Carrera! / ¡Muera la aristocracia!

Inmediatamente que se supo en Guatemala el asalto de armas en Palencia, se tocó general: corrían los soldados y corría la gente toda, en todas direcciones, sin saber lo que pasaba.

El 21 de marzo se había consumado solemnemente el fraccionamiento de la patria, y anunciándose con insolente osadía que aquel decreto de muerte y retroceso era la vida y la gloria de Guatemala escarnecida, y el 16 de octubre la revolución llamaba a las puertas de la aristocracia, y obligaba a los nobles más comprometidos a buscar asilo en los conventos, y a cubrirse con el hábito de las monjas.

No comprendían los serviles el 16 de octubre por la mañana lo que pasaba. Creían que el movimiento de Palencia estaba ramificado.

Donde en todos los pueblos, y que de un momento a otro cada uno de los nobles de copete iba a tener la misma suerte del marimbero.

El 16, como al mediodía se supo con certeza lo que había, y los nobles fueron asomándose poco a poco. Alguno de ellos decía ya con cierta calma: "No hay cuidado; no es el león como lo pintan."

Al día siguiente se hizo a Carrera presentar los hechos como a sus directores convenía, y publicó la proclama siguiente:

RAFAEL CARRERA

Teniente General, Presidente de la República de Guatemala; a sus conciudadanos.

HABITANTES DE LA CAPITAL: Habéis sido testigos de la alarma difundida ayer; y yo os debo el manifiesto de los motivos que le causaron. Cumplo, pues, exponiéndoos que a las siete de la mañana recibí aviso de que en la madrugada del mismo día había sido asaltada la casa de Palencia, donde existía un considerable depósito de municiones, y que por descuidos, que recibirán el condigno castigo, no se impidió que ocupase las armas nacionales una partida de bandidos.

Sensible al escándalo que producía tal atentado, cuyo desacato era mayor que los resultados que pudiera tener: deseoso de averiguar por mí mismo, con el conocimiento que tengo de las personas, las causas que pudieran haber ocasionado tal grado de fascinación en los criminales que concurrieron al asalto, me constituí personalmente en este punto; donde averigüé que algunos facinerosos, arrastrando a otros del campo y cuyo número, por todos, no excedía de cincuenta, ocuparon en efecto esta casa, robaron lo que pudieron recoger en las dos horas que estuvieron en ella, y se llevaron también tres fusiles cada uno de los salteadores. Mas estas ciento cincuenta armas serán para ellos lo que la huella para la fiera perseguida: los descubrirán; y la pena de la ley les será inevitable.

HABITANTES DE LA REPÚBLICA: Por lo que dejo expuesto, veis que entre nosotros hay hombres a quienes irritan el progreso de la República y que a todo trance querrían privarla de su tranquilidad, pero descuidados. Este don precioso no os será arrebatado. Vela por él y os lo conservará con su vida – Rafael Carrera – Palencia, Octubre 17 de 1847."

No valoraba de la misma manera el hecho don José Francisco Barrundia.

El señor Barrundia, en la Revista de los partidos, refiere el asalto de armas de Palencia de una manera muy diferente. He aquí:

"Volvamos la vista a la insurrección de la Montaña

"A la serie continua de crímenes de sangre

sobre incontables víctimas sacrificadas en hecatombes por Carrera; de violencias

y ultrajes al sexo débil y al honor de las familias; de rapacidades de todos géneros;

de altanería feroz sobre las clases infelices del pueblo y del desprecio más salvaje a los hombres de todas categorías;

a los celos más atroces y sanguinarios contra sus compañeros de armas y contra los jefes que le habían prestado los mayores servicios;

a la acumulación insolente de inmensas riquezas, junto con la avaricia más miserable;

a la ultrajante intervención en los tribunales de justicia, arrebatándoles reos, protegiendo y aún ascendiendo a los más detestables facinerosos;

a la insolente baladronada y embustería con que se diera el aire de un rico y poderoso hazañero, siendo conocido de todos por el miserable y ruin oficio de su origen;

a la indecencia y brutalidad de sus repetidas orgías con la más licenciosa soldadesca de su estado mayor;

a la rudeza de un carácter áspero y selvático que no le ha permitido comprender la necesidad de saber siquiera las primeras letras en tantos años de hallarse en el puesto más elevado, y que en medio de su afectada pasión por la carrera militar, no sabe mandar a la tropa el más sencillo movimiento;

a la odiosidad de esta torpeza altiva y feroz, y de tan larga carrera de atentados públicos y particulares, este monstruo añadía la de escoger para todos los puestos, y plagar todo el Estado de Guatemala de ajenos tan facinerosos y execrables como él, y tan autorizados como él mismo para ejercer crueldades caprichosas y robos infames sobre los vecinos más inocentes y honrados.

El libro que escribiese cada hecho, cada delito, cada ultraje a la humanidad, cometidos por el verdugo de Guatemala, a la vista y con la cooperación de la facción insaciable que la domina, llenaría el mundo por el tamaño, por el escándalo y el terror!"

"¡Qué extraña es, pues, la sublevación de la montaña, que antes lo hiciera surgir de entre las masas como el representante de los derechos de la gente del campo, y ahora no ve en él sino a un tirano estúpido, rico y omnipotente que no solo los desprecia, sino que los oprime y vea sin consideración ni piedad? A estos motivos, más que suficientes, se agregaba que el pueblo padeció una fuerte hambre. Que la arpía mujer del monstruo, había monopolizado todos los ramos alimenticios en Palencia, y ejercía la represión más sangrienta sobre cualesquiera que emprendiese allí algún giro, y se había apoderado de todos los víveres, maíces y ventas, traficando atrozmente con la miseria y hambre del pueblo. Pueden soportar las masas todo género de opresión y humillaciones; pero no pueden sufrir el hambre y sus autores.

Apareció, pues, un nuevo jefe de la montaña, organizando una sublevación, únicamente, contra el poder de Carrera. Este era José Lucio López. Él tenía toda la actividad e influencias necesarias. Fue escogido por las masas. Carrera fue informado de todo. Buscó con la mayor diligencia un asesino, lo encontró, cual le convenía, y le ofreció el precio de la cabeza de Lucio. Este facineroso diestro y feroz, buscó a Lucio, se fingió su amigo y compañero, y lo citó a una conferencia. Previno al Alcalde del lugar, manifestándole la autorización de Carrera, lo puso también en acecho; y él fue y sorprendió a Lucio en medio de una confianza amistosa, le quitó la cabeza y la presentó a Carrera. En el mismo día, en la noche del 15 de octubre de 47, tuvo ocasión el movimiento de los montañeses, que instantáneamente se apresuraron a vengar el asesinato de su jefe. Atacaron la hacienda de Palencia que Carrera mantenía fortificada, asaltaron las armas, tomaron como 800 fusiles (cuyo número quiso ocultar siempre el gobierno) y aún se asegura que llevaron dinero y desenterraron un tesoro."

Lucio López, a quien se hizo desaparecer del mundo, de la manera que Barrundia expresa, dio nombre a los insurrectos de entonces, quienes se llamaron los lucios.

El Gobierno se empeñaba en hacer creer que la revolución había terminado y José Clara Lorenzana dio esta proclama:

"General de Brigada, Mayor General del ejército de la República, y Comandante General del Departamento de Guatemala, a los habitantes de la República.

La Proclama de S. E. el Sr. General Presidente, ha informado al público de lo ocurrido en Palencia en la madrugada del 16 del corriente. Creo de mi deber seguir informándole del desenlace que tal ocurrencia ha tenido. Por partes del Jefe de la fuerza destinada a la persecución de los facinerosos que asaltaron la casa de Palencia, se sabe que hasta ayer se habían recogido ciento cuarenta y tres fusiles, de los cuales ciento diez y siete se hallaron escondidos en una barranca; que ya habían sido aprehendidos algunos de los que concurrieron al asalto; y que estos declaran haber sido efecto de la embriaguez, y que son muy pocos los comprometidos. Los presos vendrán a ser juzgados; y cuando esto se verifique, podrá saberse si a más del robo, que es hasta ahora el fin único que se nota haber tenido, se proponían otro, y quienes sean los que los han movido a cometer una empresa tan torpe y descabellada, y de una desaprobación tan general. De todo se impondrá al público oportunamente."

Se ve, pues, que si el atentado por su arrojo pudo infundir algún cuidado en las personas pacíficas que no apetecen más que seguridad para sus ocupaciones lucrativas, hoy que se ha visto haber sido aquel, efecto de la embriaguez, y un acto brutal de unos pocos, sin plan ni combinación de ningún género; todo cuidado debe cesar, confiándose en que si S. E. ha tomado a su cargo la recuperación de los objetos sustraídos, y el restablecimiento del orden, uno y otro debe a la fecha estar conseguido, como es de esperarse de su acreditada actividad, reconocida prudencia, y del concepto que justamente merece.

Comandancia General en Guatemala, a 20 de octubre de 1847.

J.C. Lorenzana.

Asegura Lorenzana que eran muy pocos los hombres que dieron el asalto, el cual fue efecto de la embriaguez.

Estas manifestaciones tan falsas como absurdas no hacían más que aumentar el descrédito del poder Ejecutivo.

Todos preguntaban: ¿cómo es que un movimiento hábilmente combinado, y cuya ejecución tuvo el éxito que sus autores deseaban, pudo ser simple efecto de embriaguez?

Todos decían si ha sido asesinado Lucio López, si tenía parientes, amigos, secuaces, si estos querían vengar su muerte y si han comenzado por el asalto de armas en Palencia, y como se dice que en aquel movimiento no había plan.

Si Carrera no tenía Constitución, ni leyes, si mandaba según su voluntad y su capricho; si había creado una dictadura permanente sostenida por Correjidores tan tiranos como su jefe, y si se pretendía establecer este régimen anormal y bárbaro como normal y permanente, en obsequio de tres familias nobles y de sus miserables servidores, y como se dice que no había causa para la insurrección.

Es una torpeza pretender ocultar verdades que están a la vista de todos.

José Clara Lorenzana dice que Carrera había tomado a su cargo la recuperación de los objetos sustraídos y el restablecimiento del orden, y que uno y otro debían de estar ya conseguidos por la acreditada actividad y reconocida prudencia del Presidente y por el concepto que justamente merecía.

José Clara Lorenzana necesitaba adular a Carrera para medrar, y lo adulaba.

Sus adulaciones en octubre de 47 eran un sarcasmo.

Nadie creía entonces en todas esas cualidades que Lorenzana atribuía al guerrillero de Mataquescuintla.

Los padres de familia, que tanto invocaba Pavón, para establecer su orden de cosas, su decoro y su concierto, se le escapaban.

"Muchos de los que eran de la escuela de don Pascual del Pescon oían misa, tomaban chocolate, iban al jubileo, fumaban su cigarro, dormían siesta; pero no visitaban a José Clara Lorenzana, ni le ofrecían sus servicios, ni menos sacaban un cuarto para ayudar a Carrera a recobrar el armamento."

Había otros personajes, que daban el tono y la ley en las tertulias elegantes guatemaltecas, ya por haber nacido allende el Atlántico y conservar una u otra costumbre peninsular, ya porque sus mayores habían venido de España, o ya porque tenían una fortuna miserable en otra parte, inmensa para nosotros, que todos veían sin que nadie pudiera tocar.

Estos personajes no tenían vocación de mártires.

Deseaban estar bien con Carrera o sin Carrera, con Pavón o sin Pavón, con Batres o sin él.

Estos hombres egoístas no hacían más que calcular quién tendría la probabilidad de éxito para acercársele y hacerle cortesías.

En octubre de 47 muchos hombres de esa clase, semejantes a los albañiles que atan una piedra o un plomo en una cuerda, para averiguar si una pared ha perdido sus niveles, hacían observaciones sobre los niveles del edificio de la reacción, lo encontraban desplomado y huían de él, para que no los sepultase bajo sus ruinas.

Esta clase de hombres existe en todas partes.

Son serviles por organización. Halagan a los reaccionarios cuando estos mandan.

Halagan a los liberales cuando estos se hallan firmes en el poder, o los acontecimientos auguran su elevación.

Esos hombres son el termómetro muchas veces en política.

Si ellos adulan, todo va bien; si vuelven la espalda, todo va mal.

Esa nube de cortesanos abandonó a Carrera, a Pavón y a Batres cuando la revolución iniciada en 1847 se hizo imponente.

Esos mismos hombres volvieron la espalda a los liberales, cuando estos se dividieron en el poder, anunciando su caída con esa fatal división, y los colmaron de injurias cuando los vieron en el destierro, en los calabozos o en el cadalso.

Lucio López había muerto; pero le subrogaban Francisco Carrillo, Mauricio Ambrosio, Agustín Pérez, Roberto Reyes &.

La situación de Guatemala era tristísima.

El error de las ideas serviles y las consecuencias de sus fatales principios reaccionarios estaban en evidencia.

La ignorancia y la barbarie sostenidas por los serviles como un principio de gobierno y como un pedestal de su administración, unas veces producen a un Rafael Carrera, a un Sotero Carrera, a un Carrillo, a un Pérez, a un Mauricio Ambrosio, a un Reyes, y lo que es peor, a un León Raimundo, cuyas fechorias se verán más tarde.

¡Qué amargura para los jóvenes que habían estudiado el Derecho público en las obras de Montesquieu y de Constant por una parte a Carrera y a su hermano Sotero y por otra, a Mauricio Ambrosio y a Roberto Reyes!

He aquí el resultado de una serie de años de tinieblas.

Más de trescientos años de pláticas doctrinarias, de misas, de sermones, de procesiones y cofradías, habían producido este espantoso resultado; y hay quien crea todavía que aquel sistema tenebroso debe continuar, y que son inmorales y execrables los hombres que a su perpetuidad se oponen!!!

DOCUMENTOS JUSTIFICATIVOS
NÚMERO 1.

"En Guatemala, a primero del mes de agosto de 1847. – Reunidos los Profesores en Medicina, del margen, en el salón del claustro de la Universidad, presididos por el Sr. Ministro del Interior, Ldo. D. J. Antonio Azmitia y el Sr. Rector de este establecimiento, Presbítero Dr. D. Juan José Aycinena, se ha tenido por instalada la Sociedad de Medicina de Guatemala. Después de que el Sr. Dr. D. Mariano Padilla disertó acerca del origen de las sociedades científicas y manifestó detenidamente las utilidades que de ellas han resultado; y de haberse manifestado, por parte del Decano Presidente de la Facultad, Dr. Sr. D. Pedro Molina, tanto al Sr. Ministro como al Rector, la gratitud de la corporación hacia el Gobierno y a la propensión que manifiesta el Presidente de la casa a favor de sus intentos. Habiéndose disuelto la primera junta; a continuación, reunidos de nuevo en el mismo local, los mencionados Profesores procedieron a la elección de Presidente y Secretarios, y resultaron electos para Presidente el Sr. Dr. Decano D. Pedro Molina, para Vicepresidente el Sr. Dr. D. José Luna y para Secretarios el Dr. D. Mariano Padilla y Ldo. D. Vicente Molina; los cuales, en el acto, tomaron posesión de sus destinos, y seguidamente se acordó nombrar dos auxiliares entre los Bres. pasantes para completar el despacho de la oficina de la Sociedad, resultando electos los Bres. Sres. Benito Vasconcelos y Jesús Jiménez. – En seguida, se acordó nombrar una comisión que formule los reglamentos, y fue electo el Sr. Catedrático de Química, D. Julio Rosignon; con lo cual se levantó la sesión, acordándose que de la presente acta se remita copia a la Secretaría de Instrucción Pública para conocimiento del Gobierno.

Las personas que se citan al margen son las siguientes: Dr. Pedro Molina, Dr. José Luna, Dr. Eusebio Murga, Dr. Mariano Padilla, Ldo. Mariano Croquer, Ldo. Francisco Abella, Ldo. José González Mora, Sr. Julio Rosignon, Ldo. Juan Monroy, Ldo. Vicente Molina. – Es copia fiel. – Dr. Mariano Padilla, Sr. – Ldo. Vicente Molina, Pro-secretario."

NÚMERO 2.

"El Presidente del Estado de Costa Rica, por cuanto el Poder Legislativo ha decretado y sancionado lo siguiente: – El Congreso Constitucional del Estado de Costa Rica.

DECRETA:

Art. 1.° – El Estado de Costa Rica, de acuerdo con los demás de la Unión, será representado en la DIETA instalada en la ciudad de Nacaome con objeto de reorganizar la República.

Art. 2.° – Al efecto, la Legislatura nombrará y acreditará dos representantes y un suplente de conocida ilustración y patriotismo, que desde luego irán autorizados en la forma que se establece en el presente Decreto; con prevención de que, si en el receso de la Legislatura ocurriesen renuncias con causas legales, el Ejecutivo las resuelva con dictamen de la comisión permanente y, en caso de admitirse, reponga con el mismo trámite el nombramiento.

Art. 3.° – A dichos Representantes se les abonará el viático y las dietas que dispone el Art. 2.° del Decreto de 10 de junio del año de 845, haciéndoles la anticipación que dispone el Art. 6.° del mismo Decreto para que marchen a la mayor brevedad, entendiéndose que la dieta se abona desde el día que ingresan al lugar de su destino hasta el en que se separan.

Art. 4.° – La autorización de que habla el Art. 2.° es plena y se reduce:

1.° a proponer se declare roto e insubsistente el Pacto de 824 desde que los Estados se declararon libres, soberanos e independientes;

2.° a concurrir con los Representantes de los demás Estados a formar el proyecto de reorganización nacional; y

3.° a nombrar una Dieta de tres individuos con el nombre de "DIETA NACIONAL DE CENTRO-AMÉRICA" y cuyo único objeto será representar a la Nación ante las repúblicas y naciones extranjeras, admitir los ministros, cónsules y toda clase de diplomáticos que acrediten cerca de los Estados de Centro-América, y nombrar el ministro o ministros que convenga acreditar cerca de las mismas Repúblicas y Gobiernos extranjeros, autorizándolos e instruyéndolos conforme a los convenios celebrados entre los Gobiernos de la Unión."

Art. 5.º El Estado de Costa Rica se reserva la aceptación y ratificación del plan o arreglo que se celebre entre los representantes de los Estados en la DIETA mencionada.

Al Poder Ejecutivo.

Dado en la ciudad de San José, a los treinta días del mes de julio de 1847. – José María Alfaro, Presidente – Juan Mora, Diputado Secretario.

"Por tanto: ejecútese. San José, 30 de julio de 1847. – José María Castro. – Al Ministro de Relaciones y Gobernación, Señor Don Joaquín Bernardo Calvo."

NÚMERO 3.
"Ministerio de Hacienda y Guerra.

Palacio del Gobierno; Guatemala, 4 de octubre de 1847. – Visto el parte en que se avisa estar concluidos los cuarteles y almacenes con que se completan las obras de fortificación en San José de Buenavista, una de las que constituyen las de defensa permanente de esta ciudad, según el plan general que, para obviar los gastos inútiles de fortificaciones provisionales, se sirvió aprobar el Gobierno:

Considerando que es indispensable continuar las demás obras militares comprendidas en el expresado plan, puesto que, habiéndose formado la de Buenavista en combinación con las que deben levantarse, se haría inútil si éstas no se llevasen a cabo, y siendo el cerro llamado del Cármen uno de los puntos designados, según resulta de los reconocimientos practicados en su oportunidad, el Gobierno acuerda:

Que se emprendan los trabajos de la fortificación proyectada en dicho cerro, y que, al efecto, se dé orden a la Comandancia General de este Departamento, para que, previo el plan que mandará levantar con arreglo al precitado plan general, haga formar el presupuesto del costo que tendrá aquella obra, y lo pase al Ministerio de Hacienda para la aprobación del Gobierno.

2.º Que el Ministerio de Negocios Eclesiásticos ponga este acuerdo en noticia del Ilmo. Sr. Arzobispo por lo tocante a la iglesia que existe en el punto que se trata de fortificar, manifestando a S.S.I.

que esta obra en nada se opone ni embarazará los usos de la iglesia, sino que antes bien contribuirá a que el culto divino se practique con mayor decencia y utilidad del público.

(Rubricado.)"

CAPÍTULO XII: A LOS TICOS NO LES GUSTAN LAS GUERRAS

COSTA RICA

SUMARIO.

Bajo el régimen provisional de don José María Alfaro se hicieron elecciones de jefe y vicejefe del Estado.

Fue electo jefe el mismo Alfaro.

Fue electo vicejefe el doctor don José María Castro.

La elección de secretarios de Estado debía ser popular, y el doctor Castro, vicejefe, fue también electo secretario general.

Por muchas que fueran las capacidades y la instrucción de don José María Alfaro, la superioridad del doctor Castro era visible; así es que Costa Rica se hallaba entonces, en todos los ramos de la administración, a las órdenes de Castro.

Tratabase de una nueva Constitución. El 15 de setiembre se había instalado una Asamblea Constituyente, y se hablaba del proyecto que debía presentarse a la Asamblea.

Un nuevo periódico oficial, semanario titulado "El costarricense", apareció entonces.

El jefe Alfaro tuvo a bien separarse del mando por quince días.

El vicejefe Castro se hizo cargo del poder Ejecutivo el 1.º de diciembre de 1846.

El doctor Castro nombró Ministro de Relaciones y Gobernación al señor don Juan Rafael Mora, sobrino del benemérito don Juan Mora, y aquel mismo día el nombrado se hizo cargo del Ministerio.

¿Quién hubiera podido predecir que estos dos ciudadanos distinguidos, que juntos se hallaban en el Gobierno, habían de ser más tarde irreconciliables enemigos en política?

Voces vagas circulaban acerca de algún malestar en el departamento de Heredia.

El 15 de diciembre hubo revista militar en la ciudad de Heredia.

Concurrió el vicepresidente Castro, quien arengó a la tropa, y se despidió de ella dando, en presencia de la fuerza armada, un abrazo al comandante.

El espíritu de localismo no dominaba en el poder Ejecutivo.

Fue nombrado intendente general del Estado el señor don José María Cañas, que era salvadoreño.

Fue nombrado juez de Hacienda el nicaragüense licenciado Buenaventura Selva.

Alfaro volvió al ejercicio del poder Ejecutivo, y el 20 de diciembre arengó a la tropa del departamento de la capital, reunida en la plaza de San José.

Alfaro recomienda a los militares que den pronto aviso, si alguien quiere trastornar el orden.

Todas esas arengas prueban que había un malestar latente.

Los costarricenses, eminentemente laboriosos, huyen de las revoluciones y de los trastornos.

¿Qué se temía?

Había algún disgusto en Heredia por la retirada de Moya, quien con toda franqueza censuraba lo que no le parecía bien en la política militante.

Había algún disgusto en Cartago, no precisamente por la retirada del señor Oreamuno, sino por las causas que la produjeron.

Había algún disgusto en San José, por la caída del señor Gallegos, y por la manera de ejecutarse.

En don José María Alfaro se veía a un funcionario llamado por vía de transición, y no se sabía a punto fijo el resultado de todo esto.

Se proyectaba una Constitución, diciéndose que era preciso retirar de más poder al Ejecutivo, y no faltaban quienes creyeran que se intentaba dar un decreto semejante al que emitió Carrillo el 8 de abril de 41.

"El costarricense" desmintió esta especie, con severidad y energía.

En el número 12 de aquel periódico se encuentra un artículo en favor de los jesuitas, tomado de un periódico de Valparaíso.

La coincidencia entre este artículo y lo que se publicaba en Guatemala, en favor de la Compañía de Jesús, dio lugar a creerse que no faltaban, en Costa Rica, quienes estuvieran en combinación con los reaccionarios guatemaltecos.

El 21 de enero de 1847 hubo repiques, dianas, salvas de artillería y de cohetes, porque estaba concluida la nueva Constitución.

Cinco diputados presentaron al poder Ejecutivo esta ley, y al instante obtuvo el cúmplase.

El 11 de febrero todas las autoridades prestaron solemne juramento de obediencia a la ley que se emitía.

Se dijo que aquel código iba a producir grandes beneficios, y que aseguraba el porvenir de los costarricenses.

Los pueblos nacientes y en transformación no pueden tener leyes fundamentales fijas y estables.

Lo que hoy es en ellos una locura, es mañana una simple teoría, es pasado mañana una realidad, y al día siguiente un dogma político.

Cuando se comenzó a hablar de tolerancia religiosa, la idea produjo escándalo.

Más tarde, la tolerancia fue un hecho, y un templo protestante con doradas torres anunciaba a los costarricenses la transformación de sus ideas.

Hoy la libertad de cultos se considera como una utopía, y solo se habla de tolerancia; pero pronto vendrá el día en que los costarricenses palpen que pasó la era de los concordatos.

Nuestras leyes son transitorias, como las reglas de conducta que Moisés dictaba a los hebreos, para que se condujeran bien en su peregrinación por el desierto.

Leyes estables en las Repúblicas centroamericanas, en vez de progreso, indicarían parálisis.

Ese cambio de constituciones es, por tanto, una consecuencia indispensable de lo que avanzan las ideas sobre la enseñanza de tres siglos.

Solo debe sentirse el cambio cuando lo operan las reacciones, y en vez de irse adelante, se retrograda.

Este retroceso, que de cuando en cuando se presenta, no debe inspirar grandes temores a los hombres de ideas avanzadas, porque el siglo marcha y el torrente del progreso ejerce poderosa influencia en todo el Nuevo Mundo.

Tenemos libertad en el Norte y en el Sur, y los hijos de Loyola no podrán afianzar su lúgubre poder en ninguna sección del Centro, por más que algunos jefes los quieran para que se agrupen en torno del pedestal gubernativo a sostenerlo con sus breviarios, sus rezos y excomuniones.

Algunos de esos jefes tienen opositores también jesuitas, y los padres de la Compañía darán un golpe a los gobiernos que les abrieron las puertas de la patria, si los monacales que aspiran al poder les hacen mejor postura.

La Constitución, que se emitió en Costa Rica el año de 1847, debía comenzar a regir el 7 de marzo.

No solo de la Constitución se trataba, sino de algunos ramos de industria y de comercio.

La carretera nacional y el progreso del puerto de Punta Arenas hacían venir buques de diferentes naciones y el movimiento mercantil aumentaba considerablemente. Proyectóse entonces que Punta Arenas fuera un puerto franco. El pensamiento encontró defensores entusiastas e implacables enemigos. El puerto franco iba a producir resultados favorables para unos y perjudiciales para otros. Algunas casas fuertes de comercio hacían venir de Europa efectos extranjeros, que expendían no solo al menudeo sino por mayor, haciendo ventas a comerciantes de segundo orden.

Esas casas imponían la ley, y seis u ocho ricos eran dueños y señores del tráfico mercantil en todo el Estado.

Siendo Punta Arenas un puerto franco, la concurrencia de buques extranjeros proporcionaba a los comerciantes de segundo orden y a todos los consumidores del país efectos baratos, y los libraba de ser tributarios de los ricos.

El proyecto debía, por tanto, tener amigos apasionados y acerbos enemigos.

Los interesados en combatirlo encontraron un argumento poderoso, dadas las circunstancias topográficas del país: la imposibilidad de impedir el contrabando.

Sin embargo, Alfaro dio un decreto que, estableciendo la franquicia con algunas limitaciones, dice:

"El Jefe Supremo del Estado de Costa Rica.

Siendo de su deber deferir a la opinión pública fuertemente pronunciada por una medida que demandan las circunstancias actuales del Estado, como la más adecuada para asegurar su bienestar futuro,

DECRETA:

Art. 1.° – El Puerto de Punta Arenas en el Pacífico, se declara franco para el comercio de todas las naciones en cualesquiera frutos, excepto el tabaco en rama o labrado de todos modos, pólvora, aguardiente y elementos de guerra, cuya introducción queda prohibida, sino es que se haga por cuenta del Gobierno o con su previo y especial permiso.

Art. 2.° – Por consiguiente, la Aduana establecida hoy en Punta Arenas, será trasladada al punto que el Gobierno designe, como más conveniente a los intereses fiscales y regida por las disposiciones que han de emitirse con analogía a su citada traslación.

Art. 3.° – Las leyes que deben arreglar el gobierno del Puerto franco y las demás providencias necesarias a la expedita ejecución de la presente medida, serán dictadas dentro del perentorio término de seis meses, antes del cual no podrá tener efecto este decreto.

Dado en la Ciudad de Alajuela a cinco de marzo de mil ochocientos cuarenta y siete.

JOSE MARIA ALFARO.

Al Ministro de Hacienda y Guerra Señor Don José María García."

Al día siguiente de emitido este decreto, Alfaro se retiró temporalmente del mando, por causa, según dijo, de salud, y el doctor Castro, como vicejefe, quedó al frente del poder Ejecutivo.

Estas interrupciones de Alfaro en el ejercicio del Gobierno daban lugar a los partidarios del doctor Castro a trabajar con empeño y perseverancia para que fuera electo jefe, quien entonces solo tenía el carácter de vicejefe.

Las mismas interrupciones ponían al señor Alfaro en contacto con mucha gente que no se le acercaba estando en el mando, y se le infundían recelos, y aún se explotaban los antiguos odios y rivalidades entre pueblos hermanos que solo pueden subsistir por la unión.

Don José María Alfaro volvió a la silla del poder Ejecutivo y el 27 de febrero mandó ejecutar un decreto que reglamentaba las elecciones de los individuos que, según la nueva Constitución, debían ejercer el poder Legislativo y el Ejecutivo del Estado.

En seguida aparece otra vez el doctor Castro en el Gobierno, y en calidad de vicepresidente en ejercicio del poder Ejecutivo, dicta el 17 de marzo un decreto que prescribe reglas a las juntas de calificación de los cantones.

Al mismo tiempo se hicieron mudanzas de empleados.

Don Manuel Zeledón era jefe político en San José, y se le trasladó interinamente a la Fiscalía de Hacienda.

Don Jacinto García fue nombrado gobernador de San José.

Don Santiago Ramírez fue nombrado administrador de la aduana marítima del sur.

Don Miguel Mora obtuvo el cargo de Contador en el ramo de tabacos.

Don José María Zamora fue nombrado gobernador político del departamento de Heredia y don Joaquín Campero, Contador de la aduana del sur.

La Constitución había comenzado a regir el 7 de marzo, y estos nombramientos se hacían el 9, de conformidad con la nueva ley fundamental; pero algunos enemigos de la candidatura del doctor Castro los interpretaban como un medio de facilitar su elección.

Don Joaquín Bernardo Calvo se encargó del Ministerio de Relaciones y Gobernación.

La Constitución del año de 25 establecía tres escalas en las elecciones.

La Constitución del año de 44 establecía solo una.

La Constitución del año de 47, formada en parte por esos hombres que pertenecen a la escuela que se ha llamado del justo medio, estableció dos.

La primera creó una Cámara de Diputados y un Consejo que hacía las veces de Senado;

La segunda presentó dos Cámaras y otorgó al Senado muchas y muy grandes facultades;

Y la última suprimió el Senado, como inútil y perjudicial, e hizo al vicepresidente del Estado presidente nato del Cuerpo Legislativo.

La elección a dos grados, adoptada entonces, era el asunto que preocupaba a todos los hombres de la política.

La candidatura del doctor Castro tenía opositores de importancia y muy respetables; pero se exhibían poco en la arena, y daban la cara otros, cuya presencia en un partido no hacía más que hacerlo decaer.

Entre estos se hallaba don Luz Blanco, a quien hemos visto figurar en el drama sangriento del general Morazán.

Figuraba entre los opositores en primera línea, el padre don Julián Blanco, hermano de don Luz.

El padre Blanco escribía papeles que él mismo circulaba por los departamentos.

Don José María Zamora, gobernador de Heredia, dio cuenta al Gobierno de los trabajos del padre Blanco en las poblaciones de aquel departamento.

El Ministro Calvo, de orden del vicejefe, contestó a Zamora que el Gobierno le daba las gracias por su celo; pero que mientras el padre Blanco se limitara a circular papeles, se le dejase en plena libertad (Documentos 1.º y 2.º).

Violentos impresos y publicaciones clandestinas habían excitado tanto los ánimos que el redactor de El Costarricense creyó poder consignar estas palabras:

"Folletos que las leyes condenan, o asquerosos libelos ilícitos, abortados en las oscuras cavernas de frenéticos aspirantes, de seres desnudos de dignidad humana, ¿qué fin útil pueden proponerse?

Más feroces que un tigre que se arroja sobre el caminante extraviado, más dañinos que un asesino y un ladrón, esparcen su veneno mortífero entre todos los habitantes de un pueblo, que lo inspira insensiblemente, que roe y despedaza sus entrañas, que turba la paz doméstica y no respeta vínculo ni ley alguna.

Semejantes bestias sin religión, sin temor a Dios y sin consideración a los hombres, apenas pueden ser dignos socios en la morada de Plutón.

Estos no pueden confundirse nunca con el cuerpo de opositores de buena fe: pertenecen esencialmente al de los enemigos de la humanidad y del bien público y privado; son verdaderos apóstoles del mal, que inician el desorden y que amenazan constantemente a la sociedad; que en todas partes son tenidos como aves de mal agüero tras de las cuales solo pueden venir sangrientas catástrofes a los pueblos."

Pocas veces se verá un papel ministerial más virulento. Si hubiera sido escrito por un joven, podría atribuirse a la edad; pero el redactor de ese periódico no era ya joven. Era un hombre de letras respetado y respetable. Se hallaba entonces unido al doctor Castro por vínculos de amistad e intereses de partido, y la violencia de su pluma debe atribuirse a la agitación en que entonces los ánimos se hallaban.

Por último, las elecciones se hicieron.

El Congreso Constitucional se instaló el 1.º de mayo. Lo formaban los representantes siguientes:

Por San José: presbítero Juan Rafael Reyes, Juan Mora y doctor Nasario Toledo, propietarios; y suplentes Juan Bautista Bonilla, Saturnino Tinoco y José Joaquín Mora.

Por Cartago: Telésforo Peralta y Pedro García; y suplentes, presbíteros Matías Zabaleta y Nereo Bonilla.

Por Heredia: presbítero Joaquín Carrillo y Manuel Segreda; y suplentes, Joaquín Flores y Pilar Fonseca.

Por Alajuela: Juan José Lara y Juan Rafael Ramos; suplentes, Juan Alfaro Ruiz y Francisco González.

No estaba el 1.º de mayo representado el Guanacaste, porque la elección recayó en el doctor Toledo, que era diputado por San José.

El 6 de mayo quedó organizada la Corte de Justicia (Documento núm. 3).

Se computaron los votos para Presidente y Vicepresidente, denominación que entonces tomaron el primero y segundo jefe, y resultaron electos:

Presidente, el doctor don José María Castro.

Vicepresidente, don José María Alfaro.

La Asamblea emitió el siguiente decreto:

"El Congreso Constitucional del Estado de Costa Rica.

Con presencia de las listas de votaciones de todos los Colegios Electorales para Presidente y Vicepresidente del Estado, y habiendo observado las ritualidades prescritas por la Constitución y por el decreto de 25 de febrero último, declara y decreta:

Artículo 1.º – Se ha por Presidente del Estado, electo popularmente, al Señor Doctor Don José María Castro.

Artículo 2.º – Se ha por Vicepresidente del Estado, también electo popularmente, al Señor Don José María Alfaro.

Artículo 3.º – Los dos individuos de que se hace mención en los artículos que preceden, se presentarán en el salón de sesiones del Congreso, a las diez del día sábado 8 del corriente, a tomar posesión formal de sus respectivos destinos, según previenen los artículos 101 y 102 de la Constitución.

Artículo 4.º – El Poder Ejecutivo dispondrá lo conveniente para la solemnidad de tan augusto acto.

Al Poder Ejecutivo.

Dado en la Ciudad de San José, a los cinco días del mes de mayo de mil ochocientos cuarenta y siete.

Nasario Toledo, Diputado Vicepresidente.

Telésforo Peralta, Diputado Primer Secretario.

Juan Rafael Reyes, Diputado Segundo Secretario.

Por tanto: EJECÚTESE.

San José, mayo cinco de mil ochocientos cuarenta y siete.

JOSE MARIA ALFARO."

El 8 de mayo se presentaron Castro y Alfaro ante el Cuerpo Legislativo.

Castro tomó posesión de la presidencia del Estado y Alfaro de la vicepresidencia.

Esta no era entonces un simple cargo de expectativa; tenía anexa la presidencia de la Asamblea.

El doctor Castro pronunció un extenso discurso, que bien revela la amargura de su ánimo, aun en medio de las ovaciones del triunfo electoral. (Documento núm. 4)

Por más que el doctor Castro dirigiera palabras lisonjeras a don José María Alfaro, este ciudadano no podía estar satisfecho siendo el segundo después de haber sido el primero.

No todos los hombres tienen las virtudes cívicas del benemérito don Juan Mora, quien después de haber sido jefe del Estado durante dos períodos constitucionales, fue con mucho gusto vicejefe, y habría aceptado con el mismo placer cualquier otro destino de elección popular.

Alfaro quedaba al frente de la Asamblea; pero no tenía dotes parlamentarias y no podía guiar al Congreso.

La administración del doctor Castro comenzó dominando grandes obstáculos, que no estaban del todo anonadados, y hacían presentir futuras convulsiones políticas.

DOCUMENTOS JUSTIFICATIVOS

NÚMERO 1.

"Gobernación Política del Departamento de Heredia - Abril 7 de 1847.

Señor Ministro de Relaciones del Supremo Gobierno:

En la mañana de este día, el Presbítero Señor Julián Blanco, vecino de esa ciudad, se ha presentado personalmente en el centro de esta ciudad y sus barrios, regando el impreso que, para conocimiento del Supremo Gobierno, le adjunto. Este clérigo ha seguido su derrotero con la misma misión para la ciudad de Alajuela.

Dígnese U. Sr. Ministro poner esto en el alto conocimiento del Vicepresidente encargado del Poder Ejecutivo, ofreciéndole los sinceros votos de sumisión y respeto de quien, como de U., me suscribo su más atento servidor.

D. U. L.

José María Zamora."

NÚMERO 2.

"Ministerio de Relaciones y Gobernación - Casa de Gobierno. San José, Abril 8 de 1847.

Señor Gobernador Político del Departamento de Heredia:

Con presencia de la nota de U. del día de ayer, en que, acompañando un impreso dirigido con fecha 6 del corriente a los electores de partido, informa que el Presbítero Don Julián Blanco lo circulaba personalmente en esa ciudad y sus barrios, y que con el mismo fin había partido a la ciudad de Alajuela, el Señor Vicepresidente en ejercicio del Supremo Poder Ejecutivo, se ha servido prevenirme diga a U., como tengo la honra de verificarlo: que le es muy satisfactorio el celo de U. por la conservación del orden y quietud pública, esperando lo continuará hasta averiguar si se hacen concitaciones que tiendan a turbar de algún modo el reposo de los pueblos de ese departamento; y que por lo que respecta a la sola circulación del enunciado impreso, no hay que hacer novedad alguna.

Con sentimientos de verdadero aprecio, me firmo de U. atento servidor.

Calvo."

NÚMERO 3.

"El Congreso Constitucional del Estado de Costa Rica - Decreta:

Art. 1.º – Se han por magistrados propietarios de la Corte Suprema de Justicia a los señores D. Rafael Ramírez Regente, D. Ramón Quiroz Fiscal, D. Manuel José Carazo, D. Félix Sancho, D. Pío Alvarado, D. Ramón Castro y D. Francisco Peralta, electos por el Congreso.

Art. 2.º – Se han por magistrados suplentes para la misma Corte Suprema de Justicia a los señores D. Francisco de Paula Gutiérrez, D. Juan María Solera, D. Pedro Saborío, D. Pío Murillo y D. Paulino Ortiz, electos también por el Congreso.

Art. 3.º – El Ejecutivo dispondrá que los magistrados propietarios se presenten en este salón a las diez del día viernes 14 del presente mes, a prestar el juramento de ley y tomar posesión de sus destinos. Los que no pudieran verificarlo en dicho día, lo prestarán ante el Presidente de aquel Cuerpo, así como los suplentes, por el orden en que sean llamados.

Al Poder Ejecutivo.

Dado en la ciudad de San José, a los seis días del mes de mayo de mil ochocientos cuarenta y siete.

Nasario Toledo, Diputado Vicepresidente.

Telésforo Peralta, Diputado Primer Secretario.
Juan Rafael Reyes, Diputado Segundo Secretario.

Por tanto: EJECÚTESE.

San José, mayo siete de mil ochocientos cuarenta y siete."

NÚMERO 4.

"Señores Representantes,

Llamado por el voto espontáneo de los pueblos a ocupar la silla de la Presidencia del Estado en su primer período constitucional, he venido hoy a este santuario a prestar el solemne juramento prevenido por la Carta."

Acaba de consumarse tan augusta ceremonia, y desde este instante inmensas obligaciones pesan sobre mí. Yo, que las conozco, y que mejor que otro alguno estoy convencido de mi insuficiencia para desempeñarlas debidamente, habríame excusado, a todo trance, de admitirlas, si tan general no fuese la opinión que exige mis servicios en este asiento, y tantos y tan fuertes los compromisos que me estrechan a tomarlo. Sin denuedo para desairar el voto público, ni para resistir a las vivas y repetidas instancias de mis amigos y de otras personas respetables, he preferido someterme al sacrificio más enorme, antes que obstinarme en una negativa, que pudiese resentir las afecciones con que me honra la gran mayoría de mis conciudadanos, y ser calificada por un acto de criminal indiferencia o de vergonzosa cobardía.

Impulsado a esta resolución, de otra parte, por las protestas que me han hecho de sus auxilios muchos hombres de luces empeñados en el bien de la comunidad; y todavía más, por la sabia dirección que debo esperar del augusto Poder Legislativo, la he adoptado, contando con que ella no será funesta más que a mi reposo e intereses particulares y que, por lo mismo, sobre la pérdida de estos bienes, no he de tener un día el sentimiento, más terrible aún, de haber causado la desgracia de mi país.

Ocupando en la esfera de la vida privada un lugar demasiado ventajoso, con elementos abundantes para adquirir un caudal que asegure mi suerte y la de mi familia, rodeado de amigos y de deudos afectuosos, considerado de mis compatriotas, favorecido de una constitución vigorosa, joven y ansioso de trabajar y de correr los países cuyo conocimiento importara mucho al aumento de mi propiedad y a la mejora de mis ideas, me había trazado un plan muy halagüeño que hoy veo frustrado al suceso de una elección nada grata, preciso es que lo diga, para quien, conociendo sus espinas, va a ser arrojado sobre ellas.

Voy, pues, a renunciar todo lo que pudiera hacer mi dicha individual: voy a permanecer por más tiempo retirado de la dulce tranquilidad de simple ciudadano, y entre las zozobras e inquietudes muy amargas de la vida pública: voy a cambiar el sencillo y risueño cuadro de mis negocios propios por el complicado laberinto de las solicitudes y de los muchos y difíciles asuntos de Estado: voy a abandonar mis intereses por asistir los de la generalidad: voy, en fin, a desatender a mi cara esposa y tiernos hijos por cuidar de los miembros de la sociedad entera... Y en recompensa de todo... ¡ah!... por pago de esta abnegación; en la peligrosa altura a que se me lleva, y donde el ojo indignado de las pasiones me alcanza mejor, allí, allí voy a sufrir las increpaciones de la ignorancia, el ceño de la miseria y los desdenes del egoísmo: allí voy a sufrir los denuestos de la insolencia, el encono de la maldad, las asechanzas de la perfidia y las maquinaciones del traidor: allí, en una palabra, voy a ser el objeto de la ira, el blanco de la calumnia y víctima de la torpe envidia...

Con esta ciencia, hija de padecimientos propios, comienzo hoy mi nueva carrera, sin peligro de desengaños que me turben. Pero, no obstante este cúmulo de males que me amenazan, mis amigos y todos los buenos costarricenses que juzgan y hablan de las cosas con rectitud y pureza, sabrán medir la magnitud del sacrificio que hoy consagro a la patria, tomarán mi defensa, como lo han hecho alguna vez, me harán justicia, y esto, y el dictamen satisfactorio de mi conciencia, es una retribución que me contenta.

Para merecerla, yo me propongo seguir el camino que me trazan las leyes, observar los principios de una política fundada en la justicia y la verdad, escuchar los saludables consejos del patriotismo, y tanto como lo primero, obedecer y ejecutar cumplidamente las disposiciones del alto Cuerpo ante quien hablo.

Simple instrumento de la voluntad del Soberano, no será mi voz la que impere, sino la del ilustre Congreso a quien toca guiarme en el desempeño de las delicadas funciones que se me encomiendan, y con el cual procuraré siempre guardar la armonía que demandan la profesión de unas mismas reglas y las tendencias dirigidas a un mismo fin.

Adicto de corazón, por convencimiento, a los principios de un gobierno libre y enérgico, capaz de reprimir la insolencia y el crimen, me regocijo de verlos consignados en nuestra ley fundamental, y de tener este motivo más para mirar esa carta con profunda veneración, ajustar a ella los procedimientos del Ejecutivo y defender, con todo mi poder y mi existencia, la integridad de sus sagrados textos.

Entusiasta, como el que más, por los progresos del Estado, os indiqué, Señores Representantes, en el glorioso día de vuestra instalación, algunas de las medidas más urgentes, y ahora, al tomar en mis manos las riendas del Gobierno Constitucional, debo aseguraros: que por lo que a mí toca, no será infructuoso el campo que me ofrece la Carta, ni vana la autorización que me den las leyes secundarias para conservar el orden público, la dignidad y derechos del Estado, y promover con prudencia, evitando una precipitación que hiciera ilusorios mis acuerdos, todas las mejoras que puedan realizarse en el curso gradual de las circunstancias y en el estado sucesivo de nuestros recursos y exigencias.

Lo propio puedo decir del benemérito costarricense designado para subrogarme en las faltas temporales, a quien saludo bajo este dosel, y cuyo aparecimiento en esta tribuna es un suceso de alta importancia para la patria que yo cordialmente congratulo.

Tal pienso que sea mi conducta administrativa, para que Costa Rica reciba los bienes que se promete de ella; pero estos no pueden ser obra de un solo hombre y mucho menos de mi poca idoneidad: necesito de vuestro apoyo para producirlos y de la cooperación benéfica de mis conciudadanos. Sin estos recursos, mis esfuerzos serían inútiles, y yo preferiría hoy la deportación y la muerte misma, al servicio de un destino de que no pudiera sacar más que la vergüenza de haber permanecido estacionario, y la ridícula y lamentable nota de impotente para dejar a la posteridad un solo monumento siquiera que recordase mi memoria y colocase mi nombre al lado de los filantrópicos y dignos gobernantes que me han precedido en esta silla.

Muy lejos estoy de esperarlo; pero si por desgracia algún día viera yo que a este término me conducen la injusta oposición del Poder Legislativo, la indolencia de mis amigos, el abandono de los hombres pensadores y la frialdad y apatía de los egoístas, sin quedarme expeditos otros medios que los del terror, para dar un paso en la línea de la prosperidad social, haría dejación del mando, cualesquiera que fuesen las consecuencias, la suerte que me tocase y las responsabilidades a que hubiese de satisfacer.

LA DIVINA PROVIDENCIA, cuya protectora mano está extendida sobre este pueblo digno de sus favores, no ha de permitir que un acontecimiento tan deplorable tenga lugar entre nosotros; sino, al contrario, ha de prodigarnos sus bendiciones, para que mediante ellas se fortifiquen y estrechen, más cada día, nuestros vínculos de fraternidad y unión, sin los cuales no podemos conservarnos y menos alcanzar la gloria, la civilización y la ventura a que propenden y a que están llamados los pueblos libres.

CAPÍTULO XIII. LOS PROBLEMAS SE ARREGLAN CON SERMONES

Continua la revolución en la República de Guatemala

SUMARIO

1 – Aguardiente 2 - Medidas gubernativas 3 - Sucesos varios 4 - Muerte del señor Larreynaga 5 - Acontecimientos del Salvador

Los señores asentistas de los estancos de aguardiente de los departamentos de Guatemala, Sacatepéquez, Escuintla y Amatitlán, pretendieron que el arrendamiento de dichos estancos, que tenían por un año económico, continuara en 848 y 49, ofreciendo satisfacer lo consignado en las bases del acuerdo de 19 de abril, y dar además la suma de quince mil pesos por mensualidades de mil doscientos cincuenta pesos.

El Gobierno necesitaba dinero y otorgó la prórroga, quedando el ramo enteramente monopolizado y aniquiladas las esperanzas de los que antes vivían del mismo negocio.

El acuerdo fue censurado por todos aquellos a quienes perjudicaba.

He aquí una nueva causa motriz de la revolución.

Se pretendía que el malestar general fuera combatido por medio de sermones y pláticas doctrinales.

El Arzobispo recibió excitaciones para que los curas predicaran obediencia a las autoridades y a las leyes.

Los cánones y la teología son inmensos arsenales de donde sacan armas toda clase de combatientes.

Cuando mandan los serviles, el clero predica la obediencia a las autoridades y a las leyes, como en el año de 47.

Cuando mandan los liberales, el clero predica la insurrección, como en el año de 37.

Ocurrió al Gobierno otro medio de combatir la insurrección. Este medio fue halagar a los frailes de Santo Domingo, para hacerlos activos colaboradores, devolviéndoles la hacienda de Palencia, que les había pertenecido. ¡Cuánta influencia se daba a los frailes!

Esta hacienda pertenecía a los dominicos antes de la expulsión decretada en 1829.

Constaba de 96 caballerías 4, y fue rematada, con sus semovientes, muebles y edificios, en don Juan Nepomuceno y don Leocadio Asturias, en 28,075 pesos.

Enajenada por los rematarios el año de 37, pertenecía a Carrera sin que su Excelencia la hubiese comprado.

El Gobierno, en el deseo (como ahora se dice) de remunerar al Teniente General los inmensos sacrificios que por la patria había hecho, tuvo a bien regalarle la hacienda de Palencia. El donatario la aceptó sin quedar excomulgado, aunque la finca había sido de los frailes.

El asalto de armas, verificado en aquella hacienda en octubre de 47, era el asunto que preocupaba a los serviles, y discurrieron volver la finca a los dominicos, para contener el movimiento revolucionario.

Con esta devolución, el Teniente General hacía un buen negocio. Abandonaba una finca donde ya no podía permanecer tranquilo, porque en ella lo rodeaban enemigos, y lo amenazaban centenares de puñales; y al mismo tiempo recibía del tesoro nacional no solo el precio sino el valor que su Excelencia calculase correspondía a las mejoras que en ella hubiera hecho.

Otro medio de pacificación fue el proyecto de continuar la obra del teatro, que el jefe del Estado don Mariano Gálvez, en cimientos, había dejado (páginas 321 hasta 326, tomo 1.º de esta Reseña).

Se pretendía distraer a la juventud con la esperanza de un teatro, y hermosear la ciudad, reedificando, al mismo tiempo que se edificaba el teatro, la vieja casa que fue del señor Deán García Redondo, contigua a la plaza vieja.

La revolución no se contenía con empresas de teatro ni de casas. Por entonces, aquellos edificios quedaron en proyecto; pero más tarde se llevaron a cabo, realizándose en un todo el programa servil, que tanto crédito dio a los empresarios del teatro, por su patriotismo, por su generosidad, por su desprendimiento de todo mezquino interés individual, por su abnegación (páginas 324, 25 y 26 ya citadas).

Así es como los hombres de orden y de concierto sirven a Guatemala.

Así es como se desprenden de lo suyo en obsequio de la patria.

La Dieta de Nacaome terminó sus trabajos y dio cuenta de ellos a todos los gobiernos de Centroamérica.

Uno de estos era el proyecto de un Gobierno provisional federativo, y otro la convocatoria de una Asamblea Centroamericana Constituyente.

Este pensamiento fue, una vez más, rechazado por los hombres de orden y concierto.

Los serviles dijeron de palabra, y por la prensa, que la situación dada a Guatemala por el decreto de 21 de marzo era definitiva.

Con vista de esto, puede volverse a preguntar: ¿quiénes fraccionaron a Centroamérica, los serviles o los liberales?

El número de La Gaceta correspondiente al 3 de noviembre manifiesta que los serviles entonces tenían miedo.

Ellos rechazan los proyectos de Nacaome; pero su lenguaje es suave y comedido.

Entonces, no con palabras, sino con hechos, pretendían combatir al Estado de El Salvador; pero manejando la intriga, en concepto de ellos, muy ocultamente y con mucha sagacidad y diplomacia.

Casi siempre sus planes se descubrían, y cuando más ocultamente, a juicio de la aristocracia, se hallaban las maquinaciones, estaban más a la vista de los liberales.

Sucedía a los serviles lo que a un ciego que, se dice, visitaba ocultamente a una joven que no era soltera, y queriendo ella darle un chasco, en combinación con su marido, le dijo que este venía

El ciego, afligido, preguntó a la joven:

—¿Dónde me escondo?

Ella entonces, para continuar la burla, lo colocó en una ventana de reja que daba a la calle, asegurándole que aquella ventana se hallaba frente a un patio interior de la casa.

Pasaba gente; veía al ciego; muchos se detenían mirándole, y algunos le preguntaban:

—¿Qué hace usted ahí?

Él entonces, sin atreverse a respirar, respondía a todos en voz muy baja:

—Cállense, que estoy escondido.

Así estaban escondidos los serviles cuando armaron a don Manuel José Arce para enviarlo a El Salvador, cuando revolucionaban a los volcaneños de Santa Ana, cuando sostenían la farsa de Atescatempa, cuando enviaban comisionados a las Dietas fingiendo que deseaban la nacionalidad &. &.

Así estaba escondido el general Carrera cuando fingió la sublevación de Pinula, que tanta sangre produjo, cuando fingió el levantamiento de la tropa e hizo ejecutar órdenes de muerte, no fingidas, sino muy verdaderas &. &.

Así estaban escondidos los serviles en noviembre de 47, cuando fingían que tenía entonces un prestigio inmenso el caudillo adorado de los pueblos, y que solo los malvados combatían el sabio Gobierno que apareció el 13 de abril de 839.

Ante la Asamblea cristianísima instalada en 839, un diputado hizo proposición para que se adquiriera el departamento de Sonsonate.

La proposición no fue admitida.

Algunos serviles decían:

—Es tocar un avispero.

Otros creían que no era tiempo, y no pocos aseguraban que la tal proposición podía rehabilitar al general Morazán.

Así hubiera sido. Morazán se hallaba en la América del Sur. A los nicaragüenses se les hacía creer que la aristocracia estaba dominada por el más alto desprendimiento, y que si combatía a Morazán solo era por amor al orden y al concierto.

El proyecto sobre Sonsonate hubiera hecho ver a muchos ilusos nicaragüenses el verdadero credo político del partido reaccionario y habrían abandonado a este partido.

El proyecto sobre Sonsonate hubiera unido a todos los salvadoreños, quienes al instante habrían buscado, para sostener la integridad del territorio, a un militar, y este habría sido el general Morazán.

El año de 47 la situación era otra. Morazán estaba en la tumba. El fraccionamiento de la patria estaba consumado, y los serviles creían en marzo que nada había que temer.

El fatal resultado que para ellos produjo la misión al Salvador, que tenía por fin el reconocimiento de la República de Guatemala, los indignó, y solo pensaban en hacer daño a los salvadoreños, y en sostener un orden de cosas, como se decía entonces, sin Constitución ni reglas fijas, y sin más programa que la utilidad particular del gobernante y de sus consejeros.

Un periódico salvadoreño titulado El Crepúsculo denunció maquinaciones en Santa Ana para la anexión a Guatemala.

El periódico circuló por todo el Estado y despertó algunos ánimos adormecidos.

La municipalidad de Santa Ana levantó un acta que se registra en el núm. 28, tomo 1.º de La Gaceta del Salvador.

En ella protesta su lealtad al Gobierno salvadoreño.

Otra acta se levantó en Sonsonate, la cual se halla en el núm. 29 de la misma Gaceta.

Se protesta fidelidad al Gobierno, y se afirma que aquellos vecinos morirán por la integridad del Estado.

El asunto quedó en confuso; pero la conciencia pública daba por cierto en el Estado del Salvador que había maquinaciones serviles sobre el departamento de Sonsonate.

El movimiento revolucionario de Guatemala complacía naturalmente a la generalidad de los salvadoreños, porque en ese movimiento veían un obstáculo para futuras maquinaciones contra ellos, y una esperanza de reorganización nacional.

Sentían no ver en la revolución a hombres en quienes pudiera confiarse, y esperaban de un momento a otro que Barrundia y Molina, los dos personajes más distinguidos del partido liberal, se pusieran al frente del movimiento y lo encaminaran a la reorganización de Centroamérica.

Todas estas ideas se hallaban en ebullición a fines del año de 47 en el Estado del Salvador.

Los serviles lo comprendían muy bien y lanzaban injurias y diatribas contra los salvadoreños; pero en sus casas, en sus tertulias solamente, y no en La Gaceta, porque tenían miedo.

El Auditor de Guerra decía una noche:

—Es menester hostilizar a los salvadoreños.

Al día siguiente, el señor Contador Mayor, hombre de alguna edad, amante de la paz y que no tocaba las armas ni por pienso, refiriéndose al aserto del Auditor decía:

—Malo está que los hombres de la Comandancia tengan esas ideas, porque de repente nos meten en otra gresca.

El 9 de noviembre de 1847 fue nombrado juez de alzadas el licenciado don Atanasio Urrutia, en subrogación del licenciado don Miguel Larreynaga, que había muerto el 28 de abril.

La muerte de Larreynaga fue un acontecimiento tan sensible para los hombres de inteligencia como indiferente para el Gobierno.

El periódico oficial no se enlutó, y apenas pudo conseguirse que, como un simple remitido, se insertara una brillante necrología que se debe a la pluma de Barrundia. (Documento núm. 1.)

Larreynaga, aunque por su edad y por su carácter verdaderamente pacífico no entraba en tempestuosas luchas como Barrundia, ni organizaba oposición, no podía convenir con lo que acaecía en Guatemala, ni defender la política de Carrera, a quien describió con caracteres indelebles después de la acción de Villa Nueva, en su célebre discurso de 15 de septiembre de 1838, que tanta sensación produjo y tantos recuerdos deja.

Causa asombro ver los pomposos funerales que el Gobierno hizo a Pedro León Velásquez, y los que más tarde se hicieron a Cáscara, y la indiferencia con que el poder Ejecutivo vio la muerte del sabio Larreynaga.

La Asamblea Constituyente en 1848 mandó colocar en el salón de sesiones el retrato del señor Larreynaga, y este acuerdo fue cumplido.

Los sucesos del Salvador eran imponentes para Carrera.

En el Estado vecino, Viteri había sucumbido y la Mitra se hallaba en el fango, a los ojos del pueblo.

Malespín, colmado de bendiciones por el obispo Viteri, había muerto en el pueblo de San Fernando.

El Presidente Aguilar, libre de la Mitra de Viteri y de la espada de Malespín, sostenía los principios liberales.

La presidencia del Salvador solo duraba dos años.

El período de Aguilar estaba para concluir.

Se hacían elecciones y la opinión pública llamaba al ejercicio del poder Ejecutivo a don Doroteo Vasconcelos.

Vasconcelos era un liberal neto, partidario de Morazán y de la Unión centroamericana.

Se había dado a conocer como enemigo de la aristocracia en muchos actos de su vida pública.

La candidatura de Vasconcelos era una esperanza para los liberales de Guatemala y un tormento para los serviles.

Los reaccionarios procuraban desacreditar al candidato salvadoreño de todos modos, y empleaban, por medio de sus bufones, el arma del ridículo.

Lo llamaban "Cuatro Ojos", porque usaba anteojos, nombre que en otra ocasión habían dado a Mejía, uno de los redactores de El Zurriago español.

Las noticias de Europa levantaban el espíritu público en toda la América Central.

El Papa Gregorio XVI había muerto.

Le sucedió el cardenal Mastai Ferretti, obispo de Imola, bajo el nombre de Pío IX, el 16 de junio de 1846.

El abate Gioberti había publicado un libro que se titula Il Primato, en que se pretende hacer creer que del papado debía salir la regeneración política.

Los hombres de la escuela de Lamartine, Lamennais y Montalembert aplaudieron Il Primato, y los primeros actos de Pío IX les hicieron creer que comenzaba ya la regeneración procedente de la silla de San Pedro.

Estas ideas circularon por toda la tierra, y el nombre de Pío IX fue proclamado en el mundo.

Pío IX suspendió por un edicto los privilegios que Gregorio XVI había concedido a sus favoritos; impuso a los clérigos una contribución para aliviar a los seglares; decretó una amnistía general por delitos políticos; suprimió muchos impuestos sobre artículos de primera necesidad, y destruyó los tribunales privilegiados, que juzgaban a los particulares en asuntos con la hacienda pública.

En Roma y en toda Italia, estas medidas fueron recibidas con asombroso entusiasmo, y el país entró en conmoción.

"El gran Duque de Toscana", dice un autor, "se hizo reformista. Carlos Alberto, rey de Cerdeña, no tardó en imitarle, y hasta el Príncipe de Mónaco dio a sus súbditos una Constitución que le pedían; y en Parma, en Sicilia, en Módena, en Nápoles y en Milán, cuyos Gobiernos se mostraban reacios, se produjeron asonadas a los gritos de '¡Viva el Papa y la libertad! ¡Viva Italia y Pío IX!'"

Los jóvenes liberales de Centroamérica invocaban el nombre del nuevo pontífice, como el de un Mesías regenerador. Al salvajismo de Carrera no se oponían entonces las doctrinas del conde de Mirabeau, sino las doctrinas del Vicario de Jesús, que bendecía al mundo desde la Catedral de San Pedro.

Los clérigos más recalcitrantes invocaron la libertad.

El célebre reaccionario español Balmes escribió un folleto sobre el progreso en política, que habría sido aplaudido por Juan Jacobo Rousseau.

Este torrente de luz nos venía del centro de las tinieblas, cuando el Gobierno de Carrera estaba más desacreditado en Guatemala y la juventud más oprimida.

Pío IX, apóstata en política, porque no puede haber Papas liberales, se hizo después el primer reaccionario de su siglo; pero el impulso que se dio a las ideas en aquellos días, en que a su nombre se proclamaba la libertad, produjo transformaciones que no fue posible destruir, y levantó espíritus que no se anonadaron.

Operóse la reacción en Roma, pero la libertad se levantó en Francia, y el trono de Luis Felipe de Orleans, roído en sus cimientos por la democracia, se desplomaba, amenazando con su caída en perspectiva a todos los oscurantistas de la tierra.

Estas noticias de Francia agitaban la América, penetraban hasta el centro de ella, y animando a la juventud y a las clases oprimidas por la tiranía, daban prestigio y valimiento a los candidatos liberales.

DOCUMENTO JUSTIFICATIVO

NÚMERO PRIMERO Y ÚNICO
NECROLOGÍA

Ha fallecido el día 28 del pasado, en esta ciudad, el Sr. Ldo. Dn. Miguel Larreynaga. Ha terminado su brillante carrera, sembrada de servicios eminentes, y dejando un rastro luminoso en Nicaragua, en Oaxaca, en Guatemala, y por donde pasó o se detuvo su vasta inteligencia. Maestro desde joven en su propio país, difundió sus luces por todas partes, enseñó las lenguas sabias y la retórica; dio lecciones de matemáticas y de filosofía.

Dotado por la naturaleza de las cualidades más exquisitas para ser el órgano de las ciencias, por la claridad y pureza de su lenguaje, por la amenidad de su trato y la dulzura de sus sentimientos, la juventud bebía, por su medio, el saber y la instrucción agradablemente en una fuente limpia y copiosa.

Lógico, exacto y reflexivo por genio, las ciencias del cálculo y las físicas formaban la base de sus conocimientos y atraían fuertemente sus capacidades mentales. Parecía, pues, destinado para propagar la instrucción, para formar la juventud, para dar a la sociedad un impulso y el progreso más rápido y positivo.

Él se lanzó a los negocios y ejerció su profesión de abogado con la brillantez y el suceso más prodigioso. Su sagacidad, su profundidad, su decir y su argumentación siempre clara, natural y victoriosa, coronaban al hombre de la jurisprudencia y del derecho.

Su gabinete, su tertulia, eran la escuela a donde ocurrían por consejo las personas más distinguidas, las de más ciencia e instrucción. Al atractivo y embeleso de su conversación, siempre animada, llena de naturalidad y de anécdotas interesantes, se añadía el profundo conocimiento de los negocios, la penetrante agudeza para resolver dificultades y cuestiones complicadas. Él era, pues, el consultor más ilustrado y el centro más concurrido de la sociedad.

Desde antes de hacerse la patria independiente, había él recorrido con la mayor celebridad la senda espinosa y severa de la Magistratura. Era ya conocido dentro y fuera de su país por su especial habilidad al informar al Tribunal y hacer los cuadros más acabados en sus relatos forenses. Ya le distinguían en todo su vasta erudición, sus conocimientos de la historia, su penetrante comprensión del sentido de la ley, y su diestra y oportuna aplicación a todos los casos.

La patria independiente quiso elevar a una esfera más alta sus eminentes funciones y recoger el fruto de sus talentos y de su capacidad en la legislación. Obtuvo varias veces la confianza y los votos populares: fue colocado en la Asamblea Constituyente de 839, después de haber sido diputado al Congreso de México en el tiempo del Imperio, y a la legislatura del Estado de Los Altos, cuando se instaló su Asamblea.

En su esfera de legislador, en la tribuna donde se ve al hombre por todas sus fases, y donde caen las reputaciones falsas o de sorpresa, se vieron brillar en todo su esplendor las altas capacidades, la oratoria fluida, sencilla y lógica, los principios, los sentimientos generosos y liberales, que habían ya terminado en la carrera del abogado, del relator, del magistrado. Discursos hay de este digno representante que son el modelo de la más noble sencillez, el cuadro más perfecto de las circunstancias en que se hallaba el Estado, y de la dirección que debía darse a esta nave en medio de la borrasca.

Había él ocupado dignamente uno de los puestos que creó Guatemala libre, al organizar un Gobierno improvisado en el acto de la Independencia: él unió su voto al de la Libertad en aquel día supremo, y se esforzó en dirigir con sabiduría la administración pública entre la agitación popular de la gran crisis en que nació la Patria. Ninguno mejor que él debía después representarla, y ocuparse de su suerte, como lo hizo, cuando ya disuelta zozobraba.

Viajó por Europa, y la civilización desarrolló más su inteligencia. Residió en México, en Oaxaca, en Ciudad Real, y mereció de estas poblaciones el distinguido concepto que correspondía a sus servicios. En medio de las convulsiones políticas, de la exageración y hostilidad de los partidos, siempre su honor fue respetado; nunca los odios públicos mancillaron su carácter. Sereno, prudente y honrado, él quedaba ileso entre el choque y la discordia civil.

La filosofía práctica, los sentimientos dulces de la amistad, el amor más constante a su país, y en especial a Guatemala, la dedicación más asidua al estudio de la legislación y a la bella literatura, su embeleso por los poetas y oradores griegos y latinos, su cultivado esmero por la sabia antigüedad, su conocimiento en el griego, idioma del heroísmo y de la libertad, engendraban los rasgos más sobresalientes de su sociedad familiar, de su vida privada y de su carácter eminentemente dispuesto a los servicios públicos y a la defensa de los ciudadanos en un país libre.

Su muerte correspondió a su carácter y a su vida. Con la serenidad más religiosa y filosófica, con la calma del bueno y del justo, cerró sus ojos y descansó en la eternidad.

Pasó ya entre nosotros este esclarecido magistrado, ornamento de cualquiera país donde hubiera residido. Brilló como un meteoro. Su memoria es un rastro de luz sobre nuestro horizonte, que señala el camino por donde ha desaparecido a nuestra vista embelesada.

La amistad deja caer esta lágrima sobre su sepulcro, pero levanta su frente entristecida, y ve… ¡la inmortalidad!

(Remitido.)

CAPÍTULO XIV: ELECCIONES EN EL SALVADOR

El Salvador desde que tomó posesión de la presidencia Vasconcelos hasta que se hicieron algunas combinaciones con los liberales de Guatemala.

SUMARIO

1 - Elección de Presidente 2 – Observaciones 3 - Tendencias del Presidente en el régimen interior 4 - Vasconcelos no podía ser un gobernante de simple expectación 5 - Pacto de Nacaome 6 – Universidad 7 - Invasión del territorio salvadoreño 8 - Noticias extranjeras 9 - Política del Presidente 10 - Un error de Vasconcelos

Las Cámaras Legislativas procedieron en Asamblea General a la apertura de los pliegos y al escrutinio de los votos, y resultó que los ciudadanos sufragantes de todo el Estado ascendieron al número de 19,215.

De estos, 13,222 votaron por el ciudadano Doroteo Vasconcelos.

Debe advertirse que Vasconcelos es nativo de San Vicente, y entonces era gobernador de aquel departamento.

Por la ley, ningún pueblo podía votar por su propio gobernador; así es que los vicentinos no pudieron votar por Vasconcelos, y por lo mismo faltaron al Presidente electo todos los sufragios de aquel importante departamento.

La Asamblea General, antes de hacer el escrutinio, conocía el resultado de las elecciones, porque era público en el Salvador y se sabía que el Presidente electo quería renunciar.

Para evitarlo, la Asamblea acordó que una comisión se dirigiera a San Vicente y pusiera en manos del señor Vasconcelos el decreto que lo declaraba electo.

La comisión se componía de dos diputados, un senador, un magistrado y otra persona más, nombrada por el Presidente de la Asamblea.

Esa comisión se dirigió a San Vicente, presentó el decreto a Vasconcelos y abrió conferencias con él; pero el Presidente electo insistió en renunciar, y envió a la Asamblea la manifestación que se halla al fin de este capítulo. (Documento núm. 1.)

En el acto, una comisión se hizo cargo de la renuncia y presentó un dictamen contra ella. (Documento núm. 2.)

El dictamen fue aprobado, y un oficial se dirigió a San Vicente llevando la resolución.

Vasconcelos manifestó a los individuos de la comisión, quienes aún permanecían a su lado, que aceptaba la presidencia.

Aquellas palabras parece que se habían comunicado por medio de la electricidad a todos los habitantes del departamento, porque instantáneamente se hicieron demostraciones de júbilo.

El día de la salida de Vasconcelos, un gentío inmenso lo rodeaba.

En los pueblos de Istepeque, Tepetitán y aldeas del tránsito había arcos triunfales y alfombras de flores.

Vasconcelos fue recibido en Cojutepeque con pompa y júbilo.

Allí se le dio un baile y se le ofreció la cooperación de todo el pueblo.

Al día siguiente, don Doroteo Vasconcelos entró en medio del regocijo público a la heroica capital, tantas veces vencedora de la aristocracia.

El 7 de febrero de 1848, Vasconcelos se hizo cargo de la presidencia del Estado del Salvador, y pronunció ante las Cámaras un discurso significativo. (Documento núm. 3.)

El Presidente de la Asamblea, don José María Zelaya, contestó. (Documento núm. 4.)

Vasconcelos dio en seguida una proclama. (Documento núm. 5.)

Esta proclama no puede ser más conciliadora.

El Presidente no habla a nombre de un partido; se dirige a todos y les ofrece paz y justicia.

Vasconcelos recomienda la unión.

Una dilatada experiencia le hacía comprender que la unión es, en política, un elemento indispensable.

Vasconcelos figuraba notablemente en Guatemala cuando el partido liberal se dividió en opositores y ministeriales; y a esta escisión atribuía muchas desgracias.

Pero la experiencia en política suele ser muda.

Don José María San Martín, que había sido Ministro del señor Aguilar, tuvo a bien separarse, con motivo de antiguos resentimientos, del nuevo Jefe.

Dueñas no estaba contento. Le molestaba la popularidad de Vasconcelos; comprendía que bajo su Gobierno él no podía tener influencia absoluta en el Estado, y abrigaba ocultamente el deseo de llegar al poder por cualquier medio lícito o ilícito.

Él ocultaba esta aspiración, tanto cuanto puede ocultarse un deseo vehementísimo, y se mantenía procurando aumentar un círculo que le era propio.

Su reputación como abogado, la ventajosa cualidad de ser genuino hijo del pueblo, sus maneras suaves y sus relaciones íntimas con personas absolutamente independientes de todo género de aristocracias, hacían esperar que jamás fuera un instrumento de los nobles de Guatemala.

Vasconcelos, sin embargo de su proclama conciliadora, fue visto con horror por los serviles.

Él no podía cambiar de política ni de programa.

Era preciso que sostuviera bajo el dosel las ideas democráticas que había defendido en las oposiciones, y esas ideas eran un reto a los nobles de Guatemala.

Era imposible que coexistieran en paz los Gobiernos de Vasconcelos y Carrera.

Todo lo que, políticamente hablando, era una virtud cívica en el Salvador, se miraba en Guatemala como un delito, o a lo menos como un pernicioso delirio.

Los nobles de Guatemala tenían contra Vasconcelos dos medios:

Atraerlo al partido de ellos y hacerlo apostatar, o bien

Desacreditarlo para procurar su caída.

Lo primero se consideraba imposible. Vasconcelos había pertenecido a Morazán, y por íntimas convicciones no podía amalgamarse con los reaccionarios.

Lo segundo se veía entonces como muy difícil: Vasconcelos subía al poder con grande aura popular, y no era tiempo todavía de que su descrédito comenzara.

La separación de San Martín se miró en Guatemala como pequeña luz que indicaba el principio de una senda a futuras disensiones.

La actitud de Chatfield en las cuestiones contra Honduras y Nicaragua fue una esperanza para los nobles.

Chatfield cada día era más exigente en sus pretensiones sobre Mosquitia, y Vasconcelos quería la nacionalidad de Centroamérica por muchas razones, siendo una de ellas la de que toda la América Central, unida y compacta, hiciera frente a las pretensiones del agente inglés.

Basta esto para que se comprenda el origen de futuras cuestiones entre Chatfield y Pavón con el Presidente del Salvador.

Vasconcelos no gustaba de que se creyera que era dirigido por otras personas en sus actos oficiales, y no quiso formar un ministerio de hombres culminantes.

Despachaba con Jefes de sección, siendo uno de ellos el licenciado don Tomás Ayón, nicaragüense de origen, joven entonces y todavía poco conocido.

Ejercía en aquel tiempo mucha influencia sobre Ayón el licenciado don José María Zelaya, nicaragüense también, hombre de talento, activo, infatigable para el trabajo, partidario decidido de Vasconcelos y entonces presidente de las Cámaras del Salvador.

Ayón no permaneció mucho tiempo autorizando como Ministro los actos del Gobierno en calidad de jefe de sección, porque fue electo magistrado por decreto de las Cámaras el 11 de febrero.

Vasconcelos no podía ser un gobernante de simple expectación.

Los acontecimientos que lo rodeaban y sus antecedentes históricos lo conducían al movimiento.

Las acusaciones lanzadas contra los Estados, en el manifiesto de 21 de marzo, habían indignado a todos los liberales de la América Central.

El peligro en que Honduras y Nicaragua se hallaban, por las pretensiones extranjeras acerca de Mosquitia, aumentaba más el odio contra los autores de un manifiesto que destruía la única esperanza que entonces había: la unidad centroamericana.

En aquellos días no se comprendía que había otro remedio eficacísimo: la intervención de los Estados Unidos.

Una voz sonora que salió más tarde del Capitolio de Washington, dijo al Cónsul inglés:

—"¡Alto!"

Y aquel funcionario hizo alto.

Pero esta voz poderosa no se había escuchado al principio de la administración de Vasconcelos, y el "¡alto!" se quería que lo diera la América Central unida.

Aguilar, no teniendo los antecedentes históricos de Vasconcelos, se había negado a reconocer la República de Guatemala, y el nuevo Jefe no podía ser ni menos liberal ni menos enérgico que su antecesor.

Guatemala, bajo el régimen de absoluto aislamiento decretado el 21 de marzo, estaba convulsa y exhibía una situación tristísima.

La sangre había corrido en Sansur y en San Guayabá, y las medidas de represión aumentaban el desconcierto.

Los granos se encarecían y los monopolios aumentaban.

Los elementos de guerra, que Carrera tenía en Palencia, habían sido asaltados por opositores hijos del pueblo, y por todas partes se veían partidas de gente armada.

La Gaceta y la Revista de la Sociedad Económica atacaban todas las esperanzas y combatían todas las aspiraciones liberales.

Jóvenes y viejos de la escuela progresista se lanzaban ya contra esos dos periódicos oscurantistas y veían en la administración de Vasconcelos una luz que brillaba en medio de las tinieblas.

Muchos liberales se dirigieron al nuevo Jefe salvadoreño, pidiéndole apoyo y protección.

La pugna que se veía venir entre las administraciones de Vasconcelos y Carrera no era una lucha entre dos Estados por miserables rivalidades, ni por espíritu de localismo; era la lucha entre dos grandes partidos que no podían coexistir rigiendo Estados que solo un pequeño río separa.

Las Cámaras del Salvador estudiaron los pactos de Nacaome.

No creyeron que una nacionalidad, que no emanaba del pueblo, pudiera ser sólida, estable y permanente, y adoptaron una idea, la misma que Barrundia muchas veces propuso y sostuvo con su palabra y con su pluma; la misma que el Congreso Federal adoptó reduciéndola a un decreto; la misma que los serviles combatieron siempre con todas sus fuerzas.

Esta idea era: la convocatoria de una Asamblea Constituyente centroamericana.

Las Cámaras del Salvador decretaron la convocatoria a elecciones para esa Asamblea nacional. (Documento núm. 6.)

Las mismas publicaron un manifiesto sobre la conveniencia de la resolución adoptada, y cerraron sus sesiones el 16 de marzo de 1848.

Este decreto debía necesariamente aumentar el choque entre el Salvador y Guatemala.

En el Salvador se escribía para sostenerlo.

En Guatemala se escribía para desacreditarlo.

El decreto fue combatido por una minoría exigua en las Cámaras del Salvador.

Los serviles de Guatemala procuraron ponerse en contacto con esa minoría para combatir a Vasconcelos, por medio de salvadoreños en el territorio mismo del Salvador.

El partido de la oposición se hacía cada vez más fuerte en Guatemala, informaba a Vasconcelos de cuanto pasaba aquí, y reiteraba las solicitudes de apoyo y protección.

Un guatemalteco dijo un día al señor Vasconcelos:

—"Carrera es una fruta podrida, que pende todavía del árbol que la produjo, porque nadie se ha atrevido a darle un ligero golpe: déselo usted y caerá."

La idea disgustó a Vasconcelos, y respondió:

—"Pues si el asunto es tan fácil, dé usted ese pequeño golpe y todo estará concluido."

El guatemalteco que así hablaba veía la superficie de la política, y no penetraba en el corazón de ella.

Carrera solo no habría podido sostenerse; pero entonces no estaba solo: lo apoyaban los nobles; lo apoyaban los clérigos en el púlpito y en el confesionario, y todos los penitentes se levantaban de los pies de sus confesores a ejecutar las órdenes de estos, o lo que es lo mismo: a defender a Carrera, a ensalzarlo y deificarlo.

El decreto de 21 de marzo había reconciliado con todos los círculos reaccionarios al guerrillero de Mataquescuintla, a quien llamaban "el fundador de la República."

Verdad es que la oposición en Guatemala era grande; pero también lo era la resistencia, y no podía triunfarse sin una fuerte y gloriosa lucha.

Mientras todo se conmovía alrededor de las fronteras del Salvador, en el interior del Estado se veía paz, tranquilidad y orden.

Nuevos estatutos regían en la Universidad, y de los trabajos de aquel cuerpo literario nos habla La Gaceta. (Documento núm. 7.)

Dueñas era Rector de la Universidad, que convirtió con mucha habilidad, tino y reserva en centro de sus operaciones políticas.

Estando dirigida por Dueñas la Universidad del Salvador, aquella corporación respetabilísima, aunque abrigaba en su seno amigos decididos de Vasconcelos, como Zelaya, Delgado y otros, no podía ser un apoyo del Gobierno.

El territorio del Salvador fue invadido por fuerzas de Guatemala, que, persiguiendo una partida de insurrectos, llegaron a la hacienda de Matalapa.

El Gobierno del Salvador reclamó el allanamiento de su territorio, y se le contestó dándole satisfacción. (Documento núm. 8.)

Se ve, por el texto de esta nota, que los serviles tenían miedo, y pretendían evitar un choque en aquellas circunstancias aflictivas para ellos.

El Gobierno del Salvador se dio por satisfecho; pero muy pronto hubo otro incidente.

Se aseguró que fuerzas de Guatemala habían entrado al Salvador por el lugar llamado Guayacán.

El Gobierno salvadoreño formuló su reclamo, y se le contestó satisfactoriamente. (Documento núm. 9.)

Las noticias sobre la caída de Luis Felipe, y de todo lo que acaecía en Francia, se publicaban en el Salvador y eran un estímulo contra los nobles de Guatemala y contra Carrera.

Los salvadoreños preguntaban:

—"Si en la Europa monárquica ha caído el hijo de Felipe Igualdad, del ciudadano francés que en la Convención dijo: 'Voto por la muerte instantánea del tirano,' ¿por qué, en la América republicana, no ha de caer un salvaje ante el cual Luis Felipe de Orleans es un ángel inmaculado?"

En aquellos días se recordaban en el Salvador todos los ultrajes que al Estado había inferido Carrera, y se deseaba con vehemencia que los guatemaltecos entonaran La Marsellesa.

Pero Vasconcelos, sin embargo de que se hallaba en pugna esencialmente con la política guatemalteca, y de las incesantes instancias de personas y poblaciones ofendidas, para que se colocara a la cabeza de un movimiento contra Carrera, se limitaba a mantenerse en guardia.

Siempre que se infería una ofensa al Salvador reclamaba; pero se tenía por satisfecho si se le daban explicaciones.

Muy espléndidas fueron las que dio Rodríguez respecto de los puntos, todavía pendientes, sobre la última invasión guatemalteca al territorio salvadoreño.

Esta nota tiene fecha 19 de abril de 1848, y nada deja que desear a los salvadoreños.

Rodríguez dejó en esos días el Ministerio, y don Luis Batres cambió de posición en el drama político.

Antes se encontraba entre bastidores, dirigiendo a los que representaban, e indicando a cada uno su puesto, su traje y hasta el tono de su voz; y ahora se le ve en la escena representando el papel de primer galán.

El ministerio de Batres no alteró el tono suave y melodioso que con el Salvador se empleaba.

Las notas oficiales parecen redactadas por Rodríguez.

Abundan en expresiones de amistad, fraternidad, franqueza &. &.

Leyendo esas notas, dirigidas al Salvador, no parece que proceden de la misma persona que con tanta sequedad y dureza aconsejaba a los jóvenes que no hicieron caso de las leyes.

No era este el tono con que los nobles hablaban a los salvadoreños después de los sucesos de 18 y 19 de marzo de 1840, ni después de la batalla de Arrazola.

Entonces ellos creían poder dar la ley a toda la América Central, y en mayo de 1848 veían anuncios, por todas partes, de una horrible tempestad.

Vasconcelos contemplaba con placer los elementos de esa gran tempestad, no por espíritu de venganza, sino porque esperaba que de la revolución saliera la unidad de Centroamérica.

Pero desgraciadamente el señor Vasconcelos se equivocó en los medios de obtener esa unidad.

Él quería que reapareciera el Estado de Los Altos, para formar más fácilmente una república centroamericana, y creía poder contar al efecto con los liberales de Guatemala.

Vasconcelos decía:

"El Estado de Guatemala es muy grande, encierra muchos elementos reaccionarios, con los cuales dominará en la federación y no podremos progresar."

Él agregaba reflexiones, entre las cuales se halla la siguiente:

"Por la Constitución Federal, para que hubiera Congreso bastaban veintiún diputados; Guatemala enviaba diez y siete, y daba la ley."

Vasconcelos creía que era imposible fundar una federación sobre bases tan desiguales.

Él pensaba que los liberales de Guatemala, sin tener más mira que el bien y el engrandecimiento de la República en proyecto, lo apoyarían con sinceridad.

Vasconcelos olvidaba nuestro origen, nuestra educación y nuestra índole.

Hemos heredado el carácter de los primeros moradores del país.

Estos sentimientos son, por desgracia, nuestros sentimientos, y ellos nos han conducido al fraccionamiento y a la situación en que nos hallamos.

Muchos lo quieren todo para su pueblo, y no ven más que su hogar.

No se comprende que la felicidad de la República produce la felicidad del departamento, del distrito, de la aldea, de la casa en que nacimos.

En una parte de la América Latina, dominando el espíritu de localismo, y hallándose los hombres de más influencia en las capitales, se ha llevado todo lo bueno a estas, quedando las demás poblaciones abandonadas.

Este es un error político, cuyos resultados perniciosos se palpan.

Una nación debe formar un cuerpo perfecto, y no un monstruo.

Para que el cuerpo sea perfecto, es indispensable que tengan las debidas proporciones todos los miembros que lo constituyen.

Pero si en vez de estas justas y debidas proporciones, se tiene una gran cabeza sobre un pecho raquítico, sobre piernas chicas y débiles, y al lado de brazos miserables y macilentos, la gran cabeza, en vez de inspirar respeto, será una miserable irrisión.

Pues esta miserable irrisión es lo que obtienen los hombres localistas, los que llaman antipatriotas, desnaturalizados y demagogos, a los que no quieren monstruos en política, sino cuerpos vigorosos y esbeltos.

La idea fue vista con horror por una gran parte de los liberales de Guatemala, quienes no la combatieron entonces porque necesitaban a Vasconcelos; pero reservaban in pectore las tendencias de un futuro ataque.

Habría sido más conveniente tener conferencias francas y leales.

Vasconcelos, vista la oposición de los liberales de Guatemala, no habría insistido en su propósito de independencia de Los Altos, porque comprendía que se necesitaba toda la cooperación y todo el apoyo del partido liberal para triunfar.

Pero, en vez de hacérsele oposición, se le dio a entender que se le apoyaba.

Algunas proclamas redactadas en Guatemala por personas muy conocidas, y firmadas por Francisco Carrillo, hablaban de la independencia de Los Altos como del gran programa de la revolución.

Vasconcelos, creyéndose apoyado, continuó con paso firme por una senda que lo condujo a su ruina, llevando en su infortunio, como se verá después, a todo el partido liberal de Centroamérica.

NÚMERO 1

"ASAMBLEA GENERAL. No es desaire que hago a los pueblos, de los votos con que me han honrado y distinguido eligiéndome Presidente del Estado; no es el cumplido acostumbrado de la modestia, ni la hipocresía lo que me mueve a hacer la renuncia de un destino tan elevado: es un motivo justo y poderoso el que me estrecha y obliga a verificarlo, es por el bien de los mismos pueblos, y no puede darse una causa más grande.

He visto el decreto que os habéis servido emitir y se me ha comunicado, declarándome popularmente electo; y convencido íntimamente como lo estoy, de mi incapacidad para desempeñar tan grave como delicado encargo, el honor y el deber me compelen a manifestarlo, y presentarme ante vosotros, ciudadanos Representantes, suplicándoos rendidamente os dignéis admitir mi renuncia.

Sería traicionar las esperanzas que hayan podido formarse al elegirme, y embarazar el bien que otra mano experta pudiera hacer al Estado, si me encargara de sus caros destinos, cuya sola consideración me hace temblar, me comprime y me aflige.

No me avergüenzo de confesar mi insuficiencia, porque es en obsequio del bien de mi patria.

La ineptitud o la incapacidad jamás han podido hacer la felicidad y prosperidad de los pueblos, y no quiero que la mía llegue a causarles la más pequeña desgracia, porque los destinos no se desempeñan con solo buenos deseos.

Elevado a un puesto tan delicado y difícil, necesitaba para llenarlo de un conocimiento exacto en todos los ramos de la administración y de un tino particular; y yo no tengo ni este tino, ni este conocimiento.

Sin afinidades ni simpatías con el mando, la ciencia de Gobierno me es desconocida y extraña, lo que me pone muy distante del acierto; y un error involuntario podría comprometer los grandes intereses del Estado, y precipitarme con él en su ruina.

No es tampoco el egoísmo lo que me retrae del sacrificio que se me exige, separándome de la tranquilidad y dulzuras de la vida privada para entrar en los cuidados y zozobras del mando, porque sé que todo se debe a la patria: soy salvadoreño, y en este suelo en que me alumbró por primera vez la luz, he prestado otras veces, como funcionario subalterno, mis pequeños servicios con gusto y voluntad, posponiendo mis cortos intereses, mi reposo y mi vida.

A tan fuertes y poderosas razones, debo agregar el mal estado de mi salud.

Es público, y esto me excusa de otro comprobante, que padezco de la vista; y todos los facultativos me han prohibido ejercitarla, lo mismo que todo trabajo mental que me afecta el estómago y aumenta la gastritis de que padezco hace muchos años.

Os halláis, ciudadanos Representantes, ejerciendo las augustas funciones de padres de los pueblos; ejercedlas, pues, accediendo a mi súplica para que estos depositen sus caros y grandes intereses en manos hábiles y expertas que sepan dirigirlos, que afiancen sus derechos y el bienestar de nuestra patria querida: veámosla grande y feliz bajo su administración, la mía sería débil e incapaz para una obra tan grande como digna y difícil.

Animado del más vivo reconocimiento y con el dolor de no poder corresponder a la alta confianza con que me veo honrado sin merecerlo, me dirijo a vosotros, dignos Representantes, suplicándoos con el mayor encarecimiento os sirváis admitir la formal renuncia que hago de la Presidencia del Estado, y con la expresión más sincera de mi corazón, y el sentimiento más vivo de mi gratitud, devuelvo los sufragios honrosos con que los pueblos me han distinguido.

Dignaos, igualmente, ciudadanos Representantes, aceptar mis más ardientes votos por el acierto de vuestras deliberaciones, por vuestra felicidad y la del Estado que tan dignamente representáis.

San Vicente, Enero 31 de 1848.
Asamblea General.
Doroteo Vasconcelos."

NÚMERO 2

"ASAMBLEA GENERAL. La comisión especial encargada de informaros en la renuncia que el Sr. Dn. Doroteo Vasconcelos hace de la Presidencia del Estado, después de haber meditado con el detenimiento posible sobre las causales en que la funda, viene a sujetar a vuestra deliberación su dictamen.

Los Representantes del pueblo salvadoreño, reunidos en esta augusta Asamblea, traicionarían los votos de sus comitentes admitiendo la renuncia de la persona llamada a la silla del Poder Ejecutivo por una elección eminentemente popular.

Cuando las Cámaras, como ha sucedido otras veces, han hecho la elección de Presidente, parece que habría razón para que con justas causas accediesen a una solicitud semejante; pero cuando ellas no han hecho más que declarar la voluntad más decidida del pueblo, pronunciada en el acto de ejercer su soberanía, sería más natural que la Asamblea, para admitir la renuncia de un Presidente popular, escuchase previamente el consejo juicioso de la opinión pública.

No es de ahora que esta ha señalado al Sr. Vasconcelos como el ciudadano más digno para regir los destinos del Salvador, y esta es la razón más poderosa en que debe fundarse el Cuerpo Legislativo para denegarle su renuncia.

No vienen acompañados a ella los comprobantes de la enfermedad que padece en la vista el Sr. Vasconcelos por ser un hecho tan notorio que no necesita justificación; pero a esta excusa observan los infraescritos que, haciendo un sacrificio de su salud, ha servido por cuatro años la Gobernación del Departamento de San Vicente, por deferir a los votos de aquel pueblo de quien mereció sus sufragios y a la confianza del gobernante que lo rubricó.

Esforzados ciudadanos son los que necesita la patria para encargarlos de los negocios públicos y para que procuren su felicidad; y es preciso que el señor Vasconcelos se resigne a un nuevo sacrificio, aceptando la primera magistratura a que es llamado por el voto más popular de sus conciudadanos.

No corresponde al electo calificar sus capacidades, porque nadie puede hacerlo consigo mismo: los salvadoreños lo han considerado con las suficientes para manejar los negocios de Gobierno, y no sin razón, porque no es la primera vez que va a ensayarse en ellos.

Fundada en las razones expuestas, la comisión opina que no se admita la renuncia que hace el Sr. Vasconcelos de la Presidencia del Estado, manifestándole que a la Asamblea le es muy sensible no ser deferente, porque siéndolo, traicionaría los votos espontáneos y uniformes de los pueblos sus comitentes.

Sin embargo, el Cuerpo Legislativo determinará lo mejor.

San Salvador, Febrero 1.° de 1848.

Milla – Castro.

NÚMERO 3

"CC. RR. - Al recibir la comunicación en que se me participó la elección hecha en mi persona para Presidente en el período que comienza, mi primer sentimiento fue el de la más viva y profunda gratitud, y el deseo de tener las cualidades necesarias para corresponder dignamente a tan honrosa confianza; pero, destituido de ellas, no me quedó otro medio que renunciar el alto destino a que sin merecimiento alguno me llamaba el voto popular: tal era mi deber y he cumplido dirigiéndoos mi renuncia, de la que no me hizo prescindir ni el honor con que me distinguisteis enviándome vuestro decreto con una respetable comisión de vuestro seno.

Tomasteis en consideración mi renuncia: las razones en que se funda os han parecido insuficientes y habéis rehusado admitirla, llenándome de honor aun en los términos en que lo hicisteis. Este hecho que tanto me distingue, no me hace desconocer que, si bien mi amor a la patria me ha dado algún celo y actividad para el desempeño de los destinos subalternos que he servido, aquel celo, aquella actividad no son bastantes para desempeñar la primera magistratura del Estado: que hay inmensa distancia de recibir el impulso y la dirección a dar el uno y la otra; que no es lo mismo obedecer que mandar; y que del buen servicio de un destino inferior, no puede deducirse que haya idoneidad para otro superior. ¡Cuántas condiciones no son precisas para llenar cumplidamente los deberes que impone la Presidencia, cuando de ella dependen sus destinos!

El Presidente debe saber todo lo que puede ser útil o perjudicial en cada uno de los ramos de la administración pública, y, además de lo que toca a esta ciencia o conocimiento, necesita en todos sus trabajos de actividad y de espera, de firmeza y de prudencia, de paciencia y sufrimiento, tanto como de dignidad y energía, y, sobre todo, de ese tacto, ese tino, que como un don del cielo dirige con acierto a algunos gobernantes de la tierra, y que comúnmente se llama fortuna, porque muchas veces pende más de la aceptación o crédito de aquellos y de la ocasión en que obran, que de sus propias cualidades.

¿Qué podría hacer en el mando del Estado careciendo, sino de todas, de la mayor parte de las condiciones que yo mismo juzgo necesarias para gobernarlo con acierto? Nada me prometo de mí mismo; pero la elección de los pueblos, Ciudadanos Representantes, me hace su obra, y esta circunstancia tan preciosa para mi debilidad inspira la confianza en mi corazón. La fundada esperanza de vuestra cooperación y de que los pueblos recibirán con benevolencia mis acuerdos administrativos me han obligado, en fin, a aceptar la Presidencia, cuyo desempeño acabo de jurar ante vosotros.

Colocado en este puesto tan honroso como peligroso y difícil, me siento flaquear bajo el peso enorme de los deberes que impone a mis débiles fuerzas; pero he jurado ya mantenerlo cumpliendo la Constitución y las leyes, y lo haré conservando la integridad del Estado y su seguridad y respetabilidad exterior, lo mismo que el orden y la tranquilidad interior.

La política del Salvador será en mi administración solícita y fraternal con los Estados de la Unión, justa y amiga para las demás naciones, franca y respetuosa para el mundo todo.

Los salvadoreños hallarán en mí el constante defensor de sus derechos, y el mérito será considerado y atendido doquiera que se encuentre, porque seré el gobernante del Estado y no un jefe de partido. El propietario honrado, el activo comerciante, el industrioso artesano y el hombre de bien, nada deben temer, serán garantizados en mi administración y protegidos con el poder del Gobierno, que los distinguirá con su confianza.

Los primeros objetos de mi solicitud serán promover la instrucción pública generalizándola cuanto sea posible, y cual corresponde a un pueblo republicano y libre; mejorar las vías de comunicación y abrir nuevas en todos los puntos que sean útiles, así en el interior como al exterior, pues ellas, aproximando a los hombres unos a otros, facilitan y amplían el uso de sus facultades en beneficio común; fomentar la agricultura, la industria y el comercio en cuanto quepa en mis facultades, como la fuente de la riqueza y prosperidad de las naciones; procurar al culto divino la veneración que le es debida; y, para subvenir a las necesidades públicas, hacer las economías posibles en la administración, sin perjuicio de que ella llene sus importantes fines.

Al hablar de lo que conviene hacer en bien del Estado, no puedo omitir la justa expresión de gratitud que se merece el patriota que ha concluido el período de su mando por sus esfuerzos en procurar las mejoras y conservar la paz; y yo protesto ante los pueblos conservar también este precioso legado que nos deja."

"Ciudadanos Representantes, y compatriotas que me escucháis, solo yo nada puedo, y sin vuestra cooperación el poder que habéis depositado en mis manos no alcanzaría a cumplir los propósitos que os he manifestado.

Legisladores, conocéis las necesidades y exigencias del Estado, y se esperan de vuestra sabiduría y patriotismo las leyes convenientes para remediarlas.

Respetables sacerdotes, enseñad con vuestro ejemplo y predicación la moral pura del evangelio.

Depositarios de la justicia, sed próvidos y severamente justos para que la persona y propiedad estén garantizadas y la vindicta pública no sea burlada con la impunidad del crimen.

Vosotros, fieles militares, en quienes el Estado confía su defensa, llenad vuestros deberes, manteniendo con honor esa espada y esas armas que ha puesto en vuestros brazos.

Vosotros, funcionarios, servid a la patria con pureza y esmero, y vosotros, ciudadanos todos, no la olvidéis tampoco: cooperad a su prosperidad y bienestar auxiliando al Gobierno con vuestras luces y con todos vuestros medios.

Su felicidad será el objeto constante de mis desvelos, y lograrla, la única gloria a que aspiro. He dicho.

Doroteo Vasconcelos."

NÚMERO 4

"Sr. Presidente:

La Asamblea ha oído con el mayor agrado la expresión sincera de vuestros patrióticos sentimientos y los deseos que os animan de procurar por los medios posibles la felicidad de la patria; y concibe las más lisonjeras esperanzas de que llenaréis debidamente vuestras importantes funciones, porque no podréis corresponder de otra manera a la ilimitada confianza del Pueblo Salvadoreño, que ha depositado en vos la suerte futura de sus más caros destinos.

Hace tiempo que la opinión pública os llamaba con el mayor empeño a ocupar la silla del Poder Ejecutivo, y esta ansiedad no podía fundarse sino en un convencimiento de que sabréis obrar lo mejor para consolidar la confianza que se ha mantenido en las diversas secciones de Centroamérica, de tal modo que produzca un buen resultado por la conducta que se adopte en el grande objeto de la regeneración del país.

Desde la emisión de la nueva Carta, es la primera vez que el Cuerpo Legislativo ha estado libre de llevar la grave responsabilidad en hacer la elección de Presidente del Estado, porque se ha contraído tan solo a declararla popular en vos, como una obra directa y propia del pueblo que os favoreció con una gran mayoría de sus sufragios: un hecho semejante es un feliz presagio del acierto que debe guiaros en vuestros pasos administrativos, porque no puede esperarse que los salvadoreños se engañaran al escoger con tanta uniformidad al ilustre Ciudadano que debe gobernar.

No recibís el Estado con elementos necesarios para promover su felicidad; pero vuestro digno antecesor os deja algunas bases o principios sobre los que habéis de continuar las mejoras públicas, dando un impulso progresivo a todos los ramos de la administración.

Os deja asimismo la paz, que pudo mantener en circunstancias difíciles, y que vos debéis conservar y afianzar del modo más seguro, porque es el don más precioso y apetecido de los pueblos que os han colocado en este lugar: la paz es lo que más os recomienda la Legislatura al felicitaros, deseando que sea el objeto principal de vuestro programa. He dicho."

NÚMERO 5
"El Presidente del Estado a los salvadoreños.

Llamado por vuestros votos a ejercer la primera magistratura del Estado y convencido de mi insuficiencia, estaba en mi deber renunciar tan elevado destino. Mi renuncia no fue admitida por vuestros dignos Representantes, y he prestado ante ellos el juramento más solemne de cumplir los sagrados deberes que me impone la ley y vuestra honrosa confianza.

Conozco mi pequeñez y la debilidad de mis fuerzas para lisonjearme de que los deseos que me animan por el bien de la patria puedan ser cumplidos sin vuestra cooperación.

SALVADOREÑOS: soy hechura vuestra, y colocado ya en este puesto distinguido, me dirijo a vosotros para manifestaros mis sentimientos y mi más viva gratitud. Mi corazón es vuestro, mi quietud, mis intereses, mi familia, mi salud y mi vida, nada me reservo; todo os lo he consagrado al encargarme del mando.

SALVADOREÑOS: recordad nuestras desgracias; fijad la vista en los padecimientos de los pueblos; buscad la causa de tamaños males, y la encontraréis en los trastornos que origina la desunión. ¡Quiera el cielo que esta triste y dolorosa experiencia conserve la verdadera concordia entre vosotros!

El Salvador cuenta con elementos y recursos para su engrandecimiento, y solo puede paralizarlo la discordia. Que el patriotismo la aniquile, pues, alejándonos para siempre las escenas de sangre y de dolor.

Encargado como estoy de promover y hacer a mi patria todo el bien posible, os protesto no reconocer partido alguno. Atenderé las solicitudes de todos, sin observar la persona que las dirija, porque mi guía será la ley, la justicia y la razón. Rodead, pues, compatriotas, al Gobierno, que siempre oirá gustoso vuestras indicaciones y consejos. Conservemos la paz: sus beneficios y dulzuras son para todos, y a todos nos toca mantenerla.

VALIENTES y fieles militares: el moho que la paz creará en vuestras espadas será el precioso abono que la robustezca y fecundice.

Ministros del Altar: con la Santa doctrina del evangelio desterrad el vicio de los pueblos, y difundid en ellos la moral y la obediencia.

SALVADOREÑOS: conservar la paz y la libertad, y procurar la prosperidad del Estado, será el objeto exclusivo de mis desvelos. Ayudadme a lograrla con vuestros esfuerzos, y que cuando os devuelva el Poder que habéis depositado en mis manos, pueda retirarme a la vida privada, llevando la satisfacción dulce de haber al menos procurado el bien, y merecer un recuerdo grato de vosotros. Esta será mi gloria, y ésta la única recompensa que deseo.

San Salvador, Febrero 8 de 1848.
Doroteo Vasconcelos."

NÚMERO 6
"La Cámara de Diputados del Estado del Salvador,

CONSIDERANDO:

1.° Que los pactos formados para la convención de Nacaome en 7 de octubre del año próximo pasado, ofrecen varios inconvenientes en su ejecución, por complicar en muchos puntos la acción de los poderes que establecen.

2.° Que solo una representación general de los pueblos puede iniciar la organización del país bajo bases que ofrezcan estabilidad y aseguren la confianza pública.

3.° Que el Estado del Salvador, en todas las resoluciones y decretos emitidos por sus cuerpos deliberantes, ha querido que se establezca un pacto de Gobierno nacional más fundado en los principios y en los derechos del pueblo.

4.° Que su Constitución no reconoce otro medio de organización, y que siempre se ha promovido la ejecución de él en cuantas convenciones y dietas han tenido lugar desde que desapareció la Federación.

Ha venido en decretar y

DECRETA:

Artículo 1.° - Se ratifican los pactos celebrados en Nacaome solo en cuanto tienen por objeto la reunión de una Asamblea Nacional Constituyente bajo las bases expeditas y francas que se declaran en los artículos siguientes.

Art. 2.° - El Estado está y estará siempre anuente a concurrir con sus diputados a una Asamblea Nacional Constituyente, plenamente autorizada para constituir el país de la manera que mejor convenga a sus intereses y circunstancias.

Art. 3.° - Estos diputados deben ser electos libremente por el pueblo bajo la base de uno por cada treinta mil habitantes, y en la forma que determinen o hayan determinado las legislaturas o gobiernos de los Estados.

Art. 4.° - La Constitución que se dicte por la Asamblea Nacional regirá en el Salvador como una ley constitutiva, sin sujetarse a la aprobación del Poder Legislativo, quedando en esta parte reformado el artículo 95 de la Constitución del Estado.

NÚMERO 7

"Jurados los Estatutos que decretó el Supremo Gobierno en el mes de diciembre último para el régimen de la Universidad, se han celebrado tres claustros plenos y uno de consiliarios. En los plenos se procedió al nombramiento de Rector, el cual recayó por mayoría de votos en el Dr. Francisco Dueñas. En seguida se procedió al nombramiento de Vice-Rector, que lo es el Lic. Antonio Delgado. También se verificó la elección de Secretario en el Lic. Rafael Pino; la de Tesorero en el Lic. Rafael Villacorta y la de Bibliotecario en el Dr. Manuel Muñoz. Todos los individuos electos fueron juramentados y posesionados de sus respectivos destinos.

En el Claustro General siguiente se procedió al establecimiento del Claustro de Consiliarios, el cual lo componen todos los catedráticos de las secciones reunidas y dos representantes de cada una de las clases, que fueron elegidos por el mismo Claustro a pluralidad de votos, de manera que dicho Claustro quedó desde esa fecha organizado con los individuos siguientes:

Catedrático de Cánones: Dr. Isidro Menéndez.
Catedrático de Leyes: Dr. Francisco Dueñas.
Catedrático de Medicina: Lic. Rafael Pino.
Catedrático de Teología: Dr. Fr. Juan de Jesús Zepeda.
Catedrático de Filosofía: Dr. Eugenio Aguilar.
Catedrático de Matemáticas: Dr. M. Muñoz.
Representantes de la clase de Cánones

Lic. J. Esteban Castro.
Lic. Agustín Morales.
Representantes de la clase de Leyes

Lic. José María Zelaya.
Lic. Tomás Ayón.

Representantes de la clase de Medicina

Lic. Antonio Delgado.

Lic. Fermín Díaz.

Quedando como se ha dicho ya, establecido el Claustro de Consiliarios, se procedió en Claustro Pleno al nombramiento de los cinco individuos que, conforme al artículo 72 de los Estatutos, deben formar el Claustro de Hacienda, cuyo nombramiento recayó en los señores Dr. Isidro Menéndez, Dr. Manuel Muñoz, Lic. José María Zelaya, Lic. Antonio Delgado y Lic. Fermín Díaz.

Estando ya establecido y organizado el Claustro de Hacienda, el Sr. Rector convocó al Claustro de Consiliarios, cuya reunión se verificó el domingo 2 del corriente, en el cual se tomaron en consideración varios asuntos que sometió a su deliberación, siendo los principales fijar el tiempo de los estudios y dar el programa de la enseñanza pública en todos sus ramos, para lo cual se nombró una comisión que se encargase de abrir dictamen y redactarlo para que se discutiese en la primera reunión.

También se nombró otra comisión para que presentase un proyecto de reforma del Estatuto, y se trataron otras cuestiones interesantes todas al progreso y mejora del establecimiento.

Por lo que se ve, puede asegurarse que la Universidad del Salvador está sólidamente establecida, y cada día se consolida más y se hacen nuevos adelantos, todo debido al celo y eficacia de los señores Doctores, Licenciados y Bachilleres pasantes que la componen.

Las reuniones de los claustros se verifican casi espontáneamente; cada cual por su parte procura dar impulso a la enseñanza y nuestra juventud, bajo tan felices auspicios, hace notables progresos. Se trata de organizar las secciones literarias y con particularidad la de Medicina, y creemos que en todo este mes quedará establecido el Protomedicato y, sucesivamente, todos los demás ramos de enseñanza que abraza el Estatuto."

"Ministerio de Relaciones del Supremo Gobierno de la República de Guatemala.

Sr. Ministro de Relaciones del Supremo Gobierno del Estado del Salvador.

Palacio del Supremo Gobierno: Guatemala, abril 10 de 1848.

Anteayer, 8 del corriente, a las 12 de la mañana, se ha recibido en este Ministerio la atenta comunicación de US. fecha 1.º del mismo, y adjuntos documentos, referentes al reclamo que dirige ese Supremo Gobierno por haber llegado tropas de esta República a la hacienda de Matalapa del territorio de aquel Estado en persecución de los facciosos que se hallaban en aquel punto.

Su Excelencia el Señor Presidente, a quien di cuenta inmediatamente, habiendo tomado los informes convenientes e impuesto detenidamente en el asunto, se ha persuadido de que el reclamo a que se contrae la expresada comunicación es fundado y lo estima justo; por lo que, y deseando satisfacerlo debidamente, me ha prevenido exponer a US. con verdad lo que ha pasado sobre el particular, no dudando que en vista de los hechos se persuadirá ese Supremo Gobierno de que, si el coronel Dn. Manuel María Bolaños llegó con su fuerza a la hacienda de Matalapa, no fue sino en el concepto de creerla perteneciente a esta República, y de ninguna manera con intención de traspasar los límites, ni menos de invadir aquel territorio.

El coronel Bolaños, lo mismo que los demás jefes, han tenido órdenes expresas de no traspasar los límites del territorio de esta República en las operaciones de que ha sido encargado; y si aquel llegó hasta la hacienda de Matalapa, esto fue no solo sin saber que pertenecía al territorio de aquel Estado, sino más bien en la inteligencia y persuasión de que correspondía a esta República; y esto lo comprueba el parte que la comandancia general dirigió a su Excia. el Sr. Presidente, datado en Mita el 25 de marzo, en que, refiriendo la derrota y dispersión de los facciosos en Matalapa, dice que, si no se les persiguió más adelante, fue porque el coronel Bolaños no tenía órdenes de traspasar los límites del otro Estado.

De donde se infiere que, si aquel jefe padeció equívoco respecto a la situación territorial de dicha hacienda, no obró en esto intencionadamente, sino creyendo que estaba en su deber. El parte a que me refiero se imprimió aquí tan luego como llegó el 31 del mismo marzo, y de él adjunto a US. ejemplares."

Este suceso no podrá extrañarse si se atiende a que los límites entre ese Estado y esta República, por los puntos de que se trata, no son muy conocidos, principalmente para los vecinos de esta capital que no los frecuentan; que el coronel Bolaños y la tropa que mandaba son, precisamente, de esta ciudad; y que la marcha y llegada al referido punto fue de noche. A esto se agrega que, en la actualidad, el coronel Bolaños es uno de los jefes más estrictos en la observancia de la disciplina y que, además, por su carácter y conocidas cualidades, no puede pensarse que con pleno conocimiento hubiera obrado contra las órdenes expresas que llevaba.

El Gobierno mismo, al recibir la noticia de lo sucedido en Matalapa, no pudo saber de pronto que dicha hacienda perteneciese a aquel Estado, ni creyó hubiese habido internación en territorio ajeno; y, muy distante de esto, mandó se imprimiese inmediatamente el referido parte, y este Ministerio, en nota de 31 de marzo, participó a US. lo ocurrido en Matalapa, con motivo de significarle lo satisfactorio que le había sido ver de acuerdo las disposiciones de las autoridades de aquel Estado con los sentimientos del Supremo Gobierno en las comunicaciones originales que se tomaron a los facciosos en aquel mismo lugar; todo lo que prueba el indicado concepto en que estaba este Gobierno.

Ni podría pensarse otra cosa, pues, al mismo tiempo que se mostraba satisfecho y manifestaba su reconocimiento al Gobierno del Salvador por sus buenas disposiciones y sentimientos, como también por el acuerdo con que obrando las autoridades de aquel Estado, no era creíble quisiese agraviarlo, ni ofender por sí, ni por sus subalternos a aquel Estado y sus habitantes, y mucho menos comprometer la paz y buena armonía que existen felizmente entre ambos pueblos.

Con esta sencilla y franca explicación espera mi Gobierno quedará satisfecho ese Supremo del Salvador, pues, comprendiendo la necesidad en que se hallaba para dirigir este reclamo, confía también en su rectitud y sentimientos para no dudar verá los mismos por parte del de Guatemala y tendrá por terminado este asunto.

Aquí terminaría esta exposición si no tuviese que tributar de nuevo, de parte de mi Gobierno al de US., el reconocimiento debido, tanto por las cordiales manifestaciones que expresa el último párrafo de la comunicación de US. a que contesto, como también por las demás providencias que ese Supremo Gobierno se ha servido dictar y han tomado también las autoridades del departamento de Sonsonate, para desarmar y concentrar a los facciosos, y para reprimir a Doroteo Monterrosa; pues no puede ocultársele a mi Gobierno que, si aquellas medidas tienen por objeto principal conservar la paz y la tranquilidad en el Estado, ellas tienden también a disminuir los males y evitar influencias perniciosas con que pudiera aumentarse el contagio y resultados funestos de la facción para esta República.

Sírvase US., señor Ministro, poner lo expuesto en el alto conocimiento de su Excelencia el Sr. Presidente, aceptando por su parte las atentas demostraciones de aprecio y consideración con que tengo la honra de suscribirme su muy obediente servidor.

J. Mariano Rodríguez.

NÚMERO 9

República de Guatemala - Sr. Ministro de Relaciones del S. G. del Estado del Salvador - Palacio del S. G.: Guatemala, Abril 13 de 1848.

Por el correo llegado ayer he recibido la atenta comunicación de US. fecha 7 del corriente, y certificación adjunta, de las diligencias practicadas en la villa de Ahuachapán referentes al hecho de haber pasado tropas de esta República, por el punto nombrado el Guayacán, al territorio de aquel Estado, sobre lo cual ese Supremo Gobierno dirige reclamo, para que se le satisfaga por el de Guatemala.

El Gobierno ha visto con sorpresa anunciarse un hecho de que no tenía noticia ninguna, y extraña haya podido tener lugar, pues en tal caso habría sido contra sus órdenes expresas; y dando la debida atención y preferencia a este asunto, ha dispuesto se pidan los informes convenientes, y se practiquen las diligencias necesarias, a fin de esclarecer el hecho, con cuyo objeto se ha pasado hoy mismo el asunto al Ministerio de la Guerra, y con el resultado se dará la correspondiente contestación; no debiendo dudar el Gobierno del Salvador que, si resultase verificado aquel suceso, el de Guatemala le dará la debida satisfacción, como está dispuesto a hacerlo, y lo exige su deber y los constantes deseos y sentimientos que lo animan por la conservación de la paz y buena armonía con ese Estado.

Sírvase US. poner lo expuesto en el alto conocimiento de su Excelencia el Sr. Presidente, y aceptar las consideraciones de aprecio y atención con que tengo la honra de suscribirme su obediente servidor.

J. Mariano Rodríguez.

ÍNDICE